思维型教学理论引领下的学科教学实践丛书

思维型教学理论引领下的学科教学实践

中学语文

———————— 编委会 ————————

总主编 胡卫平

主　编 孙素英　董雪娇

编　委（以姓氏笔画为序）

王　娅　王海霞　吉欣璇　刘　莉　李媛媛　杨雪梅

吴铭静　吴翠红　张　节　张　娜　徐　艳　徐　速

徐立媛　董雪娇　霍晶晶　魏丹丹

陕西师范大学出版总社　西安

图书代号　JY24N0704

图书在版编目（CIP）数据

思维型教学理论引领下的学科教学实践．中学语文／胡卫平总主编；孙素英，董雪娇主编．— 西安：陕西师范大学出版总社有限公司，2024.6

ISBN 978-7-5695-4380-3

Ⅰ.①思… Ⅱ.①胡… ②孙… ③董… Ⅲ.①中学语文课—教学研究 Ⅳ.①G633

中国国家版本馆 CIP 数据核字（2024）第 091995 号

思维型教学理论引领下的学科教学实践　中学语文
SIWEIXING JIAOXUE LILUN YINLING XIA DE XUEKE JIAOXUE SHIJIAN ZHONGXUE YUWEN

胡卫平　总主编
孙素英　董雪娇　主编

出 版 人	刘东风
出版统筹	杨　沁
责任编辑	张　甜
责任校对	李广新　刘田菁　于立平
封面设计	李梦瑶
出版发行	陕西师范大学出版总社有限公司 （西安市长安南路199号　邮编　710062）
网　　址	http://www.snupg.com
印　　刷	陕西信亚印务有限公司
开　　本	720 mm×1020 mm　1/16
印　　张	27.75
字　　数	333 千
版　　次	2024 年 6 月第 1 版
印　　次	2024 年 6 月第 1 次印刷
书　　号	ISBN 978-7-5695-4380-3
定　　价	98.00 元

读者使用时若发现印装质量问题，请与本社联系、调换。
电话：(029) 85308697

序　言

　　21世纪培养的学生应该具备哪些核心知识、关键能力和必备品格，才能适应社会需要，推动社会健康发展，成为国际组织和世界各国共同面对的课题，基于核心素养推进基础教育课程改革成为国际趋势。党的十八大报告指出："坚持教育为社会主义现代化建设服务、为人民服务，把立德树人作为教育的根本任务，培养德智体美全面发展的社会主义建设者和接班人。"党的二十大报告明确提出："育人的根本在于立德。全面贯彻党的教育方针，落实立德树人根本任务，培养德智体美劳全面发展的社会主义建设者和接班人。坚持以人民为中心发展教育，加快建设高质量教育体系，发展素质教育，促进教育公平。"核心素养是落实立德树人根本任务的重要抓手，是衡量教育质量的关键指标，为学校的育人画像，为教师的教学架桥，为学生的发展导航。发展学生的核心素养，已经得到国内外专家的广泛认同，也是我国新一轮基础教育课程改革的重要特征。

　　教学是发展学生核心素养的重要途径。那么，教学的本质是什么？这是我们需要回答的问题。30多年来，我们从四个方面对其进行了系统的研究：一是系统总结了教学思想的研究成果；二是全面概括了学习研究的最新进展；三是深入分析了核心素养的形成机制；四是利用脑科学、行为学、教育实验等方法系统研究教学方式对学生发展的影响。在此基础上，提出了"核心素养的核心是思维""教学的本质是思维"等观点，建构了以核心素养发展为目标、思维型教学理论为依据、教学实践和活动课程为核心，以综合评价为引领，以教师专业发展为支撑的教学、课程、评价与教师发展的思维型教学体系，系统回答了培养什么人、怎样培养人、谁来培养人和培养效果如何评价等问题。研究成果获得了3项国家级基础教育教学成果奖、1项国家级高等教育教学成果二等奖、2项山西省社会科学研究优秀成果一等奖和1项陕西省科学技术二等奖，应用于《义务教育科学课程标准（2022年版）》、教育部"国培计划"、国务院教育体制改革项目、国家义务教育质量监测等方面，推广到20多个省份的5 000余所学校，受益学生500余万，大幅提升了学生的核心素养、教师的专业素质、学校的办学水平以及区域的教育质量。建立了辽宁省、湖南省、重庆市、深圳市、武汉市和西安市等思维型探究实践基地。成果还被美国、俄罗斯等国家的部分学校使用，产生了广泛影响。

近年来，我们系统地总结思维型教学在各个领域的应用成果，陆续出版了系列专著和丛书。如在教师专业能力发展领域，出版了"思维型教学理论引领下的教师专业能力实训"丛书；在教学实践方面，出版了《思维型教学理论操作指南》；在课程建设方面，出版了《学思维活动课程》；在评价领域，开发了思维型教学引领下的学生核心素养、教师专业能力、学校创新指数等评价标准和工具；在科学教育方面，出版了"思维型教学理论引领下的科学教育研究"丛书；在区域和学校实践方面，出版了"思维型教学的实践探索"丛书。

为了便于教师更好地将思维型教学理论应用于学科教学，我们团队策划了"思维型教学理论引领下的学科教学实践"丛书。在丛书出版之际，感谢现代教学技术教育部重点实验室的大力支持，感谢团队成员的共同努力，感谢陕西师范大学出版总社领导的精心组织和编辑的认真工作。基于思维型教学理论进行教学设计是一项复杂的工作，由于水平所限，本丛书在理论与实践方面还有许多不足之处，恳请广大读者批评指正。

现代教学技术教育部重点实验室

2024年4月

前 言

随着基于核心素养的基础教育改革的不断深入,首都师范大学附属育新学校积极参与思维型教学实践,在思维型教学理论的指导下,对语文教育教学改革进行了深入探索。此书体现了我们力求使思维型教学理论落地的不懈努力。在文中,我们尽力描摹探索过程中的所思所为,将教学实践的路径和蕴含在行为背后的理念一一呈现出来,分享我们的经验与反思。

一

在写作过程中安排章节内容时,我们主要从两个维度考量:一是思维型教学的基本要素;二是一线教师语文教学实践的需求。我们主要围绕创设情境、单元教学、整本书阅读、作业设计安排了四章内容。缘由如下:

思维型教学的基本要素包括创设情境、提出问题、自主探究、合作交流、总结反思、应用迁移。一般来说,新授课教学包括全部要素,有些要素可以在教学过程中多次出现。在复习课的教学中,可以以总结反思为重点,也可以包括应用迁移。在单元学习的最后一课和问题解决中,可以以应用迁移为重点,其他的某个或某些要素可作为次重点,甚至可以略掉个别要素。[1]但在此书中,我们没有针对每个要素一一展开,而是着重讨论了"创设情境",将

---

[1] 胡卫平:《思维型教学理论操作指南》,上海科技教育出版社,2023,第24页。

"提出问题、自主探究、合作交流、总结反思、应用迁移"体现在单元教学、整本书阅读、作业设计等相关内容中。

在语文课程改革逐步深化的过程中,如何创设情境,进行单元教学,推进整本书阅读,在"双减"背景下设计提高学生学习效果的作业,这些都是一线教师一直在研究的问题。下面我们就"创设情境"这个话题略加展开。

在《普通高中语文课程标准(2017年版)》中,"情境"这个词共出现了33次,几乎覆盖了课标的各个部分,尤其是"教学建议"中强调语文教学需要"创设综合性学习情境","评价建议"中明确提出"真实、富有意义的语文实践活动情境是学生语文学科核心素养形成、发展和表现的载体"。

2022年4月,教育部颁布的《义务教育语文课程标准(2022年版)》(以下简称"义务教育新课标")中,明确提出"义务教育语文课程培养的核心素养,是学生在积极的语文实践活动中积累、建构并在真实的语言运用情境中表现出来的,是文化自信和语言运用、思维能力、审美创造的综合体现"。与《普通高中语文课程标准(2017年版2020年修订)》将"语文学科核心素养"表述为语言建构与运用、思维发展与提升、审美鉴赏与创造、文化传承与理解稍有不同,义务教育新课标将其凝练表述为"文化自信""语言运用""思维能力""审美创造",这不仅使语文内涵更加清晰,也意在凸显"文化自信",彰显语文课程"以文化人"的学科属性和独特价值。义务教育新课标调整并完善了"教学建议",提出了四条总体上的建议,侧重强调语文核心素养的育人导向、语文学习任务群、创设真实而有意义的学习情境、关注互联网时代语文生活的变化。[①] 可见创设真实而有意义的学习情境,是对教学方式进一步变革的呼唤。

开展真实或拟真情境下的语文学习活动,是语文教学过程中的一个关键点。语文教师要根据语文学习的特点,设计学生能深度参与的学习任务和多样化的语文实践活动,将核心知识和关键能力蕴含其中,积极利用学校、社区和网络资源,拓宽学习的渠道。在创设情境的过程中,要重视核心知识与技能的进阶设计,注重学习过程和支架设计,关注学生的思维发展,促进其

---

① 荣维东、唐玖江:《〈义务教育语文课程标准(2022年版)〉的主要变化、学理依据与实施策略》,《课程·教材·教法》2022年第9期。

高阶思维的发展和深度学习的发生。

在教师的教学设计与实施过程中，如何创设情境是一个很大的挑战。若干年来，我们语文团队在专家组的指导下，进行了多方探索，在此把我们的经验和思考以专门一章加以呈现。将单元教学、整本书阅读、作业设计等以专章讨论，理由大致也是如此。

二

我们进行教学设计与实施时，在思维型教学理论的引领下，在确定教学目标、选择教学内容、设计并实施教学过程时，注意了如下内容。

确定教学目标：围绕核心素养，依据学业质量标准，建立具体学习内容与核心素养表现之间的关联。不同层次的教学目标要围绕核心概念，相互关联、整体考虑；同一核心概念在不同年级的教学目标中要体现进阶要求。

选择教学内容：注意适应学生的知识经验、认知水平和兴趣特点，改变碎片化、割裂式的教学倾向，关注知识间的内在关联，促进知识的结构化，围绕核心概念展开教学。要把握核心概念的进阶，强化学段教学内容安排的序列化和递进性，体现学业要求和学业质量标准。突出核心概念在真实情境中的应用，加强知识学习与现实生活、社会实践之间的联系，实现学生对核心概念的深度理解、有效建构和灵活应用。

设计并实施教学过程：在设计并实施教学过程时，突出思维这一主线，落实动机激发、认知冲突、自主建构、自我监控、应用迁移五大基本原理，体现思维型教学的六大要素。从学生已有经验出发，创设真实的教学情境，提出有价值的问题，引发学生认知冲突，激发学生探究动机，明确探究任务，引导学生将独立自主学习与合作学习相结合，进行总结与反思，发展学生自我监控能力，组织学生运用所学知识和方法解决真实情境中的问题，实现应用与迁移，做到融会贯通。

目 录

第一章 情境的创设与教学实施 / 1

引言:"情境"中展翅翱翔,"体验"中发展思维 / 1

第一节 贴近生活创设情境,让学习与生活紧密关联 / 4

第二节 创设基于开放问题、复杂需求的情境 / 21

第三节 在情境中"引议联结" / 36

第四节 创设认知冲突 / 63

第二章 单元教学的设计与实施 / 86

引言:高屋建瓴,"大"而有"法" / 86

第一节 基于初高中一体化的语文单元教学设计与实施 / 89

第二节 基于单元主题的"单篇互补式"教学设计与实施 / 128

第三节 课内外互补式语文单元教学设计与实施 / 150

第四节 "润育"语文课程群建构 / 162

第三章 整本书阅读的设计与实施 / 191

引言：阅读，阅读，再阅读 / 191

第一节 长篇小说类整本书阅读 / 195

第二节 科普类与学术类整本书阅读 / 259

第三节 文化经典类名著阅读教学设计 / 284

第四章 校本作业的设计与实施 / 310

引言：校本作业设计概述 / 310

第一节 阅读课校本作业设计 / 311

第二节 记叙文写作校本作业设计 / 338

第三节 议论文写作校本作业设计 / 371

第四节 综合性学习校本作业设计 / 416

第一章
情境的创设与教学实施

引言:"情境"中展翅翱翔,"体验"中发展思维

"情境"是新时期语文课程与教学不可忽视的关键词之一。创设情境,不仅是培育和形成学生语文学科核心素养的重要途径和方式,也是评价学生语文学科核心素养发展水平的重要依托和载体。因此,语文学科知识的学习与学科能力的培养需要情境化,语文学科核心素养的养成需要情境。

一、"创设情境"的作用

"创设情境"是思维型教学理论"六大要素"之一,有利于实现思维型教学中的"动机激发"和"认知冲突"。

"动机激发"是指在一定情境下,利用诱因使已形成的需要由潜在状态变为活动状态,形成对目标活动的积极性。思维型教学理论强调,在教学过程中,要创设良好的教学情境,设置适当的问题情境,激发学生的内在学习动机,调动学生学习的积极性,使其产生强烈的求知欲,保持积极的学习情感与态度。"认知冲突"指认知发展过程中原有认知结构与现实情境不相符时在心理上所产生的矛盾或冲突。课堂教学中,教师要根据课堂教学目标,抓住教学重点,

联系已有经验，设计一些能够使学生产生认知冲突的"两难情境"，或者看似与现实生活和已有经验相矛盾的情境，以此激发学生的参与欲望，启发学生积极思维，引导学生在探究问题的过程中领悟方法、学会知识、发展能力，主动完成认知结构的构建过程。

思维型教学理论强调创设良好的教学情境，产生值得思考和探究的问题，从而激发学生积极思维。创设情境是思维型教学理论的基本要求，同时也是在教学中培养学生语文核心素养的必然要求。

二、"创设情境"的内涵

（一）"创设情境"的定义

布朗、柯林斯和杜吉德在《情境认知与学习文化》一文中提出"知识具有情境性"以及情境的学习模型，由此拉开情境认知理论研究的序幕。《教育大辞典》将"情境教学"定义为"运用具体生动的场景以激起学生主动学习兴趣、提高学习效率的一种教学方法"。李吉林老师是我国最早开始研究情境教学的，她将"情境教学"定义为通过创设场景引起学生积极情绪反应的一种教学模式，即通过创设典型的教学环境，将学生的认知与情感融入教学之中的一种教学模式。20世纪90年代，她通过情境教学实验，发现不同学科的特征与规律存在差异性。因此，情境教学在学科教学中的运用与意义也存在差别。钟启泉教授认为情境教学是使学生在所创设的含有真实事件或问题的情境中构建问题，从而在解决问题的过程中学习与理解知识。其中所创设的情境必须与现实世界紧密联系。该定义相对具有针对性、具体性与可操作性，因此也是目前在学科教学中运用较为普遍的定义。综合以上学者定义，我们将"创设情境"定义为：创设良好的教学情境，产生值得思考和探究的问题，从而激发学生积极思维。

（二）"创设情境"的主要依据

1. 思维型教学原理

思维型教学的目标指向核心素养。核心素养是学生在接受相应学段的教育过程中形成的适应个人终身发展和社会发展需要的必备品格和关键能力，它特别强调知识与方法的深度理解和在真实情境中的灵活应用，以及批判性思维与创造性思维能力、合作能力与交流能力、自主学习能力和创新素质的培养。在学生发展过程中，思维能力的培养处于核心地位，而学生思维的发展需要情境，只有在真实情境中解决复杂问题的时候才能促进学生思维的发展。因此，基于素养培养目标的教学就需要情境，教学要从情境中来，到情境中去。

2. 建构主义学习理论

建构主义认为个人的认知发展和学习过程密切相关，强调学习的情境性、探究性和社会性。建构主义指出学习是以学生为中心，让学生建构自身知识体系的过程，而非教师给学生传递知识的过程。理想的学习环境包含情境、协作、交流以及意义建构部分，这强调教学情境必须要有利于学生对所学的知识进行意义建构。所以，建构主义的学习往往跟社会文化背景（情境）相联系，经过"同化"与"顺应"赋予新知识某种意义，从而改造和重组原有的认知结构。

学生在学习之前就已经有了相关的知识与经验，所以学生都不是空着脑袋进入学习的。因而，教师要创设生动具体的真实生活情境或虚拟情境，引导学生在此情境中根据自身储备的知识与经验来探索问题、解决问题。解决问题的过程，就是学生获得知识与能力、不断成长的过程。

第一节　贴近生活创设情境，让学习与生活紧密关联

一、贴近生活创设情境的内涵和设计策略

日常的语文教学中，教师辛辛苦苦地备课，每堂课认认真真地教，学生端端正正地坐着听。从小学到高中，学生所学的课文也有好几百篇了，但是若问学生对哪些课文还有印象，他们记忆深刻的并不多。往往到初三、高三复习时老师还需要花大量的时间对文言文、诗歌和重要的现代文进行再次讲解，即便如此，教学效果也欠佳。至于写作，学生每每拿到一个题目，都要绞尽脑汁，写出的文章常常是内容乏味而空洞。针对语文教学效率低下的问题，语文课程在不断进行改革。一线的老师们开始进行积极尝试，关注学生的生活，注意贴近学生的生活实际来创设情境，并以语文学习活动为核心，以问题为导向，引导学生在真实的语文生活情境中体验语文，应用语文，触动学生的生命体验，引发学生的情感共鸣，以此来培养学生的核心素养。

教师以真实的生活情境或模拟的生活情境为创设起点，在情境中引出学习任务，由此激发学生的学习兴趣和情感体验，促使学生主动参与学习。有研究指出，情境要紧扣学生鲜活的生活，只有在生活化的学习情境中，学生才能切实理解知识。教师要调动学生的生活经验和语言基础，将语文学习与学生的生活联系起来，尽量使情境真实或接近真实，引导学生通过真实、具体的情境获得体验，完成对文本主题的意义建构。要缩短学生与作品之间的距离，情境创设就必须建立在学生相对熟悉且与作品相契合的事物上。[1]

（一）真实生活"拟"情境

教师应以真实的或模拟的生活情境为创设起点，在情境中引出学习任务，

---

[1] 肖培东：《基于真实学习的语文情境教学》，《湖北教育（教育教学）》2022年第6期。

进而激发学生的学习兴趣和情感，使学生自觉融入情境中，积极主动地参与学习，从而自然过渡到新内容的学习当中，从以教师的讲授为主转变为以学生的主动探究为主。为了达成"以学为主"、引出学习任务这样一个目的，情境的创设有以下两点需要注意：

第一，生活情境创设要立足学科特点，体现语文学科本质，紧扣教学内容。

依据语文的学科特点，语文学习情境必须指向语言学习，落脚于语言，基于学生的语言实际，拉近语言学习与学生现实生活的距离，使课堂教学充满活力。我们在教授梁启超的《敬业与乐业》和吴晗的《谈骨气》两篇议论文的时候，为了让学生完成梳理全文的论证思路这个学习任务，设计了让学生通过演讲的形式把全文内容"说出来"的活动。这样设计是基于《敬业与乐业》本来就是梁启超在一所职业学校的演讲内容。《谈骨气》这篇文章写于1961年，文章在增强人们克服困难的信心、培育爱国主义情感方面发挥了积极作用。学生在完成演讲的过程中，需要梳理全文的论证思路，需要明确观点并明确文章的思想意义。通过演讲也训练了学生的表达能力，表达得通顺和流畅一定是基于理解得清楚明白。在教授驳论文《中国人失掉自信力了吗》的时候，为了让学生明白鲁迅的批驳思路，我们设计了情境表演的活动，让一位同学扮演被鲁迅批驳的对象，一位同学扮演鲁迅进行批驳，两位同学不能看书，只能依据自己对内容的理解来进行表演。这样一个活动下来，学生对于什么是批驳、如何进行批驳就有了更感性的认识。整个过程不仅激发了学生的学习兴趣和积极思维，还训练了学生的逻辑思维能力。

总之，教师创设的情境与文本的教学目标和主要内容要有关联性，要促进学生对文本的深入理解，否则就会消解文本阅读的意义，背离语文教学的根本目的。

第二，生活情境创设要依据学情展开，关注现实生活，能调动或启发学生的积极思维。

教师要努力创设富有时代性、与学生生活联系紧密的教学情境，以此激发学生的学习兴趣，唤起学生的探究欲望。这既是时代的要求，也是提升学生核心素养的要求。教师在创设教学情境时，必须了解学生的喜好，根据学生喜好创设的情境，既能彰显时代特色，又能促使学生自觉融入情境，让学生在情境的驱动下完成学习任务，让学习在教师创设的教学情境中真实发生。

例如，在教授九年级上册现代诗的时候，正值中国共产党成立100周年，针对现代诗《我看》，我们设计了这样的情境："青春诗社"为了庆祝中国共产党成立100周年，推出"热血青春·爱国诗篇"朗诵比赛，在确定朗诵篇目时，穆旦的《我看》引起了大家的争议。有同学很喜欢这个作品，认为这首诗不仅契合活动主题，而且有自己独特的风格。但有同学却认为《我看》只是对自然景物的描绘，所抒发的情感和国家没有关系。你怎么看同学的这个质疑呢？请大家抓住意象和文中的不同人称来理解诗歌表达的情感。在教授《中国人失掉自信力了吗》时，为了让学生了解驳论文的文体知识和结构安排，特别创设了生活情境，在情境中引出学习任务。在起始学习阶段，给学生播放了一段2020年的新闻视频"全国人大外事委员会副主任委员傅莹反驳美国佩洛西把技术政治化的谬论"，先让学生看佩洛西的言论，然后让学生思考：如果你在现场，面对美国的挑衅，你会怎样反驳？接着让学生看傅莹的反驳视频，思考：这个反驳精彩在哪里？这个情境导入的目的是让学生换位思考，如果自己在现场会怎样去反驳，促发学生抓住对方的谬论，思考反驳的思路，并明确自己的观点。这样实践下来，学生对于驳论文的学习有了感性认识和理性思考，进入对鲁迅文章的学习就更加顺畅。

（二）"唱念做打"创情境

贴近生活创设情境，要考虑让学生的学习和生活紧密关联，我们提出了"唱念做打"创情境的设计策略。"唱念做打"本来是指戏曲表演的四种艺术手段，同时也是戏曲表演的四项基本功，这里借用来表述语文教学的情境创设策略，这样的表述很形象也方便分类。以下就"唱念做打"创情境做一些说明：

1. "唱"就是让"诗词咏流传"

中央电视台有一档节目《经典咏流传》深受大家的喜爱，很多诗词作品被音乐家唱出来以后被赋予了全新的生命力。用现代的唱法和曲调来演绎传统经典，这种大家喜闻乐见的方式完全可以借鉴到诗词教学中来，教材中的诗词作品可以选择让学生通过"唱"的形式来传习，学生可以通过学唱、翻唱、合作或独立创作等方式，走近古诗，唱响古诗。把诗词唱出来，一方面是为了激发学生的学习兴趣，让学生体验创造的乐趣；另一方面也是基于诗词的抒情性，让音乐的悠扬和诗词的意境完美邂逅，达成和作者的情感共鸣。"唱"还可以播放音乐家们改编演唱的诗词作品，营造学习的氛围，比如大家耳熟能详的《在水一方》《但愿人长久》《独上西楼》《一剪梅》等。学生往往会陶醉在音乐烘托的气氛中，音乐和诗词的碰撞迸发出的美好意境往往会给学生的心灵世界带来洗礼，学生自然而然陶醉于诗词的语言美、意境美、情感美中。

有的教师已经在这方面做了一些尝试，为了让学生把握诗歌节奏，领会诗歌所蕴藏的丰富情感，在创设情境时会加入音乐元素，让学生听音乐唱诗歌，还可以让学生按照诗歌的节奏和韵律，通过个性化的手法对诗歌进行再创造，使之变成自己喜欢的一首歌曲，吟唱相宜，教学相融。[①] 我们学校的董雪娇老师在诗歌吟唱方面做出了很多尝试，例如，她在高二年级开设了选修课，把古诗吟唱分为四个阶段：一、古诗吟唱欣赏及学唱；二、古诗改写歌曲欣赏及学唱；三、古诗改写创作吟唱；四、古诗套曲创作。这个过程有梯次有创意，学生在整个过程中收获满满，留下了一首首自己创作的作品，诗歌学习兴趣得到激发，语文核心素养得到提升。

2. "念"就是语文教学的口语表达情境

比如：演讲、辩论、配乐朗诵等。

"演讲"是就某个主题把自己对生活的见解和感受传达出来，演讲活动不应只是局限于讲授演讲这种文体的时候，还可以应用在教学的很多环节。例如，学习议论文时，可以以演讲作为情境导入的方式，让学生观看名家的演讲，然后给学生一个主题，让学生尝试自己写演讲词并在小组进行演讲，这样经过感性的认识和体验以后，学生对于议论性文章的特点就会有一定的认识，比起直接给出概念，学习效果要好很多。

"辩论"是让学生就课文中容易引发学生认知冲突的问题进行辩论，在此过程中学生需要查阅资料、积累辩论素材，需要调动自己的生活积累和体验。在辩论的过程中要想有说服力，论据要充分、思维要缜密、表达要有逻辑，特别锻炼学生的积极思维能力。在学习议论文之前组织学生来一场辩论，

---

① 李霞：《音乐元素在初中诗歌教学情境创设中的作用研究》，《新课程（中）》2018年第6期。

学生对论点、论据、论证会有感性的认识。笔者在教授九年级上册第二单元的议论文之前，作为导入情境，让学生开展了一次辩论，观点一：风声雨声读书声，声声入耳；家事国事天下事，事事关心。观点二：两耳不闻窗外事，一心只读圣贤书。学生辩论很精彩，这个环节结束后，让学生总结辩论要想有说服力需要具备的条件，学生总结出来需要"有理有据"，需要"逻辑严谨"，等等。有了这样的认知铺垫，再引入议论文的学习，学生自然而然获得了议论文的文体知识，觉得议论文是和自己的生活紧密相关的，是特别锻炼人的思维严谨性和说理逻辑性的，这样学起议论文来就很有兴趣。

"配乐朗诵"是把自己在生活中的感受和情感体验融入朗诵作品中，配上音乐，通过读来传递情感。笔者在组织学生学习现代诗的时候，组织学生听名家的配乐朗诵，再播放配乐让学生在音乐的伴奏下进行朗诵，一首首现代诗，有了音乐的伴随，让学生自然徜徉在诗的画面和意境中。

总之，我们要调动学生的生活经验和语言基础，将语文学习与学生的生活联系起来，引导学生通过真实、具体的情境获得体验。

3. "做"就是完成老师创设的任务

教师可以设计学生感兴趣、与学生现实生活相关的一些任务，使学生觉得有趣，有积极参与的主动性。例如，让学生写导游词，写推荐语，为人物设计微信头像，写墓志铭，为诗歌设计插画，为作品设计短视频拍摄脚本，等等。这些都是学生感兴趣的生活情境，可以让学生的学习变得更加有生气和丰富多彩。例如，有教师在教授《马说》的时候，结合学生的生活实际和现代语言，创设了一个"向韩愈学习高级'吐槽'"的情境：吐得巧妙，构思新；吐得精准，逻辑严；吐得酣畅，表达爽；吐得成功，结果好。指导学生从宏观、中观、微观、逆观四个角度进行创意读写。"宏观"意在让学生理解托物寓意的写法，"中观"意在理解正反论证的作用，"微观"意在体验韩愈的情感，"逆观"重在引导学生发现自我。四次创意读写各有目的，最终达成学习文章、促进自己的精神成长的目标。这样一个情境创设，既贴近了学生的现实生活，又充分把握了文本的学习价值，让学习从生活中来，还使学生对经典作品有了学的兴趣，在学习过程中得到思维的提升。

另外，还可以将社会生活时事带入课堂，让学生感受真实的社会，更加关注社会生活，比如让学生读新闻、评新闻、写时事评论等，为学生成为一个社会人打下良好的基础。

4."打"就是让学生行动起来

如课本剧表演、角色扮演、游戏、实物展示等都可以促使学生主动参与到学习中来,通过体验、实践、行动触发学生的积极情感,还能拉近师生及生生之间的关系,营造良好的学习氛围。另外,可以引导学生走得更远,走入广阔的生活中去,不仅读万卷书,还要行万里路。有条件的情况下让学生游学,参观博物馆,让学生在更广阔的天地中去真实地感受和体验生活,学习知识,并把知识运用到生活中去,在这个过程中可以把整本书阅读和学生的参观活动结合起来。笔者和同年级的老师在教授初二时组织学生阅读长篇历史文学作品《大秦帝国》并配合学校的游学活动去陕西参观,把参观和阅读结合起来,开展了"书路同途"系列活动。活动的第一部分是介绍背景,在设计研学课程时,需要考虑结合研学路线,给学生推送一些和参观遗迹相关的知识和文化背景。路线安排和《大秦帝国》的阅读相关的有:周原遗址、秦公一号大墓、秦始皇陵兵马俑、陕西历史博物馆。在研学手册中,每处遗迹和参观的地点都有背景介绍,学生拿着手册就能对这个地方有一定的认识和了解。学生在参观这些历史古迹的时候,看见的是真实的历史遗迹,听着讲解员的介绍,对春秋战国以及秦朝有最真切的体验。这种体验不再是书籍和影视作品中的艺术创作,而是最直接的实物展示,这个过程中学生可以再次思考,和书本中的内容相互印证,还可以理性分析,明白历史真实和艺术创作之间的区别。第二部分是设计学习任务,学习任务主要是关于历史遗迹的文化方面的内容,有部分学习任务是指向《大秦帝国》的,特别是在参观兵马俑时,让学生结合自己的参观体验表达自己的感受。

二、魔法变身重体验,情感共鸣有温度——《小石潭记》品读

学生在学习古诗文时有一定的古诗文诵读积累和阅读基础,但是他们普遍认为古诗文枯燥,学习兴趣不足,一直以来都是心存畏惧。从学生的学习来看,一是因为文言文距离学生的生活久远,存在字词理解的障碍;二是因为古人的生活和当代学生的生活差距很大,学生很难理解古人的思想境界和内心世界;三是学生的文化积累薄弱,对于文言文中出现的大量文化密码很

难理解。从教师的教学来看，大多数教师在讲授文言文时，往往有一个统一的模式，先介绍作家作品，再把大量的时间和精力用在翻译上，最后用一点时间进行内容讲解分析，这样一来，文言文的教学就因为缺乏情感而显得苍白，因为缺乏灵动而枯燥乏味，自然文言文学习就不能起到建立文化自信和文化认同、传承传统优秀文化的作用了。

另外，学生对文言文鉴赏的方法和能力都欠缺，也缺乏系统指导。如果老师在教授文言文时注意创设符合当代学生思维方式、有利于他们理解和融入的情境，在情境当中他们可以打开自己的心灵走进古人的世界，把自己和古人的思想情感进行链接，文言文的人、事、物就不再是冷冰冰的样子，作者和文章就是有温度有情感的。学生在这样的情境中自然会因为心灵得到开启而灵动，情感得到激发而活跃，他们的语言素养也会在这个过程中得到培养和提升。

（一）魔法变身品小石潭：形似写景，实则写心

《小石潭记》是柳宗元被贬官到永州以后写的"永州八记"中的一记，这篇文言文是柳宗元被贬以后情绪情感的有力呈现。在这篇文言文中，作者的情感显得很丰富，既有初游小石潭的轻松快乐和寄情山水的愉悦，又有后来难以排遣内心苦闷的低落情绪。特别是初到小石潭时作者写景的文字值得学生细细揣摩，教师需要引导学生在独特的景物描写中品味柳宗元的喜忧情感，感受其丰富的内心世界，体会景物与心境的微妙关系。有老师说得好：师生在品读中发现，柳宗元与小石潭，形似写景，实则写心。柳宗元描写小石潭，精雕细琢，极富耐心。他为何如此兴致勃勃？作者从自己主观眼光和心情出发，赋予了他所接触的景或物以特殊的性格和生命。在课堂上，教师带领学生在字里行间穿梭，深刻感受《小石潭记》淡然出之的炽烈情愫，情深意浓，意境浑成，秀美文字之中藏真情。[①]

如果按照常规处理，让学生鉴赏写景的文字，学习过程又会变成头脑中理性的分析，整个过程势必会显得枯燥乏味，学生很难走进柳宗元的情感世

[①] 陈中华、高建山：《柳文化浸润下的心灵律动——〈小石潭记〉教学札记》，《中学语文教学参考》2021年第2期。

界,而仅仅停留在语言文字层面。于是笔者就创设了拥有魔法可以变身的情境:"如果你拥有了哈利·波特的魔法石,可以穿越时空来到小石潭边,你会看到什么?想到什么?"这样一石激起千层浪,《哈利·波特》这部小说学生读过,电影也看过,既熟悉又感兴趣,利用阅读或影视中的人物为学生提供有趣的活动情境,将学生带入中国一千多年前的文学家柳宗元的笔下世界,学生有一种脑洞大开的感觉,情感受到激发,思维一下就活跃起来,愿意参与到接下来的语文活动中,在老师的引导下品味形似写景、实则写心的特点。

(二)穿越后我愿意变成的景物:把语言品析和学生的情感世界相连接

在品景读情环节中,我们继续展开穿越之旅:"如果你可以穿越时空变成柳宗元笔下的一种景物,请选择他笔下的一种景物,并结合文章的内容说说你的理由。(可选景物:石头、树木、游鱼、潭水)"

这个生活情境把语言品析和学生的情感世界连接起来了,柳宗元笔下的景物描写不再是没有温度的语言符号,而是在学生的心灵观照下,成了有生命的景物,所有的景物因为有了学生的情感注入,变得活生生、有温度,所以这些景物在学生面前显得格外生机勃勃,使学生真实感受到"一切景语皆情语"。下面我们列举几位同学的习作:

学生习作1:我愿意做那青翠的大树,碧绿的藤蔓。这样一来,我就可以在大地间沐浴着阳光,享受着大地的滋养。看呀!我长得茂盛青葱,生机盎然。我每天清晨可以听见潭水潺潺,还可以在风中伸长身姿,蒙盖缠绕着,摇曳牵连,参差不齐,随风飘荡着,我真快乐呀!我还可以看见来游览的人们,他们是多么轻松愉快呀!

学生习作2:我愿做柳宗元笔下的一棵树,起风时婀娜摇曳,下雨时英姿挺拔。有藤蔓缠绕陪伴,有鱼群为乐,亦静亦动,乐趣无限,无论春夏秋冬,都可以与潭水两两相望,将喜怒哀乐透过那一潭水映照。

学生习作3:我愿意做柳宗元笔下的石,如鸣珮环是水撞击我而发出的清脆声音,愉悦动听。蒙络摇缀是树和蔓附我而生才有的优美姿态。我为坻,为屿,为嵁,为岩,体验过种种态势,小潭以我为底,我经历了潭水的千年洗礼，思考良多，倒也不枉此生。

　　学生习作4：我想变成柳宗元笔下的鱼，因为我在这里可以自由自在地享受大自然，没有天敌的侵扰，没有人类的捕杀，我所拥有的是那个以全石为底的小潭，清澈可以见底的池水，还可以陶醉地倾听如珮环的动听声音，可以舒适地享受通透温暖的阳光直射水底，可以如同在空中一般自由地游动。我们成就了一幅美景——小潭、清水、绿树、红鱼，诗情画意，令人心旷神怡！

　　在这个环节的学习过程中，学生不仅关注到对文字的品味，还关注到自己情感的表达。学生对文字的审美欣赏不仅停留在感悟作者的情感上，还把自己的心灵感受和生命体验融入，并用文字表达出来，品析、鉴赏、表达都有所体现，审美和思维能力都得到了训练。

（三）景物标上作者的心情值："小石潭"旅游导览牌

　　社会是一个学习的大课堂，其中蕴含着丰富鲜活的资源。教学如果脱离社会生活，就意味着让学生失去了语文学习的另一半世界。陶行知先生说过"生活即教育"，阅读教学亦是阅读生活。阅读教学情境创设以生活为背景，创设的是回归生活的情境，贴近生活的情境。让学生体验社会生活中的各种职业，以职业人的身份完成各项任务，让学生体验生活，把生活和时代活水引入学习当中来，有助于学生更深入地理解语言文字。在《小石潭记》的学习中，我们还创设了这样的情境：如果你是广告公司的工作人员，请与你的同伴合作设计一个"小石潭"的旅游导览牌，结合全文的景物描写按照零到五星的度量区间，给每一处景物标上作者的心情值，并说明依据，方便游客有所选择地进行游览。

　　学生没有做过广告设计的工作，但是他们在生活中是见过的，特别是在参观景点的时候，他们是看见过一些导览牌的，这个情境的妙处就是让学生把职业体验和自己的学习结合起来，是带着某个社会职业身份的学习任务，这样的情境会促使学生想要更好地去体验生活，去关注生活，语言学习不再是停留于书本，要为以后语言运用、走向社会解决问题做好准备。下面表1-1是学生的作品：

表 1-1 "小石潭"的旅游导览牌

景物	原文描写	欣赏点	情感	心情值
水声	如鸣珮环	如玉撞击的声音——清脆悦耳	心乐之	★★★
石、树	全石以为底，近岸，卷石底以出，为坻，为屿，为嵁，为岩。青树翠蔓，蒙络摇缀，参差披拂	姿态各异、视觉盛宴	愉快	★★★
鱼	皆若空游无所依，日光下澈，影布石上。佁然不动，俶尔远逝，往来翕忽，似与游者相乐	鱼儿与游者相互逗乐的场景	相乐	★★★
岸	斗折蛇行，明灭可见。其岸势犬牙差互，不可知其源	比喻写出了岸的曲折蜿蜒和幽深无尽	迷茫	★★
四面	竹树环合，寂寥无人	"环合"写出了压抑和围困感	凄神寒骨，悄怆幽邃	★

这个情境让学生通过给景物标上作者心情值的方式，去感受作者心情的变化，把内在的情感用一种真实可见的形式表现出来，这样让学生把自己和古人的思想情感进行链接，和一千多年前的作者情感有了共鸣，印象更加深刻。所以，好的情境创设，不仅能激发学生的积极思维，触发他们的情感体验，还能引导学生关注语言文字，不脱离文本和学习重点，把学生的阅读思考引向深处。

还有很多这样的职业体验情境。比如，在学习游记时，让学生作为短视频导演，为一个短视频写拍摄脚本；在学习小说时，作为书籍设计者，为一本书设计腰封或者插画；学习说明文时，作为导游，为一个景点创作导游词；等等。

三、金牌推广讲方法，自主学习有梯次——《安塞腰鼓》学习

王荣生老师在谈到散文阅读教学时认为，散文阅读教学，始终在"这一篇"散文里，要驻足散文里的"个人化言说对象"，要着眼于主体，触摸作者的情思；关注作者独特的情感认知，引导学生往"作者的独特经验"里走，往散

文中的个性化语言所表达的丰富甚至复杂、细腻甚至细微处走。[①] 王老师谈到散文教学时特别强调要引导学生对于作者的情思有自己的情感体验，要透过文字去感受作者独特的情感体验。散文教学重在情感体验，内心感受。语言是情感的载体，而情感是文章的灵魂。怎样调动学生的积极性，主动透过语言文字去探究作者的情思，这点显得特别重要。如果老师有一些巧妙的情境设计，可以激发学生的主动性和自主性，学习散文体悟情感就会更加有效果。

八年级下册的自读课文《安塞腰鼓》是一篇新时期的经典散文，它写陕北高原，写高原腰鼓，写打腰鼓的人，展示高原的民俗民风，以及高原人奔放雄健的精神气质。它的语言运用和修辞方法方面尤其值得认真学习。这篇课文在一定程度上反映特定的民风民俗，具有"民俗文化"元素，便于学生开阔眼界，见识多样的、多元的民俗现象，增进学生对社会生活、社会文化的理解。作者根据表达需要综合使用多种表达方式，在烘托气氛、凸显主题、传达情感等方面起到了重要的作用，体现了作者独特的情思，语言富有表现力，值得分析品鉴。作为一篇自读课文，需要老师设计好情境，引导学生进行自主阅读。

（一）身份代入：校"民俗文化周"邀请你做安塞腰鼓金牌推广人

现在很多城市和景点都有自己的形象大使，作为形象大使需要宣传自己代言的城市或景点，学生对此还是比较熟悉的，也看见过很多这样的宣传片。这样的一个身份代入，可以让学生主动以推广人的身份去发掘安塞腰鼓的独特魅力，以下就是让学生以金牌推广人的身份去推广安塞腰鼓的情境。

创境启思——被誉为"天下第一鼓"的安塞腰鼓，是"延安三鼓"之一，迄今已有上千年的历史，它结合了舞蹈、武术、打击乐等多种表演形式，与安塞人民的生活实际相结合，具有鲜明的地方特色和民族特色，充分展现出黄土高原人民朴素而豪放的性格。安塞腰鼓表演可由几人或上千人一同进行，磅礴的气势、强大的表现力令人陶醉，被誉为黄土地上的磅礴艺术、无韵的信天游。校"民俗文化周"邀请你做安塞腰鼓金牌推广人，请你阅读课文并结合相关资料为其设计一个推广方案，让身边更多的同学感受安塞腰鼓的魅

[①] 王荣生：《散文教学教什么》，华东师范大学出版社，2014，第8页。

力，理解安塞腰鼓承载的民族精神。

"创境启思"作为导入活动，达到的教学目标是让学生能在自读课文的基础上，对文章有自己的初读感受。用推广人推广安塞腰鼓的情境，引出写推广方案的任务，需要学生去了解推广方案需要包含哪些要素，比如，推广主题、推广内容、推广手段、推广步骤等等。为了达成推广的目的，学生不仅需要阅读课文，了解对安塞腰鼓的文学描绘，还需要了解一些背景资料，这样一来就促使学生主动阅读、查阅资料、表达自己的理解，确实很好地促进了学生的自主学习。

（二）为安塞腰鼓写一段推广语

在作为金牌推广人完成推广方案以后，只是完成了文章的初读，只是对文章的大概有了认识和理解，但是语文学习还是需要深入到语言文字中。所以需要启发学生能根据情境要求去边读文本边在文中圈、画、批、注，能根据散文文体特点，准确提取信息，初步体会作者的独特感受，要能抓住关键语句，体会腰鼓表演扑面而来的激情，并把自己的理解用自己的语言表达出来。

整体感知，开场秀腰鼓——请你自由朗读课文，从文中选取几句合适的话，借此表达你对安塞腰鼓表演的赞美之情，为安塞腰鼓写一段推广语。

在这个情境中，学生需要关注文本，找到最合适的话来表达自己的赞美之情，这篇文章最大的特点就是作者具有强烈个人体验的语言表达。《安塞腰鼓》是一篇作者精心"做"出来的散文，它有刻意的艺术追求，呈现出强烈的形式美感，是精雕细琢的语言艺术品。刘成章是把散文当创作的"作品"写的，当"诗歌"写的，当"剧本"写的，当语言的营造物写的，就像评论家所说的，他的《安塞腰鼓》"简直就是首意韵优美的散文诗"。[1] 作为自读课文，学生需要去感受这篇文章语言的魅力，选取让自己最有感觉的文字，结合自己的情感体验，写一段推广语。

（三）给腰鼓设计推广名片

散文学习需要学生抓住作者所描绘的景、物、人去感受作者的情思，在

---

[1] 王荣生：《听王荣生教授评课》，华东师范大学出版社，2007，第85—86页。

创设情境时通过设计推广名片来达到感受作者情思的目的。

聚焦言语，推广腰鼓——品读与腰鼓表演相关的三个场面，小组合作给腰鼓设计推广名片，让游客对表演和安塞人有清晰的认识。

下表是学生设计的名片示例（表1-2）：

表1-2 "安塞腰鼓"推广名片

场次	表演特点	表演场面	妙处
表演前	寂静	呆呆的……	三个场面形成系列，相互配合，动静结合，震撼人心，感受到作者对安塞人乐观、昂扬的生命力和坚强的品质的赞美。
表演时	壮阔、豪放、火烈、震撼	"一捶起来就发狠了，忘情了，没命了！百十个斜背腰鼓的后生，如百十块被强震不断击起的石头，狂舞在你的面前。""骤雨一样""乱蛙一样""火花一样""斗虎一样"……	
表演后	宁静	一声渺远的鸡啼……	

设计名片的好处是介绍内容简洁、清晰。为更好地设计名片，学生需要结合语境、自身经验，有效、合理地解释关键词语、句子、文段所表达的意义和作用。能从排比句的构成特点、用词特色、和其他修辞方法的配合、情感角度去赏析；能从表面上看到变化的动作，体会到动作的背后突显的安塞人乐观、顽强与坚韧的精神，从而让学生聚焦语言，解读语言，抓住场面描写去体会作者的情思。学生在这个情境任务下，需要回到文本当中，揣摩分析文字，解读文本。

（四）发挥所长推广腰鼓

在完成了以上学习任务以后，最后需要回归自我，拓展思考，将安塞腰鼓的特点、内涵、民族精神、赞美之情融合在一起，并用自己擅长的方式去表达自己对安塞腰鼓的理解。

总结交流——作为推广人，请你结合前面的阅读成果，用自己最擅长的方式——一段朗诵、一首小诗、一段颁奖词、一段歌词，或者其他的艺术形式，推广给身边的人，让他们和你一起去感受安塞腰鼓表演的魅力。

这个情境充分尊重了学生的个性和特长，让每个学生能根据自己的理解，用自己擅长的方式去表达自己的情感体验。

四、角色体验激兴趣，情感代入写悼词——《装在套子里的人》

在进行小说教学时需要了解小说的文体特性。王荣生老师指出，小说教学的关键是让学生"进入"作者所描绘的小说世界，小说教学要通过一个个例子的剖析，让学生学会怎么进入小说所呈现的世界里面去，小说教学的过程就是教师引导学生通过适当的解读方式进入文本、读懂文本的过程，小说教学的重点应该在学生对小说解读方式的把握上。① 基于这样的认识，创设的情境就需要让学生进入小说的世界中去，通过分析人物形象解读主题。

（一）自杀？他杀？——"别里科夫之死"专案调查组

通过"套子"设置情境导入：世界之大，无奇不有。在沙皇专制统治下的俄国，有一个装在套子中的人，他的"套子"是什么呢？他又是怎样生活的呢？下面我们就一起来关注这位特殊的人物，组成"别里科夫之死"专案调查组，合作互动，带入情境。

1. 角色扮演，引入情境

1898年夏季的一天，沙皇统治下的俄国，在一所中学的男职工宿舍里，发现一具中年男尸。据查，死者为该校希腊文教师别里科夫，死因不明。一个世纪以后，××高中××班学生特组成专案组对这一事件进行立案调查。调查涉及四个选题：案发背景、现场勘查、生平事件经历、有关人士采访。

要求：6人一组，讨论决定其中的一个选题，然后小组讨论，一人执笔，共同写出该项调查报告。15分钟后，确定组内一人宣读。完成任务时需要结合文本内容，清楚表明依据。

2. 写出结案报告并交流

要求：（1）每个学生写出本案"结案报告"。（2）小组交流所写内容。

结案报告示例：别里科夫的死亡既是他杀也是自杀。一方面，别里科夫在日常生活中体现了极大的保守性，他生活在自己设定的套子里面，他的思维方式和认知不能够接受那些时代的变化，自行车和华连卡的笑都成为他难以接受的心理问题，以至于别里科夫只能以死亡作为终结。另一方面，别里科夫的死是时代的腐朽造成的，在沙皇的高压统治之下，别里科夫备受压迫，

---

① 王荣生：《小说教学教什么》，华东师范大学出版社，2015，第91页。

但是他又甘于当沙皇的鹰犬，心灵僵化。综上所述，别里科夫的死亡最为根本的原因是沙皇的统治，这也是人们思想保守的源头。因此，沙俄人民应该奋起反抗，推翻残酷的沙皇统治，张开双眼，看世界变化，迎接思想的重生。

教师首先通过问题导入。在小说教学中，创设真实的语言运用情境是为了教学，教师必须避免为了创设情境而创设情境的困境，情境创设要立足小说内容，在教学展开之前，着重强调"套子"，引导学生关注关键信息。

为了让学生在情境中主动学习，深入解读小说的人物，从而把握主题，教师设计了通过专案组进行调查的角色扮演情境，以有趣、轻松的学习形式激发学生进行积极思维，结合小说情节的展开以及作者对人物的描写，分析人物特点，在自杀还是他杀这个情境中去深入文本，解读人物，并形成自己的分析和理解，通过写出结案报告进行小组交流。这样一来，学生在角色扮演中不仅能够体味自己所站的角度和任务立场，也能够在和其他小组成员的互动之中明白其他人的角色立场，提高学生的参与感。

（二）为别里科夫写"悼词"

值得注意的是，创设角色扮演的情境，容易让学生重表演轻内容，所以最后需要老师进行总结提升，总结时指向对语言的探究和感悟。在学生完成了各自的任务并且展示之后，老师需要紧扣教学目标指导学生进行梳理和总结，在最后环节安排学生梳理总结小说人物形象、领悟小说主题和它的现实意义。

1. **别里科夫人物特征**：别里科夫性格具有复杂性，小说的标题就是对别里科夫的一种另类刻画，其明明是沙皇残酷统治下的受害者，却仍然在维护沙皇统治，甘当沙皇的鹰犬，是19世纪末期可悲的苟且偷安的知识分子形象代表。

2. **小说主题**：小说通过讽刺的艺术手法描绘了沙皇统治下的社会，揭示了沙皇统治的残酷和对人的压迫，沙俄人民要站起来推翻沙皇的残酷统治，变革社会，解除腐朽顽固的思想，革新思想。

3. **现实意义**：讨论在现实生活中是否有这样或那样的"套子"，如果有，套子是什么样的。

第一章
情境的创设与教学实施

在引导学生完成课文梳理以后,最后再让学生输出表达,表达自己对人物和主题的思考,所以设计了这样一个情境:结合对人物形象和主题的理解以及这篇小说的现实意义,为别里科夫写一份"悼词"。

学生写的悼词举例:

各位女士、各位先生:

别里科夫的一生是"伟大"的一生,也是"光辉"的一生。他接受沙皇政府的领导,忠诚于沙皇政府的教育事业,遵守沙皇政府的法令制度,唯沙皇政府的命令是从,勤勤恳恳、任劳任怨地维护着沙皇政府的"伟大而光辉的形象",时刻把沙皇政府的教导牢记心中。凡是政府规定禁止的,他无条件拥护。他时时告诫我们:千万别出什么乱子。一见到学生有"出格"的事,他就惴惴不安、忧心忡忡甚至战战兢兢。他始终维护沙皇教育者的形象,坚持传统的一成不变的原则。他的思想影响着一批批、一代代的学生甚至老师,他思想的"光辉""照耀"了学校乃至全城整整15年。虽然他并不为大多数人理解,但是得到了沙皇政府的拥护者和遗老遗少们的一致好评。

别里科夫的一生是规规矩矩的一生,也是压抑的一生。他对自己要求严格,抗腐蚀、抗干扰的能力很强,他不怕把自己尘封起来,与一切新生事物划清了界限。他爱憎分明,他不齿那些与世不和谐的任何事物。就是在穿着上,他也坚持把自己包装起来的原则,他用雨鞋、雨伞、棉大衣保护着自己不受浸染,连表和铅笔都是规矩地装在套子里,甚至出门坐车也要叫车夫把车的帐篷撑起,不愿意接触到任何新的东西,这种执着的精神,这种一丝不苟、一如既往、十多年如一日的回避现实的精神,是难能可贵的。他的所作所为将会写进沙皇政府的光辉史册。

别里科夫死后,虽然不会给沙皇时代留下什么空白,但是他的死,毕竟是具有典型意义的。他死后,很多人会从窒息中苏醒过来;他死后,很多人就可以不再小心地说话,可以写信、交朋友、看书、周济穷人和教人念书写字;他死后,我们很多人可以享受暂时的自由的空气,至少一个礼拜的精神放松。我们知道,一个别里科夫倒下去,还有相同版本的别里科夫站起来,他的死不能使我们完全快乐起来,但是我们可以再也不去看他那身体上的套子,再也不会受到他精神上的套子的钳制。但我们从他那套子式的生活和套子式的精神的灭亡中,感觉到自由离我们已经不远了。他的死,更使我们增加了争

19

取自由的信心和勇气，所以他的死，是死得其所的。我们知道前途是光明的，道路是曲折的，但我们充满希望。

我们将化悲痛为力量，继续为挣脱精神的桎梏而努力，为创造一个崭新的世界而努力奋斗。

从学生写的悼词可以看出，学生基于对别里科夫这个人物的理解，对别里科夫进行了反讽，并意识到别里科夫这样的人物对生活环境和社会环境的毒化作用，也能清楚地了解到造成人物悲剧的原因是社会制度。通过写悼词这样一个情境任务，学生从对课文的学习转到对社会人生的认识，从输入到输出，既训练了语言表达又提升了深度思考的能力。

讨论话题

1. 语文教学过程中，在什么情况下需要创设生活情境？
2. 在语文教学过程中如何创设情境才有利于激发学生积极思维？

（杨雪梅）

第二节　创设基于开放问题、复杂需求的情境

任何知识都是有系统、有体系的，学科与教材里的知识结构和体系是多年来人们认知的结果，是专家型的、学者型的知识。但是，在教学中教材里的知识常常被"肢解"后呈现给学生，常表现为零散的知识碎片。因此，我们在教学中需要引导学生通过活动建立起对复杂知识的结构化认知。创设基于开放问题、复杂需求的情境有助于学生将学到的学科知识与自己的经验融合并进行迁移运用。

一、知识的结构化的内涵

《普通高中语文课程标准（2017年版）》梳理了学科核心素养，提出了课程目标、18个学习任务群。很显然，内容的系统性和结构化要求教学策略也要系统性和结构化。知识的结构化是指经过对概念的互动理解和建立要素之间的内在联系，把相对零散的、模糊的、不完整的、不系统的知识变成体系化的、清晰的、完整的、系统的结构的过程。具体做法是依赖结构化意识、思路和方法，促使学生将学到的知识加以归纳和整理，使之有一定的秩序和结构。通俗来讲，也就是让知识与知识产生关联，让知识之间通过一定的关系结合在一起。

二、知识的结构化的策略

（一）创设学习活动情境

"情境"是新时期语文课程与教学不可忽视的关键词之一。重视情境，就是要使学生的情感与学习内容产生共鸣，这是创设情境的第一要义，然而产生"共鸣"，还只是情境最浅层的作用。在教学中对知识的系统化和结构化

要求越来越高的今天，我们在创设情境过程中，除了要注意营造真实的学习情境外，还要注意更加系统化地设计，将学习内容、学习方式与学生的自我成长、社会发展紧密关联，让学生将学到的学科知识与自己的经验融合，并与外界交互，积极地将学习内容迁移运用，从而将"零散"的知识建立起有机联系，将学科知识结构转化为学生的认知结构，真正将书本知识变成内在素养。

（二）创设开放问题情境

开放性问题是那些答案不唯一，需要学生运用创造性思维和想象力去回答的问题。而知识的结构化则是指将所学知识进行系统整理和归类，形成有序的知识体系。开放性问题的提出，可以引导学生深入思考，激发他们的求知欲，从而更好地理解和掌握知识，实现知识的结构化。

为了实现开放性问题和知识的结构化的有效结合，教师需要精心设计问题，引导学生主动探索。首先，问题设计要具有启发性，能够激发学生的思维活力。其次，问题应具有综合性，涵盖多个知识点，帮助学生构建完整的知识体系。最后，问题应有实际应用价值，让学生了解知识的实用性和意义。开放性问题的解答过程就是一个探索和发现的过程，通过设置和解答开放性问题，学生不仅可以加深对知识的理解和记忆，还可以提高自身的思考能力、创新能力和批判性思维能力。

（三）巧用"思维工具"，引导学生自主梳理

"思维工具"包括流程图、层次结构图、矩阵图、思维导图等思维可视化工具，使用这些"思维工具"，可以引导学生把看不见的思维过程和方法清晰地呈现出来，以便更好地理解、记忆和运用。

有效学习的过程就是一个结构化的过程，越是结构化的知识越具有迁移应用的价值。学生掌握了结构化的知识内容和结构化的方法程序，即"知识内容结构"和"方法程序结构"，就不仅学会了一种知识，解决了一个问题，而且掌握了学习某一类知识或解决某一类问题的思维方法，也就掌握了主动学习的工具。

三、创设舞台情境，用深情演绎，达成共鸣——《雷雨》品读

《雷雨》是曹禺的成名作，也是中国现当代戏剧的扛鼎之作。《雷雨》一经问世，便以其激烈尖锐的矛盾冲突、抒情性的语言和鲜明的人物形象饮誉文坛。

《雷雨》剧作完全运用了"三一律"，两个家庭八个人物在短短一天之内发生的故事，却牵扯了过去的恩恩怨怨，剪不断，理还乱。狭小的舞台上不仅突现了伦常的矛盾、阶级的矛盾，还有个体对于环境、时代的强烈不谐调的矛盾，在种种剧烈的冲突中完成了人物的塑造，并且戏剧的悲剧主题潜伏在每一句台词、每一个伏笔中，只是到最后时分才终于爆发出来，化作一场倾盆雷雨，无比强烈地震撼了每个人的心灵。

《雷雨》作为一部戏剧，情节曲折，可读性强，学生阅读起来没有太大障碍。如果只按照传统的教学方式，根据教学目标，向学生"灌输"戏剧的知识，生硬地品读人物语言，牵强地概括人物形象，我们确实也可以完成教学任务，但是《雷雨》作为戏剧的文体特点，其语言个性鲜明的性格化、丰富深刻的精练美，以及富于感染力的动作性和惊心动魄的舞台感，学生就很难体会到。因此，笔者在进行教学设计时坚持"从舞台中来，到舞台中去"，创设基于开放问题、复杂需求的情境，既能调动起学生的积极性，也能让学生在真实的表演中切实体会戏剧的魅力，体会曹禺作品的伟大，体会每一句台词及台词背后深藏着的无奈的灵魂。唯有如此，学生才能打破与所学知识之间的"隔膜"，真正体会到知识的用处，并自觉将所学知识迁移到生活中去。

大任务： 一年一度的校园话剧节到了，同学们想把《雷雨》（节选）的内容搬上舞台。为了保证演出的成功，希望全班同学积极参与，共筹智慧。

（一）点兵派将有章法——细分具体任务，明确权责分工

利用校园活动，创设真实、富有意义的语文实践活动情境，让学生在完成具体任务中实现语文知识和能力的建构。大任务要具有整合性、情境性、驱动性、支持性，以利于提高学生的认知水平，统领和引导学生展开自主、合作、探究的学习活动。同时，要将大任务分解成若干有序而多样的小任务，

以结构化的材料支持学生的联结性学习，从而激发学生思维，帮助学生由浅层学习走向深度学习，有效地完成"大任务"的探究。大任务中的每个小任务在设计时，都要结合语文核心素养，落实教学目标。

将教材搬上舞台，让学生去表演，这种方式能极大地调动学生的学习积极性，引导学生主动参与到教学中来。但是，表演亦有难度，所以，为了能更有效地、高质量地完成"表演《雷雨》"这个大任务，教师需要提供"支架"，引导学生一步一步向目标靠近。

首先，要设置好大任务——表演《雷雨》。其次，教师要进一步将任务细化，让每个学生都知道自己的责任所在，这样学生就可以按照要求有条不紊地实施。在进行任务分配时，教师根据戏剧表演的真实情境，设置如下任务：

为演出《雷雨》，语文课代表正着手剧组的筹备工作，计划组建导演组、编剧组、演员组（蘩漪、周朴园、周萍、周冲、四凤、鲁侍萍、鲁贵、鲁大海）、海报设计组、沙龙研讨组共五个小组。

请大家认真阅读课文，了解原著内容，上网查找与原著和作者相关的资料，根据意愿自行选组。

比如：如果你做编剧，介绍一下作者曹禺和原著的情况。如果你来做海报设计师，请介绍你的文字和海报设计创意。如果竞选演员，请你解读一下你要扮演的这个人物的人物形象。如果竞聘导演，请你解读一下题目"雷雨"的内涵以及众多人物形象的性格特点。

为了大家有充分的准备，我们把它拆解为三个小任务。具体要求如下：

任务一：搜集作者资料，熟悉作品内容，设计演出海报。（演出前）

任务二：把握人物形象，揣摩心理变化，撰写赏析文章。（演出前）

任务三：举办文学沙龙，研讨戏剧主题，理解"雷雨"的深刻含义。（演出前）

话剧是学生喜欢并且熟悉的一种艺术形式，某种程度上也是和学生的现实生活密切相关的，所以学生的学习兴趣立刻被调动了起来。学生按学习小组选择自己喜欢的内容进行设计，有综合实践的价值，这样使课堂学习得以向纵深发展。同时，三个小任务为学生活动搭建思维台阶，做到尊重学生认知水平，在实践活动中让学生有主动探究、表达的愿望，帮助其积极自主建构知识体系，获得深刻的情感体验。

（二）方寸之间铸深情——设计海报，让语言品读和生活实际建立连接

在教学过程中，教师不仅要关注自己如何呈现、讲解知识信息，还要及时关注、探知学生头脑中对知识意义的真实建构过程，因此要"以读促演，以演促读"，激发学生的相异构想，并进一步促进学生的知识建构。

《雷雨》的难点之一就是人物形象的复杂化、立体化。在不到24小时内，集中展示了周朴园的专制、冷酷和伪善；周冲的热情和单纯；繁漪对爱情的深挚乃至略显变态的执着；周萍痛悔着罪孽却又不自知地犯下更大罪孽的软弱……这些复杂的人物关系及形象都是需要学生细读文本，仔细品读揣摩。因此，鉴赏人物形象，品味人物语言，品味台词背后的深刻意蕴，是研读本文的重点。

充满挑战性的情境任务既能调动学生参与的欲望，也能唤起学生强烈的求知欲。海报是学生们日常生活中常见的事物，学生制作海报文案的过程其实是对文本深加工的过程，简述并点评既是锻炼学生的表达能力，也是让学生在交流碰撞中增进对文本内容的理解。学生制作海报的过程，蕴含了他们对人物形象的理解，对文本主题的理解；学生们在制作完成后举办文学沙龙，互相交流，进行思想碰撞，既可以改变他们的错误认知，也能强化正向理解。

任务一：1.搜集作者资料，熟悉作品内容，设计演出海报。（演出前）

2.分享各组学生做的点评，分组介绍每组的海报文案设计，并简述这样设计的理由。

（三）集思广益拾众慧——举办文学沙龙，让思维在碰撞中升华

活动性学习情境要求教师要灵活运用自主学习、合作探究、展示点评、归纳小结四个基本步骤，确保学生的主体参与，并引导学生在此基础上建立起对知识的结构化认知。创设活动性学习情境不仅能够引导学生在真实具体的情境中进行自主学习，锻炼独立阅读能力，还能使学生在与教师及其他同学的对话交流中发展语言运用能力。

英国作家萧伯纳曾说过:"如果你有一个思想,我有一个思想,彼此交换,我们每个人就有两个思想,甚至多于两个思想。"学生的精神成长既需要独立思考,也需要在群体中分享交流。没有交流的思想,往往陷入思维偏差;没有思想的交流则会流于形式。阅读是独立思考的过程,交流则是将自我思考的结果放到群体中进行比较、分析的过程。举办读书沙龙即为学生提供了表达自我观点和思想的平台,在交流过程中,也能让学生更好地认识和调整自己,克服自我盲目性,形成对文本客观而正向的评价。同时,在大家畅所欲言中,学生更容易敞开自己,表达自己,建立情感联系,获得同情甚至是心理需求,从而有利于他们形成稳定的心理状态,进而实现个性发展和完善。

任务三:举办文学沙龙,研讨戏剧主题,理解"雷雨"的深刻含义。

传统语文教学由于脱离生活情境,导致语文学习"丧失了和现实生活的连接",学生在学校所"获得"的知识或技能无法迁移到现实生活中去,导致学生片面地埋头于"故纸堆"中,沦为存储知识的冷冰的"容器"。因此,在教学中设置开放的真实的学生活动情境,不仅是形成和培育学生语文学科核心素养的重要途径和方式,也是评价学生语文学科核心素养发展水平的重要依托和载体。按照思维型教学原理中创设情境的一般流程,创设情境要服务教学目标,紧扣教学内容,凸显学习重点,这是创设情境最基本也是最重要的原则。该教学设计在"展演"这个大任务的驱动下又精心设计了三个小任务,每个小任务都是基于教学目标有效达成而设置。通过这三个任务,学生基本完成了对《雷雨》中语言的品味、人物形象的解读以及文章主题的把握。以"大任务"为中心,有序建构"小任务"间的联系,有步骤,有层次,有梯度,呈现对文章的结构性认知。

四、创设开放情境,这一次我来当"馆长"——《老人与海》品读

《老人与海》是普通高中课程标准实验教科书语文必修3第一单元的一篇自读小说,这一单元几篇文章都是小说。在高中语文的五本必修教材中,学习中外小说的只有两个单元——必修3的第一单元和必修5的第一单元。本单元是高中阶段的第一个小说单元,在整个高中小说教学中占有很重要的地位,它既是初中小说学习的焊接点,又是整个高中小说学习知识技能的伸展点。本文通过对主人公桑地亚哥形象的成功塑造,歌颂了人类在神秘莫测的

自然中表现出来的不屈不挠的大无畏的英雄气概。无论是情节、人物还是环境，在这篇小说中都有非常形象生动的描写。学习本文，能让学生掌握鉴赏小说的基本方法，提高阅读欣赏小说的能力，为以后的学习打下基础。

《老人与海》作为一部外国小说，情节并不复杂，但是文中大量的内心独白使得学生阅读起来总觉得枯燥，并且学生对海明威的写作风格不很了解，对于作者精心设计的内心独白所体现的内涵把握不到位，对老人在斗鲨过程中反映出的精神特质理解不够深入，对文本的哲理和象征意味的理解不够全面。因此，进行文本细读，领会精神特质，体会象征含义是本课的教学重难点。

（一）我的地盘我做主——为"桑地亚哥纪念馆"设计画配话

建立知识的结构化认知，首先需要教师自己能够以高效而丰富的心理表征去结构化知识，能够深刻地把握学科本质，建立高度简洁的结构和模型；其次还需要教师给予学生尝试将自己的知识结构化的机会。建立结构化知识首先就是在知识与知识之间找到内在的、本质性的联系，越是能把新知识和已知关联起来，越是能诠释这两者之间的关联，就越能牢固地掌握新知识。

学生都读过小说，但大部分学生仅停留在感性的认识上，缺乏理性的思考，他们知其然，不知其所以然，缺乏鉴赏小说的基本知识。《老人与海》是一部外国小说，要深入文本，有一定的困难；而且不少学生阅读小说偏好曲折的情节，忽视语言的魅力。而《老人与海》恰恰是没有复杂情节且极具哲理和象征意味的小说，想要学生深入理解文本的哲理和象征意义，就必须引导学生品味文中典型的内心独白。如何调动学生积极性，深入品读文中大量的内心独白，就成为我们教学设计的难点。为此，我们以设计"纪念馆"的方式调动学生兴趣，让学生设想当地政府要为桑地亚哥建立"纪念馆"，以这样的情境设计调动学生已有认知，希冀使学生产生情感共鸣。

为"斗鲨图画展区"设计"画配话"，其本质是引导学生整体把握桑地亚哥与鲨鱼搏斗的五次经历，并深入分析每次搏斗所要突出的桑地亚哥的形象和精神。看似简单的"配话"，其实需要学生整体观照每次搏斗的不同之处和要突出的重点，让学生深入体会这些内心独白所反映的桑地亚哥的精神世界，增强学生对语言的品读能力。

设计如下：

根据《老人与海》作品结尾部分——桑地亚哥捕回的一根又大又长的白色脊柱骨引起了游客好奇的故事情节，设想在海明威逝世60周年之际，当地政府筹建桑地亚哥纪念馆，并筹建斗鲨图画展区、大马林鱼骨架展区等。

任务一：画配话——斗鲨图画展区设计

作品中，桑地亚哥在返航途中，先后五次与鲨鱼斗争，并且在每次斗鲨过程中，作者对桑地亚哥都有大量的心理独白描写。假定这一展区展出的是桑地亚哥五次与鲨鱼搏斗的五幅图画，请从作品中每次斗鲨的描写部分选取一处（一句或一段）桑地亚哥的心理独白为该斗鲨场面配话。

要求：所选取的作品中的心理独白描写具有典型性，能够较好地反映桑地亚哥的精神世界。

本设计利用海明威逝世60周年这个真实背景展开，设想在海明威逝世60周年之际，当地政府筹建桑地亚哥纪念馆，巧妙借用生活中正在发生的时事背景创设真实情境，符合学生的认知。同时，学生都很熟悉纪念馆，以此为切入点，能够引起学生的共鸣并促使学生深刻地感悟文本，从而激发学生进一步解决实际问题的探索欲望。

《老人与海》课文中最重要的就是桑地亚哥与鲨鱼的五次搏斗。在这五次搏斗中，作者使用了大量的内心独白来忠实地记录桑地亚哥的内心活动，写出他在海上漂泊的这几天的心态，通过自由联想的方式，真实地再现了老人的思想与感受。这些内心独白不仅深刻揭示了桑地亚哥内心的自豪感、坚毅以及寻求援助的孤独感，而且闪烁着丰富的哲理光彩，丰富了小说的思想，构成小说的重要特色。

教师在进行设计时，可以提前选好桑地亚哥与鲨鱼进行五次搏斗的图画，也可以让学生自己设计，然后让学生根据图画内容去寻找文中最合适的内心独白，并说明选择这句话的理由，如此，既有输入，也有输出，极大调动学生参与的积极性。

（二）从此我的心中有个"你"——为大马林鱼骨架展区配解说词

《老人与海》中的马林鱼骨架是老人出海捕鱼的最终收获，也是作者在小说中塑造的一个意义丰富的文学形象。把它作为一个文学形象来研究，有助于我们理解海明威文学创作的美学思想以及这篇小说的主题。

海明威曾在谈《老人与海》的创作时提到，他曾计划写"海洋四部曲"，其中的第四部分是"桑地亚哥和马林鱼"。由此可见，马林鱼不能单纯地被看作老人的猎物，它有更丰富的意蕴。对于桑地亚哥来说，大马林鱼是一个伟大的对手，它的外表强大，内心沉着冷静，坚持不懈。马林鱼的出现让84天没有捕到鱼的老人找到了自己的人生目标，有了人生的价值和意义。反观海明威的一生，他也是对目标有着不懈的追求，因此，大马林鱼对于海明威来说也是目标的象征。老人通过战胜强大的大马林鱼，找寻自我存在的价值，大马林鱼也就成了自我的象征。老人赞叹大马林鱼一直保持的清醒与镇定，他希望自己也像大马林鱼那样懂得怎样忍受痛苦，像个男子汉。另外，越是强劲的对手，越能凸显自己的价值，所以他选择与大马林鱼死磕到底，大马林鱼也象征着自我价值的荣耀。当然，大马林鱼最后只剩下骨架，这是老人失败的体现，但是，这也是老人成功的体现，他不断超越自我，挑战极限，虽然结果不尽如人意，但是他是精神上的胜利者。当然，也有人认为这个骨架反映了《老人与海》独特的悲剧美学意义。无论是"精神上的胜利""道义上的胜利"，还是"不惧失败""体面的、不失尊严的失败"，终究还是失败。总之，对于"骨架"的意义，可仁者见仁，智者见智，只要学生言之成理即可。

任务二：解说词——大马林鱼骨架展区设计

这一展区展出的是桑地亚哥历尽艰辛从海上带回的大马林鱼骨架。请为大马林鱼骨架展区写一段解说词，介绍骨架的由来及意义。要求：150字左右。写完与同学们交流分享。

（三）给"纪念馆"打上心情值——我来设计"宣传语"

经过前面为"桑地亚哥纪念馆"设计画配话、为大马林鱼骨架展区配解说词两个环节，学生已经能深入体会文中内心独白的深刻意蕴，并能对文章的主旨有深刻体悟。最后设计"设计宣传语"这一环节，既是对文本内容的总结升华，也是回扣本文设计的真实情境。

再次回到贯穿课堂的活动情境，为桑地亚哥建立纪念馆，引导学生深入理解《老人与海》，阐发对人生的思考。桑地亚哥表面上看只是一个运气不佳的渔夫，但在作品的象征层面则是一个永不言败的硬汉，是人类战胜自我、永不向命运屈服的精神象征。

本设计遵循思维型教学理论中创设情境的原理，在紧扣教学内容、凸显教学目标的前提下，努力创设基于开放问题、复杂需求的情境，让学生在问题解决中建立对知识的结构化认知。本设计在海明威逝世60周年的真实背景下，设想当地政府要为之建立"纪念馆"，并为"斗鲨图画展区"设计"画配话"，为"大马林鱼骨架展区"设计"解说词"，为"桑地亚哥纪念馆"写一则"宣传语"，几个任务都是在建立纪念馆的大情境之下，在这样的"开放问题、复杂情境"下，激发学生想要解决和探索问题的欲望，从而帮助学生建立新旧知识的联结，促进知识的构建与再生成。

任务三：为桑地亚哥纪念馆写一则宣传语。要求：符合纪念馆整体形象，主题鲜明，言简意赅，具有宣传力、感染力，字数不限。

示例：不败的桑地亚哥，永恒的"老人与海"。

五、创设比较情境——《再别康桥》《大堰河——我的保姆》品读

《再别康桥》《大堰河——我的保姆》属于"中国现当代作家作品研习"任务群。《普通高中语文课程标准（2017年版2020年修订）》中关于"中国现当代作家作品研习"任务群的内容提出："旨在大体了解现当代作家作品概貌，培养阅读现当代文学作品的兴趣，以正确的价值观鉴赏文学作品，进一步提高文学阅读和写作能力，把握中国现当代文学作品思想性、艺术性、观赏性有机统一的价值取向。"在"学习目标与内容"中这样写道："精读代表性作家作品，把握其精神内涵与艺术价值。至少选读10位现当代代表性作家的诗歌、散文、小说、戏剧方面的作品，大体了解现当代文学的发展概貌""关注当代文学创作动态，选读新近发表的有影响的作品及相关评论""选择喜欢的作品，从不同角度撰写作品评论，发表自己的见解"。

现代诗形式自由，意涵丰富，意象经营重于修辞运用，与古诗相比，虽都为感于物而作，都是心灵的映现，但其完全突破了古诗"温柔敦厚，哀而不怨"的特点，更加强调自由开放和直率陈述，进行"可感与不可感之间"的沟通。《大堰河——我的保姆》的作者通过对自己的乳母的回忆与追思，抒

发了对贫苦农妇大堰河的怀念之情、感激之情和赞美之情,从而激发人们对旧中国广大劳动妇女悲惨命运的同情,对这"不公道的世界"的强烈仇恨。这首诗语言通俗易懂,诗歌饱含深情。反复咏唱,学生会被诗歌表达的情感深深感动。

《再别康桥》是现代诗人徐志摩脍炙人口的诗篇,是新月派诗歌的代表作品。全诗以离别康桥时的感情起伏为线索,抒发了对康桥依依惜别的深情。语言轻盈柔和,形式精巧圆熟,诗人用虚实相间的手法,描绘了一幅幅流动的画面,构成了一处处美妙的意境。整首诗感情真挚,语言浓郁、隽永。学生被诗中的唯美意境所深深感染。

学生之前已经学习过现代诗歌,对现代诗歌的写作手法、鉴赏方式有初步了解。学生在这个阶段,喜欢读诗,也喜欢写诗,对于现代诗歌的学习热情很高,但是学生在读诗时往往停留于对诗歌的感性理解,不能从理性的角度、文学鉴赏的角度对诗歌进行多角度、多层面赏析。因此,我们在进行教学设计时,要充分利用学生的心理特点和认知期待,进行有目的的引导,帮助学生建立鉴赏诗歌的理性思路:鉴赏时要从诗歌凝练含蓄的语言入手,把握关键语句的深层含义,品味诗歌抒发的情感,分析诗歌的各种艺术表现手段,把握并深刻理解诗歌塑造的艺术形象,感受诗歌的优美意境。

(一)当"诗歌季"偶遇"现代诗"——为诗集设计书签,让诗歌走进生活

文学社是校园文化建设的重要组成部分。文学社能充分活跃校园文化生活,是广大文学爱好者施展才华的舞台。文学社与语文教学密不可分,两者相辅相成,为语文教学开辟了新途径。在教学中,可以充分利用好校内文学社团,从课堂到社会,从社会到课堂,实现语文学习与生活的有机统一。

在进行现代诗歌单元教学时,恰逢我校文学社团举办"诗歌季"主题活动,为此我们设想,借着学校社团活动的"东风",助力语文课堂教学。在"借力"的同时,我们也要避免语文课堂"社团化",过于自由和随意,因此,在设计时要时刻关注落实语文核心素养,关注本课教学目标,抓住这两个"基点"不放松,然后进行巧妙的教学设计。为此我们设计为《现代诗歌作品集》制作书签,同时要求书签中必须包含课内两首诗《再别康桥》和

《大堰河——我的保姆》，如此，就可以做到既拓展课外又关联课内。

根据课程标准和本节课内容，将本单元教学目标设定为：

（1）结合特定的社会历史背景，理解作品的思想文化内涵，探索其中蕴含的民族心理和时代精神，了解百年来中国人社会生活和情感世界变动的轨迹；

（2）根据小说、诗歌、散文、话剧不同的艺术表现形式，多角度、多层面探究作品的意蕴，注重对作品的个性化解读，获得鲜活的审美体验；

（3）从本单元课文中寻找炼字炼句的范例，深入分析鉴赏，引导学生养成推敲词句的习惯，讲究表达技巧，提升写作素养。

本单元设计主题为"时代镜像"，即关注现当代文化现象，弘扬社会主义先进文化，丰富个性体验，拓展人生视野。

大任务：正逢学校"诗歌季"，学校为了让学生全面了解现当代诗歌的发展脉络，拟出版一本现代诗歌作品集，现面向全体学生征集书签。要求学生制作一个系列的书签，每系列包含五个书签，具体要求为：书签必须包含《再别康桥》《大堰河——我的保姆》这两首诗，另外三首任选。书签内容要包括图片、一句话推荐、原文摘录三个部分，并配一则150字左右的设计说明。

设计说明：本设计包括三个部分，分别是诗歌选段、背景图片、一句话推荐。首先，诗歌选段选择了体现《再别康桥》思想情感的一段，让人看到了诗人对康桥的珍惜、眷恋与离别苦痛。此外，最后一段音韵和谐，句式整齐，语言优美，体现了新月派的"三美"主张。主图选择与《再别康桥》的文本内容呼应：云彩意象寄寓了作者的离情；诗歌写的是傍晚，且着意突出金色，营造出了一种静谧的离别氛围，故选择以金色作为主色调的傍晚彩云作为主图。最后一句话推荐主要表现作品的主题与成就，希望能吸引同学阅读本诗。

书签正面　　　　书签背面

图 1-1　书签范例

（二）万千缘由总因"梦"——对比"梦"之意象，把握深沉哲思

在前面大任务——为作品集设计书签这个背景下，我们还要制定更加细致的操作要求，以使学生的学习有落脚点。因为设计书签要求必须包含《再别康桥》《大堰河——我的保姆》，因此鉴赏这两首诗，理解这两首诗所抒发的情感，就是本节课的教学重点。

不管诗歌样态如何，诗歌创作透过"意象"表达情感这一手法是相通的，诗歌创作是有章可循的，正因此，我们对知识进行结构化也有了可能。从某种程度来讲，任何一门知识的建构都是有体系、有逻辑、有章法可循的，《大堰河——我的保姆》是长篇叙事抒情诗，《再别康桥》是新月派诗歌的代表作品，这两首诗在体裁和类型上都存在很大不同，但是二者的共同点是都通过"梦"这个意象，表现出自己的内心世界。所以，我们在设计时设想通过"梦"这一意象，将两首诗进行对比阅读，在探究中完成对意象的分析和语言的品味，进而体悟诗歌所表达的情感。

"意象"是诗歌的基本单位，是意和象融合的复合体，是作者主观的心意和客观的物象相凝聚的具象表现。诗人对意象的选取与描绘，正是其主观情感的流露。因此，鉴赏诗歌时，抓住意象并反复揣摩体味，是体会作者思想感情从而进入诗歌意境的关键。同时，在学习过程中，巧妙借助思维导图，将看不见的思维过程和方法通过图形清晰呈现出来，可以有效地帮助学生梳理诗歌的情感脉络，更好地理解、记忆和运用。

为此，我们设计如下任务：

任务一：通读《再别康桥》《大堰河——我的保姆》这两首诗，注意抓住诗中的意象，深入品味诗歌的语言和意境，把握诗人的思想感情。

任务二：《大堰河——我的保姆》与《再别康桥》中都有"梦"这一意象，请你阅读文本，说说你对"梦"的理解。

任务三：小组交流，介绍本组的设计成果，与同学交流品鉴，并选出最佳书签。

在学习过程中，我们巧妙地给学生提供学习支架和评价量表（见表1-3），让学生在分组、合作、探究中完成对意象的分析和语言的品味。这些支架和

量表体现的是学习诗歌的一般方法、一般规律，学生深刻把握学科知识，学会巧妙使用思维工具，能让知识的学习过程变成对知识的结构化的过程，从而让学生在学会了某一知识、解决了某一问题时，掌握学习某一类知识或解决某一类问题的方法，实现知识迁移，高效学习。

表1-3 "梦"设计成果评价量表

成果评价	分值
没有针对"梦"的内涵进行解读或内涵解读错误，无分析、无依据、无逻辑。	0
内涵解读停留在表层，就单个意象进行解读。	1
走向深层，关注到修饰语或其他意象或者作者经历，但没有建立好关联。	2
内涵解读迈进深层，能够结合修饰语、意象的关联与组合、作者独特经历等内容进行解读，逻辑合理且清晰。	3
能关注到两种"梦"的差异性，使问题本身的意义得到深化拓展。	4

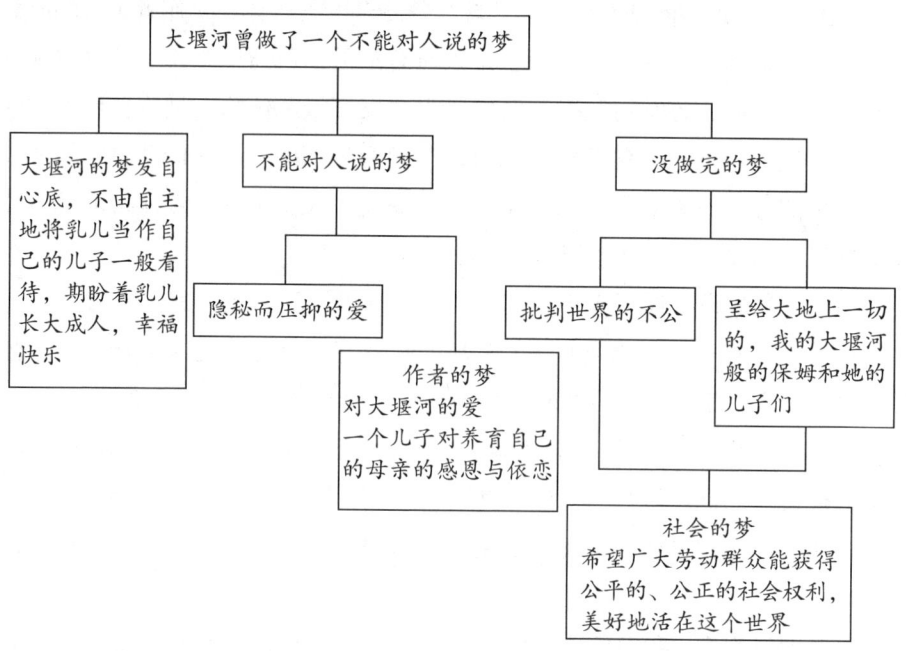

图1-2 《大堰河——我的保姆》中"梦"的意象内涵思维导图

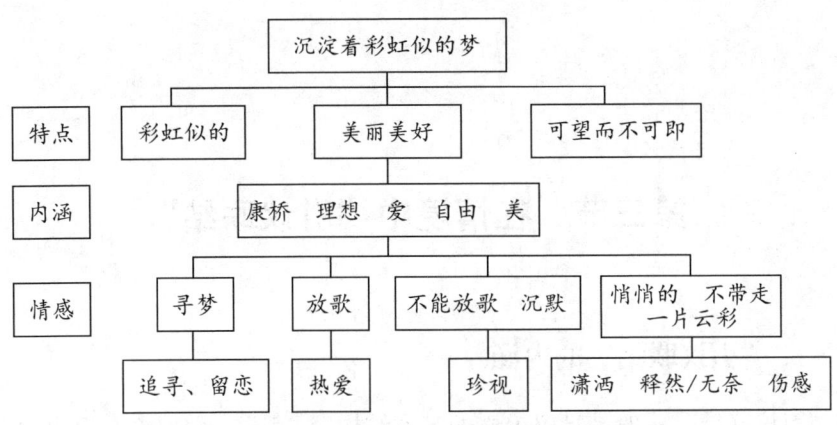

图 1-3 《再别康桥》中"梦"的意象内涵思维导图

教育心理学中将结构化表述为"将逐渐积累起来的知识加以归纳和整理,使之条理化、纲领化,做到纲举目张"。其实就是"将零散的知识系统化、条理化,使之有组织,有层次"。结构化教学的目标便是"实现知识的结构化",要实现这一目标首先需要教师自己能够以高效而丰富的心理表征去结构化知识,能够深刻地把握学科本质,能够对知识建立简洁的结构和模型,在此基础上,还要借助适当的方法将内在的思维外化出来。巧妙借助流程图、层次结构图、矩阵图、思维导图等思维可视化工具是引导学生把看不见的思维过程和方法清晰地呈现出来的有效方法。

结构化的过程本身也是一个丰富"关于知识的心理表征"的过程,一个意义建构的过程。通过结构化我们能够深度加工复杂的知识,并在解决问题时能够轻松地从长时记忆中提取需要的知识。

通过将《再别康桥》和《大堰河——我的保姆》进行对比阅读,帮助学生建立起鉴赏诗歌的理性思路,领会从诗歌凝练含蓄的语言入手,品味诗歌中使用的意象,进而深刻理解诗歌塑造的艺术形象,感受诗歌表达情感的方法。在此基础上,让学生将课堂上学到的鉴赏诗歌的方法"应用迁移",自觉运用到鉴赏课外诗歌作品中去,从而掌握鉴赏诗歌的"心理表征",进而形成结构化思维,最终实现对"这一类"文学作品的品鉴。

📖 讨论话题

1. 模拟知识产生情境的具体策略有哪些?
2. 结构化教学,建立对知识的结构化的方式有哪些?

(徐立媛)

第三节　在情境中"引议联结"

一、"引议联结"的内涵

"引议联结"一般是指议论文的基本结构。"引",即引论,提出问题,由一句名言、一种现象或一件事情,均可以引出中心论点。"议",即本论,分析问题,一般采用几个分论点的形式。"联",就是联系现实生活,联系时事,或从正面论证,或从反面论证,多角度、多侧面地阐述。"结",即结论,解决问题,总结全文。

在这里,"引议联结"有另外的含义,我们"旧瓶装新酒"——用大家所熟知的议论文"引议联结"基本结构的"瓶"来装引导、规范处在学习中的学生思维通向高阶的"香醇的酒"。

"引"——指引用学生在其他学科中学到的知识,以及来自课外的阅读、实践,如历史典籍、地理常识、物理实验等。"联"——则是联系实际,一般可以联系和国家、社会相关的内容,包括时事热点、民族精神、传统思想、文化现象等方面;也可以联系与自我相关的内容,如身边见闻、个人经历等。"结"——结合,密切结合文本。"议"——议论,是一种评析、论理的表述法。一篇或一段完整的议论,通常由论点、论据和论证三要素组成。议论分两大类,即"立论"和"驳论"。议论的特点是以理服人,用说理的办法,以概念、判断、推理等逻辑形式,直接对客观事物进行分析、评论、证明。

为什么要"引"？ 早在20世纪20年代,"跨学科"（又译作"交叉学科"）这一概念已经正式产生于西方学术文献中,指的是"超越一个单一的学科边界而进行的涉及两个或两个以上学科的知识创造与传播活动"。后来美国学者克莱因对此解释说:"自19世纪末开始,西方理智传统中的知识分类学即由划分为专门探究领域的分科体系所主导。然而自20世纪后半叶开始,分科体系受到挑战并被日益增多的跨学科活动所补充。"20世纪初,作为教育

第一章 情境的创设与教学实施

界的回应,杜威、克伯屈、陶行知等教育家也主张把儿童经验、社会生活和有关学科知识相互融合,使学习者在多学科综合探究中进行学习。20世纪后半叶,随着"跨学科"逐渐成为独立的学术领域,其学习理念也深入影响了基础教育,成为21世纪乃至未来教育的一种重要价值取向。在众多学科相辅相成的融合共生趋势下,割裂的单一学科课程模式已经难以承担起"全面育人"的重任。语文学科是基础学科中的基础,具有更加广泛的普适性,更宜于综合统整式的跨学科学习。"跨界"不是"无界",更不是学科专业特色的消解。语文学科在与地理学科的"空间"跨界中设置杜诗学习专题,在与历史学科的"时间"勾连中设置传统文化学习专题,甚至物理学实验、生物规律等都被允许在语文学习中登场。

为什么要"引"?2022版新课标依旧十分重视"丰富学生语言的积累",第四学段要求"独立阅读古今中外诗歌集、中长篇小说、散文集等文学名著……根据阅读进度完成读书笔记,针对作品的语言、形象、主题等方面的话题展开研讨"。大量地阅读课外书是一个人成功的关键因素之一。世界是多元化的,而不是单一的。若一味地追求专业知识的精深,不考虑学习专业以外的其他知识,这样的人可能是自信的,但往往不会有太大的作为。大多数人都是学而知之,天才只是极少数。世间道理书说尽,世事洞明皆学问。书籍是人类历史上的最伟大财富之一,通过阅读大量的课外书籍可以成为一个睿智的人。从古至今出现了许多风流人物,这些人大多是饱读诗书的人。大量阅读课外书籍不仅会使人变得博学多才,还会使人了解到人生的真谛。在生活中有一些人感觉生活充满艰难险阻,内心十分痛苦地生活着。一个大量阅读课外书的人一定会从前人的故事中找到一种解决问题的最好方法。课外书籍里到底有什么?文化知识的源远流长,使学生变得具有文化气息;哲学知识的博大精深,使学生变成一个幸福的人;物理知识的追求本质,使人类飞上浩瀚的太空。

为什么要"联"?学生应当关注社会问题!如果只是"一心只读圣贤书",那最后和书呆子没有什么区别。国家要的是人才,是能为国家做贡献的人。不关心社会问题,如何会有社会责任心?从古到今,从国内到国外,无数次大的社会运动无不与知识分子有关。知识分子对社会问题的敏感性是其他群体比不了的,学生是知识分子里重要的组成部分。一边倾听"风声雨声读书声",一边关注"家事国事天下事",才会成才。

为什么要"联"？列宁说："没有'人的情感'，就从来没有也不可能有人对真理的追求。"积极而健康的情感对激发创造性思维有重要作用。我们来看江苏省的郑婷老师所举情境：中国民间有句俗语"民以食为天"，古往今来，吃货文人这样说过："口腹之欲，何穷之有？""夜间，又将藏着的柿霜糖吃了一大半……不料一吃，又吃了一大半。""四方食事，不过一碗人间烟火。"可见，碗中有日月，饭中有天地。无锡美食众多，很多美食要靠独特的吃法，才能享受到舌尖上的滋味。今天我们的课就从无锡代表性美食之一——小笼包的吃法说起。要怎样吃才够味呢？设置"介绍小笼包怎样吃才够味"的情境，引出"食趣"的话题。[①]这样的材料贴近学生生活，吸引学生的兴趣，触发学生的情感，这样的讨论才是学生熟悉的、喜爱的，活色生香的。

"结"，则是结合具体文本。中学语文课文大都出自名家之手，并且经历了时间的检验。它们之所以被选入教材，首先就与所选文本的语言特色密切相关。据粗略统计，在中学语文教材的所有课文中，文学类作品如诗歌、小说、散文、剧本等占比超过60%，非文学类作品如说明文、议论文、杂文、科普小品以及新闻报道等大约占40%。

文本自身的言说是最有说服力的。文本的形式越复杂，其意义越丰富；文本的形式越独特，其意义往往也更新颖。这里的形式既包括文本的语言、选材和结构，也包括一些看起来无关紧要的细节和场面。明末清初，我国著名的小说评点家金圣叹从《水浒传》的人物出场次序中，敏锐地发现了小说的主题内涵。他认为，全书开篇即写高俅，不写梁山好汉，是"乱自上作"的体现，具有强烈的批判性和警示性。相反，如果先写梁山好汉，后写高俅，则会造成"乱自下生"的反面效果，意义便会彻底翻转。总之，我们不要轻易放过文本形式的每一个要素，特别要防止越过形式直奔主题的错误做法。

议论，在日常生活中人们会经常用到，说长道短，论是说非。在写作时，更是常见，通过宣扬观点、阐明理论，来影响读者。新世纪优秀人才的必备

[①] 郑婷：《创设真实情境 注重学生体验——统编语文教材八（上）第四单元"语言要连贯"写作指导》，《初中生世界》2022年第28期。

能力之一，是能对事实和客观信息加以分析综合，合乎逻辑地得出自己的结论，并形诸文字。

"议论"能有效地训练学生的逻辑思维。语言是思维的物质外衣，斯大林曾在《论列宁》中这样评价列宁的演说："当时使我佩服的是列宁演说中那种不可战胜的逻辑力量。这种逻辑力量虽然有些枯燥，但是紧紧地抓住听众，一步一步地感动听众，然后把听众俘虏得一个不剩。我记得当时有很多代表说：'列宁演说中的逻辑好像万能的触角，用钳子从各方面把你钳住，使你无法脱身；你不是投降，就是完全失败。'"演说如此，运用"议论"写作也是如此。就如李斯的《谏逐客书》、贾谊的《过秦论》、苏洵的《六国论》，即使我们对其观点不尽同意，读来也不能不感到文章强大的说服力。叶圣陶先生也说："议论的路径就是思想的路径。"①"议论"的理想境界就是让学生认识并感悟到这种逻辑力量，从而培养他们的逻辑思维能力。

在义务教育阶段，2022版新课标中发展型学习任务群的"思辨性阅读与表达""旨在引导学生在语文实践活动中，通过阅读、比较、推断、质疑、讨论等方式，梳理观点、事实与材料及其关系；辨析态度与立场，辨别是非、善恶、美丑，保持好奇心和求知欲，养成勤学好问的习惯；负责任、有中心、有条理、重证据地表达，培养理性思维和理性精神"。第四学段（7~9年级）要求"阅读关于生活感悟、生活哲理方面的优秀作品，学习思考与表达的方法，结合生活经验和阅读材料，阐述自己的感悟和观点"，"学习革命领袖的理论文章、经典的思辨性文本（包括短小的文言经典），理解作者的立场、观点与方法，围绕社会热点问题，以口头或书面方式参与讨论"。

"引议联结"能促进学生对文本的细研，对问题的深入思考，更能使学生跳出个人的狭小圈子，站在国家、民族、历史、时代的高度，去思考自我和社会、"小我"与"大我"等话题，体现视野广度和思维深度，弘扬家国情怀。

让学生在情境中，不断通过"引议联结"练习怎样进行引用、联系、结合，继而去分析、推理，同时感悟到如何将自己的观点表述得更具有说服力，提升思维能力，这应该是语文教学所追求的，而且是责无旁贷的。

---

① 叶圣陶：《叶圣陶语文教育论集》，教育科学出版社，2015，第270页。

二、汲取智慧，学习沟通：我心目中的沟通达人——《孙权劝学》品读、拓展阅读

（一）文言文中取精华，古今共享智慧果

文言文教学常常让很多语文老师困惑，因为文言距离学生的生活比较远，有一定的语言理解障碍，所以文言文的翻译一直都是教学的重要内容，文言文的其他重要教学价值便被忽视了。

有研究指出，文言文是用文言语体写成的语篇，文言文教学自然要重视其"文言语体"之"语"和"语篇"之"语"。与此同时，文言文涉及文字、文章、文学和文化，自然要重视"四文"。然而观察当下的中学语文课堂，其文言文教学多是一字一句翻译，教师死盯紧抓字词用法、文言语法现象，使学生在"逐字翻译，字字落实""直译为主，意译为辅"的训练中"皓首穷经"，却很难体味文言语篇的产生情境、交际目的和文化价值，使"两语四文"仅剩下"文言语体"和"文言词汇"，导致"文章章法""文学情味""文化价值"丧失殆尽。文言文要依据文本特点，在"教什么"上聚焦于文化，在文化的渗透中释"言"、用"言"。学习文言文，实质是体认它们的言志与载道，研习谋篇布局的法，体会炼字炼句的艺术，最终的落点是文化的传承与反思。

《孙权劝学》是七年级下册的一篇文言文，见于司马光主持编纂的《资治通鉴》卷六十六。对于这样一篇文章，无论是基于我国的文化传统，还是基于人的基本习惯，我们都会认为它是一篇劝人学习的文章——这样的理解没有任何问题，因为我国的文化习惯当中，历来是重视"学"的，我国最早的一篇关于教育、教学问题的专论——《学记》便是佐证。那么，《孙权劝学》进入课本，是不是就是为了通过"劝学"的解读，来让学生认识到"学"的重要性呢？如果只是这一目的，那这一文本似乎有不能承受之重。事实上，著名语文教育家吕叔湘先生曾说过这样一段话："教学文言的目的，课本例言里有过种种提法，教师和一般社会人士中间也有过种种想法。归纳起来，有四种提法：一、为了了解现代文章里出现的成语和典故；二、为了欣赏古典文学作品；三、为了接受文化遗产；四、为了写好白话文。"[①]这一描述道出了文言文

---

① 吕叔湘：《吕叔湘全集（第 11 卷）》，辽宁教育出版社，2002，第 19 页。

博大精深的内涵。就《孙权劝学》而言，即应该认识到中国的传统文化中其实不只是重"学"的，也是重"教"的，"劝'学'"与"'劝'学"应当是本文解读的两条主线。解读文本有时候并非只是为了理解，还常常是为了获得"意义"。"意义"往往是超越文字表面含义，而走向解读者自身的。先解读《孙权劝学》，再去思考吕叔湘先生所说的"接受文化遗产"，那作为课文解读者，能够意识到其中有什么文化呢？教师站在解读者的角度，不仅要将课文解读的结果传递给学生，更需要理解其中之"劝学"智慧，并且将这种智慧融入自己的教学当中，以让自己所教的学生亦能够像吕蒙一样接受教化，真正"就学"。

可以肯定，如果忽视了文本的现实意义，那无论多么经典的作品解读，都只不过是在故纸堆当中抠字眼。只有在解读过程中用历史意义照亮现实，才能让学生真正认识到经典作品的价值。只有在解读作品的过程中明确了现实的教学指向，才能让教师站在历史和现实之间，站在文本和学生之间，真正起到传递和引导的作用。

经典作品的价值就在于其能够穿越历史的时空，能够对不同历史时期的人的言行产生积极的影响。当下的学生是未来社会建设的栋梁，其思想与行为的塑造正源于当下的学校教学，正在于当下的语文课堂，因此，语文教师在教学过程中要利用文本解读这个契机，将学生的思想与行为引到正途上来，这是经典作品拥有的时代价值，也是语文教师在引导学生解读经典作品时必须完成的任务。认识到这一点，经典作品之智慧成果才能够真正照亮学生未来的路！

（二）战火烽烟有风范，穿越古籍见沟通

《孙权劝学》的故事，发生在赤壁之战后，孙权携大胜之势回归，时值乱世，像吕蒙这种会打仗、双商还高的人才实在是很宝贵。孙权来找吕蒙让他好好读书，其实就是要更好地提升自己团队的综合实力。对于人才，领导者自然要不遗余力地耐心劝导，晓之以理——"卿今当涂掌事，不可不学"，还要动之以情——"卿言多务，孰若孤？孤常读书，自以为大有所益"。这才是一个领导者的风范！

《孙权劝学》拓展阅读（一）：《三国演义》第六十八回——（孙权）又感周泰救护之功，设宴款之。权亲自把盏，抚其背，泪流满面，曰："卿两番相救，不惜性命，被枪数十，肤如刻画，孤亦何心不待卿以骨肉之恩、委卿以兵马之重乎！卿乃孤之功臣，孤当与卿共荣辱、同休戚也。"言罢，令周泰解衣与众将观之：皮肉肌肤，如同刀剜，盘根遍体。孙权手指其痕，一一问之。周泰具言战斗被伤之状，一处伤令吃一觥酒。……权以青罗伞赐之，令出入张盖，以为显耀。

两相对比，在三国战火烽烟之中，一位体恤、关心下属，善于沟通的领导者形象浮现在我们眼前。孙权是三国时期吴国第一任皇帝，实力最弱却立国最久，其雄才大略、勇敢坚毅深为世人所称道。关于他的英雄事迹，历史上留下了很多，而与人的沟通艺术在这里开始被万千学子学习。

《孙权劝学》拓展阅读（二）：《资治通鉴》中的《濡须之战》——建安十八年春，正月，曹操进军濡须口，号步骑四十万，攻破孙权江西营，获其都督公孙阳。权率众七万御之，相守月余。操见其舟船器仗军伍整肃，叹曰："生子当如孙仲谋。如刘景升儿子，豚犬耳！"权为笺与操，说："春水方生，公宜速去。"别纸言："足下不死，孤不得安。"操语诸将曰："孙权不欺孤。"乃撤军还。

赤壁之战以后，三国雏形渐成，历代史家对于三国时期的军事对抗和战争主要着眼于蜀魏之间、吴蜀之间，因吴魏实力悬殊，且孙权多次向魏纳降称臣，因而对于吴魏之间的战事关注得不多。其实吴魏之间并不是相安无事，亦发生过多次大规模的战争，这些战争主要不是发生在荆襄地区，也不是吴国首都建业地区，而是发生在江北一个名不见经传的濡须口。其中历史上最著名的那句"生子当如孙仲谋"，就是产生于这次濡须之战中。

《濡须之战》的故事，发生在孙权和曹操之间，对待实力不及自己五分之一、被自己打败的对手，曹操不是小觑，而是敬佩，不是讥讽，而是真诚地赞赏，这是多么博大的胸怀呀！可是，战场就是战场，对手不会因为你的赞赏就缴械投降，而是会想尽办法来战胜你。面对孙权"春水方生，公宜速去""足下不死，孤不得安"的威胁和挑衅，曹操没有暴跳如雷，而是"语诸将曰：'孙权不欺孤。'乃撤军还"。

孙权本想激怒曹操，让曹操在暴怒中仓促出战，孙权好利用自己水军的优势，在春水上涨之时，消灭曹操。没想到，曹操不中此计，面对敌手的恶意挑衅，不怒不恼，以大局为重，冷静分析，反而从来信中捕捉到了对自己不利的战况，从而作出了撤军的正确部署，这更是英雄的格局。

可见，无论古今，在团队、集体中甚至和竞争对手有良好的沟通都显得尤为重要，不仅是个人修养和智慧的体现，还可以拉近人和人的距离，共同面对困难和挑战，成就事业。反之，则可能让自己成为孤家寡人，无法做好事情。初中阶段，正是需要学习和父母长辈、同学甚至竞争对手进行良好沟通的阶段。

（三）沟通有术心有境，运用支架展雄才

步骤一：阅读文章，学语言表达

学习《孙权劝学》以及拓展资料，在准确理解文意的基础上，学习语言交流沟通艺术。

《孙权劝学》拓展资料（一）：阅读《三国演义》第六十八回节选部分，学习上下级的语言交流沟通艺术。

[原文见前《孙权劝学》拓展阅读（一）]

《孙权劝学》拓展资料（二）：阅读《资治通鉴》中的《濡须之战》，学习曹操和对手交流沟通的艺术。

[原文见前《孙权劝学》拓展阅读（二）]

步骤二：提出号召，明确要求

《孙权劝学》的故事，发生在赤壁之战后，孙权携大胜之势回归，时值乱世，像吕蒙这种会打仗、双商还高的人才实在是很宝贵。孙权来找吕蒙让他好好读书，其实就是要更好地提升自己团队的综合实力。

《濡须之战》中，对待实力不及自己五分之一、被自己打败的对手，曹操不是小觑，而是敬佩，不是讥讽，而是真诚地赞赏，这是多么博大的胸怀呀！在挑衅面前，曹操没有暴跳如雷，而是"语诸将曰：'孙权不欺孤。'乃撤军还"。

可见，不管在哪个年代，在团队、集体中甚至和竞争对手有良好的沟通都尤为重要，不仅是个人修养和境界的体现，还可以拉近人和人的距离，共同面对困难和挑战成就事业。反之，则可能让自己成为孤家寡人，无法做好事情。

请认真思考，完成以下任务——"汲取智慧，学习沟通：我心目中的沟通达人（孙权还是曹操？）"

运用"引议联结"来表达的具体要求：

首先：提出观点

其次：

1. 结合

（具体文本：《孙权劝学》及拓展资料）

2. 引用

（在其他学科中学到的知识，以及来自课外的阅读、实践、历史典籍、地理常识、物理实验等）

3. 议论

（用论据证明观点）

4. 联系

（现实生活，自身事例，当下时事）

备注：前后顺序可颠倒。

最后：重申观点，展望未来

步骤三：展示发言评价量表

步骤四：发言及评价

此情境抓住了《孙权劝学》及拓展资料中孙权和曹操作为一代英雄人物，他们身上所具有的人格魅力，他们在和人沟通方面所展现出来的智慧和生活态度是非常值得学生学习的。在学习这些小短文的过程中，首先要从语言的角度入手感受孙权和曹操这两个人物形象，从中学生可以感受到孙权劝学的态度：亲近、关心、寄予厚望、语重心长。孙权劝学的方法：以身说法——"孤常读书，自以为大有所益"。由此可知孙权的为人：关心下级，耐心说服，不以权势压人。从拓展资料还可以进一步了解孙权的为人：对下属以诚相待、动用真情等。这都是孙权在交流沟通中所体现出来的魅力。同样，曹操作为一个英雄人物，对对手由衷赞叹，能够从孙权的来信中找到有利于自己撤军的借口，一切都很坦荡和自然，作为一个英雄人物，在沟通和表达时的自信以及真诚跃然纸上。

设置的"汲取智慧，学习沟通：我心目中的沟通达人（孙权还是曹操？）"这个情境，学生有很明确的学习主题"汲取智慧，学习沟通"，学习的过程中会通过一定的学习任务来明确两位古人的沟通智慧体现在哪里，值得学习的地方是什么。另外还需要结合自己的生活经历以及积累来选择自己喜欢的沟通达人。这样一个过程下来，不仅学习目标明确，还充分挖掘了文本的价值。选择对学生生活有益的点来进行教学，让学生去汲取《资治通鉴》中的文化价值，挖掘出对学生生活有指导意义的内容，学生不止于对文本的学习，还需要联系自己的生活谈感受，这样让和学生有时代距离的古人有了温度，他们一下变得鲜活，具有生命力，他们身上闪耀的智慧才会更加熠熠生辉，学生对他们才会更加有学习兴趣，文化的传承自然浸润其中。

在学习了《孙权劝学》和拓展资料的基础上，"引议联结"这样一个学习活动实际是给学生提供了一个很好的学习支架。学习支架又称支架式教学理论，其强调教师应当为学生的知识建构提供一种概念框架。在提供概念框架的时候，应当遵循"最近发展区"理论，以确保提供的框架能够成为学生思维发展的阶梯。更进一步的理论研究则表明，教学支架应当包括这样几个环节：一是围绕学习主题建立概念框架；二是引导学生进入学习情境；三是学生进行独立探索（此过程中有可能采用协作学习的方式）；四是对学习的效果进行评估。

相对于传统的教学来说，运用了教学支架，学生学习的主动性更强，在课文解读的过程中获得的认知更属于学生自己，无论是学生的独自解读，还是后来的协作学习，本质上都是学生自主学习与建构的结果。有了这一过程作为支撑，学生在领略文本中的文化的时候，会带着审美与鉴赏的态度去进行，能够培养自己独特的审美能力。在文言文的学习过程中，给学生提供这样一个教学支架，可以很好地拓展学生思维的广度和深度，把对一篇课文的学习拓展到更多文章和学科，还能关注到自己的生活和社会时事，进而能够培养学生更严密的思维和思考习惯。

（四）评价有方亦有尺，量己量人"才"增长

学习评价量表是诊断教学和学习的一种工具，制定和应用学习评价量表目的就是为教师教学和学生学习服务。学习评价量表不仅适用于课后反思阶段，在预习阶段与课堂教学过程中同样适用，可以帮助学生提前了解学习目标及应达到的学习水平。可以自评也可以他评，可以由学生独立完成也可以采用小组合作的方式完成。而且在评价过程中，学生会转换视角，以评价者

的角度来审视，会明白发言时应该注意哪些关键点，自己的缺陷在哪里，优点在哪里，从而慢慢提升自己的能力。

总之，学习评价量表能够将学生的学习情况及学习能力及时反馈给教师，以辅助教师及时调整教学目标、教学内容及教学策略，提升教学水平；学习评价量表能够使学生获得自身学习情况和学习能力的详细反馈，帮助学生深入了解自己，改善学习方法，调整学习态度；学习评价量表能够让学生更清楚认识自己与他人的差距，营造公平竞争的学习氛围。

在下面这个"发言评价量表"（表1-4）里，设置了观点、结合、引用、联系、议论及口语表达项目，通过细化具体要求，让学生明确自己的努力方向，并且在自评或他评之后，赋予"口若悬河大才子""出言谨慎小王子""后起之秀潜力股"的赞美，激励学生，增强后续发展的动力。

表1-4 发言评价量表

评价项目	口若悬河大才子	出言谨慎小王子	后起之秀潜力股	评价结果
观点（10分）	思想紧紧围绕主题，观点明确简洁，见解独到（8-10分）	思想基本能够围绕主题，观点较明确（5-7分）	思想脱离主题，观点模糊不清（0-4分）	
结合（20分）	结合具体文本语境阐述观点，围绕文本内容论述思考（15-20分）	基本能够结合具体文本进行论述思考（10-14分）	论述思考脱离具体文本（0-9分）	
引用（20分）	正确、恰到好处地引用其他学科相关知识，体现多学科融合思维（15-20分）	引用其他学科相关知识不太多或较为牵强（10-14分）	不能与其他学科知识进行联系与融合，思维单一（0-9分）	
联系（20分）	联系自身实践、生活经历或时事热点，能够列举具体事例支撑观点（15-20分）	基本能够联系身边实际生活，列举一定事例（10-14分）	无法与自身实际和现实生活相关联，无具体事例支撑（0-9分）	
议论（20分）	观点有3个或3个以上的依据做支撑，论据充分、可靠、客观（15-20分）	有1-2个依据作为观点支撑，论据不够客观（10-14分）	无论据支撑观点或论据不充分或主观性太强（0-9分）	
口语表达（10分）	普通话发音标准，咬字清晰，语言流畅、通顺、逻辑性强（8-10分）	普通话较为标准，吐字较为清晰，语言基本流畅，逻辑性尚可（5-7分）	普通话不标准，吐字不清晰，语言不流畅不通顺，无逻辑性（0-4分）	
总分				

在发言评价量表中,不但规定了项目,有方,还规定了相应分数,有尺。在这里,学生真正发挥主体作用。对比传统学习环境,在评价量表支持下的发言中,学生更容易占据主体地位,更能发挥主动性,不仅促进自己,也促进他人的"有法可依"。在实践中,促进了学生个体发言从"随意"到"刻板",到"优化"状态的转变。尤其在互评多维互动中,学生不仅可以对"需要说什么"有良好的把握,还能在其他同学的启发下明确"如何改""怎样说",同时,听取教师及其他同学的建议,在潜移默化中取长补短。在教学中充分发挥学生的主体作用,自然有利于每个人取得进步。

三、指点江山,激扬文字:我心目中的伟人——《沁园春·雪》品读、链接阅读

(一)结合作品细揣摩,伟人大家之选择

《沁园春·雪》是统编语文九年级上册第一单元"活动·探究"的第一篇。

沁园春·雪

毛泽东

北国风光,千里冰封,万里雪飘。望长城内外,惟余莽莽;大河上下,顿失滔滔。山舞银蛇,原驰蜡象,欲与天公试比高。须晴日,看红装素裹,分外妖娆。　　江山如此多娇,引无数英雄竞折腰。惜秦皇汉武,略输文采;唐宗宋祖,稍逊风骚。一代天骄,成吉思汗,只识弯弓射大雕。俱往矣,数风流人物,还看今朝。

《沁园春·雪》被柳亚子先生盛赞为千古绝唱。那种豪放的风格、磅礴的气势、深远的意境、广阔的胸怀让人沉醉。词中抒发了词人对壮丽山河的热爱之情,表达了伟大的抱负。这首词大气磅礴,写景,纵横千里;论史,上下几千年,充分表现了无产阶级革命家的豪情壮志。

近年来,热播电视剧《觉醒年代》《外交风云》和热映电影《长津湖》一次次将学生带回到那段波澜壮阔的历史中。在这个背景下,毛主席的诗词很容易就唤醒了热血青年指点江山、激扬文字的豪情。

链接《沁园春·长沙》:

独立寒秋,湘江北去,橘子洲头。看万山红遍,层林尽染;漫江碧透,

百舸争流。鹰击长空,鱼翔浅底,万类霜天竞自由。怅寥廓,问苍茫大地,谁主沉浮？　　携来百侣曾游,忆往昔峥嵘岁月稠。恰同学少年,风华正茂;书生意气,挥斥方遒。指点江山,激扬文字,粪土当年万户侯。曾记否,到中流击水,浪遏飞舟？

1925年晚秋,毛泽东离开长沙前夕重游橘子洲,面对美丽的湘江秋景,他忆起了学生时代的峥嵘岁月,结合当前的革命形势,不由得心潮澎湃,写下了这首红色经典——《沁园春·长沙》。词人融情于景,在作品中展现了以天下为己任、奋发图强的革命情怀和不畏艰难的人生态度。我们应当引导学生感受革命领袖的伟大抱负和豪放胸襟,理解作者在词中对国家前途命运的关注,激发青春热情,理解青春价值,敞开心扉,追寻理想,拥抱未来。针对当今社会一些青年娱乐至上、甘做"废青"的现状,更有必要用经典作品启发和引导青年学生对青春内涵、青年责任进行思考,进而树立正确的世界观、人生观、价值观,形成积极向上、奋发有为的人格风貌。

回溯链接曹操《观沧海》：

东临碣石,以观沧海。

水何澹澹,山岛竦峙。

树木丛生,百草丰茂。

秋风萧瑟,洪波涌起。

日月之行,若出其中；

星汉灿烂,若出其里。

幸甚至哉,歌以咏志。

《观沧海》是统编语文七年级上册第一单元第4课《古代诗歌四首》的第一首。独特的位置彰显着这首诗歌在中国诗歌史上的重要地位。的确,作为建安文学领军人物的作品,曹操的这首诗歌确实以其慷慨悲凉的基调和情景交融、情理结合、寓情于景的手法,以及所表现出的雄心勃勃的政治家和军事家的风度,在曹操今存的20多篇诗歌乃至我国诗歌史上都占据着重要位置。

《观沧海》这首诗,不但通篇写景,且独具一格,堪称中国山水诗的最早佳作,特别受到文学史家的厚爱。这首诗写秋天的大海,能够一洗悲秋的感伤情调，写得沉雄健爽、气象壮阔，这与曹操的气度、品格乃至美学情趣都是紧密相关的。在这首诗中，情景紧密相连。作者通过写沧海，表达了他统一中国建功立业的抱负。这种感情在诗中并没有直接表露，而是被蕴藏在对景物的描写当中，寓情于景，句句写景，又是句句抒情。"水何"六句虽然是在描绘生机勃勃的大海风光，实际上在歌颂祖国壮丽的山河，透露出作者热爱祖国的感情。目睹祖国山河壮丽的景色，更加激起了诗人要统一祖国的强烈愿望。于是借助丰富的想象，来充分表达这种愿望。作者以沧海自比，通过写大海吞吐宇宙的气势，来表现自己宽广的胸怀和豪迈的气魄，感情奔放，却很含蓄。"日月"四句是写景的高潮，也是作者感情发展的高潮。宋人敖陶孙说曹诗"如幽燕老将，气韵沉雄"。

《观沧海》这首诗意境开阔、气势雄浑，这与一个雄心勃勃的政治家和军事家的风度是一致的，真是使人读其诗如见其人。通过诗人对波涛汹涌、吞吐日月的大海的生动描绘，我们仿佛看到了曹操奋发进取，立志统一国家的伟大抱负和壮阔胸襟，触摸到了作为诗人、政治家、军事家的曹操，在一种典型环境中思想感情的流动。全诗语言质朴，想象丰富，气势磅礴，苍凉悲壮，为历代读者所激赏。沈德潜在《古诗源》中评论此诗"有吞吐宇宙气象"。这是很精当的。

统编语文九年级上册第一单元"活动·探究"《沁园春·雪》创设情境：

激扬文字，指点江山——我心目中的伟人

步骤一：学习《沁园春·雪》，了解写作背景，掌握词的体裁，词的内容及情感

步骤二：提出号召，明确要求

毛主席还写过一首《沁园春·长沙》，那是1925年晚秋："独立寒秋，湘江北去，橘子洲头。看万山红遍，层林尽染；漫江碧透，百舸争流。鹰击长空，鱼翔浅底，万类霜天竞自由。怅寥廓，问苍茫大地，谁主沉浮？ 携来百侣曾游，忆往昔峥嵘岁月稠。恰同学少年，风华正茂；书生意气，挥斥方遒。指点江山，激扬文字，粪土当年万户侯。曾记否，到中流击水，浪遏飞舟？"1957年，毛主席在莫斯科大学曾充满期待地对中国留学生说："世界是你们的，

也是我们的，但是归根结底是你们的。你们青年人朝气蓬勃，正在兴旺时期，好像早晨八九点钟的太阳，希望寄托在你们身上。"

在中国经济总量已居世界第二的今天，同学们肩负着承前启后、继往开来的历史重任。请调动积累，积极思考，以饱满的热情，结合毛泽东的《沁园春·雪》和曹操的《观沧海》，完成任务"激扬文字，指点江山——我心目中的伟人"。

具体要求：

首先：提出观点

其次：

1. 结合

（具体文本《沁园春·雪》《观沧海》）

2. 引用

（在其他学科中学到的知识，以及来自课外的阅读、实践，历史典籍、地理常识、物理实验等）

3. 联系

（现实生活，自身事例，当下时事）

4. 议论

（用论据证明观点）

备注：前后顺序可颠倒。

最后：重申观点，展望未来

步骤三：展示发言评价量表

步骤四：发言及评价

（二）《外交风云》展雄风，学子悟知今日局

从初一入学开始，学校就有规划地利用每天午饭时间放映《外交风云》《觉醒年代》《长津湖》等影视剧。这些影视剧的播映，使初中学生开始关注国内外重大事件，关注国际社会风云变幻的实质，关注习近平外交思想，关注人类命运共同体理念，关注强国外交思维和外交艺术等。

其中,《外交风云》深受初中学生推崇。《外交风云》是中国电视剧史上第一部反映新中国外交工作的重大革命历史题材作品,艺术化地勾勒出老一辈无产阶级革命家将百废待兴的新中国推向国际舞台,使其屹立于世界民族之林的艰难历程,讴歌了他们开创新中国外交事业纵横捭阖、高屋建瓴的卓越智慧与丰功伟业,成为老中青少喜爱、破圈层收看、反响强烈的新中国成立70周年国庆献礼剧。

新中国外交成就斐然,几十年跌宕起伏、艰辛曲折的历程,以往多通过书籍、纪录片、专题片等呈现,虽有佳作涌现,但传播力、感染力和渗透力难以与电视剧比肩。所有历史性叙事文本的终极价值必定在当下。对于当代观众尤其是青少年观众而言,有着纪实属性的电视剧作品《外交风云》,主次分明、丰厚深邃、笔触犀利,可谓新中国外交事业的"影像教科书"。剧作借助鲜活生动的人物故事,讲述了新中国外交从"一边倒"、"两个中间地带"到"三个世界划分"理论的演变过程,再现了毛泽东、周恩来等领袖人物的非凡贡献,展示了黄镇、乔冠华、王炳南等一批外交家的独特风格和卓越才华。作品利用"外交"这一叙事视角有效衔接时空,通过具有岁月质感的治国方略、外交故事,观照当今国内外局势,激发当代观众的爱国情怀。

创作团队选取了对新中国外交发展有重大影响的事件,深度解析了中美、中苏、美苏外交关系发展历程,这些都与新中国的发展密切交织,不可分割。全剧从世界格局的视角出发,脉络清晰地将大小外交事件相互穿插,呈现出波澜壮阔、暗流涌动的新中国外交史,以及错综复杂、云谲波诡的世界格局。

而且,《外交风云》解析式地展示历史,对当代中国外交具有借鉴价值。新中国成立与外交工作展开,是20世纪的重大历史事件,对国际关系产生了深远影响。了解过去,才能更好地洞察今天、预见未来。如剧中呈现的援助非洲坦赞铁路,当时经济上极为困难的新中国,毅然选择在遥远的非洲修筑坦赞铁路,彰显出大国思维与大国格局。当年从废墟中站起来的一穷二白的新中国,面对美国为首的西方国家的经济封锁、政治遏制和军事包围,面对苏联霸权主义，敢于说"不"。今天，新中国历经70多年沧桑巨变日益强大。面对新的问题时，习近平总书记指出："中国人民不信邪也不怕邪，不惹事也不怕事，任何外国不要指望我们会拿自己的核心利益做交易，不要指望我们会吞下损害我国主权、安全、发展利益的苦果。"

此外，外交语言幽默，充满智慧。剧中台词注重加入具有中国外交标签的名言名训、人物金句，如新中国的外交原则"打扫干净屋子再请客""勤俭办外交"等；带有人物塑造特点的"你打你的原子弹，我打我的手榴弹，最后我一定战胜你！""寇能往，我亦能往"等；毛泽东引用克劳塞维茨《战争论》中的名句"政治是不流血的战争，战争是流血的政治"，更是道出了外交工作的本质，也是语言发挥强大影响力的实证。

梁启超在1900年发表的《少年中国说》中，以与时俱进的思想和气势磅礴的激情，向"中国少年"发出了振兴国家的热情召唤，开启了一场全民族关于"少年中国"的热议。一百多年来，在强国梦想的激励下，涌现出大量的优秀人物，如地质学家李四光、杂交水稻育种专家袁隆平……在今天，《外交风云》等影视剧激发了学生的爱国情怀，使学生更加关注世界格局。

四、全知视角小论文：《_____成就了秦国》——校本阅读《大秦帝国》品读、拓展阅读

（一）校本阅读选中《大秦帝国》

《大秦帝国》里有什么？校本阅读为什么选中了它？

《大秦帝国》是2012年上海人民出版社出版的图书，作者是孙皓晖。该书描述了在礼崩乐坏、群雄逐鹿的春秋末年，面临亡国之祸的秦国于列强环伺之下，从秦孝公开始，筚路蓝缕，变法图强，经过几代君臣的不懈努力，最终扫六合而一统天下的艰辛悲壮历程。

《大秦帝国》共6部11卷，504万字。这是目前唯一一部全面、正面表现秦帝国时代的长篇历史小说。它以文学的手法再现了春秋战国那段"高岸为谷，深谷为陵"的巨变之世的史实，既浪漫而又不失真实，将文学小说的

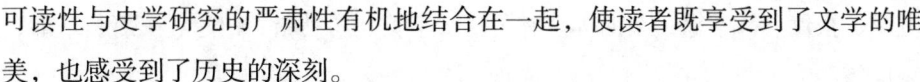

可读性与史学研究的严肃性有机地结合在一起，使读者既享受到了文学的唯美，也感受到了历史的深刻。

1. 有历史，有典故

有历史：战国时代的精神可以用两个人的话概括：一是韩非子的话"多事之时""大争之世"；一是晏子的话"凡有血气，皆有争心"。政治上，那是一个以冲突与竞争为主流的时代，创新者存，保守者亡，涌起了一波又一波的变法高潮，催生了长江后浪推前浪的不断变革，使得中国文明的涓涓细流全面汇聚、重新融合、强力锻造而开创出波澜壮阔的文明正源，使中国文明达到了此后两千年无法企及的高峰。《大秦帝国》的可贵，根本点便在于作者对战国精神把握得非常准确，有着旗帜鲜明的历史观。此历史精神贯穿全书，形成了《大秦帝国》激情澎湃、昂扬向上的作品风格。

为何读史书？英国的培根说："读史使人明智，读诗使人灵秀，数学使人周密，科学使人深刻，伦理学使人庄重，逻辑修辞之学使人善辩：凡有所学，皆成性格。"《旧唐书·魏征传》中记载，李世民说："夫以铜为镜，可以正衣冠；以史为镜，可以知兴替；以人为镜，可以明得失。"因此，中国人普遍认为"读史可以使人明智，鉴以往可以知未来"，《资治通鉴》就是宋神宗以其"鉴于往事，有资于治道"而得名。

可见，读史不但可以增长知识，吸取教训，从中继承前人的智慧和阅历，还能使人眼光高远，视野开阔，明智通达。

同时，思想上"百家争鸣"。西汉刘歆《七略》中的《诸子略》把先秦和汉初诸子思想分为十家——儒、墨、道、法、阴阳、名、纵横、杂、农、小说。这个时期的文化思想，奠定了整个封建时代文化的基础，对中国古代文化，乃至今天有着非常深刻的影响。

有典故：完璧归赵、负荆请罪、怒发冲冠、纵横捭阖、奇货可居、义不帝秦、抱薪救火、远交近攻……都是熟悉的典故。有了它们，方能触摸到中华文化之脉搏。

2. 有人物，有英雄

有明君：秦孝公、秦惠文王、秦昭襄王、秦宣太后等。有能相：商鞅、范雎、张仪、吕不韦、李斯等。有名将：车英、司马错、白起、王翦、章邯、蒙恬等。

这些人都是"英雄"。山因脊而雄，屋因梁而固。不管时代如何变化，英雄人物始终是标注历史的精神坐标。如何对待自己的英雄，是对一个国家和民族的深刻考验，任何有良知的人，都应当对英雄心存敬重，这彰显的是一个民族对历史的尊重。

还有惺惺相惜的君臣佳话——秦孝公与商鞅、秦惠文王与张仪、秦昭襄王与白起……让人感慨，让人心向往之！

3. 有精神，有信念

有人的精神：廉颇、蔺相如、秦孝公、商鞅、孟尝君、平原君、春申君、信陵君、苏秦、张仪、范雎……哪个人身上没有让我们动容的精神品格？他们是大写的"人"。

有国家的信念：大秦战歌"岂曰无衣？与子同袍。王于兴师，修我戈矛。与子同仇！岂曰无衣？与子同泽。王于兴师，修我矛戟。与子偕作！岂曰无衣？与子同裳。王于兴师，修我甲兵。与子偕行！"，这是一首慷慨激昂的从军曲，是《诗经》中最为著名的爱国主义诗篇，是产生于秦地人民抗击西戎入侵者的军中战歌。在这种反侵略的战争中，秦国人民表现出英勇无畏的尚武精神。"赳赳老秦，共赴国难"掷地有声，是秦能统一六国的民族誓言，如同在无数电影中曾经出现的从容就义前的"为了人民"，或者那句外国电影中英勇献身前的动人的"Freedom（自由）"。在这个时候，这个普通的句子幻化成一种精神，一种誓言，一种大秦帝国的"国家信念"。每当秦国面临生死存亡的时候，这句誓言就会在朝野之间漫起，一种不屈和必胜的信念会感染整个国家，整个民族，此时还有什么是不可战胜的呢？历史上，每一个强大的国家、强大的军队，都有这样一个感动人的口号，这些话充满着理想主义的色彩，触动的是人心中最敏感、最强大的部分，从而带来难以估量的力量。岳家军"靖康耻，犹未雪"的雪耻精神，成吉思汗"弯弓射大雕"的豪迈，大汉帝国"犯强汉者，虽远必诛"的张扬个性，都会给组织注入无形的力量。秦的成功，不是个别英明君主的成功，而是在这样一种精神感染下，全民族的成功。这是一种国家信念。

4. 有文学，有感动

如果没有文学创作，历史人物就只是冰冷的名字，历史事件就只是一些时间、地点和结果，所谓的历史精神，也只是空洞的难入人心的口号而已。

"商鞅被车裂"片段：

大雪飘飘，旷谷般寂静的刑场飘出悠扬的琴音。商鞅的歌声弥漫在天地之间——

天地苍茫，育我生命，一抔黄土，拥我魂灵，有情同去，遨游苍穹，千秋功罪，但与人评。

歌声止息了。白雪停琴，细细地抚摸着琴身，低头深深一吻，霍然起身，将那无比名贵的古琴锵然摔碎在刑台上……

转过身来，白雪跪倒在地，双手挺剑，猛然刺向腹中……汩汩鲜血流在白玉般的积雪上，又流下了刑台，流到了地面。

商鞅将白雪的身体轻轻放平，将火红的斗篷盖在了她身上。

漫天暴雪，骤然间掩盖了她那美丽的身体，银装玉砌的身形顷刻间隆起在刑台。

商鞅从白雪身旁缓缓站起，整整衣衫，仰天大笑，"行刑——！"便四肢贴着大黑板站定，微笑着看着咣啷啷的铁环套上了他的双脚、双手与脖颈。

台下五头怪牛被无声地驱赶出来，铁索慢慢绷紧……

杜挚声嘶力竭，"分——尸——行——刑！"

骤然间天地迸裂，天空中炸雷滚滚，暴雪白茫茫连天涌下！五头怪牛吼叫连连，奋力狂奔，厚厚的雪地洒下了猩红的热血。冬雷炸响，一道电光裂破长空，接着一声巨响，怪诞的刑台燃起了熊熊大火！

刑场陷入茫茫雪雾之中……

在文学创作里，这里有红、白对比，有改革者的淡定、从容，有知心人的深情、无悔，有反派的丑态，最后天地同悲。商鞅的形象，改革者的形象就这样高高耸立在读者心中，他，是秦国强大的根基。

5. 有思考，有哲学

作者孙皓晖说："我对中国文明的历史阶段有一个划分，我认为：从秦以后中国文明大体经历了三个阶段,总体上是一步步走向衰落。首先,汉武帝独尊儒术、罢黜百家,放弃了多元、生态平衡的文明体系。此后,衰落的第二个台阶是魏晋南北朝,这个时期抛弃了中国思想体系中实用主义的一面,失去了职业负责精神,政治堕入空谈,所有的官员开始不负责任。实用主义的丢失是我国文明生态的第二次'水土大流失',魏晋南北朝时期玄学的形成说明了这点。第三个跌落出现在宋代,虽然宋代在文化、科技方面做出了巨大的贡献,'四大发明'出现在宋代,宋代对中国典籍的整理非常全面,出现了规范的宋体字和宋版书,但是,宋代再一次剔除了中国文明中阳刚的部分,宋代体系化地对'尚武'精神进行了遏制……这样三大阶段之后,中国文明进入了完全僵化的状态。但是,我们看中国文明不能只看它的末梢,僵化的末梢并不是我们民族文明最根基的东西。中国在秦之后两千多年历史中,在每一次危亡时刻都有一大批英雄挺身而出,进行壮烈的抗争,所以,每次我们民族都能从绝境中重生,站起来重建中国文明。这是因为我们祖先前三千年留下来的民族精神始终没有泯灭。""秦人"就代表着中华文明的根基——这根基生长于西北关中的艰苦生存环境,扎根于春秋战国百家争鸣时代,淬火于统一天下的残酷战争,形成于盘整华夏专制天下的千秋伟业——从而成为不朽的中华文明的精神与文化支柱。

这部书入选中央国家机关"强素质·作表率"读书活动2014年推荐书目。它是一部精神本位的大国兴亡录,让当代中国人为之振奋并受益的战国版《大国崛起》。着眼于国家文明的全面竞争,而非重复宫闱秘事官场阴谋的老套路。首次正确厘清国家文明的基本方面:将战国时代的万千气象理成一串环环相扣的兴亡故事,以一种全新的视角,再现了大秦帝国生灭兴亡的历史过程,借此回答了关于中国文明史的若干基本问题。而且《大秦帝国》细致地整理了诸位精英们的做事方略,充满了奋发踔厉的进取精神与旷达潇洒的人生态度,使读者能够从中获益。

培养语文学科的基本素养,最核心的应该是培养学生健全的人格品质和心灵。校本阅读选择《大秦帝国》,是放眼于学生的人生,力图为学生塑造更为健全的人格品质服务。

在《大秦帝国》历史故事的讲述中，有着大量的中国人所特有的处世方法，这源于中国人所特有的人生观、价值观、世界观，在纵横捭阖的恢宏历史画卷中，历史人物用他们的生命与热血为现在的初中学生讲述着"人过留名，雁过留声""极心无二虑，尽公不顾私"等中国人心声的最强音，这也是中华民族生生不息，源远流长，超越其他文明古国巍巍屹立于世界东方的原动力。这些人生观、价值观的树立，坚定推动着学生的文化自信，奠定了莘莘学子的未来发展之路。而且在初步阅读的基础上，通过"专题性学习"的设计与交流，使学生在某一方面深入了解，有了学习的成就感与继续发展的动力，为学生打开一扇扇深入探究的未来之门。

（二）三学期、不同任务指向的校本阅读课程安排

我校于2015年开始为学生开设"中华传统文化校本阅读课程《大秦帝国》"。

此校本阅读课程分三个学期有计划实施，下面以2019级初一新生的学习过程为例加以介绍。

1. 2019—2020 第一学期

内容：利用年级大课——语文大课堂推介《大秦帝国》，用读书周一周的时间课上课下连续阅读《大秦帝国》第一部上，连同假期读完《大秦帝国》一、二部（共四本）。教师布置专题性学习任务。

2. 2019—2020 第二学期

内容：利用年级大课——语文大课堂表彰《大秦帝国》主题手抄报、读后感、验收测试、专题性学习及综合优胜者，交流优秀作品。用读书周一周的时间课上课下连续阅读《大秦帝国》第三部上，连同假期读完《大秦帝国》三、四部（共四本）。教师布置专题性学习任务。

3. 2020—2021 第一学期

内容：利用年级大课——语文大课堂表彰《大秦帝国》主题手抄报、读后感、验收测试、专题性学习及综合优胜者，交流优秀作品。用读书周一周的时间课上课下连续阅读《大秦帝国》第五部上，连同假期读完《大秦帝国》

五、六部（共三本）。教师布置专题性学习任务。

专题性学习即"全知视角小论文：《_____成就了秦国》"。

校本阅读课程《大秦帝国》，在初一学生中掀起了令人欣慰的讲、读浪潮。

学生调查问卷（无记名）结果反馈：

1.《大秦帝国》第一部上阅读状况调查问卷（表1-5）

表1-5　2019级初一年级有效问卷（248份）

	1班	2班	3班	4班	5班	6班	年级总计	比例
非常喜欢	14	18	7	10	14	17	80	32.2%
喜欢	19	15	20	21	20	14	109	44%
一般	7	11	11	6	5	7	47	19%
不喜欢	1	1	1	1	1	3	8	3.2%
非常不喜欢	0	0	0	2	2	0	4	1.6%

2. 请用100字左右说说这本书带给你的感受。

【1班感想（例）】

我原本一丁点儿也不喜欢看书，只喜欢看一些有趣的小说来消磨时光。我在得知有这一周的读书周时就不怎么高兴，因为我从来不看这种文学历史性强的书，要不就是实在连动都不动一下，要不就是看两眼就扔到一边了。这一次我本来十分担心我看不下来，但在真正看的时候就不由自主地迷上了这本书，虽然它的历史性很强，但是故事中的人物描写、情节描写都十分生动有趣，让我对这一类的书的看法有了很大的改观。

【2班感想（例）】

这本书让我对历史有了更加深刻的了解，对六国分秦国、求贤令、卫鞅入秦有着自己的体会及感悟。我个人对卫鞅、景监有着独特的欣赏，觉得他们都是为国效力、不图回报、无私奉献的人。那句"赳赳老秦，共赴国难"就像刻字一样刻在了我的心里，教我们不忘国耻，将来为祖国效力。

【3班感想（例）】

这本书十分有意思，使我想反复阅读，每天只要一读就停不下来了，我只要有时间就会拿出来阅读。这本书写得很真实，有表面含义，也有深层含义，所以有的地方有些不好理解，但我会通过书或者互联网来了解这本书。它深深地触动着我。

【4班感想（例）】

学校的历史课也学过"秦"，经过商鞅变法统一六国，可是给人的感觉是又富又强地扫荡六国。这本书讲了秦国由弱变强的过程，先是受无尽唾弃和耻辱才渐渐变强，也正是：历史，只是冷冰冰的文字，可描写使它成为鲜活的故事。

【5班感想（例）】

这本书用大量的细节描写生动地描绘出秦朝的强盛灭亡等一系列过程，使白雪、商鞅、赵高、秦孝公等人物形象浮现在我的眼前，并且让我对秦朝的了解更深了。故事内容吸引着我，一环扣一环，人物对话与情感通通呈现在我眼前，使我完全无法停下阅读。

【6班感想（例）】

本书用了生动的写作手法，描写了秦朝，使本来枯燥毫无趣味性的历史活了起来，读起来让我觉得时间过得好快好快。这套书比《明朝那些事儿》还有趣儿，更让我细致地了解了秦朝，改变了我对秦王朝的看法，明白了嬴政并非暴君。总体来说真是爱死这本书了。

（三）全知视角小论文写作：《_____成就了秦国》

"全知视角"，乃是叙述视角中第三人称视角（第三人称叙述）的别称。第三人称叙述者无所不知，能够以非现实的方式不受限制地描述任何事物。本次小论文写作，要求学生在阅读的基础上，通过分析综合，去思考：秦国在战国初期本是比较弱小落后的国家，最后却一统六国，统一天下，为什么？进而完成如下任务：全知视角小论文《_____成就了秦国》。

我们知道阅读能力指标可以分为六个层级。第一层级：记忆能力。第二层级：情感交互能力（被作品中的人物打动）。第三层级：以质疑为起点的探究能力。第四层级：以见识为中心的创新思维能力。第五层级：以成果为主要标志的读写转化能力。第六层级：基于审美品味和文艺理论的欣赏鉴别能力。对于初中学生而言，在中华传统文化校本阅读课程《大秦帝国》中，首先培养学生一、二层级的阅读能力，在此基础上，在教师的引导下，逐步增强三、四、五层级阅读能力的培养，为第六层级阅读能力的培养奠基。

三、四层级阅读能力的培养，需要学生在兴趣的基础上，利用现在普及到千家万户的网络，通过广泛查阅、观看、同学小组互相讨论各种相关信息的方式，尝试去把握历史规律，进而逐步形成类似"全知视角"的认知，最后转化为第五层级的阅读能力：小论文的写作。

具体内容：

中华传统文化校本阅读课程《大秦帝国》创设情境——全知视角小论文：《_____成就了秦国》

步骤一：分阶段开展校本阅读《大秦帝国》一、二部（共四本）、三、四部（共四本）、五、六部（共三本）。

步骤二：提出号召，明确要求

"全知视角"，乃是叙述视角中第三人称视角（第三人称叙述）的别称。第三人称叙述者无所不知，能够以非现实的方式不受限制地描述任何事物。在沉迷式阅读的基础上，通过分析综合，去思考：秦国在战国初期本是比较弱小落后的国家，最后却一统六国，统一天下，为什么？

有人说：人才成就秦国。"不拘一格降人才"的方针策略，使秦国在人才战争中完胜山东六国，为秦的统一提供强大的智力支持。有人说：法治成就秦国。从秦孝公嬴渠梁任用卫鞅开始变法，到秦王嬴政一统天下，不同时期采取的政策不同，但坚持依法治秦的主张始终贯穿其中。宣太后舍身护法，自裁谢国。从王公贵族到平民百姓无不在坚守着秦法，正是这种力量促成了秦国的强大。有人说：精神成就秦国，机遇成就秦国，君主成就秦国……你认为呢？

请认真阅读《大秦帝国》，结合你的积累和思考，完成系列全知视角小论文《_____成就了秦国》。

论文1：《_____成就了秦国（变法成功）》

论文2:《_____成就了秦国(成为"超级大国")》

论文3:《_____成就了秦国(统一六国)》

具体要求:

首先:提出观点

其次:

1. 结合

(具体文本《大秦帝国》)

2. 引用

(在其他学科中学到的知识,以及来自课外的阅读、实践,历史典籍、地理常识、物理实验等)

3. 联系

(现实生活,自身事例,当下时事)

4. 议论

(用至少3个论据证明观点)

备注:前后顺序可颠倒。

最后:重申观点,展望未来

字数要求:1000字以上。

步骤三:展示小论文评价量表

步骤四:小论文互相评价

(四)同伴互评赏鉴

"小论文评价量表"是"发言评价量表"的进阶版,在"口头发言"的基础上形成文字。

在下面这个"小论文评价量表"(表1-6)里,设置了观点、结合、引用、联系、议论及口语表达项目,通过细化具体要求,让学生明确自己的努力方向,并且在自评或他评之后,赋予"运筹帷幄大军师""见解独到小参谋""积极参与实习生"的赞美,激励学生,增强后续发展的动力。

表1-6 小论文评价量表

评价项目	运筹帷幄大军师	见解独到小参谋	积极参与实习生	评价结果
观点（10分）	思想紧紧围绕主题，观点明确简洁，见解独到（8-10分）	思想基本能够围绕主题，观点较明确（5-7分）	思想脱离主题，观点模糊不清（0-4分）	
结合（20分）	结合具体文本语境阐述观点，围绕文本内容论述思考（15-20分）	基本能够结合具体文本进行论述思考（10-14分）	论述思考脱离具体文本（0-9分）	
引用（20分）	正确、恰到好处地引用其他学科相关知识，体现多学科融合思维（15-20分）	引用其他学科相关知识不太多或较为牵强（10-14分）	不能与其他学科知识进行联系与融合，思维单一（0-9分）	
联系（20分）	联系自身实践、生活经历或时事热点，能够列举具体事例支撑观点（15-20分）	基本能够联系身边实际生活，列举一定事例（10-14分）	无法与自身实际和现实生活相关联，无具体事例支撑（0-9分）	
议论（20分）	观点有3个或3个以上的依据做支撑，论据充分、可靠、客观（15-20分）	有1-2个依据作为观点支撑，论据不够客观（10-14分）	无论据支撑观点或论据不充分或主观性太强（0-9分）	
口语表达（10分）	文字流畅、通顺、逻辑性强，有感染力（8-10分）	文字流畅、通顺、逻辑性尚可（5-7分）	语言不流畅，无逻辑性（0-4分）	
总分				

 讨论话题

1. 情境中"引议联结"的好处是什么？
2. 为什么要开发学习评价量表？

（刘莉）

第四节 创设认知冲突

一、创设认知冲突的内涵、作用和策略

(一)内涵

通常学生在学习新知识或遇到新问题时,总是尝试用头脑中已有的认知结构来同化新知识、解决新问题,从而达到一种认知平衡状态。于是,教师可以有意创造新旧知识冲突、思维冲突、生活悖论等情境,让学生发现已有的认知结构或知识经验不能同化新知识或解决新问题,就会产生心理上的不平衡,从而产生认知冲突,这样促使学生通过同化或顺应的过程来重构认知结构,以获得心理平衡。在解决认知冲突的过程中,学生的知识体系、认知结构和思维体系等得到重构、更新、发展。过程如下图所示:

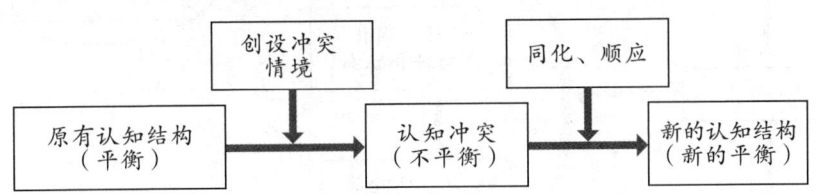

图1-4 创设冲突情境、完成自主建构基本过程

(二)创设认知冲突的作用和策略

中学生正值青少年时期,这一时期的思维发展是趋于成熟的时期,他们已开始以理论为引导,综合分析多种理论材料,从而不断扩大自己的知识面。他们逐渐拥有抽象思维的能力,出现自我反思的倾向,但解决问题的能力依然存在不足。其思维开始具有创造性,但在熟练运用方面还显生涩和不平衡。[1]

---

[1] 莫雷:《教育心理学》,教育科学出版社,2007,第77页。

辩证逻辑思维的初步发展，使中学生有意识独立、批判地对自己、对一切事物都进行新的思考，希望把自己的思考和看法表达出来，善于辩论和质疑。他们已具有一定的阅读鉴赏能力和知识文化基础，开始拥有生命意识，思考人生的意义，逐渐对哲学有兴趣。他们情感萌动了，渴望探索自身生命之外的未知，渴望对自己、社会和人生有更深刻的认识。因此，有意创设认知冲突情境，有助于引发学生积极思考、主动探究，培养学生的思维能力。

学生的学习过程，大致有四个阶段：原有阶段、冲突阶段、解决冲突阶段和建构阶段。如下图所示：

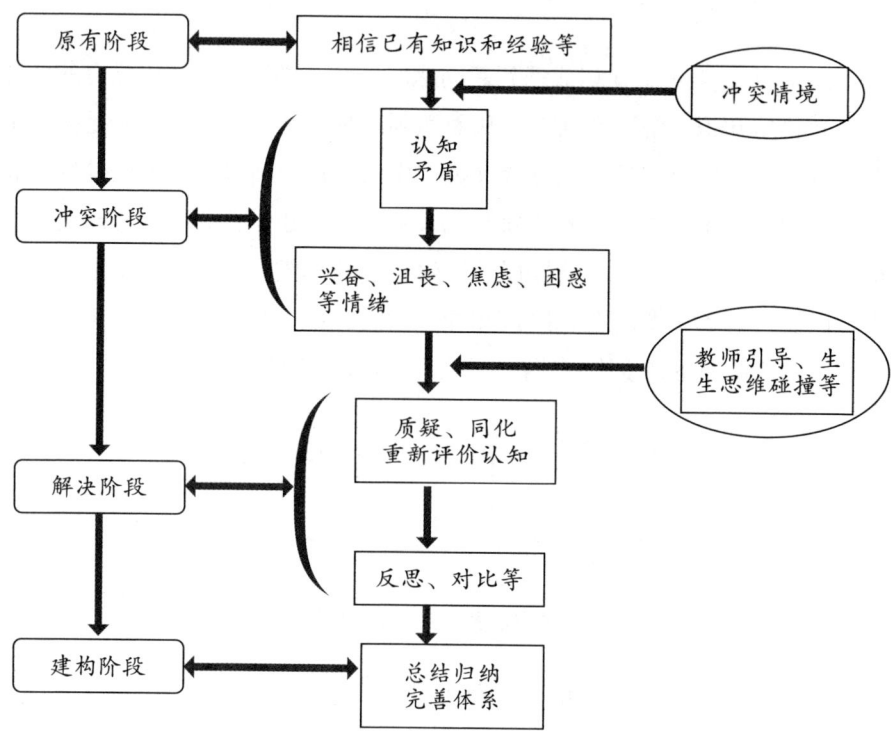

图1-5 认知冲突在学生内心发生过程

从上图可见，当出现认知冲突情境时，即原有知识经验与新知识情境间产生矛盾，如果学生不能够顺利地审查自己已有的知识经验，学生就会对出现的新情境不信任，甚至出现焦虑、沮丧等情绪，这时教师应该恰当地引导，让全班同学加入思考交流，让学生对反常情况产生兴趣。这时教师抓住教育契机，帮助学生正确科学地评估，使其认知冲突得到妥善地解决，从而化解认知冲突。同时，引导学生做反思，建构完善自己的知识体系，提高思维能力。

在教学过程中，要注意以下两个方面：

1. 以教学目标为导向，有的放矢，合理创设冲突情境

在进行课堂教学前，教师必须先在教学设计中确定本堂课的课时教学目标。课时教学目标是课时教学的指南和出发点。以教学目标为导向，依据课时教学目标来设计教学重难点、组织教学活动，是确保落实语文教学、培养学生语文学科核心素养的关键。语文的课时教学目标划分为"语言建构与运用""思维发展与提升""审美鉴赏与创造""文化传承与理解"四个维度，"教学重难点"也应该根据教学目标涉及这四个维度，虽然不是每节课都必须将"教学重难点"划分为四个维度，但教师应该将其考虑进去，并权衡本堂课的"教学重难点"适合放在哪一个维度。笔者认为，有的教师没有正确地把握学情，在学生成绩较差的班级中，教师设置与学生能力差距较大的问题情境，意在创设认知冲突，实则揠苗助长，让学生产生畏难情绪，得不偿失。有的问题缺乏针对性，没有依据教学目标设置问题，解决的问题不是学生真正需要掌握的。

2. 合理化解认知冲突，重视课堂生成，抓住教育良机

有些教师授课时，会严格按照提前设计好的教学内容按部就班，不考虑课堂教学的动态生成，如果学生出现"认知冲突"，选择无视或者用借口去逃避，避免正面回答学生的问题，或者以敷衍搪塞的态度去回应。这种回避应付的方式，让课堂表面看起来"和谐"，实质却没有真正让学生学到知识，提高能力。而且教师视而不见的态度甚至会起到相反效果，让学生置身于认知冲突的漩涡，进而偏离了对重点教学内容的关注。只有教师合理引导，学生自主构建，从根本上化解认知冲突，才能确保教学活动的有效进行。

下面以《氓》《六国论》《故都的秋》的教学设计与实施为例，呈现创设认知冲突的做法与思考。

二、化零为整，润物无声——《氓》品读

《氓》出自统编高中语文选择性必修下册第一单元，本单元属于"中华传统文化经典研习"学习任务群，本任务群旨在引导学生通过阅读中华传统文化经典作品，积累文言阅读经验，培养民族审美趣味，增进对中华优秀传统

文化的理解，提升对中华民族文化的认同感、自豪感，增强文化自信，更好地继承和弘扬中华优秀传统文化。本节课的设计是对小初高语文教学一体化的探索。小初高语文教学应该是一个有机整体，语文学习呈现一个盘旋而上的螺旋形阶梯，每个学段教学目标的设计应基于学生已有的知识能力，着眼于循序渐进地培养学生新的知识能力，这样才能在巩固旧知识能力的基础上不断有新知识的内化吸收，从而实现语文素养的综合提高。

小初高统编教材中都有《诗经》作品的选入，以《诗经》作品为载体，依据课标，设计不同阶段的教学目标及教学过程。遵循学生思维的阶段性特点，探究该学段学生的心理特征和认知规律，实现不同的教学目标。各个阶段重点不完全相同，小学着重于语言知识的积累和对文本感情的直觉感受，初中着重于语言的理解、初步鉴赏和对文本情感的深入体验与理解，高中着重于文本的鉴赏与解读，培养思辨能力。因此，通过科学、合理地设置问题创设情境，对学生学习进行有效引导，激起新旧知识冲突，找准知识生长点，能够更加有效地帮助学生自主建构知识体系。

（一）润物无声：旧瓶新酒，推陈出新

高二学生已在小学、初中阶段背诵并学习了《诗经》中的《关雎》《蒹葭》等诗，对《诗经》有了一定的了解。另外，《氓》这首诗是学生感兴趣的爱情诗，有一定的故事性，人物形象比较鲜明，容易激发学生的学习积极性。首先，创境启思环节，教师创设情境，启发思考。抓住学生已有经验——《诗经》本身没有题目，一般都会以诗歌的第一个字或词等来作为题目，如学生在小学、初中学过的《采薇》《蒹葭》等，以此创设一个新旧知识冲突情境，请学生来给《氓》这首诗起一个恰当的题目。在这个情境中，学生开始既兴奋又懊恼，有好奇心但又受已有经验限制，认为以"氓"为题没有问题。想突破旧有经验但又不知从何处着手。其次，自探静思环节，学生自主探究，宁静思考。教师提醒学生诗歌鉴赏的角度，引导学生从意象、手法（赋比兴）、弃妇形象、叙事诗的故事情节、情感主旨、诗歌音律等角度来深入思考。《氓》仍是《诗经》中的作品，但在"旧瓶"中装上"新酒"，让学生在细读文章内容和理解内容、手法、情感等基础上，以《氓》为素材，通过给诗歌起题目这一环节,帮助学生梳理诗歌鉴赏的知识体系,在活动中潜移默化地让学生掌握诗歌鉴赏的基本元素和知识体系。

(二)画龙点睛:弱水三千,只取一瓢

在此环节中,教师引领学生展开合作辨思。合作辨思即小组师生合作,辩证思考。给诗歌起题目,对诗歌有着画龙点睛的作用,而学生对诗产生的情感有自己的理解,思考角度也不尽相同,每个学生起题目可谓"弱水三千,只取一瓢",这就使答案呈现多样化特点。然后引导学生欣赏他们每个人思维的闪光点,进行归纳提炼,共同学习。合作辨思环节,一是对同学起的题目进行归类,诗歌起题目可以从意象、手法(赋比兴)、弃妇形象、叙事诗的故事情节、情感主旨、诗歌音律等角度来归纳提炼。二是小组合作,对于同学命名的题目,你们组认为哪些最恰当,哪些不恰当,请说明理由。小组活动具体要求:首先,组长组织全体组员积极思考并表达自己的观点。其次,记录员记录每位组员发言的主要内容。再次,组长综合组员观点,汇报发言。

部分组长发言记录如下:

学生1:我们起的题目是《桑之陨》。因为在诗歌中女子运用比兴的手法,如"桑之未落,其叶沃若。于嗟鸠兮,无食桑葚"。桑叶鲜嫩,不要贪吃桑葚。桑葚是甜的,鸠多食则易致醉;爱情是美好的,人太迷恋则易上当受骗。"桑之落矣,其黄而陨",叶由嫩绿变为枯黄,这与士"信誓旦旦"变为"士贰其行"相对照,含有隐喻。"桑之未落,其叶沃若""桑之落矣,其黄而陨",用自然现象来对照女主人公恋爱生活的变化,从桑叶青青到桑叶黄落,不仅显示了女子年龄的由盛到衰,而且暗示了时光的推移。所以我们觉得用《桑之陨》较好,可以从自然物的凋零联想到女子的悲戚的遭遇,让人不禁伤感无奈。

学生2:我们起的题目是《淇水无声》。诗歌三次写到淇水,显示了女主人公生活经历的三个阶段。"送子涉淇,至于顿丘",这是恋爱中的淇水;"淇水汤汤,渐车帷裳",这是婚变时的淇水;"淇则有岸,隰则有泮",这是女主人公清醒时的淇水。淇水见证了女主人公爱情生活的变化。三次写淇水,也为我们揭示了女主人公的感情轨迹。女主人公送氓过河,淇水和缓,暗示了两人情意绵绵、依依惜别之情。而婚变时的"淇水汤汤",暗示了女主人公心中无尽的悔恨甚至愤怒;"渐车帷裳"则暗示了女主人公暗自落泪,伤

心断肠。"淇则有岸，隰则有泮"，当所有的誓言成空，还有什么可留恋的？淇水以其无声的浸润让她在痛楚中走向决绝。

学生3：我们起的题目是《伤逝》。因为这首诗让我们联想到鲁迅的作品《伤逝》，年轻的男女开始也是爱情甜蜜，而后在一起生活也是一地鸡毛，最终女子也只能黯然泪下伤逝往昔。这首诗的女主人公以无比沉痛的口气回忆了恋爱生活的甜蜜以及婚后被丈夫虐待和遗弃的痛苦，表达了她悔恨的心情与决绝的态度，深刻地反映了古代社会妇女在恋爱婚姻问题上备受压迫和摧残的情况。诗中她反复考虑，自己并无一点差错，而是那个男子"二三其德"。在这里女子以反省的口气回顾了婚后的生活，找寻被遗弃的原因，结果得到了一条教训：在以男子为中心的社会里，只有痴心女子负心汉。

学生倾听汇报发言后，各组同学依据以下表格（表1-7），给每小组量化评分。

表1-7 小组汇报量化评分表

汇报组别：		汇报主题：评价同学重新命名的题目	
汇报人：	评价者：		评价者组别：
一级指标	二级指标	分值	得分
主题内容 （65分）	观点明确，设计的方案有一定的创造性	非常符合：16—25 较符合：9—15 基本符合：1—8 不符合：0	
	条理清晰	非常符合：15—20 较符合：9—14 基本符合：1—8 不符合：0	
	内容无科学性错误	非常符合：8—10 较符合：5—7 基本符合：1—4 不符合：0	
	内容完整	非常符合：8—10 较符合：5—7 基本符合：1—4 不符合：0	

续表

一级指标	二级指标	分值	得分
汇报者的表现（15分）	表情自然	非常符合：4 较符合：3 基本符合：1—2 不符合：0	
	表达清晰	非常符合：5 较符合：3—4 基本符合：1—2 不符合：0	
	回答问题有针对性	非常符合：4 较符合：3 基本符合：1—2 不符合：0	
	能在规定时间内完成	按时完成：2 基本完成：1 没做：0	
小组协作学习（20分）	小组成员能和谐相处	非常符合：5 较符合：3—4 基本符合：1—2 不符合：0	
	回答问题时组员间能发挥合作精神	非常符合：8—10 较符合：5—7 基本符合：1—4 不符合：0	
	该小组成员在研究过程中给了其他小组帮助	非常符合：5 较符合：3—4 基本符合：1—2 不符合：0	

优点：

需改进之处：

（三）妙笔生花：化零为整，融会贯通

情境中顺势而导，化零为整。帮助学生一起归纳给诗歌起题目的方法：根据诗歌语言表达的含蓄性，题目可以运用修辞手法、意象等，使其含蓄优美；根据"诗言志"的特点，题目可以表达作者之"志"；根据四言诗的节奏和重章叠句的音律美，题目可以简短且有韵律美。在此活动中，让学生用思维导图的方式来归纳，如下：

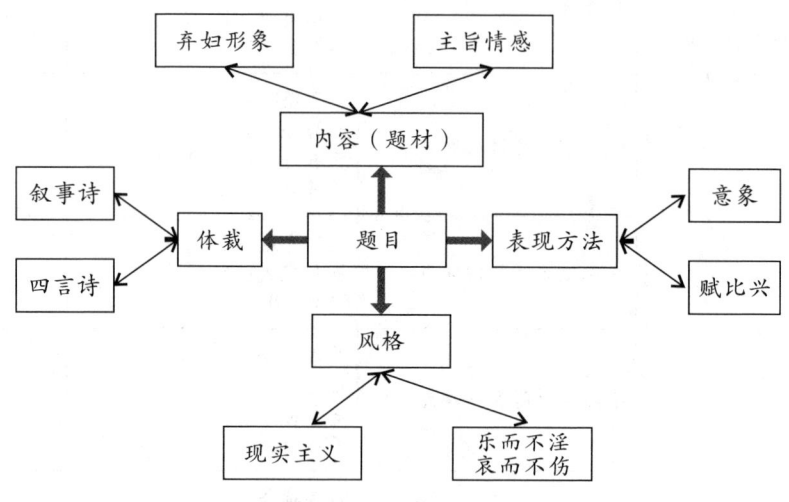

图 1-6 知识体系建构

可见，学生在独立思考和小组合作中不但落实了《氓》的手法、情感、情节等内容，而且还尝试了迁移运用，较好地化解了新旧知识的冲突。同时在评价题目恰当与否的活动中，让学生重新审视辨析给诗歌起题目的方法。在学生梳理为诗歌起题目的方法中，学生已潜移默化地建构了诗歌鉴赏的角度和方法，使得零散的知识化为一目纲领，构建出较完整的体系。但是"纸上得来终觉浅，绝知此事要躬行"，紧接着应该有实战训练，让学生在实践中融会贯通。于是，设置了一个题目来引导学生思考写作：阅读《诗经》中的《蒹葭》《关雎》《静女》《柏舟》等作品，选择其中至少两首诗，根据总结的鉴赏方法，自选角度赏析，形成鉴赏评论。组织学生在自主阅读和思考的基础上，进行小组内交流。

本环节主要意图是强化学生为诗歌起题目的方法，同时让学生从意象、内容、情感、手法等多角度简述构图，利用新旧知识冲突，激发学生内在动

机,学生在认知冲突的情境中思考、辩论、实践、体悟,真正做到"做中学",自主建构诗歌鉴赏体系,从而让学习更有效,课堂更有活力。

(四)琢磨切磋:金石玉器,温润有方

"玉不琢,不成器",可见一件优秀的作品是需要打磨的,千锤百炼之后,才能温润有方。学生的鉴赏作品同样需要琢磨。于是在课后巩固作业中这样设计:首先,继续完成或修改鉴赏评论。其次,小组互判,提出修改意见;学生自主修改;教师批改,提出修改意见;学生再次修改。最后,班级作业展示,互相学习。

学生作品展示:

《蒹葭》与《关雎》内容相比,《关雎》重在"叙事",从中可看出主人公"爱慕、追求、幻想"这样一条线索。《蒹葭》没有一个明确的故事,只选一个场景。诗歌开篇便向读者展示了一个凄凉的画面:一个晚秋的早晨,天色朦胧,笼罩在晨雾中的是一望无际的沾带露珠的芦苇。一条河流,蜿蜒而去。望远处,是一块小小的沙洲。这是一幅萧瑟的晚秋晨光图,烘托出主人公凄恻的情感。诗的每章景物描写都有不同。首章"白露为霜",露凝为霜,是拂晓时;第二章"白露为晞",太阳露面,天已大亮;末章"白露未已",阳光照射,露水快干。三幅不同时间的晚秋晨光图,渲染、烘托出主人公久久伫立远望而始终不能见面的惆怅心情,而主人公的这种心情随着晨光画面的重叠,显得越来越急切,越来越凄婉,使这首诗在艺术上达到了情景交融的境界。

《蒹葭》还运用了重章叠咏的手法,回旋反复,有余音绕梁的音乐美,情感在其中缠绵不已。《蒹葭》全篇三章十二句,只变动了十几个字,不但写出了芦苇茂盛的状态、爱情道路的曲折绵长,伊人虽近在咫尺但又遥不可及的痛苦心情,而且通过不断重复的旋律,表现出主人公对爱情的执着追求,似乎有一种合唱、轮唱的味道。

本首诗的感情基调邈远迷茫,忧郁缠绵,怅惘感伤。诗歌中主人公渴慕倾心于伊人,执着地追求,不怕道路的艰险,然而伊人却宛在水中央,如镜中花、水中月,可望而不可即,求而不得,故苦闷感伤忧郁。

同时,在作品鉴赏中给学生提供一份鉴赏评价表,见表1-8。

表1-8 鉴赏评价表

班级		姓名		学号	
互 评					
评价等级： 评语： 评价人：					
自 评					
评价等级： 评语： 评价人：					
教师评价					
评价等级： 评语： 评价人：					

说明：
  1. 评价分为四个等级："优秀""良好""及格"和"不及格"。
  2. 同学们在互评、自评时，应该从鉴赏角度、观点内容、论证思路、语言表达及行文结构等方面评价；评价应该先指出文章优点，再指出文章不足，并提出修改建议。
  3. 同学在自评时，可以对其他同学在互评中指出的问题表示认可，也可进行解释，甚至反驳。					

对于《氓》的教学设计，我们以往是按照"朗读—整体感知—具体分析—主题提升"这一条线索来设计。从整个设计来看，导入语言似乎有氛围的渲染、情境的创设，但对激发学生的学习动机作用微乎其微，并非真正的情境创设。教学过程设计比较呆板，问题的创设看似循序渐进，但学生很难入境，难以激发学生的热情和创造力。而在此次设计中，有意创设新旧知识的冲突情境，让学生在解决问题的过程中能够把感性体验上升为理性体验，散落的知识上升为自主建构的知识体系，课堂生动灵动，学生能沉浸在其中，同时能收获解决问题的愉悦和成就感，课堂充满活力。

三、倾听理性的声音——《六国论》品读

以马斯洛的需要层次理论来说,现在大部分高中生的生理、安全及社交需求已基本上得到满足,接下来就是较高层次的尊重需求和自我实现的需要。他们希望得到尊重,特别是希望能得到老师的关注和认可,这样也能给他们带来自信。每个人的观点或看法都是他们大脑中的产物,在一定程度上代表着他们在学习过程中的某种成就,所以当有表现自己的机会时,他们的兴趣和注意力就会更浓厚。创设诱导思维冲突的情境,能够激励学生大胆质疑挑战权威,激发学生的挑战欲,学生共同探讨、积极思辨,在追问中激辩,在激辩中反思,在反思中深入探索,由此产生自己的见解,形成创新意识,建构完善思维体系。

《六国论》属于"思辨性阅读与表达"任务群,该文所在单元以"责任担当"为人文主题,设计了"倾听理性的声音"这一核心任务,选取了四篇古代思辨性文本:魏征的《谏太宗十思疏》、王安石的《答司马谏议书》、杜牧的《阿房宫赋》和苏洵的《六国论》。这些文章从不同角度展现了古代优秀士人在面对国家社会问题时,以史为鉴,积极思考而发出的"理性的声音"。倾听这些理性的声音,可以激发心怀天下、勇担责任、坚守道义的精神,培养关注现实、深入思考的意识,也可以从中学习解决现实问题的思维方式。学习本单元,要注意领会作者观点及其现实针对性,把握其解决现实问题的理性思维方式,鉴赏文章的说理艺术,学会在辩证分析与合理推理的基础上进行理性判断,养成大胆质疑、缜密推断的批判性思维习惯。

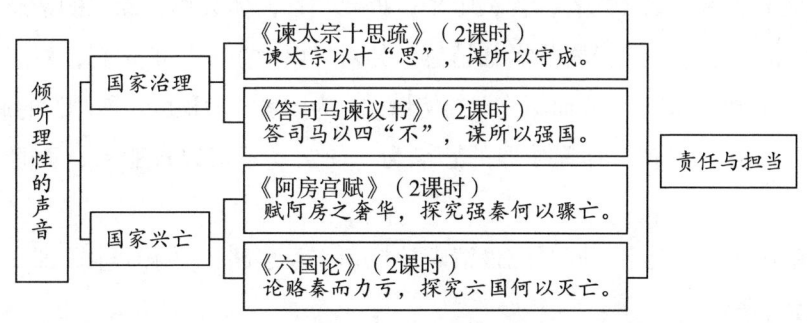

图1-7 思辨性阅读与表达单元整体规划

学生经过初中、高一上学期的文言文学习,已掌握了一定数量的文言实

词、虚词，学生的文言文阅读能力有了明显的提高，但因文言文语言不易理解，传统文言文教学重字词翻译、照本宣科等，学生学习常有畏难情绪，学习文言文兴趣不高，不能真切"体会中华文化的博大精深"和充分地"吸收中外古今优秀文化的营养"。因此，在第一课时，首先采用自学静思、小组互助答疑、教师重点突破等方法，完成文本内容的梳理与理解，接着引导学生对课文内容提出质疑，课下自己查阅资料，为课堂议论段的撰写做材料准备。高一上学期是议论文写作的初级阶段，在这一阶段在阅读《论语》的过程中，教师每周引导学生写对《论语》某一则理解和评价的议论段。在学习《劝学》时，初步指导学生写作议论文《劝读书》。高一下学期为中级阶段，引导学生针对"孩子成长应该快还是慢"的问题进行思考辨析，完成一篇有立有驳的议论文，紧接着围绕"记叙文是否可以虚构"问题进行探讨写作。而《六国论》是一篇优秀的政论文，但也有其不足，课堂主要目标是通过生生、师生思维多次碰撞，从而使学生把握作品理性表达的方法、策略，提升学生的思维品质。

（一）含英咀华：提要钩玄，画图明晰

《六国论》是苏洵政论文的代表作品，提出并论证了六国灭亡"弊在赂秦"的精辟论点，"借古讽今"，抨击宋王朝对辽和西夏的屈辱政策，告诫北宋统治者要吸取六国灭亡的教训，以免重蹈覆辙。作品语言富于变化，承转灵活，纵横恣肆，起伏跌宕，雄奇遒劲，具有雄辩的力量和充沛的气势。首先引领学生熟读课文内容，含英咀华，提要钩玄，体会作者深沉的情感。夹叙夹议的文字中，流溢着作者的情感，如对"以地事秦"的憎恶，对"义不赂秦"的赞赏，对"用武而不终"的惋惜，对为国者"为积威之所劫"的痛惜、激愤，都溢于言表，有着强烈的感染力，使文章不仅以理服人，而且以情感人。

在熟读与体会中，同时应该清晰地梳理文章思路，要求学生画课文内容的思维导图。

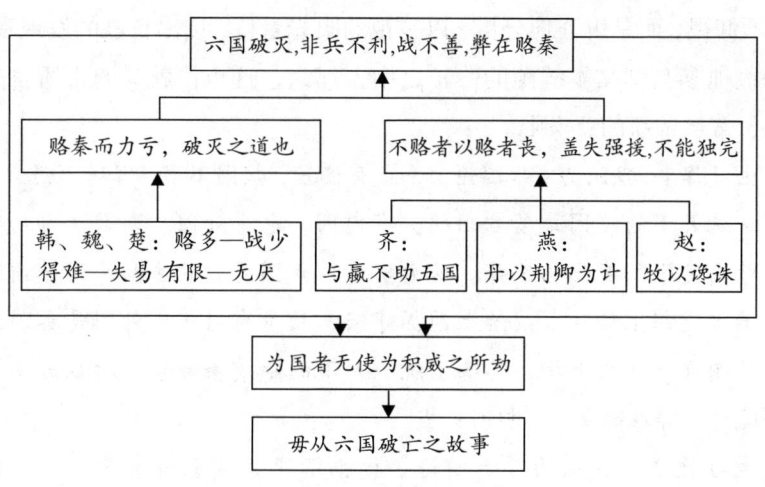

图1-8 学生思维导图

这一环节设计意图是指导学生通过诵读全文,因声求气,读出作品的磅礴之气;在熟读基础上,清晰地把握作者论证思路。文章纲目分明,脉络清晰,结构严整。

(二)思维碰撞:大胆质疑,小心求证

苏洵的《六国论》从作者特定的视角立论,谈出了自己独特见解,但文章也有缺陷,与科学、辩证的历史判断仍有差距。应鼓励学生站在崭新的历史高度,在充分尊重文本、认真领会文本、虚心学习文本的基础上放出自己的眼光,敢于质疑,敢于超越。于是,创设生生思维碰撞的情境,让学生思考并各抒己见。

创设的问题是:对于苏洵的《六国论》,有人评价为"论点鲜明,现实针对性强",也有人评价为"论点有偏差,归因不当";有人评价为"论据充分有说服力",也有人评价为"论据不实,主观性强";有人评价为"文章论证结构缜密",也有人评价为"文章论证逻辑不当"。你赞同哪一种评价呢?针对以上评论,自选角度并结合文本谈谈你的看法。200字左右。

设计这一环节的意图是创设思维冲突情境,学生课前通过相关资料查询,自探质疑,课堂上从论点、论据、论证过程等选择一个角度来分析评价,鼓励个性化表达。指导学生对《六国论》进行思辨性阅读,目的不是批判和否定,而是为了更好地发展和提升学生的思维品质。如果能做到对经典教学文本不轻信、不仰视，而是辩证地分析、以平视的眼光看待，读出自己的发现和见解，进而积极地参与到文本缝隙的修正之中，那么，这也许就是通常所言经典常读常新、常教常新的意义吧。

学生习作1：我认为《六国论》论点有偏差，归因不当。客观上说，六国灭亡、秦一统天下的原因是多方面的，有内因，也有外因。内因是事物变化的依据，外因是事物变化的条件。从史实看，六国灭亡的主要原因是内因，即六国统治者思想上保守，政治上因循守旧、故步自封等。外因是秦国统治者积极变法图强，实力大增，具备了统一天下的物质条件等。所以苏洵立论为"六国破灭，弊在赂秦"，归因失当。

学生习作2：我认为《六国论》论据不实。从史料来看，韩、魏、楚三国送给秦国的土地远少于战败所失的土地。以韩国为例，其赂秦有两次：公元前290年，韩国将武遂二百里的地方送与秦国；公元前259年，韩献垣雍于秦。从公元前301年到公元前230年为秦所灭，韩国数次战败失去土地。举其中二例来看：公元前293年，秦败魏、韩联军于伊阙（今河南洛阳东南龙门），拔五城；公元前291年，秦攻取宛。显而易见，韩国战败所失的土地远远多过贿赂秦国的土地。公元前230年，灭韩国；公元前228年，灭赵国；公元前225年，灭魏国；公元前223年，灭楚国；公元前222年，灭燕国；公元前221年，灭齐国。赵国是六国中第二个被秦国消灭的国家，没有处在"殆尽之际"。从上可见论据不实。

学生习作3：我认为《六国论》论证逻辑不当。中心论点："六国破灭，非兵不利，战不善，弊在赂秦。"作者连用两个否定句，排除了"兵不利""战不善"的原因，然后很肯定地抛出自己的观点"弊在秦赂"。然而在论证中，并没有提供"非兵不利，战不善"的论据，缺乏说服力。"赂秦而力亏，破灭之道也"，说服力大大降低。在分析齐、燕、赵三国灭亡的原因时，作者应该扣住"盖失强援，不能独完"这一观点，指出这三个国家的强援都是谁，在失去强援后处在怎样孤危的境地之中。然而文章并没有按照这一逻辑展开，反而集中写这三个国家自身的问题：齐国"与嬴而不助五国"，燕国太子丹"以荆卿为计，始速祸焉"，赵国"洎牧以谗诛，邯郸为郡，惜其用武而不终也"。文中唯一与"盖失强援，不能独完"相联系的一句是"且燕赵处秦革灭殆尽之际，可谓智力孤危，战败而亡，诚不得已"，然而这句话也与事实不符：赵国是六国中第二个被秦国消灭的国家，没有处在"殆尽之际"。这样的分析缺少因果联系，逻辑性弱，不能证明分论点"盖失强援，不能独完"。

在整个过程中，学生能够深入阅读文本，从《六国论》的论点、论据、论证过程等方面有理有据地鉴赏文本，从而把握作品理性表达的方法、策略，学习在辩证分析与合理推断的基础上进行大胆质疑、缜密推断的批判性思维。大胆质疑的同时还应指导学生小心求证，让学生在表达时能做到言之有物、言之有序、言之有理，做一个理性表达的现代社会合格公民，这是语文学科能达到也是要达到的教学和育人目标之一。在以往的教学中，教师教授比较多，没有让学生有充分的思考时间，而本节课希望把时间给学生，让学生充分思考且组织语言来表达。

通过认知冲突，鼓励学生打破传统思维定式，敢于质疑，形成批判性思维，从不同的角度看待问题，提高解决问题的能力，还要善于通过现象看本质。每当学生在学习中产生认知冲突时，其思维就会得到一定的转换，逐渐意识到鉴赏文章时，不能一成不变地看待问题，而要学会辩证地、多角度地思考问题。

（三）拨云见日：借古讽今，痛切悲愤

当然，在引导学生大胆质疑的过程中还应尊重作者意图，了解作者借史抒怀、借古讽今的为文意图，体察作者的责任与担当。于是再追问学生：既然这篇文章逻辑上、论据上都有缺陷，为什么我们还是读之魄动呢？引领学生结合当时社会，知人论世，拨开云雾，体悟作者借古讽今、痛切悲愤的情感。

所以，苏洵《六国论》虽然可能不合事实之"真"、逻辑之"理"，但却合乎作者之"情"。正如清代朱晴川评价《六国论》时所说："借六国赂秦而灭，以暗刺宋事。其言痛切悲愤，可谓深谋先见之智。"出于写作目的的需要，苏洵对六国灭亡的原因做了艺术上的处理，屏蔽了主要原因，放大、强化了六国中部分诸侯国"赂秦"的做法。作为一篇讽谏时事的政论文，大胆地"定性"和"重塑"六国灭亡原因，有着很强的现实可比性、针对性和劝谏性，取到了不落窠臼、令人耳目一新的效果。

最后，指导学生以思维导图的方式总结课堂师生探究成果，提炼精华，巩固所得。

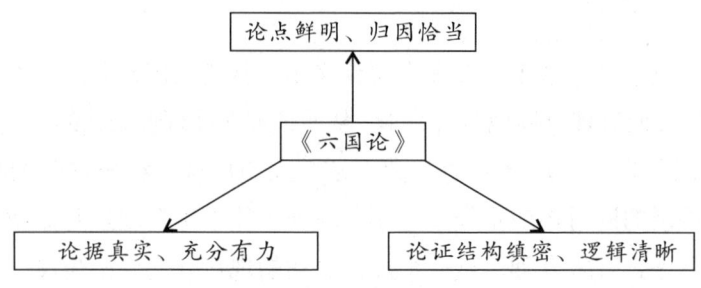

图 1-9　学生自主构图

在自主构建议论文写作基本体系的基础上，还可以在课后作业中设置相应的同步练习。如：阅读李桢《六国论》、苏轼《六国论》和苏辙的《六国论》，提炼三篇文章的中心观点，同时任选一篇从论点、论据和论证过程等方面，自找一个角度来评价鉴赏（可质疑其不足之处）。巩固课堂所学，能针对议论文体的论点、论据及论证过程等做鉴赏评价，进而积累鉴赏和写作议论文的方法；由此及彼，由课内到课外的拓展延伸，既能加深对文意的理解，又能拓展阅读的深度和广度。

四、深味秋意，悲凉之美——《故都的秋》品读

《故都的秋》属于"文学阅读与写作"任务群。本文所在单元学习目标与内容是：精读古今中外的优秀文学作品，使学生在感受形象、品味语言、体验情感的过程中提升文学欣赏能力。能根据不同文学体裁不同的艺术表现方式，从语言、构思、形象、意蕴和情感等多个角度欣赏作品，获得审美体验，认识作品的美学价值，发现作者独特的艺术创造。郁达夫《故都的秋》描写故都北平的秋天，抓住了富有特点的景物，细腻刻画了故都的秋"清、静、悲凉"的特点，文中充满了对这座城市的留恋和热爱，作者独特的审美旨趣和性格也隐含在字里行间。

高一的学生已具备较强的逻辑思维能力，学习自主性不断增强，具备一定的散文鉴赏能力，然而学生在学习过程中往往只停留在初读和泛读的层面，难以深入理解文本的抽象内容以及情景交融的写作手法、作者丰富的情感内涵。这就要求老师引导学生反复阅读，用心品味，感悟所写之景，通过鉴赏

品味语言,把握文章的思想主旨,体会作者的情感。但是如果只是平平淡淡地设计课文品读,不能让学生产生探究兴趣,课堂效果不佳。因此,笔者从课堂开始就创设一个与日常生活相反的情境,激发学生思维,分析作者独特的选材和情感。

(一)逆向思维:反弹琵琶,打破常规

运用反弹琵琶、打破常规的方法,"反其道而行之",训练学生逆向思维的能力。这种方法更能激发学生主动思考,增强学生的探究欲望,帮助学生实现自主生成,完善认知结构。《故都的秋》情境创设课堂实录如下:

师:同学们,如果远方的朋友或亲人来北京旅游,你当向导,你会带他们去哪些景点?

生1:我会带他们去看巍峨壮观的长城,还会去看故宫。

生2:我还会带他们去颐和园、圆明园,这些都是北京有代表性的著名景点。

师:如果正赶上北京的秋天呢?

生3:我还会带他们欣赏火红的香山红叶。

师:你们说得很有道理,那咱们来看看郁达夫选择的景物,文章中写道:"在南方每年到了秋天,总要想起陶然亭的芦花,钓鱼台的柳影,西山的虫唱,玉泉的夜月,潭柘寺的钟声。"看来他跟大家选的都不同,为什么呢?

(学生陷入沉思)

师:如果大家有一点想法,可以小组之间交流一下,或许能帮你灵感闪现。(师生微笑)

(小组讨论热烈,5分钟后)

生4:"陶然亭的芦花,钓鱼台的柳影,西山的虫唱,玉泉的夜月,潭柘寺的钟声",这些是作者为表达自己情感而选择的意象。"芦花""柳影"是老百姓平常所见之物,不同于故宫、颐和园的繁花似锦,所以显得"清静";而"虫唱",秋天,虫子们已到生命的尽头,鸣叫声悲戚,"西山的虫唱"正与作者"清、静、悲凉"的心境相符。

生5:对,英雄所见略同,我们也是这样认为的。(师生笑)我补充说一下,"玉泉的夜月",我们能想象到夜晚月色之下的宁静,作者的悠闲、清静；"潭柘寺"历史悠久，古老清静，而"钟声"似乎打破了寂寞，实际上是以动衬静，敲响的"钟声"似乎敲打在作者的心上，有一种警醒，有一种刺痛，让我们也感受到一种"悲凉"和"痛"。

（同学们点头表示赞同）

师：说得太好了！分析得非常全面确切。那我们来总结一下，郁达夫选择这些景物的原因是——

生：与作者的主观感情有关，以情选景，更能表现作者"清、静、悲凉"的感觉。

从上可见，根据本课教学重难点"领悟作者在文中流露出来的主观情感，学习本文以情选景、借景抒情的写法"，于是创设一个与生活常规冲突的情境："如果远方的朋友或亲人来北京旅游，你当向导，你会带他们去哪些景点？"作为北京的孩子，这个问题在实际生活中遇见过甚至实践过，因此按照他们已有的认知，自然会带亲人和朋友去长城、故宫等著名景点，来突显北京城的大气与雍容。然而作者郁达夫偏偏选的是"陶然亭的芦花，钓鱼台的柳影，西山的虫唱，玉泉的夜月，潭柘寺的钟声"等寻常景物，学生顿时不明所以，产生了强烈的认知冲突，而此刻学生有极强的探求欲望，教师引导学生静思、质疑、探讨，结合文本特质和作者核心情感，寻找到适宜的突破点化解认知冲突，学生真正理解作者是以情选景，深刻地表达"清、静、悲凉"的感受。可见，转化认知冲突是让知识、思维、情感综合深化的过程，进而使认知结构更加完善。有意创设反弹琵琶的情境，对学生思维发展、学习能力提高、课堂的动态生成都有着重大作用。

（二）诗话秋景：驭景共情，以景显情

在紧接着的环节中，要引领学生探究作品展现的景物之美及蕴含的丰富深刻的思想。作者选景打破常规，与众不同，体现了作者独到的社会体察和人生思考。于是设计了以下活动：文中描绘了五幅画——庭院秋景、秋槐落蕊、秋蝉残鸣、秋雨话凉、秋日胜果，请你们从中选择最喜欢的一幅或几幅画面，进行仔细品读，改写为诗歌。然后公推你们小组的一位同学分享作品。在活动过程中给学生提示小组合作方法：同学们先小组齐读相关段落，注意圈出文中体现北国之秋"清、静、悲凉"特点的关键句和重要词

语，理解诗歌意境，酝酿创作。

学生作品1：《秋院》

在人海中，我寻觅寻觅

一椽破屋，我看见你布满皱纹的脸

几根秋草，疏落，瘦长

落寞的人啊

品一碗浓茶，听驯鸽的飞声，数丝丝日光

暂且消了眉宇间的清愁，抹去煎熬中的沧桑

没了喧嚣

学生作品2：《落蕊》

长街信步熏风细，

乡槐荫处雨频滴。

门前低水荡清漪，

满树残英落依稀。

满阶素蕊陨无语，

飞鸟斜掠破屋西。

一缕愁思无端起，

只道秋凉更凄迷。

学生作品3：《故都秋之蝉》

早听过一地零落的声音

像谁轻轻褪去的翅膀

在天空所有的飞翔

都是华丽的残酷乐章

因为上天的嫉妒

越不过树荫以上的天堂

因为泥土的喜爱

每一次重生都在故土下生长

当燥热席卷着夏季而去

当树叶凋零满地成殇

只有它固守在那个地方

等待着最后的命运

等待着一场死亡

当地上覆上一层风霜

它的残躯就在下面深藏

离去，再也找不到它孤单的乐章

在鉴赏环节中，学生在理解的基础上尝试了新的创作。在创作中，学生化身为郁达夫，用诗歌的语言来表达心境，与作者产生情感的共鸣。同时学生还发现作者没有从故宫、颐和园等皇家宫殿、园林着笔，而是着重描写牵牛花、槐蕊、秋雨、秋枣一类的平凡细小的事物。于是追问学生：郁达夫为什么选择这些平凡细小的事物呢？学生经过思考大概能理解到：因为这些事物是作者最熟悉的事物，他们最能代表故都的秋的特点，也最符合本文的感情基调"清、静、悲凉"，而且选取这些普通的细小的事物，也最能表现作者此时郁闷、落寞、悲凉的心境。由此可见学生能够理解作者"以景显情"的写作手法，将自然的"客观色彩"（故都的秋色）与作家内心的"主观色彩"（个人心情）自然完美地融合在一起。

（三）体味悲凉：独抒性灵，情思悠远

继续品读文本，引导学生深入探究一个问题：每一个诗人笔下写到的秋天各不相同，但整体上看来，自古言秋，萧瑟者众，刘禹锡的"我言秋日胜春朝"、毛泽东"万类霜天竞自由"终是少数人之语。郁达夫自己也说："有情趣的人类，对于秋，总是一样地能特别引起深沉、悠远、严厉、萧索的感触来。"那么郁达夫对秋的情感，和前人一样吗？小组讨论，一起深入探微。下面是学生探讨的教学实录：

生：郁达夫的情感与他们不同。不同的眼睛看到的秋景是不一样的，不同的人对于秋有着不同的感受。秋日里，毛泽东读到的是壮丽。秋风中，杜甫读到的是悲凉。秋雨中，柳永读到的是凄苦。而郁达夫感觉故都秋的悲凉是极美的，好像很欣赏这样的美。他要将故都的悲凉秋味看饱、尝透、赏足、味永，并且在其间迷醉、享受，甚至愿意折去三分之二的阳寿也不觉可惜。

师：说得真好！读《红楼梦》时，我对林黛玉写的《秋窗风雨夕》印象非常深刻："秋花惨淡秋草黄，耿耿秋灯秋夜长。已觉秋窗秋不尽，那堪风雨助凄凉。"几乎每一句都有一个"秋"字，读来只觉得黛玉的愁绪如茧抽丝，绵绵不绝。那么郁达夫笔下也有落花，即槐树落蕊，他又是怎样的？

生："像花而又不是花的那一种落蕊，早晨起来，会铺得满地。脚踏上去，声音也没有，气味也没有，只能感出一点点极微细极柔软的触觉。"郁达夫不像林黛玉葬花惜花，而是脚踏上去，有点像我们冬天起床看见白茫茫的大雪，然后迫不及待要轻轻踩一脚，心里觉得好爽。

（学生笑）

师：这是一种怎样的心情？

生：很享受这种踩在落蕊上的感觉。享受一种残败的美，悲凉的美。

师：理解很深刻。同样，北国秋风秋雨愁煞人，作者却觉得比南方"下得奇，下得有味，下得更像样"，无论是下前，下时，还是下后，他都饶有趣味地观看、细听、感受，甚至别人说"一层秋雨一层凉"，这念错的歧韵，他也会感觉"倒来得正好"。享受残败，享受凄冷，享受悲凉，享受它们带来的美感。

生（举手提问）：老师，我很困惑作者为什么会喜欢享受这种悲凉呢？

师：你问得太好了，这也是我的疑惑，谁来帮我解答一下。

生：我觉得这是不是跟郁达夫自己的生平经历有关呢。我在预习时查过郁达夫资料，郁达夫从小体弱多病，幼年丧父，中年丧子，经历了许多的人生之大不幸。早年曾留学日本，饱受民族歧视之苦，工作后从事文学创作的同时，支持抗日工作，一生中屡受颠沛流离之苦，最后被日本宪兵秘密杀害，年仅50岁。个人的不幸、社会的动荡、当局的腐败，家愁国难都在郁达夫的心中留下了浓黑的阴影，这也是本文流露出悲凉、伤感之音的原因之一。"一切景语皆情语"，此时的悲凉已是故都赏秋的心态与作者丰富的人生感悟的交流。

生：我觉得还跟一个人的审美情趣有关。我想起林黛玉说过她喜欢李商隐的"留得残荷听雨声"一句，和郁达夫欣赏槐蕊的凋零有异曲同工之妙，就如一个人的人生一样，人有如春天般鲜嫩，夏天般炽热，那也有秋天的衰败，更有冬天的空寂。每个人生阶段都是我们要必然面对的，要坦然走过的，那每个人生阶段不都是值得珍惜和欣赏的吗？这样的人生境界才更豁达开阔。所以青春热烈是美，而静穆空寂也是一种美。这也是郁达夫的审美意旨所在吧。

师（总结）：同学们的理解我非常赞同。郁达夫曾在翻译《徒然草》时自陈:"爱宕山野的朝露,鸟部山麓的青烟,若永无消失的时候,为人在世,也像这样的长活下去,那人生的风趣,还有什么?正唯其人世之无常,才感得到人生的有味。"生命的衰败在世俗生活中引起的只有哀感,但在文学作品中能诞生审美价值。以悲凉为美,是郁达夫这样的作家在审美层面的一种开拓,这也是在学习这篇课文之后,我们感受到的郁达夫区别于许多作家之所在。

从课堂表现看,学生比较深刻地理解到不同作者对于景色的感悟,是渗透了作者独特的性灵和悠远情思的。《故都的秋》秋景中渗透着"雅趣"和"物哀"之美。不用浓墨重彩,而是用平凡的词语表达了平凡的秋姿、秋色、秋声、秋味和平凡的人。作者用深沉的忧思和落寞悲凉来颂秋,写出了自己对故都的秋的深沉眷恋之情。这正体现了散文形散而神不散的特点。"形"是五幅故都的秋景图,"神"是抒发了赞美、眷恋故都自然风物的真情,流露出深远的忧思和孤独感,两者的结合点是"清""静""悲凉"。作者曾说,要把情感渗入景物描绘中去,使读者几乎不能辨出这美丽的自然是不是多情多感的主人公的身体的一部分。在这里情中有秋的落寞,秋中有情的眷恋,情景交融,浑然一体。

(四)文本变奏:寻常巷陌,个性创作

最后,调动学生的阅读、生活经验和审美情趣走出纸上山水,步入自然天地,正值北京的秋,用相机去追随秋天的脚步。班级分若干小组分工合作,任选一个北京寻常巷陌秋景片段,拟写视频拍摄脚本。表1-9为学生视频脚本设计作品。可挑选合适的音乐和场景,拍摄成视频,将视频分享到班级网上空间,大家在线交流。

表1-9 学生视频脚本设计作品

时长	画面	旁白/字幕
30秒	镜头1:光影斑驳的灰瓦红门,有着历史的沧桑感与残破感。古树秋装映衬着灰瓦红门。胡同门缓缓打开,一个老人步履蹒跚地走出小院,抬头望着蓝天。 镜头2:高高的天空,红黄相杂的高大银杏树。 镜头3:金黄的落叶堆满墙檐,屋檐上有一只金黄的小猫正欣赏着满眼的秋色。	秋之晨曦

续表

时长	画面	旁白/字幕
60秒	镜头4：一阵秋风一地落叶，清洁工打扫落叶，留下扫帚的痕迹。 镜头5：胡同口早餐叫卖，烟火雾气缭绕。 镜头6：大人牵着背着书包的小孩先前走着，还有几个中学生穿着校服背着书包并肩走在巷子里，越走越远，直至身影模糊。枝头秋叶正黄。 镜头7：一个年轻男子欢快地骑着单车，在胡同小路上一路骑行。	秋之人间
20秒	镜头8：阳光照在树叶上，泛着金黄的光。 镜头9：一个女孩站在树下，一片树叶随风飘落，她伸出手，树叶落在手心。	秋色秋韵

从课内到课外，从文本到文本变奏，学生不只是体悟文本情感，更是提高了审美情趣，能够进行个性的审美创作。这种真实的体验与创作大大调动学生的学习兴趣，让他们的思维保持活跃，学习潜能得到激发，思维能力也得到很好的提升。

总之，新课程改革的根本目的是让学生能够自主学习、自主探究，提升语文的核心素养。培养学生学习的兴趣是主要的价值取向，提升学生的审美能力、创新能力和情感体验能力是教学的首位。要达到此目标，就需要教师能在课堂有限的空间里，课时有限的时间里，最大限度地给学生创造自主空间和学习机会，还可通过课外拓展为学生提供生动的、创新的学习情境，带领学生真正借助教材、实践教材，让语文学习更加生活化、趣味化、形象化。

讨论话题

1. 创设冲突情境与自主建构之间有怎样的关系？
2. 创设冲突情境的方法有哪些？

（徐艳）

第二章
单元教学的设计与实施

 引言：高屋建瓴，"大"而有"法"

课程改革的进程带动着我们一线教师的脚步，我们一路紧追慢赶，生怕被时代的浪潮淘汰。面对时代的倒逼，理解课程改革的核心变化，跟上课程改革的进程，成为我们刻不容缓的任务。在诸多的课改关键词中，学生的"思维发展"成为重中之重，随之而来的是教学方法的新变革，"单元教学设计"理念应运而生。

"单元教学设计"基于奥地利科学家贝塔朗菲提出的"系统论"，该理论指出不管是小到一个细胞还是大到一个国家，都是一个系统，都具有系统的特性。"系统论"强调事物之间具有联系性，其最基本的性质是"整体性"。但在传统的语文教学中，教师往往以单篇课文为教学的基本单位，依照教材内容和相关教辅进行教学设计，教学素材过于简单化、碎片化，教学缺乏整体性和系统性的知识结构，对学生的学习心理过程重视不足，因而教学效果常常不如人意；最直接的表现就是学生无法在新、旧知识之间建立关联，不能活学活用，思维僵化，缺乏面对生活情境时所需要的分析问题与解决问题的能力。

本章的研究试图从传统语文教学"单篇教学设计"的弊端出发，着眼于整合和重构各种教学素材，以宏观视角整体把握教材的单元内容，力图通过"单元教学设计"弥补以往单篇教学对知识内容的人为割裂，在实践的基础上，形成各具特色的单元教学模式，从而提升教学成效。培养学生批判质疑的态度，促进学生的深度学习，发展学生的高阶思维，从而达到义务教育新课标要求的使学生"思维具有一定的敏捷性、灵活性、深刻性、独创性、批判性。有好奇心、求知欲，崇尚真知，勇于探索创新，养成积极思考的习惯"的教育目的。

关于"语文单元教学"的内涵，我们认同"单元""是一种学习单位""一个学习事件""一个完整的学习故事""一个单元就是一个微课程"。[①]它是指以单元为单位，以教材为导向，以具体驱动性任务为支撑，以充分开发课内外资源为保障的语文教学方式。我们此处所言的"单元"和多处文献中的"大单元"内涵基本一致。

在"语文单元教学"设计中，要关注大观念、大项目、大情境、大任务。所谓的"大观念"即以语文核心素养为本位观念，以整合、建构有特色的语文课程体系为实践理念；"大项目"指向学生学习单位，是包含问题引领下的目标、情境、任务、评价、策略和知识等复合要素的学习单元；"大情境"则要求构建以学生立场为本，跨越时空的现场再现；"大任务"则要求教师围绕教学中的真问题，寻找核心概念，形成任务情境，引导学生走向实践迁移，达到活化运用，最终提升语文核心素养。

如果把传统的教学模式与"单元教学"模式做一个比较，我们就可以更为直观地了解两种教学模式的区别（见表2-1）。

表2-1 传统教学模式与"单元教学"模式的区别

	传统教学模式	"单元教学"模式
教材处理	以单篇为教学单位，追求单篇精讲，面面俱到，耗时耗力	以"单元"为教学单位，实现教材重组，课内外素材重组
教师身份	知识的搬运工	有独立思考能力、独立建构能力的教育者
学生身份	被动的接受者	通过参与驱动型任务成为主动的学习者、知识能力的建构者

[①] 崔允漷：《如何开展指向学科核心素养的大单元设计》，《北京教育（普教版）》2019年第2期。

续表

	传统教学模式	"单元教学"模式
教学背景	教材提供的情境背景（知人论世）	强调"真情境"：学生的心理状态、认知条件；地域文化、时代环境等
教学模式	以教师掌控的课堂为主阵地，讲、记、练、写、背为主要手段	课内外相结合，课堂更多地成为学生活动的主要场地，学生成为教学实施过程的创设者、行动者和分享者；教师由主导者改为策划者、导演和欣赏者

在本章中，我们在实践"语文单元教学"的过程中，又加入了"思维型教学理论"，以期通过整合、重构语文教学内容，更好地使学生的高阶思维得到发展。

"思维型教学理论"强调，学科核心素养的核心是思维，在课堂教学中，教师和学生的核心活动是思维。该理论以聚焦思维结构的智力理论为基础，着眼于课堂教学中的思维活动，包括动机激发、认知冲突、自主建构、自我监控和应用迁移五个方面的基本原理，提出了明确课堂教学目标、突出知识形成过程、联系已有知识经验、重视非智力因素培养、训练思维品质以提高智力能力、创设良好教学情境、分层教学因材施教七个方面的课堂基本要求。同时，还强调了在教学活动中"双主体"师生关系的重要性，倡导师生的课堂互动。

就发展学生的高阶思维而言，教育实践中采用恰当的策略和方法是难点。"语文单元教学"的尝试虽早已有之，但本研究从思维型教学理论出发，试图从整合单元知识结构、建构合理的整体教学设计的角度来思考和探索课堂教学中培养学生高阶思维的策略和方法，力图拓展"语文单元教学"的内涵，做到高屋建瓴，宏观把握框架；并进一步深化对语文单元教学实践的理解，做到"大"而有"法"，深入探究规律。

可以说单元教学是落实课程标准的重要抓手，有助于促进核心素养在课堂中的真正落实。在教学实践中，要注意如下两点：首先，用基于系统论的思想方法对内容进行分析，选择具有内在关联性的内容，重新组合成具有一定结构和功能的单元。可以依据教材来确定单元，也可以基于核心概念的进阶或核心素养的发展来重新设计单元。其次，要在教学整体观的指导下，有序规划教学的各个要素，形成大单元教学设计。

第一节　基于初高中一体化的语文单元教学设计与实施

我们经常会感慨"初高中教学断裂"的现象，因为绝大多数完全中学都是按照"三年小循环"的规律来安排教师工作，高中教师和初中教师常常"只管各扫门前雪，不管他人瓦上霜"，更有甚者，有些学校根据教学模块安排师资，认为教师只有全身心投入到"本模块"的钻研中，才能比别人有更为深入的研究和认知。这样的结局就是教师对本学科的整体知识能力构架不清楚，只见树木不见森林，教学呈现出碎片化、肢解化的状态，这种现状无疑严重影响了学生语文核心能力的培养。

这些年来，我们的教学改革一直在探索如何使各个学段有机衔接，《教育部关于全面深化课程改革落实立德树人根本任务的意见》就明确指出要在育人目标、育人定位上使各个学段更加紧密地有机衔接。全面深化课程改革，促进初高中学段统筹，构建基础教育一体化体系，实现初高中教育有效衔接，是当下的教育改革亟待解决的问题。因此，初高中教学一体化改革势在必行。所谓"一体化"，是"将多个相对独立的主体，依据一定的目标，通过一定的方式，遵循一定的规律和原则，逐步在同一体系下'化为'彼此包容、有机融合、相互配合的共同体的过程"[①]。那么，"初高中语文教学一体化"就是要处理好初中、高中各部分教学内容与培养学生语文核心素养整体目标的关系，在保持各学段课程相对独立的基础上，梳理初高中知识能力体系，形成语文学科素养的整体框架。

[①] 卢黎歌等：《统筹推进大中小学思政课一体化建设研究——学习习近平总书记在学校思想政治理论课教师座谈会上的重要讲话精神笔谈》，《北京工业大学学报（社会科学版）》2020年第1期。

"基于初高中一体化的语文单元教学设计"正是探究如何打破原有的学段限制、实现各学段语文知识能力体系整体重构的一种教学尝试。"单元教学"并非把初高中语文教学内容简单相加,而是力求从价值取向、育人思想、育人目标、育人内容、方式方法、评价体系等方面将初高中语文教学加以深度融合,把初高中六年的语文教学作为一个教学整体通盘考虑,打通初高中在语文课程内容和学段等方面的壁垒,实现连续性和系统性,从而在整体学习、自主建构上最大限度地调动学生的学习积极性,挑战其学习潜能,拓宽其知识与文化的视野,发展其基于个性的独立思维能力和创新思维能力。因此,本章的探究有别于传统的基于同一学段的单元教学设计,而是立足于跨越学段、甚至跨越义务教育和高中教育的更为宏观视角的单元重构,以期顺应新时代发展给语文教学带来的挑战,为实现语文教学的终极目标"培养符合社会发展需求的人才"而努力。

"单元整体教学设计"模式一般应关注如下六个方面:第一,研究课标,以准确的教学目标定位为导向;第二,深度解读教学资源,以教学内容为设计依托;第三,考察学情,以学生思维基础为设计基点;第四,以任务驱动来设计教学活动;第五,考虑课时的限制;第六,关注教学评价,及时反馈。其具体环节可以概括为五个关键要素:"钻研课程标准,梳理初高中知识能力体系,形成语文学科素养的整体框架;考察学情,了解学生思维能力起点;分析、整合教学资源,确定教学目标;预设任务,拟订评估标准,设计评价量表;选择教学策略,形成教学方案。"见图2-1。

图2-1　单元整体教学的一般设计环节

下面,我们将以"文学阅读与写作"任务群教学为背景,以统编高中语文新教材必修上册第七单元"自然情怀"为案例,进一步阐发在思维型教学理论引领下初高中一体化的语文单元教学的设计思路。

一、从整体视角研读课标、分析教材

（一）梳理、比较相关任务群的教学目标，把握对初高中教学的不同要求

当下的学制，大多数是初高中分年级教学，导致了当前语文教学内容存在不同程度上的"各自为政"状态，教师常常是"不识庐山真面目，只缘身在此山中"，深陷于五花八门的教学概念、越来越多的教材教辅、频繁的考试测验等迷障中不能抽身。然而师者之所以能够"传道授业解惑"，首先要有高屋建瓴的视野，有"不畏浮云遮望眼，自缘身在最高层"的远见卓识，否则以己之"昏昏"，又怎么可能使学生"昭昭"？教学效率低下是可想而知的。所以为人师者，首先要胸有丘壑，方能挥毫泼墨，皆成佳作。这就要求我们紧跟教改的步伐，眼中有教材，心中有体系，不断钻研课标，能从初高中教学整体学科素养的体系出发，打破被学制人为割裂的教学逻辑，从初高中一体化的整体教学出发，把握单元教学内容，做到心中有数。

语文学科素养体系是语文课程内容构建的依据，语文学科素养在不同学段的有序分布、组合就构成了语文课程的内在序列。新课标以"学习任务群"的方式组织和呈现语文课程的具体内容，强调以具有内在逻辑关联的语文实践活动来实施教学，以对不同学习任务群的标准解读替代了传统课标对学科知识逐点解析、学科技能逐项训练的简单线性排列和连接的解读方式，从而更为直观地呈现了对初高中不同学段语文学科素养的具体要求。为了更直观地展示"初高中一体化教学"的核心理念，我们以"学习任务群"为语文学科素养的载体对现行初高中的课程要求进行了梳理，以期更为清晰地呈现出初高中语文教材编制时的内在逻辑框架。通过初高中新课标中对相似任务群"学习目标与内容"的梳理、对照和比较，我们可以更准确地把握高中语文的学科素养在初中语文学科素养基础上的深化点和提升点，更容易体会到高中语文"强调知识能力的综合应用"的特点，也可以更为鲜明地看出，对学生的思维培养从初中的低阶思维向高中的高阶思维逐步过渡和发展的特点。义务教育阶段列出了 5 个任务群，高中阶段共有 18 个任务群，但如果仔细对比梳理初高中新课标对任务群的具体阐述，我们会发现，其中至少可以梳理出在学习目标和内容上有高度内在相关性，在语文素养培养上呈现鲜明发展性和进阶性的五大任务群：

（1）与"语言运用"有关的任务群（初中表述为"语言文字积累与梳理"，高中表述为"语言积累、梳理与探究"）；

（2）以"阅读审美"为核心的任务群，包含"实用性阅读与交流""文学阅读与写作""思辨性阅读与表达"三个相似任务群；

（3）以"文化自信"为核心的任务群，包含"中华传统文化经典研习""中国革命传统作品研习"两个相似任务群；

（4）以"文化参与"为核心的任务群，包含"跨学科学习、跨媒介阅读与交流""当代文化参与"两个相似任务群；

（5）以"整本书阅读"为核心的任务群，包含"整本书阅读与研讨""科学与文化论著研习"两个相似任务群。

需要说明的是，高中阶段"中国现当代作家作品研习""外国作家作品研习""跨文化专题研讨""学术论著专题研讨"等任务群在初中阶段没有做专门要求；"汉字汉语专题研讨"任务群是在"语言积累、梳理与探究"基础上的提升；"中国革命传统作品专题研讨"任务群是在"中国革命传统作品研习"基础上的提升；"中国现当代作家作品专题研讨"任务群是在"中国现当代作家作品研习"基础上的提升，因此不再单独列出。

如果我们仔细研究新课标中对不同任务群"学习目标与内容"的阐述，通过分析具体表达，我们就可以看出高中阶段语文任务群的学习内容明显比初中阶段的范围更广，程度更深；学习理念更趋向于应用性、实践性、审美性和思辨性，学习目标更强调对思维的进阶培养。

比如我们以"语言运用"类任务群为例，具体内容请见表 2-2：

第二章 单元教学的设计与实施

表2-2 初高中以"语言运用"为核心的任务群对比

	义务教育语文课程标准（2022年版）第四学段（7—9年级）	普通高中语文课程标准（2017年版2020年修订）
初中：语言文字积累与梳理 高中：语言积累、梳理与探究	（1）在语言文字运用情境中，发现、感受和表现语言文字的魅力。围绕汉字、书法、成语典故、对联、诗文等方面内容，策划并开展语文学习、展示和交流活动，加深对语言文字及其文化内涵的认识和理解。 （2）梳理学过的语言现象，欣赏优秀作品的语言表达技巧，初步探究语言文字的运用规律。学习按照词类梳理字词，学习整理典型的语法、修辞应用实例。 （3）继续丰富自己的积累。分类整理、欣赏、交流所积累的词语、名句、诗文等，并在日常读写活动中积极运用，提升自身的中华文化修养。	（1）在语文活动中，积累有关汉字、汉语的现象和理性认识，了解汉字在汉语发展和应用中的重要作用，巩固和加深义务教育阶段所学的汉字知识；体会汉字、汉语与中华传统文化的关系及汉语的民族特性，增强热爱祖国语言文字的感情。 （2）通过在语境中解读词汇、理解语义的过程，树立语言和言语的相关性和差别性的观念。 （3）通过文言文阅读，梳理文言词语在不同上下文中的词义和用法，把握古今汉语词义的异同，既能沟通古今词义的发展关系，又要避免用现代意义理解古义，做到对中华优秀传统文化作品的准确理解。 （4）在自主修改病句和分析句子结构的过程中，体会汉语句子的结构特点和虚词的作用，进一步领悟语法规律。在学习文学作品时，观察词语的活用、句子语序的变化等，体会文学语言的灵活性和创造性。 （5）在运用口语和书面语表达的过程中，对比两种语体用词和造句的差别，体会口语与书面语的风格差异。 （6）反思和总结自己写作时遣词造句的经验，建构初步的逻辑和修辞知识，提高语用能力，增强表达的个性化。

对比分析表2-2中初高中不同阶段课标对"语言运用"类任务群的具体表述，我们会发现：义务教育阶段更注重对汉字的认知、书写、运用等基本语文素养的培养，比如义务教育阶段课标在"学段要求"中针对不同学段都明确规定了对"识字与写字"的具体学习目标，初中"语言文字积累与梳理"任务群的第一条中三次提及"语言文字"，涉及的动词为"发现、感受和表现""加深认识和理解"；而高中阶段则要求在"巩固"初中所学的汉字知识的基础上，特别强调对汉语、汉字现象的"理性认识"，并"体会汉字、汉语与中华传统文化的关系及汉语的民族特性"。对比其他几点的具体表述，我们也会发现，从语文活动角度看，初中课标对学生学习语言运用多用"梳理""初步探究""积累""分类整理"等基础活动的词语，强调夯实基础；而高中阶段则进一步

要求学生能"反思总结""初步建构""提高能力"和"增强个性化",这就明确指向了在语文活动中提升学生的思维品质,即由初中的"直觉思维""形象思维"向更为高阶的"逻辑思维""创造性思维"过渡和发展。

(二)纵向把握学习任务要求,明确教材中单元的功能属性

纵向把握学习任务要求,明确教材中单元的功能属性,可以让我们从更为宏观的视角上整体把握教材的单元内容,在一定程度上弥补了以往单篇教学对知识内容的人为割裂,提升教学成效,培养学生批判质疑的态度,促进学生的深度学习,发展学生的高阶思维。

1. 明确初高中阶段"写景抒情散文"的不同要求

统编语文教材必修上册第七单元主要是围绕"自然情怀"这一人文主题,将不同时代、不同风格的五篇写景抒情散文聚合在一起的。其中《故都的秋》《荷塘月色》和《我与地坛(节选)》是现代散文,《赤壁赋》和《登泰山记》是古代散文。从写作风格看,这五篇散文虽然都以写景为主要特征,但其中也包含了写人写事,如史铁生的《我与地坛(节选)》;《故都的秋》《荷塘月色》《登泰山记》侧重表达了作者的"感",即真情实感,而《我与地坛》《赤壁赋》则在写景叙事中突出表达了作者的"悟",即人生思考。

从高中新课标的18个学习任务群的定位来看,该单元应该属于"文学阅读与写作"任务群。该任务群旨在"引导学生阅读古今中外诗歌、散文、小说、剧本等不同体裁的优秀文学作品,使学生在感受形象、品味语言、体验情感的过程中提升文学欣赏能力,并尝试文学写作,撰写文学评论,借以提高审美鉴赏能力和表达交流能力"。由此可见,"文学阅读与写作"任务群承担着扩展学生生活阅历、涵养人文精神、培养审美能力、促进读写结合等重要功能。

本单元是由五篇不同时期、不同风格的写景抒情散文构成的,我们不妨先比较一下初高中"文学阅读与写作"任务群中与"写景抒情散文"对应的学习目标要求。具体表述见表2-3:

表 2-3　初高中"文学阅读与写作"任务群的对比

	义务教育语文课程标准（2022 年版）第四学段（7-9 年级）	普通高中语文课程标准（2017 年版 2020 年修订）
文学阅读与写作	（1）阅读反映中国革命各个时期的重大事件、伟大成就、代表性人物及其感人事迹的优秀文学作品，感悟革命领袖、革命英雄、模范人物的理想信念和奋斗精神，运用多种方式交流自己的阅读感受。 （2）阅读表现人与自然的优秀文学作品，包括古诗文名篇，体会作者通过语言和形象构建的艺术世界，借鉴其中的写作手法，表达自己对自然的观察和思考，抒发自己的情感。 （3）阅读表现人与社会、人与他人的古今优秀诗歌、散文、小说、戏剧等文学作品，学习欣赏、品味作品的语言、形象等，交流审美感受，体会作品的情感和思想内涵；尝试写诗歌、小小说等。 （4）领略数字时代精彩的文学世界，欣赏由经典文学作品改编的影视作品，感受不同媒介的艺术魅力。	（1）精读古今中外优秀的文学作品，感受作品中的艺术形象，理解欣赏作品的语言表达，把握作品的内涵，理解作者的创作意图。结合自己的生活经验和阅读写作经历，发挥想象，加深对作品的理解，力求有自己的发现。 （2）根据诗歌、散文、小说、剧本不同的艺术表现方式，从语言、构思、形象、意蕴、情感等多个角度欣赏作品，获得审美体验，认识作品的美学价值，发现作者独特的艺术创造。 （3）结合所阅读的作品，了解诗歌、散文、小说、剧本写作的一般规律。捕捉创作灵感，用自己喜欢的文体样式和表达方式写作。与同学交流写作体会。尝试续写或改写文学作品。 （4）养成写读书提要和笔记的习惯。根据需要，可选用杂感、随笔、评论、研究论文等方式，写出自己的阅读感受和见解，与他人分享，积累、丰富、提升文学鉴赏经验。

在进行教学设计的时候，我们先比较初高中"文学阅读与写作"任务群中与"写景抒情散文"对应的学习目标要求，通过比较，二者的差异主要体现在如下三个方面：

（1）提高了文学鉴赏的要求

义务教育语文课程标准"文学阅读与创意表达"（第四学段）指出："阅读表现人与自然的优秀文学作品，包括古诗文名篇，体会作者通过语言和形象构建的艺术世界，借鉴其中的写作手法，表达自己对自然的观察和思考，抒发自己的情感。"可见，初中对"文学阅读与表达"的学习目标重点在于掌握从"阅读""体会"到"欣赏、交流"的基本方法。高中课标与其对应的相关内容有三点（详见高中语文新课标 17—18 页），其中前两点着重阐述对"文学阅读"的目标和要求：第一点是基于文本内容和主题的阅读要求，即不仅要读懂文本，还进一步强调在了解作品内容的基础上，结合阅读者个人的生活经验和阅读写作经历对作品有"自己的发现"；第二点是对文学鉴赏的要求，阅读者需要根据艺术表现形式的不同，"多角度"对文本进行赏析，获得审美体验，提升阅读素养，而初中阶段对此没有做明确的要求。可见，在文学阅读层面，高中在巩固初中掌握的"基本方法"的前提下，还强调对文章的个性解读和赏析。

（2）提高了文学写作的要求

高中课标对"文学阅读与写作"任务群解读的第三、四两点，着重阐述对学生"文学写作"的相关要求。对此，初中课标的表述是："借鉴其中的写作手法，表达自己对自然的观察和思考，抒发自己的情感。"而高中课标则要求学生不能停留在初中阶段写作初期的模仿、借鉴层面，更要求学生掌握不同文学样式的一般写作规律，并且在写作中发展自己的个性，"用自己喜欢的文体样式和表达方式写作"，鼓励学生在写作中发现自我，表达自我。

（3）凸显了思维培养的进阶

比较初高中阶段"文学阅读与写作"任务群的表述，我们会发现在思维培养层面，高中阶段渗透了对学生"逻辑思维"进阶的要求。比如对于阅读层面，高中强调在掌握一般性阅读规律的基础上，要"力求有自己的发现""多个角度欣赏""认识作品的美学价值，发现作者独特的艺术创造"；而在写作层面，也同样强调了"用自己喜欢的文体样式和表达方式写作"。可见，高中的培养目标更突出学生的个性化发展，相应的，思维层面的培养目标也就由初中阶段重点培养的"直觉思维、形象思维"提升到了"辩证思维和创造性思维"，凸显了思维的进阶要求。

2. 反思教学现状，确定高中教学的关注点

从考查角度看，以景物描写为主要内容的文学类文本阅读一直都是各类考试中的"常客"，所以在日常教学中也是老师们重点关注的教学内容。可以说，中学阶段，学生课内外接触的写景抒情类散文为数众多，但由于其风格的高度个性化，造成了教学实践中教师常常停留在对文本的表面化、碎片化解读上。比如读一读景物描写的段落，分析一下修辞美句，讲一讲写作背景，归纳一下主题思想等，难以从内在的深层探索中发现文章的独特之美。

然而我们必须认识到，抒情散文之所以成为"书写性灵"的最好方式，正因为这种文体最便于抒发作者的主观情感。这种情感可能只是作者某时某刻的短暂感受或瞬间领悟，但却可以间接体现作者对现实的价值判断和审美取向，所以具有典型性和广泛的代表性，可以引发读者根据自己相近的生活认知产生情感的共鸣。虽然文章中基于作者主观情感构建出来的外在世界，很可能是一个超越现实客观性的独一无二的世界，但因其与作者内心精神状态相协调，所以往往成为含有独特情感意趣的审美世界。因此，郁达夫在《故都的秋》中才会选取异于常人视角的独特意象，表现出"清、静、悲凉"的独特审美意趣；而朱自清笔下的月下荷塘是朦胧淡然的，不可能成为"接天莲叶无穷碧，映日荷花别样红"的荷塘。当我们理解了写景抒情散文的这种"独创性"，在教学过程中，我们就必须引导学生关注作品中的景物世界"独一无二"的审美特性，关注作者基于个人价值观、世界观，甚至是片刻的情绪特征所再创造的审美世界，而非简单化处理，把抒情散文中的再造世界等同于现实生活中的真实世界。

二、了解初高中学生的不同思维特点，确定教学目标

想做到初高中一体化教学，在构建整体语文素养体系之后，我们首先要做的就是从整体视角比较初高中相似任务群教学目标和要求的不同，再通过一定的调查了解学情，洞察学生思维的起点，然后分析教学资源（教材、教辅、网络资源、视频资源等），根据学情确定教学目标，做到以学生为本，准确定位。

（一）基于学生的已有学习经验，关注其思维特点

从初高中一体化教学设计的角度看，对于写景抒情的散文，学生在初中并不陌生。梳理一下初中教材，我们会发现学生在初中三年每学年都会接触到不同类型的写景抒情散文。学生最先接触的是七上第一单元中《春》《济南的冬天》这两篇写景抒情的现代散文，七下有《紫藤萝瀑布》《一棵小桃树》，八上有《昆明的雨》《三峡》《答谢中书书》《记承天寺夜游》《与朱元思书》，八下有《壶口瀑布》《在长江源头各拉丹冬》《登勃朗峰》《一滴水经过丽江》《小石潭记》，九上有《岳阳楼记》《醉翁亭记》《湖心亭看雪》：综合来看，写景抒情的散文达17篇之多。而高中必修上册第七单元却是必修教材中唯一一个专门的散文单元，可见，从教材编写体系看，高中必修上册这个散文单元承载着对写景抒情类散文教学进行总结、提升、实践等功能。

根据让·皮亚杰的认知发展理论，儿童成长到11—12岁以后，认知发展到形式运算阶段，即思维发展到抽象逻辑推理水平，具体表现为，思维形式可以摆脱思维内容，可以关注假设命题，可以进行假设演绎推理。然而，思维的成长和成熟需要一个漫长的过程，所以初中生和高中生的思维特点还是有着明显的差别。初中生的抽象逻辑思维如初生的幼苗，还需要更多感性经验的雨露滋养，经验型思维还占据主体地位。而高中生的思维已经发展到理论型，无论是分析能力还是概括能力，都日渐走向成熟，并且开始形成辩证思维。林崇德经过研究指出，高中阶段是学生抽象逻辑思维发展的成熟时期，其明显特点是具有独立性和批判性，他们面对自然界和社会中的一些复杂现象，不再满足于家长、老师的阐述，而是有了自己的主见，特别是与已知理论发生认知冲突时，高中生更倾向于质疑、辩驳，而非轻易地接受结论。因此在教学设计中，我们不仅应该珍视学生独立思考的能力，还要根据学生思维发展阶段的不同需求，设计更多适合启发学生自主思考、主动质疑和合作辨析的活动，即使学生限于知识经验的不足，有时会片面、孤立地看待问题，我们也要认识到这是思维走向成熟必经的过程，在保护学生的好奇心和求知欲的前提下给予引导和纠正。

正因为初高中阶段学生的思维发展、心理成熟度有一定的差距，所以对比初高中课标中对写景抒情散文的具体学习要求，我们会发现一些不同：初中阶段对写景抒情类散文的学习重在对基本阅读方法的培养，对作品中情景关系的处理，大部分学生只能从概念上掌握"寓情于景，情景交融"，还很难深入到情景内在的逻辑关系层面，深入理解抒情主人公的主观性和创造性。比如济南的冬天最低温可能到零下20摄氏度左右，经常受到偏北风的影响，在别人的眼里，济南的冬天可能并不"温晴"，但因为老舍对济南这座城市有着特殊的"温情"，所以他眼中"济南的冬天"并非真正意义上的客观真实，而是带有作者主观情思的个性化再创造，但在初中阶段，很多老师在对《济南的冬天》的教学中却经常忽略了这一点。到了高中，随着学生生活阅历和间接经验的不断丰富，高中生对文本的思想会有更多独特的理解和感触，这一阶段散文教学就不能仅仅停留在"范式"的教学层面，而是要循循善诱，做好引导与启发的任务设计，鼓励学生基于文本和个人体验发散思维，那么课堂生成必然同文本本身的解读一样，呈现出多元而丰富的状态。

（二）依据学情确定目标

"谋定而后动，知止而有得"是古代关于谋划思想的记录。"知止而有得"是从《大学》中"知止而后有定"演化而来的，原文是："知止而后有定，定而后能静，静而后能安，安而后能虑，虑而后能得。"意思是学习要有明确的目标（"止"即明确的目标），然后才能树立坚定的志向（有定），这样就可以心不妄动（静），心不妄动，则所处而安，不为外界影响所动，最后才会有切实的收获。单元教学设计也是如此，我们必须首先有明确的教学目标做导向，否则在推进过程中很容易被学生的活动进程带偏。因为单元教学以学生的课堂实践活动为主要呈现方式，而学生活动具有灵活性和不可控性，学生的思维水平、认知水平、性格爱好都各有不同，这就考验教师的活动设计能力和对活动进程的掌控能力，因此围绕明确的教学目标设计有序的活动任务就显得至关重要。师生在任务推进中心中时刻有目标，就不会因活动中生成的某些问题或是临时出现的情况而手忙脚乱。

思维型教学理论强调教学目标的拟定要符合学生的认知水平和知识经验，教学过程要围绕教学目标展开，并有切实的落实策略，要符合学生的学习规律。所以，在教学设计中，要把考查学情作为设计教学目标的起点，把学生思维的进阶点作为教学设计的重点难点，以学习者为中心，这样的教学目标才是科学的，切实可行的。高一学生一般在15—16岁，跟初中相比，在认知范围、思考能力上都有了一定的发展，尤其是自我意识的觉醒，常会使他们对成年人世界的各种观点产生怀疑，而对自己的人生则会主动进行较为理性的思考。面对这种年龄特点，以教师讲授为主、学生被动接受的学习方式无疑会压制学生的自觉意识，使学生对学习产生排斥心理。所以，引导学生通过自我学习，逐步感知体悟每篇散文中蕴藏的那个"独特的我"，那朵"与众不同的烟花"，就可以契合学生的年龄和心理需求，在此基础上，以"表达自我"为主题的写作训练也就有了依据和伏笔。

在本次单元整合教学的设计中，笔者把"理解、体会、把握、模仿抒情主体'我'的个性化创造"作为单元教学的主体目标，主题定为"以'我'之眼，观'我'之景，抒'我'之情"，即首先引导学生理解文本中"以我之眼观景，境皆着我之色彩"的情景关系，体会作者基于自己主观情感再造出的景物世界的独特美感；其次学习这种情景交融的写作手法，通过鉴赏品读文本中的经典语段，学习用自己独特的视角观察世界，并尝试以其为载体表达自己某种细微独特的情感体悟，从阅读能力迁移到写作能力，从而对写景抒情类文章的"主观性"和"创造性"有更为深刻的体悟，对作品中折射出来的民族的审美心理有更清晰的认知，进而在思维品质上获得进阶提升。

基于以上分析，我们把本次单元教学设计的具体目标拟定如下：

* 学习两篇古代散文。在"语言积累与运用"层面，通过反复诵读和背诵默写，在巩固初中所学的文言文语法知识的基础上，重点理解文言词语的语境义和古今异义，做到对中华优秀传统文化作品的准确理解；在阅读层面，在巩固初中掌握的古代散文阅读规律的基础上，进一步体会古人"天人合一"的自然观，学习由观自然而观自我，领会"景、情、理"完美融合的艺术特色，体悟作者情感的波澜。

* 学习鉴赏三篇现当代散文名篇。在"语言积累与运用"层面，继续积累汉字、汉语的有关现象，提升对汉语规律的理性认识；在文学阅读层面，在夯实初中阅读技巧的基础上，进一步使学生理解现当代文人与古代文人一脉相承的"从自然中获得审美体验与生活启示"的文化传统特点，引导学生领会自古以来中国文人以审美眼光观照大自然，获得"物我相融"的精神境界，寻得心灵慰藉的文化传统，激发学生热爱大自然、热爱生活的情感。

* 在文学鉴赏层面，巩固初中所学，通过引导学生梳理"情与景"的关系，感受意境之美，品味语言之美。在此基础上，通过文本细读和拓展阅读，使学生在反复实践中对写景抒情散文中"独特之我"有更为深刻的认知，选精美段落，写文学点评，为写作实践做准备。

* 在文学写作层面，一方面巩固初中学习的基本写作技巧；另一方面，通过设计读写结合的活动，在学习进程中不断学习本单元的语言和艺术手法，并且学以致用，引导学生结合自己的亲身经历，完成一篇写景抒情散文，要求写出"真我性情"和"感情的波澜"。

* 教学重点和难点。写景抒情散文具有强烈的主观性，对学生而言，跨越时空的心灵对话最为不易，尤其是高一学生受阅读视野、生活经验所限，想要跟不同时空的作者产生"共情心""同理心"绝非易事。所以，引导学生展开联想，设身处地，融入文本中作者所创造的审美世界，将成为此次教学设计的难点。另外，在对学习资源进行整合重构时，要充分考虑到学生的知识基础、年龄阶段、心理特点、学习兴趣等，根据实际情况，适当补充课外学习资源，实现单元学习内容的优化整合，并设计出符合学生学习规律的层级性、进阶性任务；同时，要注意给予学生充分的选择权，不要让"群文阅读"变成学生的负累，让"学习任务"变成压垮学生的稻草，这将是本次单元教学设计的重点。

三、围绕单元教学主题，设计进阶式任务

对于写景抒情散文的单元教学设计，首先，要抓住单元教学内容的核心，整合相似性，围绕目标突出重点，避免传统教学面面俱到的碎片化教学模式；其次，课外教学资源的补充要体现与整体内容的内在逻辑关联，避免生硬拼凑之嫌；再次，整合重构的设计过程中，要围绕单元主题的设置体现教学内容的系统性，再通过渐进性的任务设置将单元复杂的内容体系划分出层级，既体现"单元教学"的整体性，又体现各部分各环节之间内在的逻辑性。

围绕"以'我'之眼，观'我'之景，抒'我'之情"的教学主题，我们把本次单元的教学设计分成进阶式的三级主任务，具体内容见图2-2。

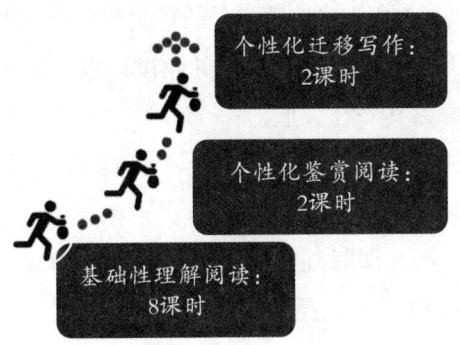

图2-2 高中必修上册第七单元三级主任务

（一）主任务1：基础性理解阅读

主任务1由两个子任务构成。子任务1是学习两篇古代散文，子任务2是学习三篇现当代散文，对于教学设计的具体环节将在后文具体阐述，在此只略谈我们的设计理念。

单元教学并不排斥单篇教学。有些老师误以为单元教学就是把教材内容

"一锅烩",或者是把原来的学案按照"知识基础""课内阅读""课外拓展""写作训练"等几个板块拆分重组,笔者认为,这都是对单元教学的误解。单元教学的"大"体现为围绕教学主题进行宏观设计,但重点篇章的语言基础还是要扎扎实实落实,精彩语段的品析也需要在老师引导下细细品味;脱离了扎实的语言建构和积累,脱离了老师对经典案例的解读指引,缺少了教师给搭建的学习支架,学生的自主构建就无从谈起,"单元教学"就会有形无实,变成中看不中用的"空中楼阁"。

基于此,我们在任务的第一步"基础性理解阅读"中,把本单元五篇课文分成两组——两篇文言文和三篇现代文,很明显,这种设计是基于古文和现代文的语言形式划分的,这样便于落实文言文基础知识和把握现代散文的阅读规律。从一定意义上来说,"单元教学设计"是教师个性化的内容体系,是教师个体的知识经验维度与普遍的知识经验维度的统一,所以,如何设计重构教学资源并没有既定之规,也谈不上最佳方案。教师完全可以根据自己的理解重新组合。比如从"情"与"思"的角度,《故都的秋》《荷塘月色》《登泰山记》可以组合成"感受真情"子任务,《赤壁赋》与《我与地坛》可以组合成"体悟哲思"子任务;当然,也可以以"自然情怀"为主题,统领五篇文章,不分彼此。"单元教学模式"的最突出特点就是可以打破传统教学设计中对文本的人为"割裂",从统整的角度出发,既重视单元内容的内在关联,同时也要考虑到其外在关联。一个教学"单元"可以有多大,没有严格意义上的规定,在实际教学中,可以根据教师自身的认知水平、教学目标、教学内容、不同学生发展的需要等来确定。

从课时安排看,用8课时扎扎实实完成基础性理解阅读,后面的两个环节(个性化鉴赏阅读和个性化迁移写作)才不会落空。认知规律是相通的,只有在整体学习的基础上才能谈得上深度学习,老师如此,学生亦如此。所以,对文本还不够熟悉就空谈赏析,是舍本逐末的做法。当然,单元的教学设计重在详略得当、适度取舍,即围绕单元教学目标有效组合不同的教学资源,让其"各尽所能",而非面面俱到。这里面的衡量标准,需要我们为师者在教学实践中不断摸索,不断体会。比如把《赤壁赋》和《登泰山记》放在一个子任务中学习,除了解决文言文语言建构的相关问题和写景抒情散文的一般规律之外,我们可以让学生进一步体会"赋"体和一般游记体的风格差别。让学生深入体会《赤壁赋》洋洋洒洒、反复铺陈、对偶排比、朗朗上口的整饬之美，体会"主客问答式"的精巧构思；而反观《登泰山记》则风格迥异，叙事简洁明快，善于取舍，朴素雅正，通畅清顺。

（二）主任务2：个性化鉴赏阅读

第二个主任务也由两个子任务构成，即课内经典语段的细读品味和课外拓展阅读的个性化赏析。子任务1是对教材中三篇现代散文的文本细读。由老师引领，通过反复诵读，抓意象，品特点，进而理解景物背后抒情主人公独特的情绪寄托。（具体策略见后文阐述）在有了方法和支架后，再进行子任务2，即以课后作业形式布置拓展阅读，再以小组合作方式互评互改，最后班级共享。

"个性化阅读赏析"离不开课外资源的拓展。首先，要知人论世，围绕作品的背景、作者的经历进行必要的补充，比如郁达夫和朱自清的相关资料及作品写作背景，但是切不可把补充资料当成理解文章的依据，否则学生会先入为主，在理解文本的过程中本末倒置。其次，为了深入理解史铁生对生死的思考和感悟，体会苏轼《赤壁赋》中前段表现出的苦闷及后段人生观中辩证达观的积极意义转变，加入《秋天的怀念》《合欢树》《念奴娇·赤壁怀古》《定风波》等作品进行辅助阅读，但切不可喧宾夺主。最后，当学生通过学习基本掌握了本单元的学习主题后，适度扩大同类作品的阅读是必要的，这就需要师生共同寻找课外的散文名篇，给学生提供阅读空间，让学生根据单元主题进行选择性阅读点评，进一步落实课内所学。

（三）主任务3：个性化迁移写作

因为"读写结合"也是单元教学的典型特征之一，所以"个性化迁移写作"并非仅仅指单元收尾部分的大作文写作任务，而是在整个任务群的推进过程中，都要设计穿插各种形式的片段写作。所以主任务3的两课时是就整体计划而言。其中第一课时可以分散在若干个子任务过程中，可以是对生动语段的仿写，对经典语段的赏析，也可以基于自己理解对原文的改写或者是片段的读后感；第二课时设计重点是对最后环节中学生大作文的赏析分享。

在设计"读写结合"任务时，教师要注意写作方式的灵活多样，写作任务的零敲碎打，在细水长流、潜移默化中给学生提供写作支架，从而减轻写作任务带给学生的压力。

如图2-2所示，三个主任务在语文素养的培养目标上呈现不断爬升的趋势，从对写景抒情散文的范式学习到扣合单元主题的个性化学习，过程中配合片段化写作，最终以学生的个性化散文创作作结。

四、细化活动的实施方式，关注反馈，提供教学支架

如果说之前的工作是"单元教学设计"的知识储备阶段和思考过程，那么"细化活动，形成方案"就是我们传统的备课、写出教案的过程。与传统备课的不同之处在于："单元教学模式"以"生本思想"（其核心是学生的思维发展）为前提，以学生学习活动的推进为课堂的主要呈现方式，所以，单元教学模式下的备课要把"教师所想"转化为学生自主学习、自主建构、合作探究等活动方式，以培养学生在真实情境中分析问题、解决问题的能力。因此，在备课过程中，细化任务环节，形成活动方案，预设活动过程，提供教学支架，关注活动反馈，拟定评价量表等工作就成了"备课"的主要环节。

下面我们还是以高中必修上册第七单元为例，还原笔者的"备课"过程。

（一）细化活动的实施方式，形成方案

本单元五篇散文的任务设置，要以单元主题"以'我'之眼，观'我'之景，抒'我'之情"为核心，按照三个主任务的推进过程，细化每个子任务的实施方式，具体到如何设问，如何组织活动，如何实施过程评价和终结评价等。

1. "基础性理解阅读"任务的实施方案

此环节包含两个子任务：其一是梳理两篇文言文的内容及文脉；其二是对三篇现代散文做基础的圈点勾画、批注式阅读。活动中一是要注重落实"关注作品中的自然景物描写和人生思考，体会作者观察、欣赏和表现自然景物的角度，分析情景交融、情理结合的手法"；二是在理解阅读基础上进行鉴赏性阅读——"反复涵泳咀嚼，感受作品的文辞之美"。

具体细化方案见下文：

（1）导入环节

教师活动1：
（1）创设情境1：头脑风暴
①初中学过哪些写景抒情类散文？
②写景抒情类散文的突出特征是什么？
（2）创设情境2：播放精选电视节目《朗读者》第二季林兆铭朗读《瓦尔登湖（节选）》的视频片段，引导学生理解"深情朗诵"对抒情散文"共情"的重要作用。
（3）明确本单元的学习方法：在诵读中入情，在批注中感悟，在鉴赏中审美。

学生活动1：
（1）头脑风暴：初中学过的写景抒情类散文有《春》《济南的冬天》《紫藤萝瀑布》《一棵小桃树》《昆明的雨》《三峡》《答谢中书书》《记承天寺夜游》《与朱元思书》《壶口瀑布》《在长江源头各拉丹冬》《登勃朗峰》《一滴水经过丽江》《小石潭记》《岳阳楼记》《醉翁亭记》《湖心亭看雪》等。
（2）写景抒情类散文的突出特征是情景交融。
（3）通过看《朗读者》体会写景抒情散文"在深情诵读中传递美的感悟"的学习方法，明确本单元的学习方法。

【设计说明】

a.情境创设1是"整体化学习"式情境，基于初高中一体化的单元教学思维而设计，目的是让学生温故知新，在新旧知识之间建立起联系，体现整体化学习的思维理念。

b.情境创设2是"沉浸式学习"式情境，抒情散文的学习需要"动情"，永远站在理性的旁观者角度审读文章很难与作者产生"共情"，此环节可以培养学生的直觉思维和联想思维。

c.活动（3）的设计目的是让学生在进入本单元的学习之前明确学习方法，做到心中有数。

（2）子任务1（学习两篇文言文，4课时左右）

教师活动2：
（1）引导学生梳理两篇文言文的内容及文脉。
（2）深入理解两篇文章中蕴含的情和理。
（3）在课外阅读的基础上，深入了解苏东坡其人、其文、其哲思、其魅力。

学生活动2：学习两篇文言文
（1）反复诵读及至背诵。
（2）在整体阅读的基础上落实文言文语言基础。
（3）学习鉴赏古代散文名篇，使学生从中体会古人"天人合一"的自然观，学习由观自然而观自我，领会"景、情、理"完美融合的艺术特色，体悟作者情感的波澜。
（4）课下阅读林语堂《苏东坡传》、余秋雨《苏东坡突围》，以"我眼中的苏东坡"为题目，写一篇500字左右的短评。

【设计说明】

a. "单元教学设计"并不意味着只重视整体而忽略了局部，经典文章的精读是必不可少的。尤其是文言文的语法知识、文学常识，作为"语言建构与积累"的重要素材，切不可一掠而过，该落实的要扎扎实实落实。（具体学习过程略）

b.《赤壁赋》中的"主客问答式"手法，"饮酒乐甚"—"愀然"—"喜而笑"的情感波澜变化，"天人合一，淡泊洒脱"的人生观，以及《登泰山记》"素朴雅正，通畅清顺"的特点，都需要在老师的引导下，通过对相关段落深入研读，学生才能体悟，对此也需要反复诵读体悟的过程。（具体学习过程略）

c. 教师为学生提供一份评价量表，让学生通过对照评价量表自我反思、小组互评、小组互写评语等方式在拓展阅读的基础上对苏轼这个文学史上重量级的人物做深入解读，力求有自己独立的见解。

（3）子任务2（学习三篇现代散文，4课时左右）

教师活动3： （1）引导学生对三篇现代散文圈点勾画、批注式初读。 （2）引导学生梳理文章思维脉络，把握文章"情与景"的关系。	学生活动3： （1）通过"深情诵读"初步感知课文内容，梳理字词，积累文学常识。（字词、文学常识校本作业检测） （2）通过做批注、点评、质疑等方式梳理课文内容脉络，理解文中景物特点和作者寄寓的情思。 （3）制作表格，从景物的选取及其特点、表达技巧、语言特色、作者情感等方面对三篇文章进行梳理。

【设计说明】

a. 本环节的设计重在品赏名家名篇的自然图景之美。梳理情与景的关系，尤其是引导学生领会作者随着情感变化选取的不同之物，感受散文构建的境界之美；品赏修辞、炼字、句式等语言特色。

b. 建议以"在诵读中入情，在批注中感悟，在鉴赏中审美"的三步递进方式打通三篇现代散文的教学，进行整体教学任务的推进。

2."个性化鉴赏阅读"任务的实施方案

主任务2的目标是在基础性理解阅读之上进行深入的个性化鉴赏阅读，也由两个子任务组成：其一是通过组织学生以小组合作探究的方式进行文本细读。抓住"情景交融""情理结合"这两个关键词，引导学生通过对文章经典段落反复诵读，从语言、构思、形象、意蕴、情感等多角度进行赏析，深入理解在写景抒情散文中抒情主体"我"的观点、立场、方法、态度的重要性，把握散文"贵在有我""贵在情真"的特点，从而在初中学习同类散文的一般范式的基础上，在更深层次上获得审美体验，发现作者独特的艺术创造，在直觉思维、联想思维的基础上进一步发展学生的逻辑思维、批判性思维和创造性思维。同时，通过学习，进一步体察作者独特的审美倾向，理解和传承中华民族"在自然山水中抒写性灵"的审美传统。其二是通过拓展性群文阅读，巩固散文阅读的方法，通过写短评进一步落实对写景抒情散文的赏析能力。

具体细化方案见下文：

教师活动4：
（1）设置情境：做"初中现代写景抒情散文中'个性化'特征检测"量表，考查学生对散文个性化特征的思维起点。
（2）针对学生的薄弱环节，课上引导学生细读文本的几个经典段落，感受文字中传递的独特之美。
（3）精选课外阅读材料，在知人论世的基础上，引导学生深入领悟作者个性化的情感和体悟。
（4）读写结合，通过片段赏析加深对抒情散文个性化的理解，并通过小组合作、修改共享等方式提升学生的审美能力和思维品质。
（5）以作业形式提供群文阅读"十篇经典名家写景抒情散文"，要求学生自选喜欢的散文（也可以自行选择其他），以"独特的审美"或"独特的情思"为主题，任选其一，写一篇阅读评论。

学生活动4：
（1）做"初中现代写景抒情散文中'个性化'特征检测"量表，从温故知新的角度反思自己对散文"个性化"特征的理解程度。
（2）通过诵读、细读、品读、赏读，感受文中经典段落中作者的个性化景物描写和个性化情思。
（3）课下自行查阅相关资料，并结合老师提供的课外阅读资料，感受作者的"独特之思"，体察作者的"独特之悟"。
（4）围绕文中能凸显作者"我"个性色彩的段落，自由选择，进行片段性的品读和赏析。
（5）组内分享，互评互改，班级共享。
（6）在班级公众号中以组为单位，轮流分享对"十篇经典名家写景抒情散文"（或自选散文）的阅读评论，每位同学任选三篇同学习作留言，发表评论。

【设计说明】

a.活动（1）至活动（4）指向子任务1，活动（5）指向子任务2。

b.活动（1）是第二板块的导入环节，是在"初高中语文教学一体化"目标下设计的"整体化学习"式情境，目的是让学生通过对初中所学现代写景抒情散文的回顾，反思自己对散文"个性化"特征的认识不足，从而为下面的"通过文本细读理解作品中的'我'"做铺垫。

c.活动（2）设计目的是引导学生通过文本细读体会作者的情感生成，在细读中收获心灵的丰盈。文本细读的过程也是与文本对话的过程，更是思维迸发的过程，这其中我们会产生认知冲突，会质疑作者的审美取向，质疑后通过细读才会"醍醐灌顶"，才会彻悟，才会不自觉地进行自我反照，从而获得人生启迪，文本细读对于写景抒情类散文的阅读价值正在于此。

d. 活动（3）的设计目的是引导学生通过"知人论世"了解作者行文背后的生命故事，从而审视那个时代的文化背景，理解散文中凝聚的作者创作时的某种心境，真正走近作者，走进文本。

e. 活动（4）是读写结合设计，引导学生通过对文中自己最感兴趣的片段进行赏析（课上共同探讨的段落除外），加深对抒情散文个性化的理解，并通过小组合作、修改共享等方式提升学生的审美能力和思维品质。

f. 活动（5）是子任务2，设计目的是通过同类作品的拓展阅读、鉴赏评价巩固所学知识，提升自主鉴赏的能力。此环节要特别关注的是选文，不仅要考虑到文章的典型性，还要考虑尽量接近学生的理解能力和审美趋向，因为不能逐篇讲解，以学生自我赏析为主要形式，那么与学生的生命体验距离太远的文章反而会让学生心生困惑。此外，给学生推荐文章时，一要考虑提供一些基本的自学支架；二要考虑留给学生独立选文的空间，尊重学生自主学习的愿望。

下面，笔者把给学生精选的十篇名家散文附录如下：

1. 余光中《听听那冷雨》

摘抄：惊蛰一过，春寒加剧。先是料料峭峭，继而雨季开始，时而淋淋漓漓，时而渐渐沥沥，天潮潮地湿湿，即连在梦里，也似乎把伞撑着。而就凭一把伞，躲过一阵潇潇的冷雨，也躲不过整个雨季。连思想也都是潮润润的。

评：余光中将文字酿成美酒，他笔下的雨意蕴丰富而悠长，读之令人陶醉，不禁还要从头再读。

2. 汪曾祺《翠湖心影》

摘抄：从喧嚣扰攘的闹市和刻板枯燥的机关里，匆匆忙忙地走过来，一进了翠湖，即刻就会觉得浑身轻松下来；生活的重压、柴米油盐、委屈烦恼，就会冲淡一些。人们不知不觉地放慢了脚步，甚至可以停下来，在路边的石凳上坐一坐，抽一支烟，四边看看。即使仍在匆忙地赶路，人在湖光树影中，精神也很不一样了。

评：契诃夫说："要把自己锻炼到让观察简直成了习惯。"汪曾祺正是对生活中的观察精细到如明察秋毫之末，所以在写作中能够将事物描写得非常细腻。

3. 张爱玲《花落的声音》

摘抄：玫瑰花瓣即使落了，仍是活鲜鲜的，依然有一种脂的质感，缎的光泽和温暖。我根本不相信这是花的尸体，总是不让母亲收拾干净。看着它们脱离枝头的拥挤，自由舒展地躺在那儿，似乎比簇拥在枝头，更有一种遗世独立的美丽。

评：普通的落花，被才女张爱玲写得惊世骇俗，惊世骇俗中又透露着意味深长的哲理。

4. 迟子建《春天是一点一点化开的》

摘抄：春天在一点一点化开的过程中，一天天地羽翼丰满起来了。待它可以展翅高飞的时候，解冻后的大地，又怎能不做了春天的天空呢！

评：世界不是缺少美，而是缺少发现美的眼睛。即使是北国寒冷的春，迟子建也写出了美感，写出了深意。

5. 林清玄《月到天心》

摘抄：月到天心、风来水面，都有着清凉明净的意味，只有微细的心情才能体会，一般人是不能知道的。

评：面对同一轮明月，不同的人，有不同的感悟。林清玄写月同时写心灵，写如何发现美。看看《月到天心》，生活的烦恼也会变淡。

6. 冰心《我们把春天吵醒了》

摘抄：季候上的春天，像一个困倦的孩子，在冬天温暖轻软的绒被下，安稳地合目睡眠。

评：冰心是温暖而乐观的，她笔下的春天充满生机，令人心旷神怡。

7. 张抗抗《牡丹的拒绝》

摘抄：它美得秀韵多姿，美得雍容华贵，美得绚丽娇艳，美得惊世骇俗。它的美是早已被世人所确定、所公认了的。它的美不惧怕争议和挑战。

评：在张抗抗的笔下，牡丹是有个性的。因天冷而未开，不仅没有扫了看花人的兴致，反而让人读出了特立独行之姿态。这个托物言志太巧妙了。

8. 贾平凹《风雨》

摘抄：树林子像一块面团了，四面都在鼓，鼓了就陷，陷了再鼓；接着就向一边倒，漫地而行的；呼地又腾上来了，飘忽不能固定；猛地又扑向另一边去，再也扯不断，忽大忽小，忽聚忽散；已经完全没有方向了。然后一切都在旋，树林子往一处挤，绿似乎被拉长了许多，往上扭，往上扭，落叶冲起一个偌大的蘑菇长在了空中。哗的一声，乱了满天黑点，绿全然又压扁开来，清清楚楚看见了里边的房舍，墙头。

评：在描摹意象上运用了丰富的想象和贴切的比喻。

9. 丰子恺《杨柳》

摘抄：不然，当春发芽的树木不知凡几，何以专让柳条做春的主人呢？只为别的树木都凭仗了春之力而拼命向上，一味求高，忘记了自己的根本，其贪婪之相不合于春的精神。最能象征春的神意的，只有垂杨。

评：不愧是平淡之中见神奇，随处可见的杨柳，在丰子恺那里，写景抒情两相宜。

10. 川端康成《花未眠》

摘抄：花未眠这众所周知的事，忽然成了新发现花的机缘。自然的美是无限的，人感受到的美却是有限的。正因为人感受美的能力是有限的，所以说人感受到的美是有限的，自然的美是无限的。

评：人欣赏美之有限，自然之美无限。这篇文章确实是经典中的经典，感叹这位诺奖大师的不一般的功力。

3. "个性化迁移写作"任务的实施方案

本任务也由两个子任务构成：子任务1是对文章片段的仿写和赏析，此任务将贯串于整个任务群的推进过程中，体现"读写结合"的整体化教学理念。子任务2以课后作业形式完成，以课堂分享作结。内容是通过学习本单元的语言和艺术手法，要求学生学以致用，能力迁移，结合自己的亲身经历，完成一篇写景抒情散文，要求写出"真我性情"和"情感波澜"。

子任务1的具体内容见前文。子任务2的具体细化方案见下：

教师活动5：	学生活动5：
（1）布置作业：以"我眼中的北京"为话题，自选景物，在创设情境的基础上，借鉴名家名篇的写作手法，写一篇不少于800字的写景抒情散文，要求情景交融，并能表现情感的波澜。 （2）小组合作，利用评价量表互评，并在跟老师沟通的基础上进一步修改，上交电子版作文。 （3）小组合作，互相点评，以组为单位互写评语，推选优秀习作全班共享，并说明推荐理由。 （4）把学生习作和同学点评结集成册，印发给学生和家长共享。	（1）观察生活，深入思考，写作，着力写出"个性化特色"。 （2）小组合作，根据评价量表互评作文，以组为单位写出修改建议。 （3）上交作文，跟老师单独沟通，进一步修改作文，并上交电子版。 （4）小组合作，互写评语，写出作文的亮点和修改空间。 （5）结集成册。 （6）通过"朗读者"活动，每节课前3~5分钟，深情朗读优秀作文，并录制视频，全班共享。 （7）把录制的"朗读者"视频组成合集，共享留念。

【设计说明】

　　a. 本环节是从"读写结合，迁移应用"的角度设置的，即利用"读"与"写"相互迁移、同步发展的规律，在完成各自相对独立的教学任务的同时，通过"读"来促进"写"，再通过"写"反过来促进"读"，达到读写相生的教学目标，从学生语言实践的层面落实本单元的教学主题。其实这一教学设计老师们并不陌生，但对这个环节的处理却常常是虎头蛇尾，学生写了作文，老师批个分数，不痛不痒地给两句评语，结果不了了之。笔者认为，"写作"环节固然重要，但是写作之后如何进一步让学生真正有写作水平的提升更为重要。

　　b. 活动（1）的内容最好放在周末或是某个小长假，也可以在教学进程中提前布置，目的是给学生留下观察、思考生活的时间，而非抱着完成任务的心态草草了事。

　　c. 活动（2）设计目的是充分利用学生作文的一稿，让学生通过"学生互评—修改提升—教师面批—修改提升"的多次循环对自己的作文反复打磨，最后上交的作文电子版明确规定至少应该是"让自己满意"的最佳水平。在这个环节中，可以利用"班级共享""家长共享""结集成册"等激励策略不断给予学生修改的动力。

　　d. 活动（3）的设计目的是通过学生互相写评语的方式，让学生作文被更多的同龄人关注，在师生互动的基础上增加生生互动环节，让学生通过"被同龄人欣赏"而增加写作自信，提升写作激情。

e.活动（4）的设计目的是通过多个后续环节，延长学生的写作欲望，让一次精心的写作过程能在更长的时间内引发学生的心灵回响。"结集成册"并共享给家长，既可以利用学生的"好胜心"提升作文品质，又有利于家校互动，增加家长对孩子语文学习的关注，可谓一举多得。用"朗读者"的形式分享同学的习作，既是对本单元教学设计最初导入环节的呼应，又是进一步的提升——在欣赏他人作品的基础上，欣赏同学的作品，这是一种成就感的体现；同时，小组内同学之间互相朗读对方的作文，也是一种增强合作效能的有效方式。

（二）关注反馈，设置与教学任务共生的教学评价

单元学习是以阅读鉴赏、表达交流、梳理探究等综合性语文实践活动推进的，在这个过程中，阶段性地通过教学评价让学生进行自评反思，及时掌握自己的学习方法、学习效果，进行调整改进是非常必要的，否则，学习活动的推进很有可能演变成热热闹闹却杂乱无章的状态。以合作探究为主要课堂形式的"小组活动"，一旦离开了有效的监督评价机制，就会"累死勤快的，闲死懒惰的"，久而久之，学生的语文能力差距会越来越大，这就违背了我们的初衷。所以，设置与教学任务的推进共生的教学评价，不仅可以贯彻单元目标、检测学习过程、巩固学习成果，还可以提供教学支架，让学生在学习任务推进过程中"且行且思"，不断总结和深化学习成果。因此，教师在整合重构单元的教学设计中要格外关注教学评价的手段。

1. 教学评价应贯串整个任务的推进过程

学习过程中的评价主要包括诊断性评价、形成性评价和终结性评价。诊断性评价一般适用于教学活动开始前，为了了解学生的学习准备程度而进行评价，对评价结果进行分析，从而对学生的思维起点作出判定，以便采取相应的教学措施，使教学计划顺利、有效实施。形成性评价适用于教学过程中，可以对学生知识掌握能力发展情况进行及时反馈。终结性评价往往是在一个课程结束或终结时对学生学习成果的考查。单元学习推进过程中，为了及时关注学习效果，应该让教学评价贯串教学过程的始终，突出教、学、评一致的设计理念。

2. 教学评价手段应丰富多样

传统教学评价中，教师一般只凭测验成绩评定学生的学习效果，以至于被大家戏称"考考考，老师的法宝；分分分，学生的命根"，这种评价手段无疑过于单一，评价结果也欠准确。所以，教师在单元整合教学设计中，应注重评价手段的多样化，评价过程和结果的序列化。比如，在某个环节最初，可以通过"教学任务单"来调查学生的学习起点，以便准确定位学情。如下面的表2-4，是为了解学生对"写景抒情类散文'个性化'特征"的掌握情况而设计的任务单，此任务单的检测，不仅让教师更准确地掌握了学情，同时，也使学生更好地反思自己对初中散文掌握的薄弱之处，形成认知冲突，从而对接下来的教学主题——"以'我'之眼，观'我'之景，抒'我'之情"激发出更浓厚的学习兴趣。

表2-4 初中现代写景抒情散文中"个性化"特征检测

课文	"我"之景	"我"之情/理	"我"之风格
《春》			
《济南的冬天》			
《紫藤萝瀑布》			
《一棵小桃树》			
《昆明的雨》			
《壶口瀑布》			
《在长江源头各拉丹冬》			
《登勃朗峰》			
《一滴水经过丽江》			

又比如，老师们常用的"随堂检测"，可以即时生成结果，便于老师及时掌握学生对知识点的掌握程度，从而有效调整教学环节和进度。再比如，可以综合运用诊断性评价、形成性评价、终结性评价等方式，同时充分调动学生的自我监控意识，设计主体多元化的评价方式。如形成性评价，既

可以是评价量表，也可以通过面谈、电话沟通等方式及时了解学生的学习进度和学习成效，关注学习过程中的表现；终结性评价既可以是阶段性测验，也可以用评价量表或是反思总结。

3. 在教学任务推进过程中，让评价量表发挥"学习支架"的功能

评价量表是教师为了降低学生的学习难度、帮助学生明确学习要点而专门设计的教学辅助工具，目的是为学生学习提供一定的脚手架，让学生的自主学习有据可依。根据评价量表的"评价点"，学生更容易在学习中打开思维系统，从简单思考发展为多维度思考。教学评价的设计，一方面应基于学生的学习过程，进行表现性评价，关注学生在学习任务情境中的言语实践情况；另一方面，也应该为学生提供有效的学习支架，提高学生自主学习活动的有效性和可操作性。比如下面的评价量表设计（表2-5），不仅可以对学生阅读写景抒情散文的能力进行及时反馈，也可以为学生提供阅读此类散文的关键能力的支架，便于学生厘清关键知识点，进行有效复习。

评价量表不仅可以帮助学生梳理核心知识，也便于学生依据其提供的知识体系反思自我能力，从而获得进一步发展提升的空间。逻辑清晰、知识能力点明确、评价标准细化的评价量表，可以将学生的学习思维过程可视化，具有学习支架的功能，使学生的学习活动有据可依。

设计优质的评价量表，教师一般首先要梳理知识能力的相关要点，整合重点；然后建立合理的逻辑框架，明确表述；最后还要深度结合学情，让评价量表内容细化，体现分层教学的理念，给不同程度的学生提供可参考的依据。但在教学实践中，我们通常会在梳理核心知识能力要点上投入更多的精力，而对具体的学情缺乏关注，这常常会导致测评效果缺乏客观性，学习支架的提供泛化而针对性不足等问题。下面，笔者将结合自己的一次亲身实践加以说明。

在本次单元教学设计的最后环节——"读写结合，迁移运用"中，为了让学生更好地完成作业——以"我眼中的北京"为话题写一篇写景抒情散文，笔者设计了一个评价量表，随同作业一起布置给了学生。评价量表内容见下表2-5。

表 2-5 "我眼中的北京"作文评价量表

评价要点	评价标准细则	赋分
内容及观点（40分）	1. 选择的景物特征鲜明（10分）	
	2. 表达的情感真实（10分）	
	3. 突出了"我之眼""我之情"，有一定的个性化特征（10分）	
	4. 选材基于生活，有真实性（10分）	
形式及表达（40分）	1. 写景翔实生动，有细节描写（10分）	
	2. 观察细致，有"我"的独到视角（10分）	
	3. 语言准确、优美，表现手法丰富（10分）	
	4. 情景交融自然，不生硬（10分）	
态度及过程（20分）	1. 交作业按时（10分）	
	2. 组内互动态度积极，善于配合团队工作（10分）	
总分（100分）		

【设计说明】

在上面的评价量表中，我首先拟定了三个一级标准，即写景抒情散文的"内容及观点""形式及表达"以及针对学生自主合作的过程评价——"态度及过程"。然后根据"写景抒情散文"的文体特征，在"内容及观点"中提炼出"景物特征鲜明""情感真实""具有个性化特色""选材真实"四个二级目标，以达到训练目的——写出个性化的真性情，回应本单元的学习主题——"以'我'之眼，观'我'之景，抒'我'之情"。接下来根据本单元学习中对阅读文本写作技巧的学习要点，把"形式及表达"分解出四个二级目标，即"写景生动，有细节描写""观察有'我'的独特视角""语言优美，手法丰富""情景交融自然融合"。在"态度及过程"评价标准中，考虑到学生的"自我监控能力"，我设计了"按时交作业"的二级目标；考虑到学生参与合作学习的态度和能力，我设计了"组内互动积极，配合团队工作"的二级目标。最后，每项赋分10分，形成评价量表。

【反思改进】

在具体教学过程中，笔者发现表 2-5 的设计基本满足了"学习支架"的功能，但测评效果却不尽人意，因为在小组互评中，学生对每一项赋分 10 分缺乏更细化的评价标准，绝大多数学生会根据自己的直觉打分，却不能说出给分的具体理由。所以，从评价功能来看，这个量表的设计有明显的不足之处。在深入思考如何细化量表的评价标准之后，对表 2-5 进行了修改，请见下面的表 2-6：

表 2-6 "我眼中的北京"作文评价量表

组别_____　　　　　　　　　作者_____

评价要点		评价细则	赋分
内容及观点（40分）	1.选择的景物特征鲜明（10分）	一类：意象特征鲜明，能融合成完整的意境氛围，成为抒情的有效载体（8—10分）	
		二类：意象特征比较鲜明，但不能形成整体意境，与抒情之间缺少必然联系（5—7分）	
		三类：景物描写缺少典型意象，观察泛化，看不出整体特征（0—4分）	
	2.表达的主题鲜明，情感真实（10分）	一类：主题鲜明，情感真实，能引发读者共鸣（8—10分）	
		二类：主题比较鲜明，情感欠真实（5—7分）	
		三类：主题不够鲜明，缺少真情实感（0—4分）	
	3.主题立意有创意，体现出个性化特色（10分）	一类：立意新颖，主题有创见，能给人启发（8—10分）	
		二类：立意大众化，个性不足（5—7分）	
		三类：立意不够明确（0—4分）	
	4.选材基于生活，有真实性（10分）	一类：能取材于真实生活场景，有"我"的真实参与（8—10分）	
		二类：取材于真实生活场景，"我"是旁观者，参与度不足（5—7分）	
		三类：取材欠真实，有抄袭拼凑之嫌（0—4分）	
形式及表达（40分）	1.景物描写翔实生动，细节描写丰富（10分）	一类：景物描写充分，细节丰富，画面感强（8—10分）	
		二类：景物描写略单薄，细节不足，画面完整（5—7分）	
		三类：景物描写不足，缺乏细节，没有画面感（0—4分）	

续表

评价要点		评价细则	赋分
形式及表达（40分）	2.观察细致，有"我"的独到视角（10分）	一类：观察角度新颖，能见人之所未见（8—10分）	
		二类：观察角度泛化，有"我"，但落入俗套（5—7分）	
		三类：拼凑语言材料，看不出"我"（0—4分）	
	3.语言优美，表现手法丰富（10分）	一类：语言优美，能熟练运用多种修辞手法，能有效营造意境（8—10分）	
		二类：语言准确，词语积累欠丰富，有修辞手法，但欠自然，略显生硬（5—7分）	
		三类：表达欠流畅，语言生硬，表现手法单一（0—4分）	
	4.情景交融自然（10分）	一类：情与景之间关系自洽，交融自然（8—10分）	
		二类：情与景之间略显生硬，有牵强感（5—7分）	
		三类：有景无情，或有情无景，完成度不高（0—4分）	
态度及过程（20分）	1.按时交作业（5分）	准时提交作业（5分）	
		组长提醒一到二次，提交作业（3—4分）	
		组长反复督促，才提交作业（2分）	
		未交作业（0分）	
	2.组内互动态度积极，善于配合团队工作（15分）	在小组合作讨论过程中，能积极、坦诚地发表自己的意见，并对小组完成任务提出有效建议（12—15分）	
		在小组合作讨论过程中，能积极发表意见，能尊重组内大多数人的决定，并按集体决定执行（8—11分）	
		能讨论如何执行小组协议，能发表自己的意见，但不够深入，缺少对细节的关注（5—7分）	
		不讨论如何更好地完成小组任务，或不参与小组的讨论（0—4分）	
总分（100分）			

  从表 2-6 来看，笔者着重修改的是每一项的赋分细则，基本上把每个评价标准依据"好、中、差"三级分类，这样，评价量表的"定位""定向""定级"功能才更为准确。学生对照细化后的评价量表，就可以知道具体的评价

标准和自己当下的水平，也会更明确自己努力的方向，从而提高学习的针对性和有效性。此外，细化后的评价量表对教师的教学活动也很有帮助，教师可以从评价量表中得到学生情况的更为准确客观的反馈，从而及时发现教学中存在的共性问题，调整下一步的教学重点。

总体来说，单元教学设计从知识习得、思维培养、能力提升等方面设计过程性评价的内容与工具，评价主体力求多元化，评价角度注重生生之间的平等交流，力求在评价互动中分享彼此的收获，不断完善认知体验。从教学实践看，本次设计的教学评价比较有效地发挥了学习支架和诊断激励的功能。

五、单元教学实施策略概说

教学策略是在教学行为中，教师为达到教学目标而采取的方式方法。在本单元教学设计中，笔者受思维型教学理论启发，主要在如下几个教学策略上进行了精心设计和实践。

（一）创设情境

思维型教学理论强调创设开放性的学习环境，特别强调要创设真情境。真情境教学策略是指教师在教学设计中把教学内容嵌入真实的生活问题情境，形成真实情境背景下的任务驱动，并引导学生在真实情境中不断提升解决实际问题的能力。将创设情境教学策略运用于写景抒情散文的教学之中，会更有效地激发学生的学习兴趣，不仅能帮助学生消除自己与作者及文本之间的隔阂，加强读者与文本之间的有效对话交流，还利于让学生在阅读中进行更具创造性的个性化解读，从而与作者达到思想情感上的共鸣。

在本单元的教学中，笔者主要在以下几个阶段实施了"创设情境"策略：

1. 创设情境，形成认知冲突

在导入阶段，笔者主要设计了两个真实情境。

（1）头脑风暴：初中学过的散文"回忆杀"

以头脑风暴的形式，引导学生发散思维，回忆初中学习过哪些写景抒情类散文，看哪一个学习小组说得多。

思维型教学理论借鉴了美国心理学家布鲁纳提出的自主建构学习理论，提倡在学习过程中能够主动联系已学知识建构知识体系，使学生感到认识新事物的乐趣，体验学习中克服困难的喜悦，从而激发学生的内在学习动机。联系已学知识构建知识体系，即"知识的整体化"学习过程，学生通过记忆的充分调动将相关联的知识重构形成知识体系，进而以知识的系统化促进知识的深化。受此理念启发，笔者在导入阶段设计了第一个"整体化学习"式的情境，目的是基于"初高中一体化的单元教学"理念，让学生通过温故知新，在新旧知识之间建立起联系，激发学生的学习动机。

比如在大家一起回忆的过程中，学生由刚开始"发懵"的状态，在几个同学的带动下，从回忆起一两篇的名字，到"井喷式"爆发——你一言我一语争先恐后。这期间，还会有几篇"乱入"的篇目出现：比如有同学说《回延安》，立刻就有同学纠正："你说的不对，那是诗！"还有同学说"鲁迅的《从百草园到三味书屋》"，马上有同学质疑："这个是吗？"这时，老师要适时追问："《从百草园到三味书屋》里确实有很多景物描写，但是除了景物描写，还写了什么？"学生通过回忆和互相启发，回答"写了长妈妈给我讲美女蛇的故事""写捕鸟""写上学拜先生""写描书上的画"……这个时候老师再进一步追问："那么这些属于写景抒情散文的内容吗？"在老师的启发下，学生会进一步明确："写景抒情类"散文的总体特征是以景物为主要载体，而《从百草园到三味书屋》中，回忆性叙事更多，因此，把这篇文章定义为"回忆性叙事散文"更为准确。这样，在"温故"中"知新"，学生在思维碰撞中形成认知冲突，解决认知冲突，并顺利过渡到下一个环节的学习——"写景抒情散文"的典型特征和阅读技巧。

（2）播放《朗读者》：体验"深情朗诵"对"共情"之作用

朗读是一种需要情感高度投入的表达方式，常常能够引起听者的共鸣。2017年，文化原创类节目《朗读者》在社会上引起了很大的反响，正是因为创作团队通过"朗读经典"这样的方式带给观众一种美的享受，一种对文字的沉醉和心灵的震撼。"深情朗读"无疑是传递情感、陶冶情操、沟通心灵的有效方式。同时，学生在学习朗读的过程中，会更好地把握文章的情感，并逐渐学会利用抑扬顿挫的声调、轻重缓急的语速来传达文章的内涵，通过气韵、节奏，让听众达成情感的共鸣。当下信息技术为学科教学提供了创设朗读氛围的有效途径，音频、视频等信息技术手段的引入，可以创造出与文本匹配的声音、视频效果，更有利于真实情境的创设。

正是基于此种考虑，在本次单元设计中，笔者设计了通过播放《朗读者》第二季林兆铭朗读《瓦尔登湖》（节选）的视频片段，来引导学生感受"深情朗诵"对抒情散文"共情"的重要作用。因为优秀的抒情散文皆是语言优美、情感丰富、文字流畅的朗读佳品，学生在听别人深情朗读或是自己全身心投入朗读的过程中，可以通过培养直觉思维和联想思维，有效"沉浸"在老师创设的真情境中，真正做到"动心动情"，而非站在旁观者的理性角度审读文章，仅仅为考试和做题去阅读散文。

2. 发挥地域优势，利用乡土文化，在认知冲突中理解散文的独创性

本单元所选的三篇现代散文，无论是《荷塘月色》《故都的秋》还是《我与地坛》，对北京学生而言，都具有得天独厚的学习优势，因为三篇文章的写作选材都在北京。所以，让学生利用休息时间亲历其地，把文章中的景物与生活的真实情境切实关联，更有利于学生理解抒情散文的个性化特征。

这个环节，建议利用周末或是小长假，让学生分组对清华大学荷塘、老北京的四合院、地坛等景点进行实地游览考察，并做好小组活动记录，在小组讨论总结的基础上写出观察感悟。然后引导学生思考："你眼中的清华荷塘、老北京的四合院、地坛，与朱自清、郁达夫和史铁生笔下营造的境界一致吗？当你亲临其地，能感受到作者写作时的情感吗？"如果学生的观察和感受是真实的，必然会回答：现在的景物跟作者笔下的差别很大，很难感知作者当时的情绪。因为世易时移，以学生的阅历和知识，一定是无从感受作者写作时的独特心境的，也就不太可能观察到作者独特的审美意趣。

在此基础上，再引导学生通过"知人论世"，了解作者其人，写作的时代背景，了解那些"藏在文字背后的故事"。这样，学生就会进一步理解景语与情语的关系，真实感悟抒情散文中的那个独一无二的"我"。

3. 读写结合，发挥学生的主观能动性，在不断审视自我中进行鉴赏创作

在"读写结合"的环节中，无论是"我眼中的苏东坡""我最喜欢的散文片段"，还是最后的散文创作题目"以'我眼中的北京'为话题，自选景物，借鉴名家名篇的写作手法，写一篇不少于800字的写景抒情散文，要求写出情感的波澜"，都反复强调、引导学生特别关注文中的"我"——强调基于学生自我的真实感受进行创作；每个评价环节的设计中，也都会通过拟定"有个性的独立见解"或是"创造性的发现"等强调自我认知的测评标准，反复强化本单元设计的主题，以达到训练学生辩证思维和创造性思维的目的。

举例来说，学生写作"走套路"是最常见的现象，因为模仿别人总是省时省力，最为容易。笔者曾经在课堂上尝试让学生以"八达岭长城"为观察对象构思一篇写景抒情的散文，结果学生的立意不外乎"赞美大自然""传承中国文化""保护文物，不要乱写乱画"等俗套角度。老师在这个时候可以进行适度启发："大家说的主题放在几十年前写也成立，那么这样的主题又如何体现时代环境的独特性？又如何体现那个独特的'你'？散文的抒情贵在真实性，试想疫情蔓延的当时，有多少同学会看到'游人如织'的长城呢？"一句话点醒梦中人，学生的思维立刻会调转方向："对，我在家里上网课，只能通过电视看八达岭长城""老师老师，我爸真带我去了，但是没几个人，冷冷清清"……如果老师能适时抓住这样的机会，让学生不断审视疫情社会背景下自我的"真实性"，就会让学生慢慢理解什么是"以'我'之眼观景，以'我'之心抒情"，只有在"真我"的基础上，文章创作才能走出套路，写出独创性。

（二）任务驱动

无论是思维型教学理论还是单元教学，都主张以任务驱动构建课堂生成过程，并引导学生基于问题进行自主探究和合作交流，进行充分的语文实践活动，把活动的推进过程与任务的完成程度，作为检验学生语文学科素养能否提升的重要标准之一。因此，任务驱动策略是充分体现"生本思想""自主建构"的教学策略，是将语文教学从知识传授、技能训练的传统转变为在真实的任务情境中解决问题的教学过程。

1. 善于抓住学习资源中与学生生活经验相背离的关键点，设计系列任务

本单元所选的写景抒情散文皆为名家经典，经历了岁月的洗礼和沉淀，而学生由于自身情感经历及知识储备的限制，很难通过自己阅读与作品达到深层交流，这一特点既是学生学习的难点，也可以有效利用，让其成为形成认知冲突、激发学习兴趣的"激发点"。教师处理这些"难理解之处"的时候，要善于宏观把控，根据不同的教学任务和教学重点生成主问题，在主问题的驱动下带动学生进入文本的学习，然后以学生为中心，根据散文的独特性发展学生相应的语文思维能力，在自主合作探究中实现学生与文本的深层对话，分享读者的一己之思。

比如学习《故都的秋》，教师可以通过设计一系列的任务链条去完成：首先，让学生"以'我'之眼观景"。启发学生思考，在他们心目中，北京的秋天最有代表性的景物是什么。在同学们"众说纷纭"之后，再朗读《故都的秋》，看看郁达夫选了哪些典型景物。然后进一步思考，为什么郁达夫所选的景物意象会与大家截然不同。当学生在认知冲突中激发出对郁达夫笔下的"北平秋景"的好奇心之后，再以此为动机开始深入文本细读，感受郁达夫独特的审美倾向。最后，再通过拓展阅读，归纳提炼出中国文人对"赏秋"所具有的共同的审美心理特征。

在本单元的教学设计中，笔者预设了三个学习主任务，每个主任务又由多个子任务构成，按照"教师引导—学生合作—自主探究—合作互评—教师总结"的步骤依次展开每个任务。

2. 把握好任务驱动过程中"收"和"放"的尺度，有效推动任务的落实

在运用任务驱动策略时，教师作为任务的设计者，要时刻关注任务的推进过程，掌握学生的完成情况，及时收取反馈，并根据学情适时调整任务内容和推进速度。这里有个尺度问题，要求得"过紧"，学生自由发挥的空间会受限，学习积极性会受到打击，被老师"牵着鼻子走"，合作探究有可能形同虚设；反之，过度放羊，给学生的自主性太大，听之任之，也会适得其反，造成任务与单元教学主题的脱轨，从而形成学习低效、看似热闹却落不到实地的状态。

教师不仅在任务进程中要做到收放自如，在对待学生自主学习中生成的观点时，也要收放适度。比如，本单元是写景抒情散文，从文体特征看，学生在阅读过程中获得的审美体验、情感体悟也是个性化的。教师在任务驱动过程中，要尊重学生个性解读，并鼓励其发散思维，多角度多方面感知文本，而不要用"已知的解读""既定的答案"来限制学生的思维活力和想象空间。当然，发散思维也不意味着可以对文本无限解读、过度解读，脱离"知人论世"的架空解读也是不能自圆其说的。这就要考验教师把控课堂生成的能力，在"收"与"放"之间找好尺度。

从长期的教改进程来看，"任务驱动策略"还是个新生儿，如何让它健康迅速地成长，还需要教师们不断地深入探究和尝试。

（三）细读文本

1. 发挥教师的引导作用，通过"细读文本"给学生的自我赏析搭建脚手架

在任务驱动过程中，有些老师忽略了细读、精读、品读文本的过程，把阅读文章的任务全部放手交给学生，任由学生"自我发挥"，这种做法看似给了学生自主探究的空间，但实质却是混淆了泛读与精读，造成了极大的资源浪费。名家经典散文，无论是形式、语言还是情感、意蕴，都具有极高的审美价值，学生的认知水平和人生经历有限，这其中离不开老师的引导，尤其是针对文章中文质兼美的段落语句，更是需要师生共同细读玩味，潜心涵泳。

在本单元的教学设计中，笔者特意设计了两节课组织学生对文中彰显个性化的"景语"和"情语"做深入细致的品读。一节课用来细读教材上三篇现代文的经典段落，让学生在老师的引导下掌握"细读文本"的方法；另一节课用来分享学生在拓展阅读"十篇经典名家写景抒情散文"中自主鉴赏的经典段落，达到迁移运用的目的。

以本单元三篇现代散文为例。

《故都的秋》的个性色彩最为鲜明。老师不妨引导学生想象：如果我们"十一"假期去欣赏北京的秋景，你会选取怎样的地方来欣赏景色？按照一般思路，要么是名山丽水、悠久古迹，要么是亭台楼阁、高屋华宇，最起码也是舒适、明亮的农家院。而郁达夫却是"租一椽破屋"来欣赏秋景，他喜欢蓝色白色的牵牛花，却觉得"淡红者最下"，觉得槐树的落蕊有"极微细极柔软的触觉"，扫街后灰土上留下来的"一条条扫帚的丝纹，看起来既觉得细腻，又觉得清闲，潜意识下并且还觉得有点落寞"；他喜欢听秋蝉"衰弱的蝉声"，喜欢听北平都市闲人雨后桥头带有浓重乡音的对话……作者笔下北平的秋景是如此独具特色，与众不同，作者的审美似乎格外"特立独行"，原因何在呢？当学生形成认知冲突后，教师不妨给学生提供一种阅读策略——错位解读，即当审美与现实发生错位，错位越大，带给人的触动就越大，感悟也就越深刻。通过错位解读，学生会自然而然地体悟到作者的写作意图：在作者内心，北平的秋景不单单是景，更是作者内心追忆历史的情感载体。作者正是怀着对历史的追忆，对现实的疑问，才会和故都的秋天共同追寻体味这中国文化沉淀下来的秋的沧桑感，才会与现实中多数人眼中的秋景发生错位。

再比如《荷塘月色》中最为精彩的第4—6段，作者以独树一帜的文风和精妙恰当的想象描摹出恬淡的心境。《荷塘月色》中的"月色""月光""荷花""荷叶""荷香"营造出清新、宁谧的氛围，心灵在这皎洁的月光下也沉淀得恬淡而明澈。"荷花""明月""杨柳""蝉声""蛙鸣""路灯"……这样一组意象群组合成月下荷塘独特的美景，与"接天莲叶无穷碧，映日荷花别样红"的明艳荷塘呈现出鲜明的不同。教学中可以围绕这几个段落的赏析设计一个问题链：朱自清写的荷塘用了哪些意象？这些意象组合成怎样的氛围？为什么作者会觉得"小睡"般朦胧的荷塘美，他不喜欢月光朗照的明丽荷塘吗？是什么决定了此刻作者的审美取向呢？通过细读，引导学生感受情景交融、物我合一的境界。学生小组合作细读探究的过程，也是学生主体性发挥和呈现的过程，在诵读、细读、品读、赏读中透过作者的眼享受作者用心灵营造的月下荷塘，感受远离尘嚣的片刻宁静，享受没有浮华扰乱的心灵栖息……

《我与地坛》的教学设计与前两篇有所不同，因为本文融叙事、写景、抒情于一体，学生须先寻找到指向文本深处的细读路径。文本中第一部分作者通过描绘眼中细微渺小的生命感慨人生的际遇；第二部分则塑造了一个低调又伟大的母亲，表现了母爱的崇高和深沉。细节之处见真情，就《我与地坛》来说，不仅要关注作者叙述的故事情节，更要引导学生关注文中通过对"蜂儿""蚂蚁""瓢虫""鸣蝉""露水"等这些看似微不足道的细节描绘，把一座"荒芜而不衰败"的古园呈现在我们眼前，让我们感受那自然界微弱却顽强的生命力，这看似卑微却永不放弃的生命力既震撼了曾经颓废的作者，也同样震撼着我们的心灵。对文本细节的品读可以让我们体会到自然界生命的异彩纷呈，领悟到文中寄寓的生命哲思——园子虽然荒芜，但是并不衰败；"我"虽然残疾，但是不能颓废。任何生命都有其生存乐趣和存在价值，只要坦然面对生与死，敢于向命运抗争，终有机会绽放出璀璨的生命之花。

2. 发挥学生的主动性，在细读文本中建立平等对话的交流氛围

在细读文本的过程中，学生难免会"以今诠古""以己度人"，站在自己的立场主观评判作者的对错。遇到这种情况，经验不足的老师常常会直接否定学生的见解，而给出"预设的答案"，长此以往，学生自主学习的主动性就会渐渐受挫，又慢慢退回到"等老师给答案""靠别人启发思路""记下标准答案"的被动学习状态，那么我们所谓的"任务驱动""自主建构"就会流于形式，违背了教改的宗旨。

　　缺乏历史观、缺乏换位思考的"共情能力"，这是学生认知有限和人生体验不足造成的必然现象。当学生基于有限的认知能力对文本细节做不合情理的解读时，老师不必着急，更不必给学生贴上"荒唐"的标签，要珍视学生主动思考的积极性，引领学生去知人论世，因为每一篇抒情散文背后都凝聚着作者创作时的某种心境。要通过引领学生去审视那个时代的文化背景，了解作者行文背后的生命故事，学生才可能真正走近作者，走进文本，在细读中收获心灵的丰盈。

　　所以，在细读文本的环节中，课堂应该保持一种师生平等、生生互动的探究氛围，不必拘泥于所谓的"标准答案"，力争让学生对文中的"这一个"有自己的深入解读。比如，郁达夫认为："说到了牵牛花，我以为以蓝色或白色者为佳，紫黑色次之，淡红者最下。"这只是郁达夫的个人爱好吗？与郁达夫当时的心境有没有关系？如果学生认为："我最喜欢淡红色。"也是可以的，只要能与他当时的心境相吻合，就是逻辑自洽的。正如王荣生老师所说："散文的教学解读不仅要考虑一篇课文作为类的共性特征，更要把握其个性特征，而对课文个性特征的解读是有效教学的关键。"[1]

（四）读写结合

　　"阅读散文，不仅仅是为了知道作者所写的人、事、景、物，而是通过这些人、事、景、物，触摸写散文的那个人，触摸作者的心眼、心肠、心境、心灵、心怀，触摸作者的情思，体认作者对社会、对人生的思量和感悟。"[2]散文的学习，对提升学生的思维能力和审美能力都有着不可替代的作用。因此，"读写结合"也相应地成为单元教学设计的特色之一。

1. "读写结合"要形成意识，"随时随地"进行，通过模仿名家的"只言片语"提升学生的语言运用能力

　　"'读写结合'，即利用'读'与'写'相互迁移、同步发展的规律，在完成各自相对独立的教学任务的同时，通过'读'来促进'写'，再通过'写'

---

[1] 王荣生：《散文教学教什么》，华东师范大学出版社，2014，第28页。
[2] 王荣生：《散文教学教什么》，华东师范大学出版社，2014，第28页。

反过来促进'读'。"①从以上论述中，我们可以得知，单元视域下的"读写结合"教学策略，是在整合单元学习内容的基础上，把核心教学内容转化为任务情境中的言语实践活动的过程。

从语言建构与运用层面看，经典的写景抒情散文文辞优美，修辞丰富，是学生提升语言运用能力的最佳范本。而对经典语句的模仿，既可以通过片段仿写来完成，也可以在"细读品味"过程中随时抓住学生瞬间爆发的灵感，以口头模仿的方式呈现。比如，学习《故都的秋》倒数第二段"南国之秋……"的时候，在欣赏作者巧妙运用对比手法凸显自己对"北国之秋"的独特体悟时，可以让学生根据自己所选的"我眼中的北京"的素材，在课堂上口头模仿这种写作思路和排比的修辞，达到所学即所用的效果。

2. "读写结合"要贯串任务推进过程，通过迁移运用来提升学生的语文能力

在本任务群的设计中，配合单元阅读教学的内容，笔者先后设计了三次比较集中的"读写结合"鉴赏任务。其一，课下阅读林语堂《苏东坡传》、余秋雨《苏东坡突围》，以"我眼中的苏东坡"为题目，写一篇500字左右的短评；其二，小组合作探究，围绕文中能凸显作者"我"个性色彩的段落，自由选择，进行片段性的品读和赏析；其三，在班级公众号中以组为单位，轮流分享对"十篇经典名家写景抒情散文"（或自选散文）的经典段落赏析，每位同学任选三篇同学习作留言，发表评论。

三次读写结合任务的设计中，任务一是通过拓展阅读后写人物短评的方式，加深学生对苏轼的深入理解，以弥补课上讨论不足的遗憾；任务二是针对课堂上师生运用文本细读策略共同探究后，对所学阅读方法以文字形式的再落实，以巩固学习效果；任务三是通过拓展鉴赏，自主探究，再次用短评方式夯实"文本细读"能力，达到举一反三、能力迁移的目的。

3. "读写结合"要关注写作的落实，不能有始无终，要形成"读写"反复推进、循环渐进的过程，让效果真实体现

其实"读写结合"并不是新名词，很多老师在教学中早已贯彻"读写结合"的教学理念，只不过大多数老师对待学生的"写"草草了事，写几句不

---

① 马宏：《"读写结合"教学的学理探究》，《语文建设》2018年第29期。

痛不痒的批语，评个分数或等级，就算完成任务，以至于学生看似忙于写作，水平却是原地踏步。我们所说的"读"，并非只限于读教材作品，读名家名篇，还应该扩大到"读同学的作品""读自己的作品"，而且在这种小组合作"阅读互评"到"阅读自省，反思修改"的循环交替的过程中，让学生的写作能力得到提升。所以，笔者在最后的大作文环节，设计了七项学生活动，就是希望通过不断延续的活动让"读写结合"的效果最大化，让学生在读写结合过程中不仅仅收获写作能力的提升，更收获被人认可、被人欣赏的体验，从而有效提升写作的积极性。

综观此次单元教学设计中的四次读写结合策略的运用，从"零敲碎打"的局部写作到综合运用的整体创作，从课内语段的片段鉴赏到课外阅读的迁移赏析，贯串了整个任务群，体现了"读写结合，应用迁移"的教学策略。同时，笔者秉持着循序渐进的原则，在学生初中学习写景抒情散文的基础上，逐步通过读写结合策略加深对学生思考力的培养，并适时提供评价量表作为学生写作的支架，以合作互动的方式推进写作过程，以班级共享、家长共享的方式及时给予鼓励。从实践效果来看，本次任务群中"读写结合"策略的运用对学生语文能力的培养收效甚佳。

讨论话题

1. "初高中一体化教学"对我们实施"单元教学设计"有哪些实践价值？
2. 初高中一体化视域下的"单元教学设计"在低年级该如何开展？

（董雪娇）

第二节　基于单元主题的"单篇互补式"教学设计与实施

　　统编语文一年级上册教材除了识字、拼音单元，第四单元开始就是课文单元。在课文单元里给孩子们呈现的就是单篇的课文《秋天》《小小的船》《江南》《四季》。笔者上小学一年级的孩子就说："原来语文课就是读一篇又一篇的文章。"孩子的话令笔者陷入思考，语文课就是讲述一篇又一篇的文章吗？答案显然是否定的。古往今来文本汗牛充栋，语文教师无法在有限的语文课上讲授无限的文本。单篇教学呈现碎片化、无序化，这种状态无疑严重影响了学生语文思维能力的提升。

　　将"单元教学"作为一种教学方法进行研究，兴起于19世纪末20世纪初的欧美"新教育运动"。其中代表人物之一是比利时的教育家德克乐利。他把课程分为个人与环境两大类，主张教学整体化、生活化和"兴趣中心"原则，并根据个人的生活需要和儿童的兴趣来组织相关知识、划分教学单元。然后，依据单元题目按照一定的程序进行教学。这种认识打破了传统的教育模式，是单元教学的滥觞。自此之后，关于单元教学的研究不断深入。在我国，单元教学很早就运用到实际的教学当中。《教育部关于全面深化课程改革落实立德树人根本任务的意见》（以下简称《意见》）就明确指出："教材编写、修订要依据课程标准和教学大纲等要求，加强各学段教材上下衔接、横向配合。要优化教材内容。"教材编写都在强调横向配合，在教育一线的教师更要思考如何整合，达到"单篇文本 + 单篇文本 > 两篇文本"的教学效果，努力向单元教学靠近。

　　所谓单元教学，一般说来就是以一个单元作为语文教学的基本单位，从整体出发，统筹安排，以一篇或两篇带动整个单元教学，把讲读、自读、练习、写作、考查等环节有机地灵活地结合起来，形成一个不可分割的教学整体。

单元主题教学是根据课程实施的水平目标，确立若干个教学主题，教师遵循学生学习的一般规律，以主题为线索，开发和重组相关的教学内容，进行连续课时单元教学的教学方式。《意见》指出："要创新呈现形式，根据学生年龄特点，密切联系学生生活经验，设计教材内容的呈现和编排方式，使之更加生动、新颖、活泼，增强对学生的吸引力。"开展单元主题教学体现学习领域水平目标达成的针对性、知识技能教学的连贯性和生本化、生活化等特性，将整个教学置于具体的生活情境之中，有利于学生对知识技能的意义建构，重视学生技能的综合运用的实践体验，提高学生理解和运用知识和技能的能力和意识。

"基于单元主题的'单篇互补式'教学"正是探究打破文本之间的壁垒，按照单元主题重新整合实现单元篇目之间的互补教学。"单元设计不是单纯知识点传输与技能训练的安排，而是教师基于学科素养，思考怎样描绘基于一定目标与主题而展开探究活动，目的是创造优质的教学。"[①]"基于单元主题的'单篇互补式'教学"一般关注如下方面：第一，研究课标，分析教材；第二，了解学情，确立目标；第三，围绕单元主题，设计方案。下面，笔者将以"文学阅读与写作"任务群教学为背景，以统编语文八年级上册第二单元"别样人生"，第六单元"家国情怀"，九年级上册第三单元"不坠青云之志"为案例，进一步讨论在思维型教学理论引领下基于单元主题的单篇互补式教学的设计思路。

一、抓住回忆性散文的"基因"，在单元视角下展开群文教学

（一）基于学生的已有经验，抓住"双重叙述视角"这一回忆性散文的"基因"

统编初中语文教材的散文，主要集中在七年级和八年级。这些散文依据单元导语、预习提示可以分为记事叙事散文、写景状物抒情散文、议论性的哲理散文三种类型。

统编初中教材中共有12篇回忆性散文，八年级上册第二单元单元导语中更有对回忆性散文的学习要求，并选了《藤野先生》和《回忆我的母亲》两

[①] 钟启泉：《学会"单元设计"》，《中国教育报》2015年6月12日。

篇经典的回忆性散文。回忆性散文既有散文"形散而神不散"的特征,又有自己的独特特征"双重叙述视角",通过叙述视角的转变再现回忆,表达自己的情感。

散文的"形散而神不散",我们通俗地理解为,散文的语言风格多样变化,散文的格式灵活自由,但散文的写作风格又条理清晰、清新自然。散文看似零散,实则以"神"串联起来。专家、学者们对散文的"神"有着不同的看法。有的认为指散文的"中心思想",有的认为指散文的"中心线索",有的认为是散文的"情感",有的认为是散文的"中心思路",[①]还有学者认为散文的"神"是"情趣的统一",本身就有"不散"的特点[②]。

回忆性散文存在两个"我",两个"我"的不同叙述视角产生两个"我"的不同感受,两个"我"是作者心理随社会情境不断变化产生的,这是回忆性散文区别于其他散文的独特性。如何引导学生在学习过程中既理解散文"形散而神不散"的特征,又理解回忆性散文"双重叙述视角"的特点,就对我们的教学设计与实施提出了新的要求。

学生在之前的散文学习中,已经初步了解了散文的"形散而神不散"的特征,这是一种比较基础的体悟。但在学习回忆性散文的过程中,面对义务教育语文课程标准第四学段"阅读与鉴赏"的要求"欣赏文学作品,有自己的情感体验,初步领悟作品的内涵,从中获得对自然、社会、人生的有益启示。能对作品中感人的情境和形象说出自己的体验,品味作品中富于表现力的语言","文学阅读与创意表达"(第四学段)的要求"阅读表现人与自然的优秀文学作品,包括古诗文名篇,体会作者通过语言和形象构建的艺术世界,借鉴其中的写作手法,表达自己对自然的观察和思考,抒发自己的情感",该如何基于学生的已有经验,抓住回忆性散文的"基因",基于这一类散文的特点推进群文教学,是需要我们认真思考的问题。下面我们就以统编语文八年级上册第二单元为例加以具体说明。

---

①方道:《散文学综论》,安徽教育出版社,2004,第74-76页。

②孙绍振:《审美形象的创造:文学创作论》,海峡文艺出版社,2000,第531页。

（二）立足文本，紧扣双线，整合单元主题

统编语文八年级上册第二单元"单元导读"："学习本单元，要了解回忆性散文、传记的特点，比如内容真实、事件典型、注重细节描写等。还可以从中学习刻画人物的方法，品味风格多样的语言，提高文学鉴赏能力。"统编版八年级上册第四单元"单元导读"："学习这个单元，要反复品味、欣赏语言，体会、理解作者对生活的感受和思考，并了解不同类型散文的特点。"从中可以看出，"回忆性散文"概念的精确提出是在八年级上册第二单元，把"了解不同类型散文的特点"作单元要求是本册第四单元。教师在进行这两个单元的教学时，需要立足于单元教学目标。

1. 精读《藤野先生》，引导学生体会作者在当时的特定境况及现在时间线下的感受

在教学活动中，我们选取了《回忆我的母亲》《背影》两篇文章，结合课内文本《藤野先生》展开互补教学。在新授课中，笔者引领学生归纳《藤野先生》的典型事件，探讨藤野先生的人物形象，并着重引导学生体会作者当时的特定境况，充分挖掘感悟过去的"我"在事件发生时的心路历程。在教学过程中，先引导学生对《藤野先生》进行了精读，使得学生深入理解回忆性散文的"基因"："回忆事件中'我'的感受"和"当时事件对现在'我'的影响"。

在《藤野先生》精读课中，引导学生初读文本，理解人物形象。请同学勾画出文中"我"对藤野先生感情的关键句。明确："在我所认为我师的之中，他是最使我感激，给我鼓励的一个……他的性格，在我的眼里和心里是伟大的，虽然他的姓名并不为许多人知道。"对关键句及时提问，作者时时想起藤野先生主要是因为他情感上"最使我感激，给我鼓励"，性格上"伟大"。那"我"感激的是什么？他鼓励的是什么？从中能看出他性格的"伟大"吗？第二步请同学理清情节。活动探究的支架如下：

（1）作者写了藤野先生的哪些事？请概括并拟小标题。

（2）这些事分别体现先生什么特点？为什么？

（3）小组为单位整合完善，再汇报。

进而总结提问：这些有关藤野先生为"我"做的事情是作者随意想来就写的吗？作者在选材上做了怎样的考虑？

总结:大致分类——教育(作为老师)、治学(作为学者)、为人(作为日本人)。

最后重温《朝花夕拾》创作背景,深入理解此文创作意图,并总结如何阅读写人散文。

2. 与《回忆我的母亲》《背影》进行文本连读,进一步感悟回忆性散文的阅读方法

在统一的单元主题之下,单篇互补式教学不再拘泥于单一知识点或单一文本的教学,而是从学生深度学习出发,以教材单元文本内容与核心知识为基础,提炼主题,整合单元学习目标。《回忆我的母亲》《背影》都是回忆性散文,所以放在一起,指导学生展开对文本的解读,从而学习回忆性散文的阅读和创作方法。表2-7是部分教案。

表2-7 回忆性散文教学部分课例

15分钟	回顾课文,明确方法	1. 先来回顾一下《藤野先生》这篇课文。请大家齐读最能表达作者对藤野先生感情的句子。思考:作者为什么对藤野先生有如此深厚的情感呢?结合之前的学习,说说你的理解。 2. 要读懂鲁迅的情感,读懂"最"和"伟大",我们还要明白鲁迅当时处在什么样的特定情境当中。请同学结合文本谈谈你的理解。 我们回顾了《藤野先生》这一课,大家看到,写人的回忆性散文,除了选取典型事例刻画人物形象,还把人物放在作者的境况、感受中来写,为人物形象设置"底色"和"背景",我们称之为"特定情境"(板书)。在回忆性散文中,作者常常把人物放在特定情境中来写,从而使人物形象更鲜明突出、深刻感人,使我们更好地体认作者情感。阅读回忆性散文,要抓住典型事例,这是同学们已经掌握的,同时,我们还要关注作者设置的特定情境。我们试着用这样的方法,来阅读更多的回忆性散文。
25分钟	读懂特定情境,读懂情感	3. 现在请大家快速浏览《回忆我的母亲》《背影》两文,梳理出文中刻画的典型事件和作者的情感。 4. 小组合作完成:两篇文章的作者分别在什么特定情境之下抒发这种情感? 5. 这节课我们通过多文本阅读,一起学习了写人一类的回忆性散文的阅读方法。请同学们观看微课进一步理解本节课所学内容。

本课例通过相同主题文本的连读,使得学生掌握写人一类回忆性散文的阅读方法之一。回忆性散文除了选取典型事件刻画人物形象,还可以把人物放在作者的特定境况中来写,为人物形象设置"背景""底色",我们称之为"特定情境"。通过本文的学习,希望学生在阅读回忆性散文时要抓住典型事例,还要关注作者设置的"特定情境",进一步加深对作者情感色彩的理解。

3. 使用动漫微课，以动漫的形式展现回忆性散文的特点

本课最后还运用了动漫微课的技术手段，本动漫微课是由授课教师写出脚本，请相关单位制作的富有知识点的动漫微课。动漫注重于图、文、声、像等信息的有机结合，使知识信息来源更为丰富、内容更充实、形象更生动。它展示在学生眼前的是一套图文并茂的有声教材、视听组合的多媒体教学环境、无限延伸的教学系统，这不仅符合面向全体、面向未来、面向世界的先进教育理念，同时也能调动学生多种感官参与，激发学生的学习兴趣。本微课让学生直观地复习之前学过的回忆性散文的要点，做到既有趣，又达到复习的目的。下表（表2-8）为动漫微课的部分脚本，采用了动漫的形式，生动地展现了阅读回忆性散文需要抓住的双重叙述视角。

表2-8 回忆性散文教学微课部分脚本

如何阅读回忆性散文	
屏幕呈现	旁白解说
一、1.校园风主题，出示照片（夹子夹着照片晃动即可） 2.小女孩看书，旁边睡一只狗 3.动画出文字：回忆性散文 二、1.动画出文字：以《藤野先生》为例 动画出图片：鲁迅背影，站立船头，卡通鲁迅在课堂上思考，微笑着的藤野先生拿着讲义站在鲁迅面前。 动画出文字：正直热忱，治学严谨，没有狭隘的民族偏见。 2.动画出图片：中年鲁迅坐在桌子旁 动画出图片：藤野先生照片 动画出文字：感激敬重之情	我们每天都会遇到各种各样的人，然而岁月无言，当我们蓦然回首，翻阅自己心灵的时候，总有那么一两个人一两件事儿，在我们的生命中刻下深深的印记，令我们无法忘却。 把这些人或事记录下来，融入自己的感情，就是我们熟知的回忆性散文啦。 由行文过程，我们可以得出，阅读回忆性散文需要注意以下两点：1.明晰作者所写的事例；2.明确作者所表达的感情。 以《藤野先生》为例，青年鲁迅独在异国他乡，作为一个弱国子民，面对生存窘境和精神困境，在无处排解之时，他遇到了藤野先生，添改讲义，纠正解剖图，关心解剖实习，关心中国女人裹脚事件。藤野先生正直热忱，治学严谨，没有狭隘的民族偏见的高尚品质，都给鲁迅留下了深深的印象。所以，文章表达的是对藤野先生的感激、敬重之情。

动漫微课作为一种新兴的教学媒介，具有非常显著的教学优势。语文教材蕴含着丰富的信息，在语文教学过程中，为增强教学效果，可以通过具有吸引力的动漫，将教学目标分解到动漫影视片段中，激发学生对语文教学内容的兴趣，提高学生发现、分析及解决问题的能力；给学生创建真实的问题讨论环境，促进学生语感及知识面的提升，培养学生的思维能力及语言表达能力。而根据教学内容制作动漫课件，更是极大地丰富语文课堂的信息量，

将感情、审美、思想融入教学中，给学生提供生动的语文课堂，实现语文课堂的情境化教学，提升学生的审美情操，激发学生的参与热情，提升教学效果。同时，动漫微课也可以很好地补充单元教学设计。

二、深入研究古代写景抒情散文特征，基于任务驱动，展开教学设计

本节以统编语文九年级上册第三单元为例，本单元诗文都是作者正处于或经历了人生的困境之后，所展现出来的情感态度和精神世界。学生升入初三，学业上会面临更多的挑战、更大的压力，在这个渐渐长大的过程中，也可能遭遇方方面面的困境，需要突破和自我蜕变。学习这些古诗文，能帮助他们获得智慧的启迪，并汲取积极进取的精神力量。本单元语文能力培养价值：1.学生有了一定文言积累，学习新的文言文时，可以在新旧知识之间建立联结，增加常用文言实词和常见文言虚词的积累，能在语境中准确判断其意义或用法并灵活运用，形成比较扎实的文言基本功。2.再次学习写景抒情类的文章，学生会更加懂得把握景物特点，并在写景文字中感受作者情思，再通过抓主旨句明确作者情志。同时也能提升写作能力，比如写游记时凸显景物特点，并水到渠成地表达自己的思想感情。3.通过集中阅读相似主题下不同时代不同文体的优秀作品，学生能够清晰地感受到文本的共性和差异，以及作者丰富的内心世界、独特的精神气质，从而形成更深厚的文学积累。学习这个单元，首先要结合创作背景，把握文体、诗体特点，体会古代诗文不同的体式和风格。基于此，笔者尝试设计了以下教学思路及环节：

（一）"古人写景抒情的小爱好"纵向挖掘找关联

在备课过程中，我们发现本单元诗文在写景抒情的同时，也表达了作者的政治理想、志趣抱负，而且他们的写作背景也十分类似。本单元六首诗文有五首是作者被贬谪后所作，分别表达不同的政治抱负和审美意趣。其中比较特殊的是《湖心亭看雪》，这篇文章虽然不是作者被贬所作，但文章是明王朝灭亡之时所作，如果说其他五篇表现了作者个人的政治理想，《湖心亭看雪》也不可避免地染上了时代悲凉的印记。基于此，在单元主题的备课中，同时将他们归为"贬谪文学"的范畴。下面展示具体的学习任务。

学习任务：通过求同存异、异中求同的方法，尝试寻找六篇诗文内在的

联系。

这一任务环节,学生通过如下学案对本单元诗文作者进行了解、归纳、整理本单元作者及背景,找到本单元诗文的共性,为进一步学习打下基础。

预习起始课:第三单元整体学习学案

【学法指导】

古诗文学习讲究四个要点:朗口,通意,晓情,明理。即读要有韵律、有节奏;通晓全文大意;与古人共情;明晰古诗文传递的哲理与智慧。四者缺一不可。

学法如下:

1. 大声畅读古诗文,注意节奏和停顿。

2. 了解相关文化背景、历史背景、作者生平经历等,不需面面俱到,但要同古诗文所需及学生认知能力相符。

3. 用图文相结合的方式拆文释义,将古诗文传递出的复杂信息简单化、生动化。要诗文中有画,画中有诗文。

4. 调动视觉、听觉、味觉、触觉、想象和情感,感受古诗文字词句的魅力,助力记忆与理解。

一、了解本单元作者及背景。

二、归纳、整理本单元作者及背景。

	范仲淹	欧阳修	张岱	李白	刘禹锡	苏轼
时代	北宋	北宋	明末清初	唐	唐	北宋
背景	被贬	被贬	明亡	被放逐	被贬	被贬
代表作						
本文情怀						

学生一般能够比较容易从内容和写作背景上看出单元课文编排的内在联系,但是从思维角度则需要通过提问激疑的方式进行深层次思考。经过教师的提示不难得出《岳阳楼记》《醉翁亭记》两文表面上写宋代的亭台楼阁,深层融入更多议论抒情成分,寄托了更深厚的情感。(写景+抒情+言志)《诗词三首》更加明显地有哲理的流露,由此可见本单元在课文上的安排体现出由感性到理性的发展。经过师生共同讨论得出结果,表格呈现如下:

角度	联系
内容	写景抒情
写作背景共同点	被贬或怀才不遇之作
思维方式	从感性到理性

整体把握篇章之间的关系，对于单元内容具有整体认识，有利于学生接下来的学习，教师也能依据表格分析进行适当调整，形成"古文引导鉴赏—古诗自主构建"的教学顺序，由易到难呈现出递进式的主题设计形态，既符合学生的认识发展能力，又能提高学生的接受度。

（二）"托物言志，志不同"横向比较辨异同

在整个八年级上册的古诗文学习中，学生发现了古人与今人在审美与思想等在有些地方是相通的，有些地方不尽相同。但他们并没有联系自己的阅读积累与生活经验，探讨抒发自己的人生志向与追求。这些可以在八年级下册第三单元进行提升。这样的"对话"，也能增强学生对中华优秀传统文化的体认以及民族自豪感和自信心。语文学科以极强的实践性直接关联现实生活，语文学习必须向生活拓展，面向社会生活，将语文学习与审美情感结合起来，使二者形成良性互补。在教学中，要注重语文学习与审美情感的高度统一，适时适当地开展语文活动。

在单元主题教学中，笔者把学习文本与生活的互补纳入整个体系之中，价值观互为补充、互相完善，让学生在学习中认识生活，在生活中实现学习价值，促进学生独立、自信地审视周围环境、人生大舞台，从而养成创新思维，增强创新意识，激发创新灵感，最终造就创造性的人格。

学习任务：同样写景抒情，寻找两文不同的情感，并对比情感异同。

1. 梳理文章内部情感

《岳阳楼记》文章中有两个"异"，请分析其在结构上的作用。

"览物之情，得无异乎"引出第3、4段内容，请朗读这两段，将下列词语分类填写到两幅画面中并概括每幅画面的特点。

日星隐曜 满目萧然 把酒临风 丽日 微波 山岳潜形 宠辱偕忘 心旷神怡 船倾 日暮 芷草 忧谗畏讥 喜洋洋 兰花 虎啸 猿啼 去国怀乡 淫雨 感极而

悲 春风 阴风 浊浪 碧浪 鸟飞 鱼游 月色 渔歌

两幅画面	淫雨霏霏	春和景明
景物		
情感		
特点		

"或异二者之为"点明"古仁人"与"迁客骚人"不同，结合最后一段，完善下列表格并说说古仁人应该是什么样的人。

	迁客骚人	古仁人
情感变化的对象		
情感变化的原因		

概括《醉翁亭记》中作者写了哪几种"乐"。比较阅读《岳阳楼记》和《醉翁亭记》，一忧一乐看似矛盾，同样的境遇，两人却有完全不同的体会。你如何看待二人体会的不同？

2.托物言志，即将个人之"志"依托在某个具体之"物"或"景"上，于是这个"物"或"景"就成为作者的志趣、意愿或理想的寄托者。请分别说说《岳阳楼记》《醉翁亭记》以及学过的《陋室铭》《爱莲说》《答谢中书书》《记承天寺夜游》借哪些"景""物"表达了作者怎样的情志，完成下表。

篇目	所托之物或所绘之景	表达之志
《岳阳楼记》		
《醉翁亭记》		
《陋室铭》		
《爱莲说》		
《答谢中书书》		
《记承天寺夜游》		

范仲淹的《岳阳楼记》和欧阳修的《醉翁亭记》，都是他们因倡导改革被贬后的发愤之作，都是为表述他们虽遭贬谪却仍存济世安民之心主题的散文名篇。尽管这两篇佳作在主题立意方面相近，但在结构技巧、表述方式、语言运用等方面却迥然不同，可谓同工异曲，各臻其妙。通过关注两篇文章

的相同点和不同点，能够帮助学生在文本细读的过程中认识到事物的本质。

通过比较分析，我们可以更好地理解古代文人如何在作品中抒发自己的情感，并以此作为我们学习诗词的参考。笔者对本单元诗词课进行了如下的教学设计。

学习任务1：找出三首诗词的联结点，确认你感兴趣的《诗词三首》学习过程中的议题。

预设答案：

议题一：三首诗词中作者情感的变化脉络

议题二：三位作者贬谪经历与心态异同

议题三：《诗词三首》中的"酒"意象

议题四：《诗词三首》中其他意象的妙用

议题五：《诗词三首》中用典手法的效果

议题六：三位作者对贬谪的哲学性思考

议题七：三位作者与三类文体的关系

学习任务2：贬谪中的文人心态

分任务（1）：绘制三首诗歌的情感变化脉络曲线，用关键词概括每句诗词的情感，并尝试通过朗诵加以表现。

分任务（2）：结合作者的仕途不顺或贬谪的经历，说说他们是如何通过诗句表明自己的苦闷心境的。

分任务（3）：在三首诗词中，作者都未沉浸在苦闷悲伤中不可自拔，他们都在诗句结尾重获积极乐观的心态，他们经历了什么样的思考？你从中读出他们怎样的性格？

分任务（4）：阅读下列"贬谪诗歌"，关注贬谪中文人心态的异同。

九上课外古诗诵读

刘长卿《长沙过贾谊宅》

三年谪宦此栖迟，万古惟留楚客悲。

秋草独寻人去后，寒林空见日斜时。

汉文有道恩犹薄，湘水无情吊岂知？

寂寂江山摇落处，怜君何事到天涯！

韩愈《左迁至蓝关示侄孙湘》

一封朝奏九重天，夕贬潮州路八千。

欲为圣明除弊事，肯将衰朽惜残年！

云横秦岭家何在？雪拥蓝关马不前。

知汝远来应有意，好收吾骨瘴江边。

七、八年级已学古诗

陈子昂《登幽州台歌》

前不见古人，后不见来者。

念天地之悠悠，独怆然而涕下！

陆游《十一月四日风雨大作》

僵卧孤村不自哀，尚思为国戍轮台。

夜阑卧听风吹雨，铁马冰河入梦来。

龚自珍《己亥杂诗》

浩荡离愁白日斜，吟鞭东指即天涯。

落红不是无情物，化作春泥更护花。

刘禹锡《秋词》

自古逢秋悲寂寥，我言秋日胜春朝。

晴空一鹤排云上，便引诗情到碧霄。

陆游《游山西村》

莫笑农家腊酒浑，丰年留客足鸡豚。

山重水复疑无路，柳暗花明又一村。

箫鼓追随春社近，衣冠简朴古风存。

从今若许闲乘月，拄杖无时夜叩门。

九下即将学习古诗

苏轼《江城子·密州出猎》

老夫聊发少年狂，左牵黄，右擎苍，锦帽貂裘，千骑卷平冈。为报倾城随太守，亲射虎，看孙郎。

酒酣胸胆尚开张，鬓微霜，又何妨！持节云中，何日遣冯唐？会挽雕弓如满月，西北望，射天狼。

辛弃疾《破阵子·为陈同甫赋壮词以寄之》

醉里挑灯看剑，梦回吹角连营。八百里分麾下炙，五十弦翻塞外声，沙场秋点兵。

马作的卢飞快，弓如霹雳弦惊。了却君王天下事，赢得生前身后名。可怜白发生！

苏轼《定风波》

莫听穿林打叶声，何妨吟啸且徐行。竹杖芒鞋轻胜马，谁怕？一蓑烟雨任平生。

料峭春风吹酒醒，微冷，山头斜照却相迎。回首向来萧瑟处，归去，也无风雨也无晴。

贬谪中文人心态的异同：

预设答案：

自我调适，恬淡豁达：

《行路难》《酬乐天扬州初逢席上见赠》《水调歌头》《秋词》《定风波》

惆怅伤感，愤懑不平：

《登幽州台歌》《长沙过贾谊宅》《左迁至蓝关示侄孙湘》《破阵子·为陈同甫赋壮词以寄之》

担责坚守，爱国忘身：

《十一月四日风雨大作》《己亥杂诗》《江城子·密州出猎》

寄情山水，忘情自然：

《游山西村》

在本单元的学习过程中，笔者着重引领学生研读了两篇古文。学习借鉴古文的阅读方法，学生可以自主研读《诗词三首》，将三首诗词整合，合理利用单元主题教学对于篇章教学的整合优势，打通'课'与'课'之间的区隔，将一课作为另一课的学习资料，把一种文体作为另一种文体的讨论对象。通过这一任务训练，课文间的理论知识得以融会贯通，教学内容灵活多样，学生思维也得以发散与锻炼。当然在学习的过程中，教师还应该给学生一些支架，以便学生能更好地迁移所学知识，达到思维的进阶。

(三)"古人言志,你怎么看?"搭建框架提认知

诗以言志,壮志不已。通过以上对诗文的学习,学生还停留在对诗文本身内容上的理解、记忆。要想让学生接受诗文传递出来的精神气韵,还需要帮助学生搭建提升认知的逻辑框架。使得学生不仅读诗文,更能品读诗文中的感情,进而贴近诗人内在精神世界,给学生启迪和鼓舞。

本节借助思维导图的形式,请学生在学完"贬谪文学"后,总结收获。

学生总结后得知,贬谪诗歌比比皆是,如《登幽州台歌》《十一月四日风雨大作》《破阵子·为陈同甫赋壮词以寄之》《江城子·密州出猎》。贬谪文章也有很多,例如《岳阳楼记》《醉翁亭记》《小石潭记》等千古名篇。它们的数量如此庞大,以至于自成一派,形成了独特的"贬谪文学"。贬谪是中国古代士人的一种常见的人生经历。它是对负罪官吏的一种行政处罚,是一种强制性措施,通过对负罪者减秩降职、出之外地等手段,使其"思过自效"。在骤然发生的巨大变化中,被贬谪者将其被贬谪的人生感悟和谪居生活中的情感体验,蕴涵在自己的文学创作中,使其内容、情感独具特色。

贬谪文学是一座巨大的宝库,这里面有:

1. "位卑未敢忘忧国"的爱国情操

贬谪文学作家大多怀抱"济苍生,扶社稷"的伟大志向,从某种意义上说,也正是因为他们太爱国忧时,关心民生疾苦,才导致了他们被贬。但是,即使在失职无位的处境下,他们仍然痴心不改,爱国爱民情思以一种深广的忧患意识体现在他们的作品中。

2. "一蓑烟雨任平生"的豁达襟怀

贬谪文学作家在其仕宦生涯中大多不断地西去东来,南迁北徙,尝够了人生的苦味。政治牢骚与思乡之情常常交织在他们的胸中,使之思绪万千,心潮难平。然而他们却能够不在牢骚与哀愁中沉沦,积极调整,恢复自我感觉的平衡,显示出了豁达的人生襟怀。

3. "衣带渐宽终不悔"的理想追求

理想是照耀人类前进的光芒,为理想而奋斗是人类不可缺少的、得以摆脱平庸苟生的伟大精神。有理想的人生是幸福的,身处困境而能初衷不改、

孜孜以求，则更是可敬的。贬谪文人不甘沉沦，努力追求实现其人生理想的精神，使他们的人生因为被贬而价值无限。

在本主题单元的学习中，思维导图的运用可以帮助学生梳理如何品鉴贬谪文学。

贬谪文学在言将尽时常常忍不住直抒胸臆。贬谪诗中的写景，也多带有强烈的主观情绪，有时诗人会直接将其表达出来。文人于景物描绘中抒写身世之感，语意往往双关，暗含感慨仕途风波险恶之意。或者有感于今昔身份的变化、处境的反差，贬谪文学多用对比手法。同时被贬后，他们从历史中寻找古人的故事，借咏史怀古，委婉表达自己的心情。最后研读是否运用象征、比喻、托物言志的手法：由于权力地位的下降，失意的诗人大多内心压抑而不便明言，象征、比喻或托物言志便成为其在作品中表情达意的惯用手法。

教学中，贬谪选文的逻辑思维具体表现有：梳理、归纳、整合文言文常用实词和虚词的意义，以及在具体语境中的内涵；分析、归纳、概括、比较课文中的形象、情感特点；准确生动、全面有逻辑地表达对这些情感、形象以及文章主题和作者某种观点的看法和认识；运用发散性思维、求异性思维和批判性思维，多角度去分析、探究、评价课文的形象、情感、章法的特点和作品的时代意义及作者的历史局限性等问题；运用逻辑思维，辨识、选择、分析、概括课文中的文化精神之美，人文情怀之美；加强理性思考，增进对优秀传统文化核心思想理念、中华传统美德和中华人文精神的认识、理解、接受和热爱。而这些都很好地发展了学生现阶段逻辑思维的能力，更加贴近教育规律。

三、"寻找民族脊梁"抓"单元主线"，完成闭合性设计

"双线组元"是统编教材单元的整合方式，也是单元教学的建构路径。"人文主题"与"语文要素"构成单元双线，形成单元教学合力。"单元导语"是对学生学习本单元课文提出的基本要求。教师以单元为单位，实施单元教学，必须充分"吃透"单元导语的内容实质，切实做到贯穿始终。在统编语文教材八年级上册第六单元的单元导语中，我们不难发现：本单元的人文主题为"古人的智慧与胸襟"，或者说"古人的品格与志趣"。语文要素

落脚在文言阅读上,即"借助注释和工具书,整体感知课文内容大意"和"多读熟读,积累常见文言词语和名言警句,不断提高自己的文言文阅读能力"。

"智慧与胸襟""品格与志趣"仍然是一个比较大的范畴,备课的过程中,必须再找到合适的"神"去统领整个单元。本单元有四篇课文——《〈孟子〉三章》《愚公移山》《周亚夫军细柳》《诗词五首》(《饮酒》《春望》《雁门太守行》《赤壁》《渔家傲》),涵盖文、诗、词,文本数量较多。单元聚焦点要落在语文学科核心素养上,突出语文学科的育人价值。在细读文本之后,结合生活热点,勾连古今,笔者发现本单元涉及的所有人物都可以称为"民族脊梁":孟子、愚公、周亚夫、杜甫、战士、陶渊明、杜牧、李清照。他们都有与众不同的气质,虽都遇到了各种各样的挫折,唯一不变的是深深植根于他们心中的家国情怀。基于此,将本单元聚焦为"寻找民族脊梁"。

(一)感悟家国情怀,设计单元主题

本单元内容庞杂,有诗,有词,有文,还有寓言故事。在诗文背后的作者,或是作者创造的人物形象之间到底有什么关系,是笔者备课时思考的关键问题。研读单元说明后发现:本单元的人文主题为"古人的智慧与胸襟",或者说"古人的品格与志趣"。于是抓住品格和志趣这两个关键词,分析本单元诗文。《〈孟子〉三章》中《得道多助,失道寡助》借讨论战争强调行仁政得人心的重要性,体现了孟子"得其民,斯得天下"的思想。《富贵不能淫》先破后立,孟子借对景春的反驳,说出了自己心目中"大丈夫"的标准。《生于忧患,死于安乐》则是通过举例、归纳、对比等手法,论述了造就人才和治理国家的问题。这三篇文章都体现孟子的精神追求、政治抱负,表现了先秦思想家对治国理政的哲学思考。

《愚公移山》是古代寓言中的名篇,有生动的故事情节,又带有神话色彩,历来脍炙人口。文章运用对比手法,成功地塑造了聪明智慧、坚忍执着的愚公这一人物形象,反映了我国古代人民改造自然的伟大气魄和坚强毅力。愚公作为一个寓言人物,其坚韧执着的性格特征,也是中华民族优良品质的一部分。所以愚公这个寓言人物在价值观层面也可以称得上是"民族脊梁"。

《周亚夫军细柳》讲述了汉文帝在霸上、棘门、细柳三处军营劳军的故事,

运用对比、衬托的手法，勾勒出了一个治军严明、刚正不阿的"真将军"形象。将军保家卫国，理应成为支撑本民族屹立不倒的"脊梁"之一。

《诗词五首》中《饮酒》描绘了田园生活的风光，表现了诗人隐居生活的情趣。《春望》一诗中，诗人沉痛地抒写了安史之乱时长安陷落后的荒凉景象，传达出国破家亡、妻离子散的伤感。《雁门太守行》描绘了悲壮惨烈的战斗场面，热情赞颂了守边将士浴血奋战的意志和誓死报国的决心。《赤壁》从一个全新的角度点明赤壁之战的利害关系，抒发了诗人对历史成败的深刻感悟，同时又曲折地表现了诗人报国无门的激愤。《渔家傲》这首词充满了浪漫主义色彩，借助对梦境的描述，创造了一个虚幻的世界，隐喻了对社会现实的不满与失望，表现了词人对自由的渴望、对光明的追求。

这些诗人在诗词中都展现了家国情怀，也是本民族精神的重要组成部分。正因为本单元诗文背后的作者，或是作者创造的人物形象之间内在价值观统一，由此，笔者选定本单元主题为"寻找民族脊梁"。下表（表2-9）为本单元单元整体设计，以供参考。

表2-9　八年级上册第六单元整体单元设计

第六单元单元设计
课标要求
课程基本理念要求："语文课程还应通过优秀文化的熏陶感染，促进学生和谐发展，使他们提高思想道德修养和审美情趣，逐步形成良好的个性和健全的人格。" 　　在通读课文的基础上，理清思路，理解、分析主要内容，体味和推敲重要词句在语言环境中的意义和作用。 　　了解基本的语法知识，用来帮助理解语言上的难点；了解常用的修辞手法，体会它们在课文中的表达效果。了解课文涉及的重要作家作品知识和文化常识。 　　欣赏文学作品，有自己的情感体验，初步领悟作品的内涵，从中获得对自然、社会、人生的有益启示。对作品中感人的情境和形象，能说出自己的体验；品味作品中富于表现力的语言。 　　诵读古代诗词，阅读浅易文言文，能借助注释和工具书理解基本内容。注重积累、感悟和运用，提高自己的欣赏品位。
教学目标
1.借助注释和工具书，整体感知古诗文内容大意。 　　2.诵读不同体裁的古代诗文名篇，知人论世，抓住关键词句，从不同角度感受、理解古人的智慧和胸襟。 　　3.积累常见文言词语和名言警句，提高文言文自主阅读能力。

续表

目标分配		
课题	课时安排	每课学习目标
单元整体学习	1课时	1. 初识并逐步深入了解本单元八位作者，明确本单元学习任务。 2. 正确、熟练朗读本单元课文，形成语感。
《〈孟子〉三章》	2课时	1. 借助注释和工具书大致读懂课文，了解主要内容，把握文章的观点和材料。 2. 通过反复诵读，体会孟子说理的特点。 3. 背诵课文，积累课文中的名言警句。
《愚公移山》	2课时	1. 诵读全文，积累文言知识，背诵全文。 2. 体会对比、衬托手法的表达效果，把握寓言的文体特点。 3. 理解人物、情节与主题的密切关系，体会本文深刻的寓意。 4. 感受愚公移山的精神及其现实意义。
《诗词五首》	2课时	1. 诵读不同体裁的诗歌，体会它们不同的韵律特点。 2. 结合诗人生平和创作背景，理解诗歌中寄寓的情感。 3. 初步学习诗歌中传情达意的多种艺术手法。
写作——表达要得体	2课时	1. 了解什么是表达得体，明白怎样做到表达得体。 2. 通过例文引路使学生明白如何做到表达得体。

立足于学科素养和单元视野，将两个主要目标分别分配到每一课中，使得大目标可以落地，便于学生更好掌握知识，理解情感。这两个大目标为：1. 以"寻找民族脊梁"重组第六单元，发现"民族脊梁"，思考他们身上的"脊梁"特征，感受他们的家国情怀。2. 掌握文言文和诗歌的学法，如抓住标题和关键词、借助注释、知人论世等，为"民族脊梁"创作一节赞诗。前者指向"思维能力""文化自信"，与当代语文生活有机关联，学生在思考"民族脊梁"中提升思维的深刻性、批判性和独创性，在家国情怀中传承中华文明血脉，坚定文化自信，培养学生正确的价值观，突出语文学科的育人价值；后者指向"语言运用""审美创造"，义务教育新课标指出，"语言是重要的交际工具和思维工具，语言发展的过程也是思维发展的过程，二者相互促进。语言文字及作品是重要的审美对象，语言学习与运用也是培养审美能力和提升审

美品位的重要途径"。

（二）"愚公这个神话人物算不算民族脊梁"——设计进阶性学习任务

本单元的人文主题为"古人的品格与志趣"。愚公是神话人物，学生在学习过程中会有疑问：愚公这样的神话人物也能成为民族脊梁吗？带着这样的疑问，笔者设计进阶性学习任务，并与学生讨论。

关注"民族脊梁的家国情怀"，设计学习任务群：走近"民族脊梁"——解读"民族脊梁"——再寻"民族脊梁"。以"民族脊梁"为中心，形成环环相扣、层层递进的任务链。

【学习任务一】走近"民族脊梁"

落实课前学案：阅读第六单元课文，概括第六单元人物共同点，并说明理由。

学习支架：依据文本、提取关键词、知人论世。

由于单元整体教学文本容量大，所以课前学案尤为必要。学生在预习任务单中概括的高频词有：不怕困难、不惧疲惫、坚定不移、爱国爱家、为他人着想等。我们可以发现，学生提取的高频词中有很多"不"字，发现"民族脊梁"就是这样一群敢于说"不"的人。

【学习任务二】解读"民族脊梁"

出示"脊梁"含义：

1.脊背，其骨为全身骨骼的主干所在，如屋之有梁，故称。2.用作比喻，常指人的意志、胆量和节操。3.比喻中坚骨干力量。

学习支架：印证详解。

学生调动自身的言语积累，理解"脊梁"就是指人的脊背，常指人的意志、胆量和节操。"民族脊梁"比喻民族中坚骨干力量。

【学习任务三】再寻"民族脊梁"

从古至今无数仁人志士为了国家的未来忧心忡忡，披肝沥胆。我们是祖国未来的接班人，为了更好地传承发扬脊梁文化，12月学校的综合性学习活动主题为"寻中国脊梁，感家国情怀"。围绕此主题，初二年级将要出一组

宣传板，引领同学们认识、理解那些被称为"民族脊梁"的人物的精神气韵。（活动方案见表2-10）（宣传板评价见表2-11）

表2-10 "寻找脊梁人物"活动方案

活动过程	具体任务	负责人
准备阶段	1. 广泛搜集你所需要的展板的素材。	所有组员
	2. 对搜集的素材进行分类整理。	组长
	3. 每位同学选择一个自己最喜欢的素材，并为自己选择的素材准备好合适的解说词。	所有组员
	4. 小组负责人将同学的素材进行排序，并且写串讲词。	某同学
展示阶段	5. 依次进行展示。	所有组员
总结反思	6. 根据评委的点评改进自己的作品。	所有组员
	7. 负责人对脊梁人物认识的总结性致词。	组长

表2-11 "寻中国脊梁"展板制作与展示评价量表

评价项目	得分
1. 小组分工明确，各司其职且配合默契。（2分）小组分工混乱，不能进行有效配合。（1分）组内同学没有参加分工。（0分）	
2. 搜集、呈现的资料丰富、典型。（2分）搜集、呈现的资料较丰富。（1分）搜集、呈现的资料单调、普通。（0分）	
3. 对搜集的资料有恰当的加工，能够突出对脊梁精神的理解。（3分）对搜集的材料没有加工，但能体现对脊梁精神的理解。（2分）搜集了对应资料，不能明确体现对脊梁精神的理解。（1分）搜集非对应材料，不能体现脊梁精神。（0分）	
4. 解说时普通话标准，声音响亮、清晰，饱含感情。（3分）解说时普通话标准，声音响亮、清晰。（2分）解说时普通话标准。（1分）无解说人员。（0分）	
写下你的鼓励和赞赏吧！	
我们的总结致辞：	

教师为学生提供具体的活动方案、评价量表，让学生通过对照评价、自我反思、小组互评、互写评语等方式在细读文本的基础上对本单元涉及人物的家国情怀做深入解读。

而后在小组合作学习中深化思考。愚公遇到了诸多逆境，他的逆境是逆"龄"而行（"年且九十"）、逆"山"而行（两座大山）、逆"人"而行（人力不足）、逆"笑"而行（智叟嘲笑）、逆"具"而行（工具简陋）。那么，愚公面对逆境，为何非要展现这种"挟太山以超北海"的气势？背后的动机是什么？正是这种逆境，造就了愚公的人物性格。他这么做都是为了自己、为了家人、为了后代子孙、为了他人出行方便，愚公心系家人，心系他人。充分肯定愚公这样寓言当中的虚构的人物形象，也是可以称为"民族脊梁"的，使学生在深度学习中感受从古至今流淌在中华民族血脉中的家国情怀。

在围绕核心议题连接多文本的同时，也要注意勾连新旧，唤醒学生的已有知识经验，形成单元整体教学的连贯性和层级性。学习者需要用原有的知识来消化新的知识。本次单元教学尝试是在每一篇课文都学习完成的基础上进行的，因此每一篇课文都成为学生的已有知识经验，建构在对每一篇课文的已有理解上，学生在统整多文本时就能够进行深度学习，建构新的思考。调动背景知识，有助于学生学习新知。授课过程中在学生的学案中，将每篇诗文的创作背景置于文本之下，背景知识作为学习支架，学生能够知人论世地来思考什么是真正的民族脊梁，如何成为民族脊梁。在现场的课堂教学中，提示学生依据文本，学生发现在"匈奴大入边"的背景下，周亚夫的坚持和汉文帝的妥协都是为了国家大义。

链接多文、勾连新旧是单元整体教学的策略。以八年级上册第六单元为单元主题教学的起点，但并不局限于本单元，以主题或作者勾连文本，"打通单元、年级之间的关节，在更大时空跨度内涵育语文素养"[1]。统编教材八年级下册第六单元，同样是古诗文单元，笔者以"致敬一群敢于说'不'的人"为议题重组单元群文：在《北冥有鱼》中，庄子不拘一格，向往自由；在《马说》中，韩愈不平则鸣，希遇伯乐；在《茅屋为秋风所破歌》中，杜甫不惧风雨，忧国忧民。将八年级上册第六单元"民族脊梁的家国情怀"作为已有知识导入，在新的单元进行延伸与深化，实现上下两册教材的同位置迁移，在更大的时

---

[1] 朱玲芹：《结构化：语文单元整体教学的策略旨归》，《人民教育》2020年第10期。

空跨度、教材跨度中实现新旧勾连。

以聚焦的议题为主心骨进行单元整合,以层层递进的学习任务群推进单元整合,以多文本的链接、新旧知识的融通助力单元整合。单元整体教学当然不止于此,还要在理论和实践中继续完善和深化,不断提升语文教育的质量,培养学生的语文素养,突出语文学科的育人价值。

📖 讨论话题

1. 是否所有的篇目都适合基于单元主题进行备课?
2. 单元主题统整和细读文本之间的关系如何处理?

(张节)

第三节　课内外互补式语文单元教学设计与实施

作为语文教师，我们时常感觉到仅仅依靠书本上的内容是不能满足学生语文学习需求的，人文性的课程性质决定了语文和生活息息相关。以教材为本，适当拓展教材外的资源成为语文教学中必不可少的关键。如何拓展学习内容？拓展何种学习内容？本节将结合一些教学案例逐一解答。

《普通高中语文课程标准（2017年版）》的基本理念中提到，普通高中语文课程应适应社会对人才的多样化需求和学生对语文教育的不同期待，精选学习内容，变革学习方式，确保全体学生都获得必备的语文素养。普通高中语文课程应具有相对稳定的结构和富有弹性的实施机制，应在课程标准的指导下，引导教师开发语文课程资源，有选择地、创造性地实施课程；把握信息时代新特点，积极利用新技术、新手段，建设开放、多样、有序的语文课程体系，使学生语文素养的发展与提升能适应社会新形势的需要。

因此，语文课程应该紧随时代的变化，充分利用社会资源，设计课内与课外相结合的单元学习任务，使学生在丰富的教学实践中提升语文核心素养。

课内外互补式教学是指，在依据教材设计教学内容的同时，充分利用课外的优秀资源作为学习内容的补充，教材内容与课外资源相结合，设计单元的教学任务，在更大的知识背景、更有趣的学习活动中达成学习目标。课内外互补式教学有广义和狭义之分。广义的课内外互补式教学是指，学生可以通过不同的阅读方式，利用各种载体从丰富的阅读资料中快速地提取相关信息，从而实现自我和社会意义的满足，常见的媒介、社会生活中的文化现象、文化遗产等都可以成为课外资源。狭义上的课内外互补式教学，是在实际教学中根据教学目标和单元学习主题，将课内文章与课外文章进行结合，以此达到理想的教学效果，与此同时扩充学生的阅读量。[1]

---

[1] 吴姣、孙国勇：《课内外结合，提高学生的语文素养——群文阅读之课内与课外阅读相结合的策略探究》，《中华活页文选（教师版）》2020年第16期。

一、冬奥里的中国风——让社会热点融入教材

互联网时代背景下,学生接收信息的渠道越来越丰富,阅读内容和阅读媒介也发生了很大变化,我们在语文课堂上常常会就学生感兴趣的热点话题进行讨论,这就是时代发展尤其是科技进步给教育带来的改变。因此,新时期的语文学习要及时适应时代的变化,充分利用社会生活情境和学科认知情境,发挥语文学习活动在社会认知和提升学生思维品质方面的作用。基于上述情况,本部分旨在将社会热点融入语文学习活动中,扩大语文学习的外延和内涵,让学生在真实的社会情境中进行语文学习,在提升语文学习兴趣的同时感知语文学习的"用处"。

本节以八年级下册第一单元为例,详细阐述如何让社会热点融入教材的单元教学。表2-12对本单元课内外资源进行了梳理。

表2-12 八年级下册第一单元课内资源与课外资源一览表

八年级下册 第一单元	教材内容	学习任务	课外补充	学习任务
单元主题: 民俗文化	《社戏》 《回延安》 《安塞腰鼓》 《灯笼》	把握文章的主要内容,感受多样的生活方式和多彩的地域文化;感受作者在多彩的文化中寄寓的情思,感受作者的文化情怀。	"冬奥里的中国风"	了解冬奥赛场上体现的民俗文化,感知中华优秀文化的魅力,增强文化自信,提升审美鉴赏能力。

(一)抓住社会热点,挖掘语文学习的价值

作为语文教师,我们应该对时事保持更高的敏感度,不能与时代脱轨,并且充分思考这些时事背后可以挖掘的语文价值。比如航天科技的跨越式发展,"问天"飞天、"嫦娥"揽月、"北斗"指路、"羲和"逐日等,我们应该关注到强国路上的科技发展,我们可以把视野定位在"不断攀登航天科技高峰"的创新奋斗精神,也可以聚焦大国重器名字的"中国式"浪漫。这种敏感度既是对国家大事的关注,也是提升学生爱国情怀和语文素养的契机。

当然,不是所有的社会热点都适合进入课堂,这需要我们教师具有一定的辨别能力。首先,关注社会热点是否具有可挖掘的价值。能走进学生课堂的社会热点应该具备正确的价值引领,不管是爱国情怀的激发还是时代精神

的感悟，都应该对学生人生观和世界观的形成有正向的引领和激发，有争议的社会新闻坚决不能进入课堂。其次，关注社会热点的影响力和影响范围。有些社会热点在刚出现时引发轰动，但没几天就烟消云散了，类似这样的事件则不适合进入课堂。能进入课堂的社会热点最好可以进入国家发展大事记或者载入史册，只有这样，我们设计的语文课才能对学生的发展起到长时间的影响。最后，洞察学生需求和爱好。社会热点应该尽可能引起学生的兴趣，有时教师认为的社会热点，学生反而觉得没什么重要意义，这样结合后的学习意义就不大。

2022年北京冬奥会举世瞩目，从开、闭幕式的表演到精彩的赛事呈现，一举一动都是热门话题，一些运动健儿更成为许多青少年的"偶像"。本案例抓住这一热点，让冬奥会与语文学习产生关联，让冬奥会走进教材。

（二）与课堂内容互现，让社会热点走进课堂

教材中的教学篇目是课内外互补式单元教学之"根"，深入研读文本内容是单元教学设计的重点，所以立足于社会热点设计单元教学任务，也绝不可以本末倒置，顾此失彼。

1. 首先，关注教学进度和教学内容，根据单元学习主题的需要补充课外资源

例如，八年级下册第一单元的学习主题是"民俗文化"，学习任务是了解民俗文化，感知中华优秀文化的魅力，增强文化自信，提升审美鉴赏能力。而在这个时间节点上，中国正在举办全世界都瞩目的冬奥盛会，北京作为举办城市，学生们在浓厚的冬奥氛围里面感受到了运动激情，"冰墩墩""雪容融"一时间风靡全球。极其浓厚的冬奥氛围成为教师首选的课外资源。

2. 社会热点的选取要抓住一个角度，不可全选全用

结合单元的学习主题"民俗文化"，教师抓住"2022年北京冬奥会"赛场上以及开、闭幕式上的中国元素这一角度，引导学生深入感知和认识民俗文化。这样的教学任务设计从社会热点的角度讲，能让学生清晰地把握学习目标，而不是漫无目的地、浅尝辄止地了解社会热点；从课内单元学习任务来讲，学生的学习和探究由课内迁移到课外，应用的过程不仅有助于理解课内知识，而且还可以提升学生的迁移能力。

在设计探究任务时，应尽可能避免限定学生的探究内容和思维方式，这就要求教师在设计任务时做好示范且留出学生自主探究的空间。比如，在"民俗文化"这个单元的任务设计中，教师首先做了"折柳"意象的解读，给学生的自主探究搭建支架。

学习活动一：深入解读——"折柳"意象

教师导读：

（1）请说说北京冬奥会闭幕式设计此环节的目的是什么。

①"柳"在中国传统文化中谐音"留"，表达分离时对对方的挽留和依依不舍之意。此设计与奥运会闭幕式"纪念时刻"这个经典环节巧妙契合，含蓄委婉地表达了中国人民对世界各国前来参加冬奥会的运动员们在离别之际的依依不舍之情。

②借助冬奥会的契机弘扬中国文化。在节目中融入大量的中国元素，在不知不觉中让世界了解中国文化的浪漫唯美，达到"讲好中国故事"，向全世界宣传中国文化的目的。

（2）折柳送别习俗的文化渊源

①谐音双关："柳"谐音"留"，折柳送别表达了送别时对亲友的挽留不舍之意。

②柳的形态：柳枝柔软婀娜，随风摇摆。古诗云：昔我往矣，杨柳依依。柳枝在春风中轻柔摇摆的状态常常让我们联想起亲友依依不舍的牵绊，由此产生了"依恋不舍"的象征义。

③柳的习性：俗语说，插柳成荫。柳的生存能力极强，对环境的适应能力也极强。所以送别时"折柳"相送也寄寓了对离别之人的美好祝愿——祝愿对方一路顺利，在未来的生活环境中能有良好开端。

学习活动二：迁移探究——冬奥会上的中国元素

查找资料，看看冬奥会开幕式和闭幕式中还藏有哪些经典的中国元素，请从"文化传承和弘扬"的角度设计一道题。（命题＋答案；图文并茂）

二、"长老"与"村主任"——文化经典要结合时代新变化

不论是初中还是高中，语文学习总离不开经典阅读。本单元教学设计主要指向于中华文化经典，一般来说，经典作品经得起时间的考验，能深刻反

映人类母题，能唤起人类情感的共鸣，比如小说集《呐喊》、唐诗宋词等，这一部分的内容学习主要是引导学生通过阅读经典作品，提升对中华民族文化的认同感、自豪感，增强文化自信。

在语文教材中，有一些课文节选自经典著作，学生只精读其中一小部分内容。而有一些经典著作，课程标准和教材中明确要求学生阅读整本书，比如初中的《水浒传》《骆驼祥子》，高中的《红楼梦》《乡土中国》《论语》等。文化经典的整本书阅读也应该利用课外资源让学生真正理解书中内容，学会用书中的内容解释生活现象，并能用发展的眼光看待经典内容。

下面主要以《乡土中国》为例，详细论述课外资源如何与文化经典阅读融合。表2-13对《乡土中国》课内外资源进行了梳理。

表 2-13 《乡土中国》文化经典阅读课内资源与课外资源一览表

文化经典	学习任务	课外补充	学习任务
《乡土中国》	学生阅读《乡土中国》全书，了解中国乡土社会的特点，增进对农村传统文化和社会结构的理解。学生理解书中的关键概念，"礼俗社会""差序格局""长老统治"等，把握作者的学术观点、逻辑思路，理清本书的知识体系。	《桃花源记》百坭村扶贫第一书记——黄文秀的视频资料	学生能学以致用，运用书中的理论和分析方法认识相关社会现象和文学现象，尝试用本书的阅读方法来阅读其他学术类文章或著作。

（一）挖掘时代与经典之间的联系

语文学习包含了大量的文化经典，这些文化经典传递了丰富的思想，阅读文化经典是中华文化传承的一种重要方式。但是，在教学中，我们时常感到困惑——这些稍显晦涩的经典著作如何引起学生的阅读兴趣？这些经典内容学生是否能真正地消化吸收呢？我们也常听到学生的抱怨：学习这些内容有什么用啊？现代生活还需要这些内容吗？本部分内容着重解决教师的困惑和学生的不解，让文化经典在新时代真正焕发活力，真正地走进学生的世界。

文化经典与学生的生活经验对接，引导学生把对文学作品的理解与对现实生活的理解结合起来，在体验理解中既"入乎其内"又"出乎其外"。文学阅读不仅要引导学生阅读经典，更要引导学生用经典阅读生活。比如，高中语文选择性必修上册第二单元的主题是"了解诸子百家的思想"，这些思想学生理解起来极其困难,所以教师引入莫言的一段话——文学和科学相比,的确没什么用处,但是它的"没有用处正是它伟大的用处",让老子"有无相生"的辩证法和庄子"无用有大用"的思想与学生"文科理科"容易理解的内容产生联系,学生理解起来会非常容易。

乡土是中国的"根",但现代社会早已不是乡土社会了,所以我们需要用思辨的眼光审视《乡土中国》。在《乡土中国》的整本书阅读中,教师用"村官"这一贯穿乡土社会和现代社会的职位为切入点,让《乡土中国》与现代社会产生联系,让其在学生生活的时代"活"起来。

(二)利用学生所学来理解经典的文化内涵

一个有价值的问题可以引发学生对文本阅读的整体把握,能够引起学生的深度思考。让文化经典在新时代焕发活力,特别需要一个有价值的问题的引领。这个问题的设计,不可过难,最好以学生已经学过的知识或者身边常见的易于理解的现象为出发点。

因此,问题的设计一定要基于学情,必须在学生的最近发展区之内。如在《乡土中国》的阅读总结课中,教师为了让学生熟练地理解掌握"长老统治""地缘和血缘"等概念,选用的是《桃花源记》这篇初中所学的文章,这篇文章对于高中的学生来讲比较简单,是熟悉的"朋友",而《乡土中国》中的概念是比较难的,用比较难的概念去理解比较简单的文章,从而达到理解概念的目的,这样的问题设计就处于学生的最近发展区之内。学生不会觉得特别难,但在探究过程中也没有那么容易完成。

案例:

学习活动一:《桃花源记》中的乡土本色

结合《乡土中国》前三章的内容讨论:桃花源是否体现出中国乡土社会结构的典型特征?如果是,它体现了中国乡土社会的哪些特点?

预设:

(1)以农业为生黏着在土地上。"土地平旷,屋舍俨然,有良田美池桑竹之属。"

(2)聚居。"阡陌交通,鸡犬相闻。"

(3)熟悉的社会。"见渔人,乃大惊,问所从来。"

总结：桃花源就是一个典型的熟人社会，是一个封闭的社会结构模型。

【设计意图】

《桃花源记》中所描绘的桃花源中人的生活、生产等状况，带有典型的乡土特色。

结合学生生活的环境，理解《乡土中国》的文化内涵。在"乡土本色"一章中，作者提到中国人尤其是中国农民与土地的情愫，这一点学生可能没有过多的体会，但会在他们父辈祖辈身上看到一些影子。如今楼宇幢幢，但很多现代人还会在自己阳台上放置种植箱来种植花草或者蔬菜，这就是根植于中国人内心的乡土情结，在课堂学习中，教师用这样的例子带动学生的理解，学生的阅读会有更切身的体会。

（三）文化经典碰撞时代流变

文化经典虽然具有很高的文化价值，但其中涵盖的许多内容不一定适用于现在社会。而这种时代性、批判性的阅读能力也是在阅读文化经典时应该注意的。文化经典在时代的局限性要在教学中有所体现。在《乡土中国》阅读探究课中，教师做了如下设计：

学习活动二：探讨桃花源村在新时代的发展

自古以来，我国就是一个农业生产大国，农民占据了我国民众的很大一部分。然而，时代在不断变化，随着改革开放以后的不断发展，我国的经济水平也不断上涨，越来越多的年轻人拒绝像父辈一样在农田里辛苦劳作一生，纷纷选择前往繁华的大城市追寻梦想。即便是老一辈人，也有很多选择搬入城镇享受更便捷舒适的生活。在这种趋势下，很多村庄逐渐变得人烟稀少，在农村居住的多以老人为主。为了适应新时代的发展，桃花源村又面临着新一轮的挑战。结合视频资料，谈谈新时期桃花源村村主任的评选条件需要做哪些改变。

（1）观看百坭村第一扶贫书记黄文秀的视频。

（2）结合现代农村发生的新变化，思考桃花源村村主任评选条件的变化。

预设：

（1）男女不限，地域不限。

（2）需要掌握一定的知识，尤其是经济知识。

（3）要有良好的沟通交流能力。

（4）要有吃苦奋斗的精神，年轻人的机会更大一些。

这样的教学设计，学生能够联系实际思考问题，明确《乡土中国》中一些学术观点在当今时代的局限性。

三、揭开网络谣言的真相——信息的获取、辨识和自我观点的表达

随着互联网的广泛应用，当今社会进入了人人"自媒体"的时代，我们的学生也是这场时代洪流中一个基数庞大的群体。学生们可以轻松地获取各种各样的信息，但随之而来的问题就是信息良莠不齐，学生缺乏一定的辨识能力，难免受到不良信息的侵害。基于上述状况，本部分以高中语文必修下册第四单元"信息时代的语文生活"为例，着重阐述如何借助网络文章来引导学生合理地辨识网络信息，提高学生的网络素养。表2-14对"信息时代的语文生活"课内外资源进行了梳理。

表2-14 "信息时代的语文生活"课内资源与课外资源一览表

课内资源	学习任务	课外资源	学习任务
《不同媒介的语言特征与网络语言的发展》《传播媒介变迁的社会影响》《涵养媒介素质，才有最美和声》	学习综合运用多种媒介获取信息、表达交流的方法；理解、辨析、评判媒介信息，辨识其立场，多角度分析问题，分辨信息真伪。	网络安全电视栏目《网安天下》关于"自媒体敲诈勒索产业链""黄山迎客松是假树""华商很难"等虚假新闻。	学会面对海量信息，并恰当筛选；能形成辨识谣言的基本看法，并写成文章。

（一）关注信息科技发展与语文教学的可融合性

互联网背景下"语文"的内涵与外延都在发生变化，多中心传播成为信息传播的必然趋势，并逐渐常态化，在互联网背景下，人人都是自媒体，语文教学也必然受到一定的影响。近年来，我们时常感觉到怎么听不懂学生说话了呢？"YYDS"等表述实在让人费解，也让我们语文教师感到担忧。网络语言的兴起、网络信息良莠不齐，给学生的生活和学习带来了极大的影响，而很多学习资源仍然要依赖于网络查询，面对新时代的这种复杂情况，语文教学不得不思考如何让学生很好地适应网络社会，而不是被网络信息裹

挟。因此本单元任务的开展应该注意以下两点：一是学生的语文生活与信息技术的关系越来越紧密；二是一些并不规范的语用现象也在影响学生的语文生活。

信息科技发展对语文教学带来的冲击，也成就了互联网背景下语文教学的契机，我们要引导学生提高理解、辨析、评判媒介传播内容的水平，以正确的价值观审视信息的思想内涵，培养求实的态度。

面对互联网发展带来的一些冲击，本单元着重引导学生能从语文学习的角度，更加理性客观地认识互联网上的信息。聚焦高中语文必修下册第四单元"信息时代的语文生活"，分析网络谣言的成因和特点，引导学生在网络生活中明辨是非。

（二）辨识网络信息

在第四单元的学习中，教材要求学生认识多种媒介并且辨识媒介信息，为了引导学生具备当代的媒介素养，本单元以时代大背景为切入点。随着科技发展，多媒体飞入寻常百姓家，在此背景下我们成了真正的"网民"。本单元的教学设计，以学生真实的网络环境为活动背景，让学生在真实的情境中解决问题。

在本环节，教师选用了一些网络谣言，引导学生理解网络信息良莠不齐，我们必须理性客观地审视它们。

案例：

导入：（基于学生真实生活情境的动机激发）

在生活中，我们常常会接触到一些不实的信息，这些信息干扰了我们的生活，有时还会给我们带来很多麻烦和困扰。在生活中你遇到过谣言吗？你是怎样得知它们是谣言的？

预设：

华商很难…… 新闻发布会辟谣、不符合科学规律或生活常识。

【设计意图】多媒体背景下，很多时候我们都需要借助网络获取信息，但网络信息真伪难辨，为了不让学生被虚假信息蒙骗，故设计了本节课。

学习活动一：探讨谣言产生的特点和原因

阅读补充资料——网络安全电视栏目《网安天下》关于"自媒体敲诈勒

索产业链""华商很难"等虚假新闻。

小组讨论：谣言有哪些特点？为什么会有谣言产生呢？

要求：分条作答；小组分工合理。

学生以小组为单位，探究谣言产生的原因。

预设：

谣言的特点：一是事件不合常理，不符合科学规律；二是标题写得既夸张又含糊，事件缺少明确的时间、地点、人物等要素；三是迎合公众在某方面的强烈需求。

接着，小组深入探究谣言产生的原因。

谣言产生的原因：一是新时代网络发展迅速，自媒体时代提高了信息传播的速度，人们缺乏一定辨别能力导致谣言四起；二是抓住人们的心理，比如渴望健康等，出于对名利的极度渴望而发表不负责任的言论；三是监管不健全，给少数人以可乘之机。

【设计意图】阅读关于谣言的文章，科学地认识谣言的特点和产生的原因。

学习活动二：探讨辨识谣言的方法（解决问题，自主建构对问题的认识）

根据自己的经历和阅读经验，讨论辨识谣言有哪些方法。

预设：

（1）从标题入手，看看标题中是否具有夸张性的、主观性强的及其他企图引诱阅读的语言。

（2）看看文中是否有足够充分可信的材料做支撑，是否得到权威机构的验证。当新闻中引用的权威报告、研究成果和相关领域专家的表态比较科学、客观且丰富时，新闻的可信度会更高。

（3）看新闻的出处，来源于权威媒体、官方媒体的信息，可信度会高很多。

【设计意图】训练学生从多角度辨识谣言现象、思考探究问题的能力。

（三）让客观理性的文章借助各种信息平台得以发表

本单元的学习目标是引导学生在实际生活中用理性辩证的眼光看待网络信息、应用信息媒介，而检验单元目标完成的方式就是让学生在实践中深化所学。本单元的学习成果就是要求学生完成"对谣言看法"的议论文写作并把它发表在自己的网络空间中，学生把自己的认识形成文字，这对于学生语言建构与运用具有重要意义。与此同时，这也是学生对学习内容的再一次反思与沉淀，学生在此过程中可以得到形象思维、逻辑思维、辩证思维和创造思维的发展，通过写作任务的审美体验、评价，形成正确的审美意识，健康向上的审美情趣与鉴赏品位。

借助信息媒介，宣传学习成果。学生学习了如何识别网络信息真伪后，应该将自己的所学和学习收获呈现出来。鼓励学生将自己的真知灼见发表在社交平台，借助信息媒介引导周围人学会用辩证眼光审视网络信息。

案例：

学习活动三：学写揭露谣言的文章。（迁移运用）

关于谣言的问题，我们不仅要剖析本质、分析危害，还要把这种理性的思考用思辨性的语言表达出来，形成一篇逻辑清晰、分析全面、论述深入的文章。

题目：近年来，从自媒体开始活跃在大众眼中后，一些公众号就打着"关怀"的旗号，发布一些"专家"或者"权威机构"的"关怀"类文章，误导读者。诸如"别再吃了""注意""小心"……各种"关怀式"谣言往往会用特别引人注意的字眼，给人造成视觉与心理上的冲击，让人好奇地关注和了解，进而引导受众将"关怀"分享给更多的人。

针对这种现象，你有什么看法？

材料引发了你怎样的思考？请阐明你的观点和看法，自定立意，自拟题目，写一篇不少于700字的文章。

【设计意图】通过思辨性写作，提升学生的语言表达能力，而关于谣言的话题，学生已积累了丰富的素材，课堂上也有了充分的讨论，这次写作任务学生有话可说，也能展开深入的分析。

总结：语文学科的教学目标不是文本和知识，教学内容并不等于文本内容，语文教学目标的出发点应该是语文学科核心素养。在大单元教学背景下，为了达成学科核心素养，在设计单元学习任务时，结合课外资源已成为必然。由单篇文章引入一组文章，引入整本书阅读，甚至是引入学生的作品等生成性内容，才能让阅读真正发生。由课堂学习引入生活学习，结合时代的热点、亮点，在真实的生活情境中学习，并从语文的角度阅读生活，才能真正展现语文学科人文性的特质。思维型教学理论为我们的语文单元教学提供了很好的教学支架,让课内外资源互补式的单元教学设计更加规范和科学,更有助于学科核心素养的实现。

📖 讨论话题

1. 着眼于初、高中六年的整体教学,如何让课外资源的使用更具系统性和科学性?

2. 课外资源的拓展使用,是否可以让学生参与其中,让学生自己选择有价值的资料?如何调动学生参与的积极性?

(李媛媛)

第四节 "润育"语文课程群建构

　　进入 21 世纪，发达国家普遍开始了以课程改革推动人才培养的进程。2007 年英国发布了《2020 愿景：2020 年教与学评议组的报告》，提出了课程要适应每一个学生的需要，与学生的生活实际相联系的要求。美国更是明确宣布，教师和学校有权对学校课程进行自主调整与设计。在这样的国际背景下，我国也于本世纪初开始推动课程改革，并提出了建设国家课程、地方课程和校本课程三级课程的要求。2001 年，国务院发布了《关于基础教育改革与发展的决定》，教育部为贯彻这一决定，印发了《基础教育课程改革纲要（试行）》，明确提出："积极开发并合理利用校内外各种课程资源。学校应充分发挥图书馆、实验室、专用教室及各类教学设施和实践基地的作用；广泛利用校外的图书馆、博物馆、展览馆、科技馆、工厂、农村、部队和科研院所等各种社会资源以及丰富的自然资源；积极利用并开发信息化课程资源。"在课程管理上，"学校在执行国家课程和地方课程的同时，应视当地社会、经济发展的具体情况，结合本校的传统和优势、学生的兴趣和需要，开发或选用适合本校的课程"。这就是说，学校拥有一定程度的课程自主权，校本课程成了国家规定的课程。2014 年，教育部研制印发《关于全面深化课程改革落实立德树人根本任务的意见》，提出"教育部将组织研究提出各学段学生发展核心素养体系，明确学生应具备的适应终身发展和社会发展需要的必备品格和关键能力"，由此提出了"核心素养体系"这一概念。随着我国学生发展核心素养研究成果发布，新一轮基础教育课程改革开始进入了"指向核心素养的教育时代"。核心素养的提出、中高考的改革、教材的改革，所有的变革都在提示我们：必须增加课程学习的选择性，满足学生个性化的需求；必须围绕发展学生"核心素养"这个根本，根据教学需要，构建分层次、多类别、可操作又彰显个性与区域、校域特色的课程群，并系统化实施。

总结近几年的研究经验，虽然各地在课程群开发和建设过程中已经卓有成效，但也发现了诸多问题。第一，意识问题。从课程开发主体的学校，到课程实施主导者教师，对课程建设的重要性认识不足，重视程度有待提高。第二，学生虽然渴望在国家课程以外开设一些特色课程，但是对于课程内容的设定缺乏自主性和选择性。第三，没有充分分析校情、师情和学情，盲目追求"华而不实"的特色，课程体系犹如"空中楼阁"，很大程度上造成了课程建设的低效与片面。第四，课程建设独创性不足。新一轮课程改革提倡"教师即研究者""教师要成为课程的开发者与设计者"。时下的教学一线，从校长到教师，课程建设意识都在提高，但因专业性不足，缺少有效的理论指引，导致缺乏学校自身的特色。第五，课程设计思路和内容选择欠缺系统性和整体性。有些学校集合校内外一切力量做课程，但往往因各方话语体系不同，导致课程缺乏交集，都是站在自己的立场上，并非基于学校办学理念、特色、教师的立场、学生的发展来研究与实践，因而设计出来的课程群五花八门，致使学校课程体系出现内容重复、逻辑混乱、欠缺适应性等问题。内容的选择也欠缺整体安排和序列性的设计，课程欠缺梯度和层次感。第六，课程评价需完善。课程评价多集中于终结性评价，而过程性评价相对简单或缺乏。特色课程的评价还需深入思考研究，既要注重过程性，又要注重多元性；既要关注群体性标准，也要关注学生的差异性。

一、"润育"三级课程的开发

（一）指导思想

语文课程最基本的特点是工具性与人文性的统一，其语用功能是学习与传播祖国语言文字的重要手段，肩负着母语教育的责任，而情感教育功能又在素养形成、以文化人、健全人格等方面发挥着不可替代的作用。因此开发内容优质的语文课程，不仅能让学生在阅读鉴赏中品味语言，陶冶情操，提高审美能力，还能在输出表达中拓宽视野，发散思维，传承中华民族优秀传统文化。自国家实施三级课程管理制度以来，各学校都开设了内容丰富、类型多样的语文校本课程，发展至今取得了一定的成果，但也存在一些问题。例如课程缺少整体规划，内容缺少趣味性，学生参与度低，评价机制不健全等问题。新一轮高考改革在培养目标、课程设置及内容、学习方法、评价方式方面对语文课程提出了新的要求。如何优化语文课程的结构，设计符合学生个性发展需要的课程方案；如何设置真实的教学情境，在教学中提升学生的核心素养；怎样建立和完善评价体系，指向学生的核心素养的发展等，成为值得我们共同探讨的课题。

新一轮高考改革带给语文课程的启示是，各地区、各学校的学生是存在差异的，如何为学生创设真实的学习情境，使学生发挥自主学习的主观能动性，养成自主探究、自主建构的学习习惯并提升核心素养，学校需要开发适合本校学生发展的语文课程，满足不同层次、不同群体学生的发展需求，进而培养符合21世纪社会发展需求的人才——有个性、善观察、能创新的高素质人才。

《义务教育语文课程标准（2022年版）》指出："语文课程致力于全体学生核心素养的形成与发展，为学生学好其他课程打下基础；为学生形成正确的世界观、人生观、价值观，形成良好个性和健全人格打下基础；为培养学生求真创新的精神、实践能力和合作交流能力，促进德智体美劳全面发展及学生的终身发展打下基础。语文课程在推广普及国家通用语言文字、增强凝聚力、铸牢中华民族共同体意识，建立文化自信、培育时代新人，实现中华民族伟大复兴等方面具有不可替代的优势。"语文学科课程群开发方案是促进学科发展、与时俱进的校本化导向性文件。语文课程群的开发应该为学生多样化发展和个性化需求提供可选择的课程；从初一到高三做六年一体化设计，支持学生进阶发展；通过跨学科课程开发，打破学科孤岛现象，增强学科课程的适应性，从而增容和提质国家学科课程。

思维型教学理论指出，思维是核心素养中最重要的成分，而且所有核心素养的形成必须通过学生积极主动的思维来完成，发展学生的学习能力、思维能力和创新能力是提升基础素养的质量和应用素养的水平的必然途径。思维型教学的目标指向的正是核心素养。核心素养是学生在接受相应学段的教育过程中形成的适应个人终身发展和社会发展需要的必备品格和关键能力，它特别强调知识与方法的深度理解和在真实情境中的灵活应用，以及批判性思维与创造性思维能力、合作能力与交流能力、内在的学习动机与自主学习能力和创新素质的培养。在这些素养中，思维能力处于核心地位，不论学生发展核心素养还是学科核心素养，最核心的都是思维。在课程群的开发过程中我们要明确指向学生核心素养，即以发展学生的思维能力、培养学生的思维品质为核心的核心素养。

学生作为学习的主体，学校的培养对象，国家未来的希望，一定是课程群建设过程中首要考虑的对象，一切要以学生为中心，以发展学生的核心素养为目标。因此，在课程开发过程中，学校需要以生为本，充分了解学生的意愿，尊重学生的自主权，满足学生的兴趣需求。例如学校可以普及有关语文课程群结构的内容，使学生对语文校本课程的培养目标和课程要求有更宏观的认识。在课程开设之前，对学生的需求展开调查，有针对性地进行课程开发。收集学生对校本课程开发提出的意见，为课程体系的完善提供思路，邀请部分学生参与校本课程开发的前期准备和课程内容决策，提高其审美能力和创造能力。只有学生全程参与，才能切身体会到语文校本课程的魅力。

总而言之，思维型教学理论强调，思维是育人的核心，无论是智力学习还是人际交往，思维能力至关重要。思维素养是核心素养的核心，培养学生的思维素养是发展学生核心素养的关键。当前，培养学生的思维素养大多依托学科教学，缺乏系统化的理论支撑、体系化的课程依托、具体化的活动实践、可行化的评价实施。为推动学生思维素养的培育，我们在"单元教学视域下的课程群建构"是以奥地利科学家贝塔朗菲提出的"系统论"为理论依据，以思维型教学理论为指导，以学生的学业水平和教师的教学水平的"双边"发展为目标，以基础课程、拓展课程和发展课程三大课程体系为载体，旨在追求学生学科思维和学科能力的系统化提升，教师的教学研究和教学能力的整体性提高而建构的一种打通初高中壁垒的宏观的课程建构模式。该课程建构着力于为学生提供依次递进、衔接有序的课程内容，为教师提供系统化的理念引领和教法指导，最终探索出一条可复制、可推广的课程群建设的实践之路。

（二）整体结构

课程群是与单门课程对应的一种课程建设模式，是为完善同一受众对象的认知结构，将若干在知识、方法、问题等方面有逻辑联系的课程加以整合而形成的系列课程。课程群对课程整合重组的力度大、综合性强，能有效减少课程间的重复与脱漏。各课程在内容上密切相关、相承和渗透，互补性强，具有综合性强、整体性高的特点，能够有效提高学生的学业水平以及教师的教学质量。

"单元教学视域下的课程群建构"的研究是基于传统教学的弊端和课程群建设的弊端而进行的。本节着眼于探究课程群建设的已有经验和教训，从宏观角度整体把握中学阶段教学内容，建构合理有效的课程群，从而从课程这个更高视角最大程度弥补以往初高中知识内容的重复或割裂、思维进阶培养的无视或断层等缺憾。进而在提升教师的专业水平、提高教学质量的同时，系统而有意识、有方法地培养学生的思维能力，形成良好的思维品质，使学生在思维的敏捷性、灵活性、深刻性、独创性、批判性等方面得到不断的进阶发展。

课程群建构模式一般应考虑以下三个思路：一是课程群由内容上密切相承和相互渗透，具有互补性的几门系列课程组合而成，按大课程框架进行课程建设，进而获得整体优化，打造学科优势；二是课程群由若干门彼此独立而又相互密切联系的课程组成，课程群建设使各门课程协调发展、齐头并进、协同作用，讲究发挥整体效益，达到最佳效果；三是课程群由承担不同任务，在内容上有不同特点，但为了完成共同的教育目标而形成的多个子课程有机组成。后面提到的我校的课程体系案例就是按照第一个思路设立开发的。

在深化课程改革的背景下，课程群开发忌杂乱而要有序，应参照"课程群"的概念和模式，对已开发的课程进行整合，而开发整合要突出学生本位和学科特点，做到有利于教学质量的提升，有利于学生个性的发展和教师的专业成长，有利于学校课程文化的建设。

下面将结合我校的"润育"语文课程群建设体系加以阐述。

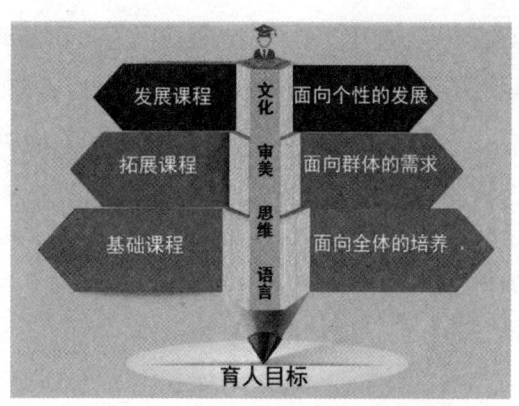

图 2-3 "润育"语文课程群意向图

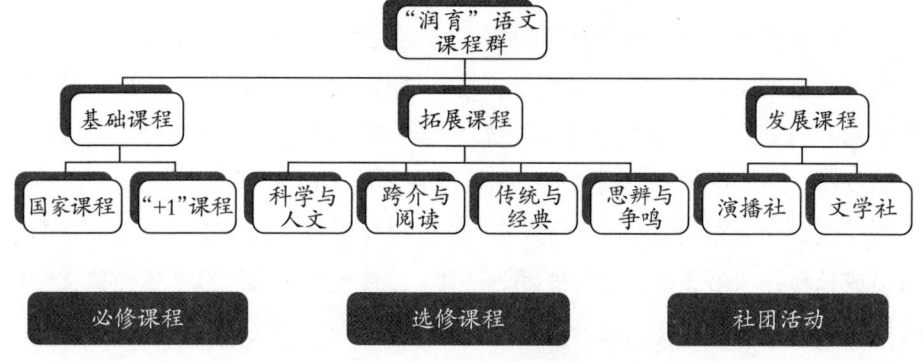

图 2-4 "润育"语文课程群结构图

润,《说文解字》有云:"水曰润下。"意为水的特点是滋润万物,以及向下流动。"水,善利万物而不争。"语文的学习是"细雨湿衣""春风化物"般长期、持久的输入。育,《说文解字》有云:"育,养子使作善也。"意为培养孩子,使之从善。亦符合我校基于国家新时代人才培养要求提出的"育德、致美、启智、日新"的核心价值观。

因此,"润育"语文课程群就是要基于我校小初高一体化办学特色,借助贯通培养,进行长期谋划,实现有序、高效、有层级地一体发展,对学生进行语言、文学、文化的浸润,从而实现对其语言能力的滋润和语文素养的培养。

结合新时代语文学科的育人要求和学校的育人目标,充分发挥学校人文特色,我们在课程群建设时强调了课程的广博性和多样性,构建多层次的语文课程群,在为学生奠定深厚人文底蕴的基础上,满足学生的个性化发展需求。《义务教育语文课程标准（2022年版）》指出："语文课程是一门学习国家通用语言文字运用的综合性、实践性课程。工具性与人文性的统一，是语文课程的基本特点。"通过对语文课程培养的核心素养的研究，不难发现中学语文课程紧紧围绕文化、语言、思维、审美展开，按人文主题和语文要素双线进行组元，以阅读、写作和综合性实践活动为主要学习活动，最终达成对学生核心素养的培育。因此，我们的课程群围绕阅读与表达两个主要的语文学习活动，以任务为导向，以学习项目为载体，整合学习情境，从而构建起语文课程网络，形成初高中贯通一体的课程体系。在课堂教学实践中，我们倡导思维型教学，综合运用单元整体教学设计、项目式学习、综合实践活动等课程实施方式，鼓励跨学科课程建设。

我校具有十二年一体化的办学特征，因此我们在课程群设计时还考虑到三级课程之间的连续性和进阶性。"+1"课程是针对我校学生学情而设计的特色课程，其目的是更好地落实国家课程。它可以是课前微课程，可以是学期阅读周，还可以是单元助读课。拓展课程围绕核心素养，从"传统与经典""跨（媒）介与阅读""科学与人文""思辨与争鸣"四个维度出发，将学生人格成长与各项语文素养的发展融为一体。"传统与经典"意在于经典文学作品浸润中继承传统文化，提升我校学生的文学、文化素养；"跨（媒）介与阅读"将信息化时代所带来的多媒介与传统阅读融合，提升我校学生的融通能力和综合能力；"科学与人文"不仅能使学生了解科学前沿，激发其想象力，提高其创造力，还能使学生感受、学习科学精神，形成家国情怀；"思辨与争鸣"意在强化我校学生思维的深度和广度。发展课程注重能力与兴趣的引导，注重与生活的联系，在情境和活动中实现"润育"。

（三）三级课程的关系

我校"润育"语文课程群建构是根据学生核心素养的培养目标，分析课程与课程间内在的逻辑关系，打破课程间壁垒，优化课程体系，整合归新学习内容和教学方法等的过程。课程群在内容的选择上不是随心所欲，要考虑课程与课程之间的互补性、连续性等。因为学段衔接问题是我国教育的突出问题和薄弱环节，而突破学段衔接不畅困局的关键在于，围绕学生学习能力的有效培养完善整体育人环境，建立各学段上下贯通、有机衔接、相互协调的纵向课程体系，以及从课程到教材、从教学到评价等的横向协调配合的育人系统。正如思维型教学理论所要求的教学目标要符合各个学段学生的认知水平和知识经验，突出对学生语文核心素养的培养，这样才能实现学生知识的系统性构建、思维的进阶性发展。

例如我校的"润育"语文课程群的三级课程：基础课程、拓展课程和发展课程。这三者之间存在着横向互补性，每一课程本身又存在纵向的连续性。

接下来，笔者以我校拓展课程"科学与人文"为例来谈一谈我们的做法。见图2-5。

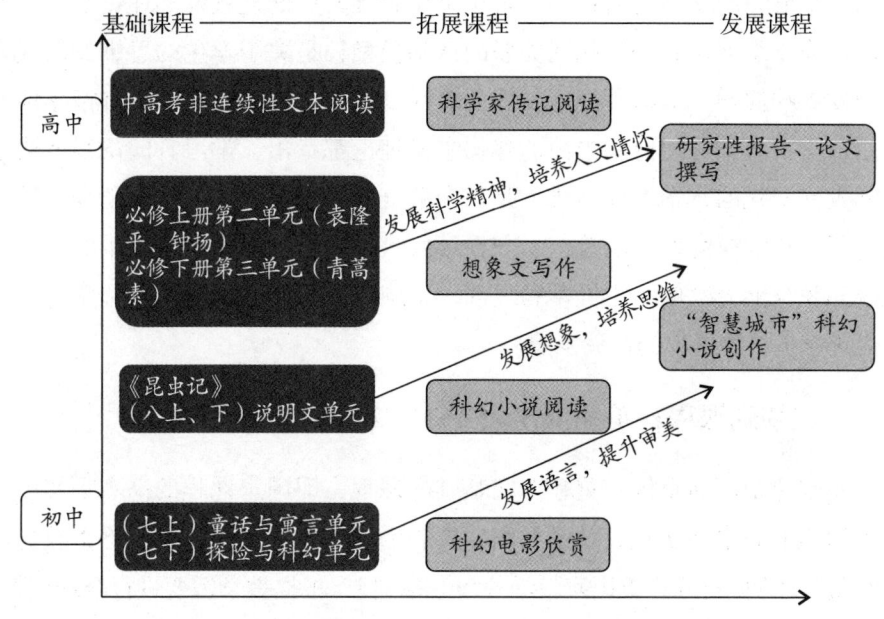

图2-5 拓展课程"科学与人文"三级课程建设示意图

在"科学与人文"这个维度中，我们在思维型教学理论的指导下基于国家课程中初高中有关科学与人文的相关篇目进行了系统设计。同时也是考虑到当代中学生对科幻作品有着浓厚的兴趣。在七年级学生刚刚接触想象类文体时，学生对童话、科幻等想象类文章很感兴趣，这正是一种动机的激发，于是我们在发展课程中设置了科幻电影欣赏，欣赏科幻电影中的奇思妙想，如《流浪地球》等。在此阶段培养孩子的想象思维、联想思维等。

在八年级阶段，国家课程中涉及文艺性小品文的阅读，虽然不属于科幻，但有着丰富有趣的想象力和充满人文关怀的主题，所以我们在"科学与人文"这个维度下的课程中设置了科幻小说阅读和写作,如刘慈欣的系列作品、阿西莫夫的作品,从而发展学生的审美能力以及思维的深刻性、批判性。

在高中阶段,出现了知识性的读物,虽然文体不一,但与科学家、科学研究相关。此时我们在"科学与人文"维度下为学生设置了科幻小说阅读和科学家传记阅读,并在课程中设置沙龙研讨,提供相关研讨话题,在欣赏科幻小说的科学性、文学性的基础上,从人文性的角度欣赏科幻小说,体会科幻小说主题创作之美,从而提高学生文化、语言、思维、审美的素养。

思维型教学理论在探究当代学习理论和国际科学教育改革趋势时指出,建构思维能力的学习进阶模型,强调个体思维发展的连续性和递进性。学习进阶作为一系列连续的且相互关联的认知模型,是关于学生的思维如何随着时间发展的假设,对课程设计、教学实践以及评价体系建立都具有指导性的作用。早期的学习理论和当前的建构主义理论都指出,学习者的认知结构是不断发展变化的,学习在本质上是一个从直觉思维向科学思维不断发展的进阶过程。科学探究教学的改革,归根结底是在探究过程中激发学生的思维,实现知识与能力之间、不同学科之间、不同发展阶段之间的衔接和整合,最终促进学生核心素养的协调发展。

二、基础课程:美丽的汉语——"基础+1"课程

基础课是面向全体,重在夯实基础的课程,即国家课程的高水平实施。国家课程的高水平实施,就是在国家课程的实施过程中,在充分尊重教材内容和编写体例,充分尊重国家教学规划的基础上,根据教学需要进行合理调整、重组或补充,使其更符合校情和学情,使教学更高效。国家课程的高水平实施,可以使课程整体结构更合理,教学内容更精练集中、针对性更强。

语文学科教学的目的是:教学生热爱祖国的语言文字,能正确理解和运用祖国的语言文字,提高他们的语文素质,以适应社会运用语言交际的需要。语文课程的主要学习材料是母语文字语言及母语文字语言构造的文章。"言语—语言—言语"的模式,是古今中外人们学习母语的基本模式。课文是语言的集合体,语文学科应以语言教学为核心。语言是语文学科教学的立足点,也是语文学科教学的归属。在初、高中课标中分别涉及了"语言文字积累与梳理"的任务群和"语言积累、梳理与探究""汉字汉语专题研讨"任务群,

所以，我们在基础课程中除了国家课程，还开设了"基础+1"课程——美丽的汉语，旨在培养学生积累汉语言材料，形成良好的语感，从观察、分析、整理到归纳、梳理，逐渐加深学生对汉字、汉语的理性认识，培养学生从感受汉字的文化内涵到加深对汉语的深度认知。

我们认为语文学科核心素养的达成是要在语文基础课上通过语言建构与运用实现。"积累与建构""积极的语言实践活动""真实的语言运用情境"三个要素对于语文学科核心素养的实现尤为重要，这也是语文学科核心素养实现的途径。这三点也贯穿于我们整个语文课程建设的全部课程。我校"润育"语文课程的"基础+1"课程就是以培养学生汉语言"积累与建构"为目标而设置的。

我校"基础+1"课程中的"美丽的汉语"，立足初、高中一体化培养的目标，在初中阶段围绕汉字、书法、对联、诗文等方面内容策划并开展学习、展示、交流活动，使学生加深对语言文字及其文化内涵的认识和理解；在高中阶段，我们针对古汉语中的具有规律性的语言现象进行理论层面的分析和研究，提高学生的理性认知。具体设计见表2-15。

表2-15 语文"基础+1"课程之"美丽的汉语"

"基础+1"课程	课程名称	课程内容	课程资源
美丽的汉语	汉字的魅力（七年级）	1.汉字的源流 2.书法的魅力	1.《语文》（课本） 2.《汉字树》 3.名家讲座视频
	对联大观（八年级）	古代名联赏读	1.《语文》（课本） 2.《育新初中语文读本——对联集萃》
	针锋相对（九年级）	古诗文助读	1.《语文》（课本） 2.《育新初中语文读本——中考文言文集萃》 3.《育新初中语文读本——诗歌的意象》
	诗海泛舟（高一）	古典诗歌的"意"借"象"生	1.《语文》（课本） 2.《育新初中语文读本——诗歌的意象》 3.《意象·意境·意蕴》
	历史风烟（高二）	《史记》中语言的"气势之美"	1.《史记》精选 2.《百家讲坛》王立群讲《史记》 3.《中国文学史》第一卷 4.《名家讲〈史记〉》

"积累"不单纯等同于记忆,语文知识除了我们常规理解的"字""词""句""篇"等"语基"范畴,还包括一些方法与策略性知识,因此语文知识的学习不能靠死记硬背,知识之间应形成联系,知识需要被结构化。而这个结构化的过程就是"建构"。"梳理与探究"是促进语文学科知识的建构的重要途径,也是促进学生自主建构的有效途径。

所以我们在"基础+1"课程"美丽的汉语"中从七年级到高二阶段设置了"汉字的魅力""对联大观""针锋相对""诗海泛舟""历史风烟"等系列课程,以保证不同时期的学生在语言学习方面的积累达到应有程度,并在我校初高中贯通培养下形成语文知识体系,达到培养学生自主建构的目的。

(一)对语言文字及其文化内涵的理解

1. 汉字的魅力

学生刚刚进入初中,还在适应中学的学习,学生的学习动机有待激发,所以我们在每节课前的三分钟请一位学生分享一个"汉字树"。这个汉字树往往以近期学习的易写错的字为选择依据。例如学生在学习"祈祷"这个词时,经常将示字旁("礻")写成衣字旁("衤"),于是,就由一位学生通过查找资料以及老师提供的书目《汉字树》进行学习,在课前为同学们画了一棵"汉字树",如图2-6。

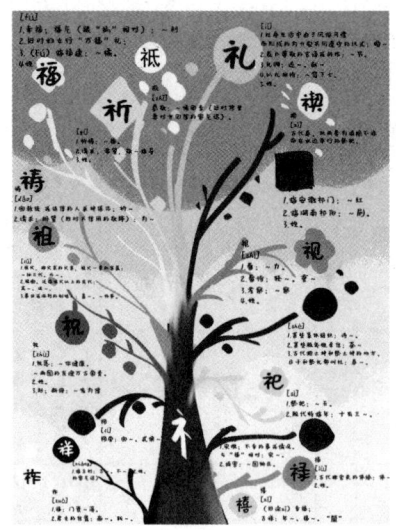

图2-6 "礻"汉字树

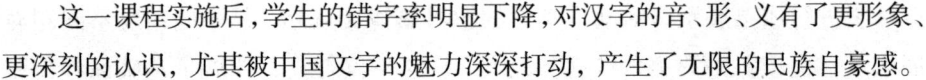

这一课程实施后,学生的错字率明显下降,对汉字的音、形、义有了更形象、更深刻的认识,尤其被中国文字的魅力深深打动,产生了无限的民族自豪感。

2. 对联大观

八年级时,我们结合语文综合实践活动,开展持续2—3周的项目式学习——"对联大观",包括搜集古代名联、对联中的汉语魅力、"我们来'作对'"等任务。例如在搜集古代名联过程中,学生会将天下第一长联等比较特别的对联展示出来,丰富了大家对对联的认知,提高了学习对联的兴趣。在"我们来'作对'"的活动中,教师先讲一些古代名人对对联的故事,比如苏东坡和佛印的故事、乾隆和纪晓岚的故事、鲁迅和寿镜吾老先生的故事,激发学生的学习兴趣。然后老师出上联,学生对下联,由简单到困难,学生的思维不断运转,考虑对联的文字数量、断句、押韵、仄起平收等特点,以及是否有文采等等。在学习中,学生们不仅对对联知识有了全面而深入的理解,还对古代对联文化产生了浓厚的兴趣。这些不仅助力学生知识能力的提升,还促使他们对中国传统文化的认识也有了不同程度的加深。

(二)对古汉语中常见文言现象的探究

1. 诗海泛舟

高一阶段,我们考虑到本阶段学生在初中已经对古典诗歌的语言魅力有了一定的赏析能力,开设了"诗海泛舟"课程,以单元助读课的形式助力国家课程的学习。例如我们把诗歌中的"意象"这一概念拿出来,做了一个专题——"意借象生",很受学生们的喜爱。我们将"酒"这个意象拿出来做了一个归纳式的探究和整理,探究这一经典意象的普遍内涵以及在不同诗人(苏轼、杜甫、李白等)笔下有着怎样的个性化的内涵,也深受学生们的喜爱。有的学生还将这一审美方法带入到了除诗歌外的其他文学作品的阅读中,不仅对文学作品有了深度认知,还提高了学生的审美能力。

2. 历史风烟

高二的"历史风烟"课程,我们是以学期阅读周的形式展开的。在学习《屈原列传》《报任安书》等篇目时,我们开展了"《史记》阅读周"活动。本周内我们给学生提供《史记》经典篇章若干,如《项羽本纪》《伍子胥列传》《荆轲列传》等。同时,给出研究方向:《史记》中语言的"气势之美"。本周最后一天进行成果展示。活动中学生的学习热情被点燃，从不同角度不同侧面展示了《史记》中语言的"气势之美"。这不仅补充、拓展了基础课程，更是开阔了学生的眼界，对祖国优秀传统文学语言有了更加精微的理解和感悟，提升了民族的自豪感。

"基础+1"课程就是在为学生国家课程的学习助力，我们这样做，是立足校情，打造序列课程，帮助学生在每个阶段适时夯实知识的积累，及时构建自己的知识体系，从而达到更理性的学科认知，为下一学习阶段打下良好的基础。

我校是小初高一体化办学，初中、高中在一个校区，语文组教学教研活动是一体的，这样的校情有助于教师们集体备课，一体化教研。多年来我校一直致力于实现十二年贯通培养的教学模式，而现阶段我们正在努力打造序列性课程群建设，争取早日实现初高中一体化的贯通培养。我校语文课程体系在思维型教学理论的指导下，在基础课程中设计了"+1"课程，注重语言积累与梳理，培养直觉思维、逻辑思维、形象思维、辩证思维、创造思维等基本思维能力。我校"润育"语文课程的宗旨就是要化有形的教育于细雨无声的润养。要借助丰富的语言材料，让学生更好地进行语文学习，从而成为一个有文化的人；要借助多彩的活动，滋润学生的心田，帮助学生立德铸魂，成为一个有品格的人；要借助真实的情境，搭建知识与生活的桥梁，使学生形成灵动的、有深度的思维，培养美好、健康、丰盈的情感，成为一个有趣味的人。这也正是我校的育人目标。

我们在基础课程中打造序列"+1"课程，形成纵向贯通、横向互补的立体推进的课程体系。思维型教学要求引导学生对所学的知识和方法进行系统的概括与总结，建构合理的知识结构、认知结构和学科结构，并反思学习过程中的经验和教训，提高学生的自我计划、自主实施、自我反思的能力。在这种结构上的独立的课程有利于培养学生思维的系统性。

在这种初高中贯通式培养的思路下所构建的课程群会让学生对语文学习方法、语文思维的养成、教学内容与教学形式相对熟悉，不必在任何年级存在再适应的环节。换言之，学生在前阶段掌握的学习方法、语文思维、学习的内容主题、形成的学习习惯始终适应下一阶段的教学内容和教学形式。

三、拓展课程：重走长征路

（一）打造学科融合课程

在校本课程开发的过程中，我们充分发挥教师的主观能动性，集不同学科对课程进行深度挖掘，纵向延伸，打造学生喜爱的、能够投入思维的深度课程。

例如我校拓展课程中的"重走长征路"跨学科学习，就是语文教师在实践过程中发现的学科融合课题。我们在阅读《红星照耀中国》时，发现可以联合地理和政治学科来一次"重走长征路"的研学之旅。于是我们以语文为主，联合地理学科和政治学科打造了这一课程（如图2-7），效果非常好。

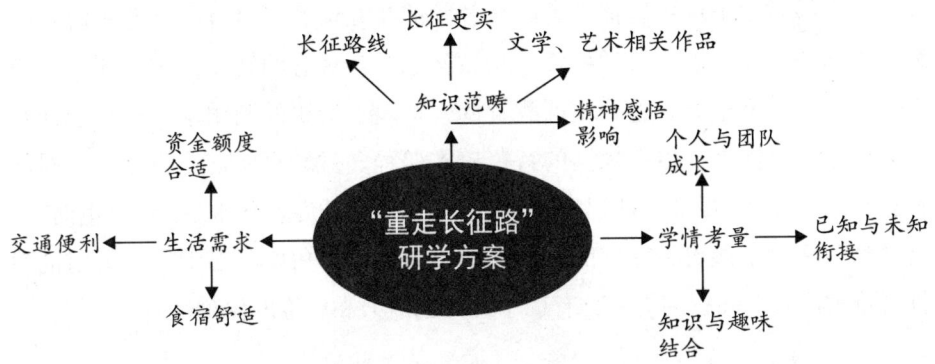

图2-7　拓展课程"重走长征路"研学方案示意图

对学生而言，跨学科学习能掌握更有深度的知识，也可以培养多角度、多学科、运用批判性思维解决现实问题的能力，有助于提高创造力等高阶思维，是促进学科核心素养提升的有效方式。首先在整个研学方案的设计过程中，活动设计是核心任务。要使设计趋于成熟，势必要充分考察、反复验证、选择判断、反复修改，最终突破自己，达到学有所得、研而有乐的效果。这无疑发展了学生的设计思维和创新思维。还有，在任务的驱动下，学生由单一思维扩展为多维思维，由核心任务激发多种设计方案，为达到预期的研学目的必须要多角度多维度进行思考。另外，学生不仅学会了换位思考，还在质疑辨析中达到了批判性思维的提升。在研学方案设计之初，学生一直模拟教师角色，更多从知识角度出发设计研学方案，初稿堪比教学设计。而在教师的引导下，学生不仅能够从设计者的角度思考，而且发现研学方案就是自己的实践方案，所以兼具设计者、实施者双重角色的学生，完成研学方案的过程就是不断转换思维、修正完善的过程。最后，学生提升了对国家的认同感和责任感。"重走长征路"研学方案的设计过程是一次有别于传统课堂学习的过程，它所具备的综合性、实践性的特点，使得学生对"长征历史""长征精神"都有了更深层次的理解和感悟，同时国家认同感、身为青年人的责任感也在增强。

伴随着社会对人才需求的改变，很多问题仅靠单一学科知识是不足以完全解决的，新高考背景下的校本课程可以转变思维，打破传统课程的边界，寻找学科之间的关联，进行重新规划，不同学科教师配合开发，以学生的思维进阶为理论依据，科学系统地促进学生的发展。

跨学科教学不仅可以促进各学科教师的相互借鉴，也有利于课程内容向纵深方向进一步拓展。跨学科教学是教学思维与观念的转变，对于课程本身而言，这样的教学方式整合了课程资源，提高了资源的利用率，有利于开发出有内容，有深度，更有规划的特色校本课程。对教师而言，能促进不同学科教师间的交流，保证了课程的质量，提高了教师的专业化水平。对学生而言，跨学科学习能掌握更有深度的知识，也可以培养多角度、多学科、运用批判性思维解决现实问题的能力，有助于提高创造力和思维的深刻性。

（二）学生在课程中体验，在体验中投入思维

在课程实施层面，"重走长征路"课程实践过程中为我们提供了很好的范例。我们以任务驱动活动，用评价来监控阶段或终极学习成果，引导学生形成积极主动的学习态度和方式，激发学生主动做研学调查，运用自己所学的知识设计研学活动。因此，学习方式也发生了变革：学生以小组形式开展学习活动，在共同目标和任务的引领下，分配任务、查阅资料，设计安排，学生在课程中充分"体验"。尤其是研学活动设计对固有的学习方式提出了挑战，学生要安排出符合研学目标、同学满意、老师认同的研学活动，需要通过网络查阅相关资料，通过电话、邮件等不同的方式对研学地点进行考察，最后做出综合的判断。研学活动的安排要取得小组同学的认可，还要在小组展示过程中将选择的理由充分表达，才能作为最终的方案确定下来。整个学习过程不仅突出了团队合作的重要性，也使得学生个性能力得到充分展示和

发挥。最重要的是积极的学习态度让学生们真正地投入了自己的思维，变革的学习方式也激发了创新性学习成果的生成。

另外，在每个任务的驱动下，教师会给出评价量表，在时间或完成度以及综合表现方面给出明确的评价维度和完成度的要求，这给了学生们很好的指导和评价。

以下是"重走长征路"的研学方案：

一、组建课程开发团队

"重走长征路"课程是以年级主导开发的课程。初二年级根据课程内容需要，组建以语文、地理、历史、道法、美术五大学科为主的课程开发核心团队，核心团队教师主要任务是精心打磨课程内容，组织学生开展学习活动；同时年级组组建所有学科参与辅助的课程学习指导团队，负责协助提供课程资源、指导小组活动及解决学生疑问。

二、明确主题课程目标

课程开发小组经过请教专家和充分研讨确定课程目标：

1. 熟悉查找资料、小组研讨、教师指导等学习方式，解决学习的问题，提升学习能力，培养合作意识及创新能力。

2. 了解长征历史、长征精神，体悟长征精神对现实生活的影响，提升中学生的社会责任感和国家认同感。

3. 利用所学，设计具有个性特点的研学方案，在培养学生的创新意识的同时提升学生的审美能力。

三、设计系列学生任务

学生在学习过程中完成以下任务：绘制"长征主题地图"、创作编辑"长征主题文集"、设计"重走长征路"研学方案。

任务一：绘制长征主题地图——路线及地理特征

学习目标：

1. 结合《红星照耀中国》的阅读和关键事件的梳理等，能在中国地图上准确查找并指出长征途中的省级行政区及其位置，说出其全称、简称及行政中心，形成长征途径地分布的空间概念，培养读图能力和理解记忆能力，养成读图习惯，激发爱国之情、兴国之志。

2. 运用资料，能够在一定程度上合理描述和解释长征中特定地区的自然现象,并从地理角度描述、分析长征途中遭遇的恶劣自然环境,工农红军需要克服的艰难险阻,感受不怕苦不怕累、勇于克服困难的长征精神,落实区域认知和人地协调观的核心素养。

3. 运用资料,识别、描述长征关键事件对应地点的自然地理特征,能够说明一些自然现象之间的关系和变化过程,落实综合思维。

4. 通过长征主题地图的创作,培养落实区域认知和地理实践力。

学习活动:

活动一:阅读《红星照耀中国》第五篇,结合历史学科内容,思考并讨论以下问题:

1. 梳理中国工农红军长征途经哪些省级行政区及其简称,跨越哪些地形区、河流、山脉。

长征重大事件	《红星照耀中国》内容	所在省级行政区及其简称	处于中国地势第几阶梯	所在地形区	气候类型	需要克服的困难(自然环境方面)

2. 结合以下材料和所学,回答下列问题。

材料一:《过草地》

绿原无垠漫风烟,蓬蒿没膝步泥潭。野菜水煮果腹暖,干草火烧驱夜寒。坐地随意堪露宿,卧看行云逐浪翻。帐月席茵刀枪枕,谈笑低吟道明天。

材料二:1935年8月,红军征服了雪山以后,在毛尔盖、波罗子一带集结休整待命。前面就是纵横数百里、神秘莫测、人烟稀少的水草地。这片水草地便是我国最大的高原泥炭沼泽地——若尔盖湿地。若尔盖湿地位于青藏高原东北部,海拔在3400米以上,群山环抱。中部地势低平,河曲发育,湖泊众多,排水不畅,多年平均降水量500~600毫米,蒸发量小于降水量。浩瀚的沼泽补给着黄河的水源,阻挡着漫漫黄沙。巨厚的泥炭层记录着数万年来的雨雪风霜。长征的足迹留下了宝贵的文化历史印记。

材料三:若尔盖湿地略图

(图略)

（1）地形气候角度：若尔盖湿地位于我国第_____级阶梯上，属于_____（气候类型），红军在_____期间穿越若尔盖湿地，此时我国的气温分布特点是_____，此时我国气温的最低值位于_____（地形区）。读图可知，乙地的海拔为_____米，瑞金平均海拔约为200米，求两地的相对高度为_____米，温差为_____℃。

（2）请从地形、气候角度分析若尔盖湿地形成的条件。

（3）结合材料分析红军过草地时，会遭遇哪些困难？

活动二：绘制中国工农红军"长征"主题地图（要求：标注长征线路及其所在的省级行政区的简称，主题可以是途径地的少数民族、植被、食物……）

学习评价：

评价项目		说明	等级
过程评价	行为规范	学习态度：积极努力、善于思考，努力争取最好的结果。	☆☆☆☆☆
		学习习惯：能按计划学习，详细记录活动日志。	☆☆☆☆☆
		遵守纪律：能专心听讲，轻声讨论，并提醒同伴遵守纪律。	☆☆☆☆☆
		诚信行为：能独立、提前、高质量地完成自己承担的任务。	☆☆☆☆☆
	团队合作	分工合作：愿意认领各类任务，并主动帮助同伴，设法让大家一起很好地工作。	☆☆☆☆☆
		交流讨论：能积极发表意见，认真倾听同伴发言，愿意提出好的建议。	☆☆☆☆☆
		资源共享：能主动向同伴提供所有信息，并提出使用建议。	☆☆☆☆☆
		互帮互助：能主动帮助有困难的同伴。	☆☆☆☆☆
	交流表达	阐述表达：清楚、流畅，有吸引力，对他人的疑问能给予详细的解释说明。	☆☆☆☆☆
		作品展示：能用多种形式熟练展示自己的作品。	☆☆☆☆☆
成果评价		用主题地图的方式准确、清晰、生动表达（绘制）中国工农红军长征路线图（要求：标出路线所在省区并简要描述地理环境）。	☆☆☆☆☆
		对长征主题地图的展示与解说逻辑清晰、自然大方、表达流畅、通俗易懂。	☆☆☆☆☆

任务二：绘制长征主题地图——事件及历史意义

学习目标：

1. 在《红星照耀中国》阅读和资料查询基础上,能够描述长征主要经过及关键历史事件。

2. 绘制长征"时图",准确标注历史事件及时间。

3. 能够结合史实分析长征的历史意义。

学习活动:

活动一:收集、整理中央红军长征相关资料,据此绘制长征"时图"(标注历史事件及时间)。

活动二:撰写"长征史"。(要求:史论结合,逻辑清晰,300—400字)

参考支架:可以从长征的原因、长征的经过、长征胜利的意义等方面进行思考。

学习评价:

评价项目		说明	等级
过程性评价	思维能力	能根据作品特征合理分类。	☆☆☆☆☆
		能理解分析作品的特点。	☆☆☆☆☆
		能迁移现实生活,做出合理的联想与判断。	☆☆☆☆☆
	团队合作	愿意认领各类任务,并主动帮助同伴,设法让大家一起很好地工作。	☆☆☆☆☆
		能积极发表意见,认真倾听同伴发言,愿意提出好的建议。	☆☆☆☆☆
		能主动向同伴提供所有信息,并提出使用建议。	☆☆☆☆☆
	语言表达	清楚、流畅,有吸引力,对他人的疑问能给予详细的解释说明。	☆☆☆☆☆
终结性评价		能够比较完整地描述长征及关键事件。	☆☆☆☆☆
		能够基于史实理解长征关键事件发生的背景和原因。	☆☆☆☆☆
		采用的史料客观、有价值。	☆☆☆☆☆
		能够准确描述长征这一历史事件。	☆☆☆☆☆
		深刻理解长征精神,认同社会主义核心价值观。	☆☆☆☆☆

任务三:编辑"长征"主题文集——作品里的长征

学习目标:

1. 收集、整理有关"长征"的文艺文学作品,从不同的文艺文学作品中,拓展对长征的认识。

2. 针对自己感兴趣的作品撰写个人感悟文章，表达对长征历史及长征精神独特的认识。

3. 以小组为单位制作"长征"主题文集，并分享组内优秀成果，在分享中完成学习。

学习活动：

活动一：阅读或欣赏有关"长征"主题的文艺文学作品并以小组为单位进行分类整理。

参考支架：可以从艺术形式、内容、主题等不同角度进行分类。

活动二：针对自己最感兴趣的文学或艺术作品写一篇读后感或观后感。

参考支架：

1. 学习艺术或文学作品赏析的方法，充分了解作品内涵。

2. 谈出自我最真实的感受。

3. 谈出对现实生活的启发。

学习评价：

评价项目		说明	等级
过程性评价	思维能力	能根据作品特征合理分类。	☆☆☆☆☆
		能理解分析作品的特点。	☆☆☆☆☆
		能迁移现实生活，做出合理的联想与判断。	☆☆☆☆☆
	团队合作	愿意认领各类任务，并主动帮助同伴，设法让大家一起很好地工作。	☆☆☆☆☆
		能积极发表意见，认真倾听同伴发言，愿意提出好的建议。	☆☆☆☆☆
		能主动向同伴提供所有信息，并提出使用建议。	☆☆☆☆☆
	语言表达	清楚、流畅，有吸引力，对他人的疑问能给予详细的解释说明。	☆☆☆☆☆
终结性评价	作品内容	符合"长征"主题；内容积极向上，难度适中；篇幅长短适宜。	☆☆☆☆☆
	内容分类	将作品至少分三类，每类作品至少3篇。	☆☆☆☆☆
	作品阐释	作品分析理由充分，逻辑清晰，详略得当。	☆☆☆☆☆
	个人感悟	观点鲜明；感悟深刻；表达流畅。	☆☆☆☆☆
	图文设计	封面设计生动美观，能凸显文集主题；插图贴合作品内容，对主题表达起辅助作用。	☆☆☆☆☆

任务四：编辑"长征"主题文集——"我"的长征

学习目标：

结合长征路线和艰难险阻、长征历史事件及意义、长征文学作品描述等，思考并撰文，准确生动表达长征对自己的启发。

学习活动：

1. 通过知识梳理，找出道德与法治中与长征事件相符的知识点，并进行一一对应，概括总结。

2. 绘制自己的人生规划图，将知识运用于实践，探索自己的生命如何更有价值地发展。

学习评价：

	评价项目	说明	等级
过程评价	思维能力	能够分析材料中与道德与法治学科相关的知识。	☆☆☆☆☆
		能够结合自身发展与烈士精神，思考自己的生命价值。	☆☆☆☆☆
		能够与实践相结合，培养综合分析问题的能力。	☆☆☆☆☆
	团队合作	组员分工明确，完成任务时不推诿，不拖延。	☆☆☆☆☆
		能积极发表意见，认真倾听同伴发言，愿意提出好的建议。	☆☆☆☆☆
		能够调动每个人的积极性，很好地协作完成相应任务，能主动帮助有困难的同伴。	☆☆☆☆☆
	语言表达	清楚、流畅地表达本组的观点，对他人的疑问能给予详细的解释说明。	☆☆☆☆☆
成果评价	政治认同	通过材料能够反映爱国主义精神、坚持国家利益至上和坚持党的领导的政治认同感。	☆☆☆☆☆
	理性精神	探索生命的意义有自己的创新点，不拘泥于俗套。	☆☆☆☆☆
		作品中体现的为祖国做贡献的行为切实可行。	☆☆☆☆☆

任务五：采集实践资源

学习目标：

查找长征路线上，能落实研学目标的实践资源，为研学路线设计做准备。

学习活动：

依照任务单采集学习资源。

资源类型	资源名称	地点	作用
博物馆资源			
名胜古迹资源			
自然景观资源			
实践活动资源			
自主主题活动			
……			

任务六:"重走长征路"研学方案设计

学习目标:

小组合作设计"重走长征路"研学旅行方案,回顾长征历史,加深对长征精神的理解,提升学科知识在生活实践中的应用能力,提升解决实际问题的能力。

学习活动:

活动一:以小组为单位按任务要求完成"重走长征路"研学方案设计。

【研学方案设计要求及说明】

1. 整个研学设计目标要明确。

2. 设计过程中搜集的资料整体收纳、归类。

3. 设计过程中,如果有辅助的材料要一并搜集好。例如任务单、研究报告等。

4. 研学总时长为一周(7天),研学地点必须为"重走长征路"沿线的省市地区。

5. 上交材料的内容包括但不限于:①研学目标;②研学路线与日程安排表;③辅助材料(按类整理汇总)。

6. 研学方案请与各组导师充分沟通交流,2月15日前在微信群里上交各组初稿。

7. 本次研学旅行方案的设计是一次具有真实情境的实践活动,设计的方案要具有可实施性。学校也将在政策允许的情况下,择优进行实践。

活动二:以年级为单位开展"'重走长征路'研学方案评选活动",各小组依据学习评价进行准备。

学习评价：

评价项目		项目说明	等级
设计过程	团队合作	分工明确，小组所有成员都能参与到项目工作中。	☆☆☆☆☆
内容设计	研学目的	对提升学科学习能力，落实学科知识发挥作用。	☆☆☆☆☆
		研学活动对学生生活能力的提升发挥作用。	☆☆☆☆☆
	活动路线	按主题安排研学路线。	☆☆☆☆☆
		行程安排充实舒适。	☆☆☆☆☆
	活动安排	时间安排符合生活规律。	☆☆☆☆☆
		活动地点选择符合主题要求。	☆☆☆☆☆
		活动内容安排能达到研学目的。	☆☆☆☆☆
		活动内容的安排符合学生年龄特点。	☆☆☆☆☆
		大多数学生能参与活动。	☆☆☆☆☆
	活动预算	活动预算安排合理。	☆☆☆☆☆
	整体设计	整体设计核心主题突出。	☆☆☆☆☆
汇报表现	图文设计	幻灯片设计与活动设计相得益彰，重点突出。	☆☆☆☆☆
	语言表达	吐字清晰、声音响亮、表达流畅。	☆☆☆☆☆
	仪表风范	自然得体、自信大方、从容自如。	☆☆☆☆☆
	时间控制	10分钟。	☆☆☆☆☆

四、发展课程：戏剧人生、胡同深处访名人

发展课程是基于部分具有个性需求的学生的成长和发展需要而设立的，目的是在满足学生个性化需求的同时仍反哺国家课程。课程是育人的载体，课程的开发最终要服务于学生的成长。发展课程设置开发后，是否能真正吸引学生，贴近学生的生活，实施很关键。

课程群建设就是要以培养具备适应终身发展和社会发展需要的必备品格和关键能力的创新性人才为目标，打破各门课程或学科自成门户的壁垒，实现相关课程与不同学科或者与校外的丰富资源的有机整合，使学生达到知识和技能的全面发展，实现课程结构的开放化、课程内容的现代化、课程形式

的多样化和课程目标的社会化。例如，我们结合学生喜好和基础课程的发展需要，开设了系列发展课程——"戏剧人生""胡同深处访名人""美文读与写""红楼诗社"等，深受同学们的喜爱。

（一）以学生已有知识和经验为起点

课程的设置需要创新，以学生需求为出发点，以拓宽学生的视野和知识的广度为目的。值得一提的是，创新不等于"忘本"。上文所说发展课程都是以国家课程为依托，目的是反哺国家课程。也就是说课程群建构过程必须深入研究，明确课程开发的层级和维度，课程建设应以国家课程的基础知识、基本能力和核心价值观为基础，以学生的兴趣和发展为关注点，依据学校特色办学需要、学生分化学习需要、差异化选择学习需要或教学过程中的基础需要、拓展需要、学术需要、专业化发展需要，构建设计合理、体系完备、内容多元、本校特色鲜明、结构严谨、基础性与选择性并重的学科课程体系。

我们认为，发展课程的开发与开设，一定要围绕学生已有的知识和经验，这是发展课程教学的逻辑起点。发展课程在了解学生意愿和学校发展实际的基础上针对部分具有某方面发展需要的学生，结合学校校内外教学资源开发，满足学生的个性化发展需求，致力于横向拓宽，发展学生的特长与能力，注重与生活的联系，在情境和活动中去实现育人的目标。

例如在"戏剧人生"课程中，我们将高中戏剧单元的《雷雨》和名著《红楼梦》中经典内容搬上舞台，在完成了基础课程要求的相关教学目标后，给有表演天赋、创作天赋等的学生以展示的机会，并在实施课程时创新使用了多种媒介。通过剧本学习经典剧目的剧本写作或改编，通过经典戏剧图片揣摩人物造型，通过电影电视打磨人物塑造的方式，通过网络媒体等学习海报制作及作品宣传，等等。在这种综合的实施过程中，学生的视野开阔了，综合学习能力得到了有效的提高。另外，整个的学习过程是一个项目式学习，所以学生们分工明确，活动方案的策划、海报的设计、节目单撰写、主持人串词写作、活动记录、评分表的制定等，都是在老师的指导下学生自己完成，这无疑又是对学生语文能力的全面发展提供了更好的平台和机会。

以下是《雷雨》《红楼梦》戏剧展演的一次记录：

一场雷雨一场梦
——《雷雨》《红楼梦》戏剧展演

主办单位：

"育园"剧社

承办单位：

高一年级

活动过程：

在学年即将结束之际，为了加深对书中经典情节和人物的理解与认识，深入开展学科实践，高一年级举办了主题为"一场雷雨一场梦"的《雷雨》《红楼梦》戏剧展演。

首先是高一（5）班同学带来了惊艳的开场——刘姥姥二进大观园。该表演组别出心裁，设计刘姥姥这个重要角色由男生反串，充分体现了刘姥姥身上质朴粗野又通达智慧的特质，成为表演的点睛之笔。由其引发的主要情节成为了表演中的两个高潮，引发了同学们的捧腹大笑，带动了全场的气氛。

第二个表演由高一（6）班的同学带来。林黛玉进贾府这一经典情节，一直被奉为全书进一步展开故事的精华之笔，宝黛初会，王熙凤的初次特写均在此回开启。在本表演组中，黛玉和宝玉的表演者有些"本色出演"的意思，其精湛的表演技巧、深厚的台词功底无比还原角色，把观众完全带入了舞台情境中。其他角色亦情绪饱满，张弛有度。

6班的另一组同学表演了《寿怡红群芳开夜宴》。在占花名的游戏中，作者赋予人物的花名都暗示了他们各自的命运，签上的诗句亦精辟地概括了人物的性格，表演中诸多细节不容忽视。该组同学在前期准备上，包括服化、道具、音乐等方面都十分用心，呈现的表演流畅自然，人物特点鲜明，场景热闹欢快，表现了贾府的"夕阳无限好"，给大家留下了深刻的印象。

高一（3）班表演的《雷雨》，展现了两个家庭八个人物在短短一天之内发生的故事，却牵扯了过去的恩恩怨怨，狭小的舞台上不仅突现了伦常的矛盾，阶级的矛盾，还有个体对于环境、时代强烈不谐调的矛盾。演员们在对角色有深刻的理解和认识的基础上，做出了几乎完美的诠释，将全场的气氛推向高潮，赢得了热烈的掌声和喝彩。

高一（1）班、高一（2）班表演的《刘姥姥进大观园》中，演出同学采用了反串的独特方式，使刘姥姥的角色更具感染力，形象更加丰满有趣。

高一（1）班与高一（2）班共同表演的《雷雨》让人惊叹。整个团队将情绪带入，演员的每一个动作、每一句台词都几经推敲，慷慨抒发。同学们塑造出的人物立体细腻，精致的服化更可谓锦上添花。

由高一（4）班同学表演的《元春省亲》人数之多，服装之精美，塑造出贾府大家华贵之感。而元春拜别贾府亲人时那种无奈与不舍之情，那种被束缚的悲痛之感，也被表现得淋漓尽致。

高一（4）班表演的《雷雨》突出的是无产阶级与资产阶级、工人与资本家之间的矛盾，资本家重利且卑鄙的嘴脸在暴风雨中彻底显现。同时此剧的选角也十分贴切，鲁大海的疾恶如仇中有几分莽撞，周朴园的自大、虚伪与冷酷的性格也完美地表现出来。

柴乐琦同学一首《枉凝眉》曲调婉转，古风古韵，唱出了宝黛情路的坎坷、黛玉身世的悲惨，增添了几分悲伤。另一首歌曲曲风明朗，在古风歌曲的基础上融入了现代音乐的技巧，风格相异。

戏剧的魅力是如此之大，精致的服化，精湛的演技，观众的一颦一笑都被台上的剧情牵动着。

同学们从《雷雨》展演中体会着一个复杂的社会环境。命运的残酷、性格的残酷、生的残酷、死的残酷、爱的残酷、恨的残酷、场面的残酷、情节的残酷，正是在这样的一系列的残酷中蕴蓄它的诗意，像一个窗口为我们展现那个时代的真实性，那个时代的一部分作家的所思所想以及文学风格。还通过对《红楼梦》部分章节的品鉴感受到个中人物性格不同，说话行事风格也不相同。同学们从小小的冰山一角窥探混沌的深不可测的封建社会，体会人物在如此环境下被束缚被摧残的悲苦命运。

此次开展的戏剧表演活动，不仅丰富了同学们的课余生活，还充分展现了同学们对书中、剧本中人物的理解，对其身世、生活背景、人物性格等的剖析。而呈现一个精彩的舞台也是同学对书中、剧本中人物、对作者的尊重，是他们的初心所在。

（二）走出去，让书本"活"起来

我校在发展课程的实施方面，努力挖掘教师专业特长以及校外社会资源，借助不同媒介，甚至跨学科创造性地实施课程，旨在拓宽学生的视野和知识面，在自己原有的知识储备下，更好地发展和完善自己的特长。

笔者在参与我校课程建设的两年中，不断有不同的课程刷新我的认知，也拓宽我的视野。这样的认识变化来自笔者首先有了课程意识，然后最重要的是老师们不断将校内外以及更广阔的社会资源纳入我们的课程体系。整合利用，开发特色的校外课程资源已经是我校各个学科都在关注的一个方面。

有调查发现，91.51%的学生希望不要将语文校本课程的上课地点局限于教室，更有57.39%的学生希望有机会去校外参加实践活动。的确如此，语文课程开发需要与真实的社会生活联系起来，创设最真实的语文学习环境。郑金洲曾说，"学校教育活动总是在一定地域中进行的，因而带着一定的地域文化色彩，反映着地域文化的一些特征"[1]。学校需要开发利用周边或地方特色资源，使之成为现实可行的语文校本课程资源，尤其是我们在这个有着悠久历史和文化积淀的北京城，我们可整合可使用的资源可谓丰厚。以我校发展课程中的"胡同深处访名人"为例，我们开发了老舍、冰心、曹雪芹等文化名人的故居资源，结合我们基础课程中所涉及的内容，有效拓宽了学生的视野，使学生真正地在实践中实现了语文的学习、能力的增长、文化的浸润……

"胡同深处访名人"，课程内容依托老舍、鲁迅、冰心和曹雪芹四位初高中基础课程中出现频次很高的文学大师的生平经历以及文学著作，在学生对其有更深入的了解后，实地走访老舍纪念馆、鲁迅纪念馆、现代文学纪念馆、冰心纪念馆和曹雪芹纪念馆，引领学生用脚步探索城市的积淀，感受北京城的文化魅力，品味老舍、鲁迅、冰心和曹雪芹四位文学大师的伟大人格和精神灵魂，达成育人目标。

---

[1] 郑金洲：《教育文化学》，人民教育出版社，2000，第259页。

表 2-16　校本课程开发纲要

学校	首都师范大学附属育新学校		课程名称	胡同深处访名人	
开发教师	高中语文组		参与开发者	高中语文组	
适用年级	初一（　）初二（　） 高一（✓）高二（✓）	周课时	1	开课日期	2019.3	实施方式	选修
课程资源分析	课程内容依托老舍、鲁迅、冰心和曹雪芹四位文学大师的生平经历以及文学著作，在学生对其有更深入的了解后，实地走访老舍纪念馆、鲁迅纪念馆、现代文学纪念馆、冰心纪念馆和曹雪芹纪念馆。 课程形式为课堂学习和故居走访相结合。				
课程目标	1. 引领学生用脚步探索城市的积淀，感受北京城的文化魅力； 2. 品味老舍、鲁迅、冰心和曹雪芹四位文学大师的伟大人格和精神灵魂。				
课程内容	1.1—3 课时：走访老舍纪念馆并完成相关阅读与表达交流 （负责人：董雪娇老师　李媛媛老师） 2.4—6 课时：走访鲁迅纪念馆并完成相关阅读与表达交流 （负责人：李宏老师　徐艳老师） 3.7—9 课时：走访现代文学纪念馆并完成相关阅读与表达交流 （负责人：张正才老师　张娜老师） 4.10—12 课时：走访冰心纪念馆并完成相关阅读与表达交流 （负责人：李正文老师　吴翠红老师） 5.13—15 课时：走访曹雪芹纪念馆并完成相关阅读与表达交流 （负责人：王娅老师　刘凤艳老师）				
课程实施	课程资源： 参考书籍或文章：老舍、鲁迅、冰心和曹雪芹的文学著作，如《四世同堂》《呐喊》《红楼梦》等。 参观地点：老舍纪念馆、鲁迅纪念馆、现代文学纪念馆、冰心纪念馆和曹雪芹纪念馆 实施手段：课堂阅读、讨论；故居走访				
课程评价	考勤（30%） 课堂参与度（30%） 作业（每完成一次走访要完成相应的作业，40%）				
课程特色	走访名人故居，瞻仰文化名人的艺术生命。				

语文课程资源渗透在社会生活的方方面面，如果教师能很好地将教材知识和校外资源联系起来，设计一些实践性较强的探究问题或驱动任务，带领学生走出课堂，将所学或者所思应用到实践中，或者到实践中寻找、印证自己的所学所思，那么这个课程就更加"立体"了。学生就可以在拓宽视野的同时，深刻体会到语文课程的独特魅力，认识到知识的价值，激发其学习动

机和兴趣。地方资源的利用更是学生深入认识家乡的良好契机，对于传承家乡传统文化、提高审美鉴赏力也具有重要的意义。

结　语

我们"润育"语文课程群的建设过程是漫长而复杂的，而且这不是一件"一劳永逸"的事情，因为它是需要"与时俱进"，不断思考，不断完善的。但是我们认为，不变的，或者说在相当长的时间内不变的是：单元教学视域下的课程群建构就是要以培养具备适应终身发展和社会发展需要的必备品格和关键能力的创新性人才为目标，打破各门课程或学科自成门户的壁垒，实现相关课程或学科间的有机综合，使学生达到知识和技能的全面掌握，实现课程结构的开放化、课程内容的现代化、课程形式的多样化和课程目标的社会化。课程体系旨在通过有效的教学以及形式多样的课程，提高学生的思维能力，激发学生的学习动机，并促进学生对知识的深度理解和创造性人格的形成，从而培养学生思维的深刻性、灵活性、批判性、敏捷性和独创性等思维品质，达成学生核心素养的培养。

📖 讨论话题

1. 如何既尊重"教师特点"（每位教师擅长方向不同），又依据课标要求来开设校本课程？

2. 如何结合学校文化特色，开发学科校本课程？

（吴铭静）

第三章
整本书阅读的设计与实施

引言：阅读，阅读，再阅读

苏霍姆林斯基曾说："让学生聪明起来的办法不是补课，不是增加作业量，而是阅读，阅读，再阅读。"阅读是语文学科学习的重要内容，其本身具有极强的综合性，不仅能够培养学生的思维能力，还可以提升学生的审美能力，帮助学生形成正确的世界观、人生观、价值观。而整本书因其内容所涉及领域的广阔，思想内涵的丰富，能更好地帮助学生了解他人、认识世界，在培养学生的综合能力、提升学生整体素质等方面都具有非常重要的意义。

2017年颁布的新版普通高中语文课程标准以及2022年颁布的新版义务教育语文课程标准都将整本书阅读作为学习任务群提出，《义务教育语文课程标准（2022年版）》指出整本书阅读任务群"旨在引导学生在语文实践活动中，根据阅读目的和兴趣选择合适的图书，制订阅读计划，综合运用多种方法阅读整本书；借助多种方式分享阅读心得，交流研讨阅读中的问题，积累整本书阅读经验，养成良好阅读习惯，提高整体认知能力，丰富精神世界"。

自2016年以来北京中高考都加强了"名著阅读"的考查力度。尽管各界都认可整本书阅读对学生综合素养与学业水平提高的促进作用，但具体到教学实施层面，依然杂乱无章，困难重重，整本书阅读的处境仍然令人尴尬。

学生阅读整本书的时间被挤占、阅读兴趣不足、阅读能力缺乏，教师缺乏科学有效地引导整本书阅读的方法，导致目前中学生整本书阅读现状不容乐观。怎样选择阅读内容？怎样突破为应付考试而读书，走向为素养提升而读书？怎样组织教学才能实现学生阅读能力的进阶，实现学生思维品质的发展？这些都是我们亟须解决的问题。

本章着眼于利用思维型教学理论的原理，从文学类文本和非文学类文本中选择了《骆驼祥子》《简·爱》《儒林外史》《红楼梦》《昆虫记》《乡土中国》《论语》等作品，聚焦长篇小说类、社科类和文化经典类整本书的阅读，梳理、整合、优化整本书阅读教学的经验，尝试提炼上述类别的整本书阅读教学策略。

作为现代小说的代表，《骆驼祥子》是统编初中语文教材中要求的必读书目。《简·爱》作为外国小说的代表作，是英国女作家夏洛蒂·勃朗特创作的带有自传色彩的长篇小说。《简·爱》成功塑造了一位不屈服于世俗压力、自尊自爱、坚毅执着、积极进取，始终追求自由、平等、独立的女性形象。这样一位女性改写了英国传统女性温柔可爱、逆来顺受的形象，在19世纪欧洲文学史上留下了浓墨重彩的一笔，被后世视为现代女性的先驱和楷模。选择这两部书意在探究中西方长篇小说阅读上的异同。

同为古典小说的代表作，《儒林外史》是统编初中语文教材中要求的必读书目，《红楼梦》是高中教材中要求的必读书目。《儒林外史》是一部富有特点的长篇讽刺小说，它以批判科举制度为中心，对形形色色"儒林"人物欺世盗名的丑恶灵魂做了深刻的揭露和抨击。它是连缀许多故事而成的长篇，并无一中心人物，也没有贯穿始终的中心故事，这种艺术结构自成一格。《红楼梦》是中国古典四大名著之一，全书以贾、史、王、薛四大家族为背景，以宝、黛、钗的爱情婚姻悲剧为主线，呈现了封建社会的全景，被称为"中国封建社会的百科全书"。选择这两部书意在呈现同类作品在初高中名著阅读上的贯通与进阶。

从文学类作品阅读到非文学类整本书阅读，《昆虫记》很好地承担了过渡的作用。主要是因为相较于其他科普类作品而言，《昆虫记》一书的文学性非常强。法布尔满怀热情地把虫子当作人去写，趣味十足。此外作为科普类作品，其思路清晰，逻辑严谨，科学性强，有助于学生理性思维的养成。《乡土中国》是一本社会学专著，学术性较强。全书由14篇论文构成，内容涉及乡土社会人文环境、传统社会结构、权力分配、道德体系、法礼、血缘地缘等各方面。书中有很多专有名词和重要概念。逻辑性、科学性和系统性使本书闪耀着理性的光芒。阅读这本书，在给学生带来不一样的阅读体验的同时，也给学生带来了不小的阅读挑战。从自然科学到社会科学，阅读这两本书有助于学生积累专著类作品的阅读经验。

《论语》作为儒家经典，集中地体现了孔子及儒家学派的政治主张、伦理思想、道德观念、教育原则等。随着北京高考对《论语》考查力度的增强，《论语》已成为"中华传统文化经典研习"任务群中的阅读重点。以前我们读《论语》时多是以摘录的方式，例如《〈论语〉十二章》《〈论语〉十则》等等，本次实践是在整本书阅读的视域下，对《论语》整本书进行导读、通读、精读。

为了更清楚地说明"思维型教学理论引领下的整本书阅读教学"的含义，我们有必要厘清几个基本概念：

1. 整本书

"整本书"概念是在20世纪40年代由叶圣陶先生提出的，主要是相对于单篇选文而言的。"整"是完整、整体之意，要对全书有通盘把握和全面理解；"本"是阅读的数量单位，独立一本或有关联的多本；"书"可以是文学作品、文化典籍，也可以是科学论著、学术著作。余党绪认为"整本书阅读"的书，应该是具备精神产品的独立性和生命独特性的书。"整本书阅读"就是在相对集中的时间内，围绕着一个或多个阅读任务，在教师的引领与指导下，学生完成全书的完整的阅读的活动。

2. 思维型教学理论

"思维型教学理论"是胡卫平教授团队经过30年不间断探索而构建的教学理论。它聚焦于课堂教学中学生积极思维与核心素养的发展，为立德树人的实现、核心素养的落地，提供了一条可行的路径。思维型教学理论的五大原理（动机激发、认知冲突、自主建构、自我监控、应用迁移）和六大要素（创设情境、提出问题、自主探究、合作交流、总结反思、应用迁移）科学合理地呈现出学习过程和教学过程的完整性。整本书阅读因其自身特点，所以更需要在整个过程中科学有效地实现连续性与完整性。

本章中所进行的"整本书阅读"教学设计主要遵循的是"思维型教学理论"。除此之外还体现了以下理念：

首先，"整本书阅读"教学设计直指核心素养，尤其是核心素养中的思维，即引导学生在阅读中思辨，在思辨中阅读，从而提升学生思维品质。

其次，在进行"整本书阅读"教学设计时，还要遵循阅读规律，尊重学生的阅读兴趣。阅读起点是导读激趣，或找到名著与学生的联系点，激发学生的阅读兴趣；或介绍一类作品的阅读方法，帮助学生提高阅读效率；或呈现一本作品的文本价值，引导学生聚焦阅读重点。在阅读过程中进行通读指导，设置阅读任务引导学生顺利读完整本书，关注学生的阅读发现与疑问，带领学生突破难点、聚焦重点，使阅读走向深入。阅读结束后，设置多样阅读活动，呈现阅读成果，促进生生交流、共享，让学生有阅读的获得感与成就感。在选择阅读内容进行"整本书阅读"教学设计时，突出文本特点，要依据文本特点挖掘文本价值。

最后，要设置不同梯度的阅读任务，丰富不同类型的阅读活动，力求学生在阅读中获得直觉思维、形象思维、逻辑思维、辩证思维和创造思维的发展，促进深刻性、敏捷性、灵活性、批判性和独创性等思维品质的提升。

此外，本章是依托我校初高中语文组进行的教学实践，因此，实现初高中在"整本书阅读"上的衔接与贯通亦是我们的主要理念。

第一节　长篇小说类整本书阅读

一、基于长篇小说的特点，促进学生的思维培养

按照篇幅，我们常常把小说分为长篇小说、中篇小说、短篇小说、微型小说等。一般文字量在十万字以上的小说，我们就认为其属于长篇小说。除了篇幅长、容量大之外，长篇小说还具有情节复杂、人物众多、结构宏伟、具有多重主题等特点，因而比较适合表现广阔的社会生活，能很好地呈现人物较为完整的成长历程，能反映某一时代的重大事件和历史面貌。优秀的长篇小说常常被称为"时代的百科全书"。莫言就曾将长篇小说称为"胸中的大气象，艺术的大营造"。

简单梳理统编初中语文教材"名著导读"中推荐的阅读书目，必读名著与选读名著共计36本，其中小说类名著有17本，占总数的47%。《普通高中语文课程标准（2017年版2020年修订）》第一个学习任务群便是整本书阅读与研讨。在其学习目标与内容中清晰指出要在指定范围内选择阅读一部长篇小说，而课标提到的长篇小说有16部之多。由此我们不难看出，长篇小说类在统编教材整本书阅读中占有重要地位。

长篇小说因其内容的丰富多彩、情节的起伏多变、人物形象的生动复杂、描写的妙趣横生、主题的多元深刻等特点，在激发学生的阅读兴趣、匹配学生的阅读能力、培养学生的阅读素养上具有独特优势。

（一）从多维度切入，动态分析人物形象的复杂性与变化性

小说以塑造人物形象为中心，可以说人物是小说的核心。长篇小说中的人物形象多，有个体、有群像，有圆型人物、有扁型人物。据统计《红楼梦》中提到的人物有900多个，其中有主子，有下人：主子阶层有四大家族的核心人物，有近亲，还有旁支。下人阶层又根据身份地位与职责的不同划分出

了多个等级、众多人物。长篇小说中的人物形象复杂,人物性格多面、立体,有发展、有变化。老舍先生笔下的骆驼祥子,刚从农村来到城里时是强壮、上进、满怀着对美好生活的期待的,在经历了一次次的波折与生活的碾压后,他身上的美好品质逐渐丧失,最终沦落为"陌路鬼"。其性格的发展变化在书中有着非常细腻的呈现。我们都知道,好的小说塑造的人物性格既是在环境中形成的,同时又反映出环境的特点。长篇小说中对人物形象的塑造手法多样,有正面有侧面,有对照有映衬,有同中写异,也有异中写同。

小说类整本书阅读所推荐的书目多是经典的、具有影响力的小说,这些作品往往通过展示不同人物形象的不同侧面、变化、发展来反映一个时代的风貌,具有多维而富于变化的文本分析空间。阅读这类长篇小说,对人物性格的成因、人物命运的发展、人物选择的原因、次要人物的作用等进行探究,从多维度切入,动态分析人物形象的复杂性与变化性等,需要运用分析与综合、比较与分类、抽象与概括、联想与想象等思维方法,这有助于提高思维的灵活性与深刻性。

(二)探究情节发展的推动力,深入分析原因,探讨小说主题

如果把一部小说比作一辆车子,那情节的发展就如车子的前进。车子的前进需要来自内部的动力和来自外部的动力,而小说情节的发展也需要动力。推动小说情节发展的动力常见的有:矛盾冲突、人物性格、自然环境、社会环境、价值追求、现实需求……人们常说性格决定命运,在小说中有很多时候是人物性格在推动情节发展。《简·爱》中主人公简·爱明明可以一直留在洛伍德学校做教师,却偏偏选择去做家庭教师,明明与罗切斯特先生彼此相爱,却毅然决然选择离开,背后的动因就是其向往自由,追求独立、平等、自尊、自重的性格。《水浒传》擅长以自然环境来推动情节发展。如《林教头风雪山神庙》故事中的大风雪一步步推动着林冲的行为,在看似偶然中实现其奔赴梁山、走向反抗的必然。再如《智取生辰纲》故事中,炎热的天气激化了杨志与军汉等人的矛盾,从而促成了吴用等人劫取生辰纲。经典小说中的一处闲笔,往往看似偶然,但就情节发展而言常常是偶然中藏着必然。探究情节发展的推动力,深入分析原因,从而探讨小说主题,这一过程有助于促进学生思维发展。

中学阶段是学生思维发展的关键阶段,"阅读本质上是一项信息提炼与理解活动,将学习认知理论映射至学生的阅读过程,即学生依托其内部的'信息系统'对符合其认知和兴趣的阅读内容进行提炼,最终成为自身认知结构的一部分"[1]。在阅读中由情节到主题,其实是一个由局部到整体的思考过程,这有助于提升学生的认知思维。

(三)多元解读人物,多元探讨主题,设置思辨性阅读任务

幼儿在听故事时常常会问:"这个人是好人还是坏人?""这样做是对还是错?"我们知道金无足赤,人无完人,绝对的好与坏、对与错的区分是不容易做到的。随着孩子的成长,他们对人物的认识、对事件的评价渐渐由感性进入理性,我们要在教学中基于这一特点积极加以引导。好的小说对人物的塑造、对人性的呈现总是最大程度贴近生活的真实。所以我们要引导学生在认识、评价人物时,同时关注好的一面和坏的一面,关注合理的一面和不合理的一面。设置思辨性阅读任务,引导学生从社会环境、所处立场、行为选择、价值决策等角度入手,去认识人物、理解人物;从个体人物的形象特点、性格、命运的成因,从群体人物的共性、作用等角度入手,对主题形成多元的、个性化的解读。

思辨性阅读的过程就是反思的过程,其关键在于独立思考后的观点和严密的逻辑论证。在长篇小说整本书阅读教学中,多元解读人物、多元探讨主题等活动能够引导学生进行理性有价值的质疑,有深度有根据的阐述,有说服力的判断,有助于促进学生批判性思维的发展。

(四)在故事中认识生活、了解世界、丰富自我,构建学生与作品之间的联系

美国著名批评家乔纳森·卡勒曾说过:"故事教我们认识世界,向我们展示世界是如何运转的。通过不同的聚焦方法,让我们从别的角度观察事情,并且了解他人的动机……弥补了我们在'真实'生活中对他人的无知。"统编初高中语文教材中推荐的长篇小说有中国古典小说,有现代小说,也有一

---

[1] 朱伟丽:《初中语文教学中阅读思维的培育策略探讨》,《语文教学通讯》2022年第8期。

些外国小说。这些作品所表现的社会生活、文化习俗，抑或是主人公的精神世界都与当下的中学生相距甚远。十几岁的青少年，他们的人生阅历与见识受年龄的限制尚不丰富，我们不能说为了让他们学会慈悲懂得苦难，人为制造苦难让他们去经历。长篇小说整本书阅读的意义在于让学生在阅读中了解生活，认识世界，延展人生的长与宽，能在生命的某一个时刻对文本内的材料进行高度概括，进行系统迁移和新的组合，运用于文本外的生活世界。

二、握紧"线"，扣住"象"——《骆驼祥子》整本书阅读指导

《骆驼祥子》一书以祥子为中心人物，以"买车"为故事的核心事件，情节发展三起三落，从而勾勒出了底层车夫的命运线。握紧这条线，一方面有助于把握情节的发展，另一方面有助于理解人物命运的起伏变化。"象"指的是文中的人物形象塑造。阅读小说，离不开对人物形象的解读。握紧"线"，扣住"象"有助于实施《骆驼祥子》整本书阅读。

（一）百年前后"出租车司机"之比较——创设情境与导读激趣

《骆驼祥子》一书主要讲述的是 20 世纪二三十年代发生在北平城里的底层车夫祥子的故事。故事发生的时代与当下的中学生相隔甚远，创设何种情境来消除学生与文本的隔膜，激发学生的阅读兴趣，这是我们要考虑的。仔细阅读这本书，我认为至少在以下几个方面可以和学生的生活找到共通之处：一是北平城。虽然时隔久远，一旧一新，但很多民俗风情、人文景观，以及北京人独特的文化心理和性格气质还是流传了下来。虽然有同有异，但在变与不变中还是能拉近学生与故事的距离。二是祥子作为离开土地、进京务工的"北漂"或"京漂"的代表，与今天北京这座城市里的很多人的同异、流变。三是祥子作为人力车夫的职业身份，与当下北京城里的众多出租车司机的同异。

基于这样的考虑，在《骆驼祥子》导读课上创设情境就会有很多选择。笔者在上课时创设了这样的情境：

同学们，你们坐过出租车吗？

你知道一名出租车司机的工作与生活是什么样的吗？

如果时光倒流 90 年，你能想象在那时的北平城里，一名"出租车"司机

的工作与生活与今天会有怎样的不同吗?

学生听到后很兴奋,有人说祥子的车是人力车,当代的车是汽车;有人说不论是祥子时期还是现在,出租车司机都有两种——一种是自己有车,不用交份儿钱,一种是自己没车,需要交份儿钱;有人说祥子虽然要交份儿钱,但是他和刘四爷的关系是压榨与被压榨的关系;有人说同样辛苦,但祥子靠拉车很难让自己在北平生活下来,而今天的出租车司机靠开车解决自己及家人的温饱是不成问题的;还有同学引用电影《我和我的祖国》中的"张北京"这一人物形象,说今天在北京城里的出租车司机对这座城市有很强的热爱和归属感,这是祥子所不曾拥有的……

之所以这样创设情境,主要是学生对当下的出租车司机这一职业不陌生,甚至班上有些同学的亲属中就有人从事这一工作。再有就是过去与现在,从同一行业从业者的对比出发,能很好地帮助学生理解时代对个人命运的重大影响,从而帮助学生理解社会主义的优越性。

核心素养是学生在接受相应学段的教育过程中逐步形成的适应个人终身发展和社会发展需要的必备品格与关键能力。只有具备在真实情境中解决复杂问题的品格与能力,才能称为核心素养。在整本书阅读的导读阶段,如何创设情境拉近学生与名著的关系,激发学生的兴趣是导读课成功与否的关键。

(二)通读全书,拟写回目——提出问题与通读指导

1. 拟写回目,训练概括能力

如何能快速证明你读过一本书?最好的方法莫过于准确概括。而概括能力是整个中学阶段最基础也是最重要的能力之一,因而在学生通读《骆驼祥子》全书时,笔者设置了通读任务——给每一章拟写回目。在此之前,学生有过阅读《西游记》《水浒传》的经验,对于回目并不陌生。于是笔者直接布置了通读任务:在阅读过程中,提炼每一章的主要情节,也可以把情节紧密相连的几章放到一起,拟写回目,概括主要内容。

下面是学生拟写的一些回目:

例1:第一回　祥子进城,辛苦拉车;整整三年,买辆新车
例2:第二、三回　虚荣作祟,新车被抢;卖掉骆驼,燃起希望

例3：第四回　大病一场，无人关心；重回车厂，虎妞亲热

例4：第五回　祥子变骆驼，克苦自己；杨家受虐待，隐忍承受

例5：第六、七回　怒辞杨宅，虎妞引诱祥子；初到曹家，祥子遭遇车祸

例6：第八回　不听高妈建议，祥子攥紧血汗钱；大方买来礼物，祥子藏钱夜壶中

例7：第九回　逼祥子，算计父亲，虎妞为自己谋幸福；没主意，不知好歹，祥子因大意掉入陷阱

例8：第十、十一回　老马爷孙乱世受苦，糊涂祥子放弃挣扎

例9：第十二回　曹先生遇难，避祸他乡；孙侦探敲诈，祥子借宿

例10：第十三回　无处可去，再回车场，祥子别扭；自视体面，瞧不起人，四爷奚落

例11：第十四回　四爷过生日，晚景凄凉；祥子遭调侃，十分憋屈

例12：第十五回　刘家父女反目，骆驼祥子娶妻

例13：第十六回　大杂院里闹哄哄，热炕头上心冰冷

例14：第十七回　祥子买车，虎妞出钱

……

在这一环节中有些学生拟写的回目不太符合对仗的结构，比如例1，学生关注到了这一回的重点内容是进城，辛苦拉车攒钱买了自己的第一辆车，但是在拟写回目时"祥子进城"属于主谓结构，"整整三年"属于偏正结构，两者显然对不上。于是笔者就出示那些对仗较为工整的示例，如例12"第十五回　刘家父女反目，骆驼祥子娶妻"，例13"第十六回　大杂院里闹哄哄，热炕头上心冰冷"。大家一起研究对仗的格式，最后学生将第一回的回目改成了"省吃俭用，拉车辛苦；没日没夜，买车艰难"。

有些同学拟写的回目在表达意思上不够清晰，不能概括章节的主要内容。例如有的同学在概括最后一章时写"遭受苦难，堕入地狱"。显然这样的回目对于主要内容的概括不够清晰。于是笔者就引导学生关注主要人物祥子的具体行为，学生找到了出卖阮明和四处捡烟头，基于这样的提炼，他把最后一章的回目改成了"出卖阮明数钞票，丢掉灵魂捡烟头"。

尽管问题不少，但仍有不少同学在这一环节中展现出了很高的概括能力和理解能力。他们能围绕主要人物去概括情节，并展现出对人物性格的分析

（例如"第二回　虚荣作祟，新车被抢"，学生能敏锐地发现祥子之所以冒险拉车出城，导致新车被抢，其背后的原因有其性格中的虚荣，并体现在回目中），对前后情节之间关联的把握（例如学生在为第十、十一回拟写的回目是"老马爷孙乱世受苦，糊涂祥子放弃挣扎"，把祥子之所以放弃抵抗接受虎妞，与之前看到老马祖孙俩凄苦处境之间的联系呈现出来）。给每一章拟写回目这样的阅读任务既可以很好地引导学生通读全文，又可以成为引导学生深入阅读的突破口。

2. 依据阅读"检核单"，走向文本深处

能给学生阅读一本书的时间非常有限，因而在通读过程中，为了提高学生的阅读效率，引导学生在第一遍阅读全书时能尽可能跳出对情节的浅层了解，有效地实现与文本对话，走向深入，笔者还提供了阅读"检核单"。（见表3-1）

表3-1　《骆驼祥子》阅读检核单

阅读范围	检核点	意图说明
第1章	车夫群体的生活。	引导学生在群体中体味社会环境。
第2章	祥子被抓后的心理变化过程。	细读文本，沿着心理变化轨迹，解读人物形象。
第3章	祥子在危机时刻对待骆驼的态度。	
第4章	祥子为什么不愿意回到乡下，非要留在城里重新开始。	关注人物选择的逻辑，深入解读人物形象。
第5章	祥子成为"骆驼祥子"后发生的变化。	关注前后变化。
第6章	祥子内心的迷茫。	多元解读人物。
第7章	"翻车事故"发生前的伏笔与暗示。	关注文本细节，深入理解人物形象。
第8章	祥子为什么不愿意像高妈一样放贷，也没有听从方太太的建议把钱存入银行，而是坚持自己拿着钱？	关注人物行为，理解人物形象。
第9章	之前的祥子始终是不信命的，为什么到本章时祥子开始信命了？	关注人物变化，理解人物形象。
第10章	祥子不再拒绝虎妞意味着什么？	

续表

阅读范围	检核点	意图说明
第11章	本章中有很多经典的语句，如："雪已下了寸多厚，祥子低着头走。处处洁白，只有他的身后留着些大黑脚印。"	通过品味，深入理解人物。
第12章	祥子在遭遇突变后的心路历程，从想逃离到回归曹家，从想偷窃到决不能偷，是什么在祥子的心理转换过程中起到了决定性作用？	关注人物变化，理解人物形象。
第13章	市民社会的风俗和人情特点。	梳理社会风俗和人情特点，深入认识故事发生的社会背景。
第14章	祥子佩服的人有两个，一个是刘四爷，一个是曹先生，现在却是一个翻脸，一个失踪。这会对祥子造成怎样的打击？	理解次要人物对主要人物的影响。
第15章	有人说虎妞干练泼辣、敢爱敢恨，有人说她自私豪横、精于算计，对祥子构成了强烈的精神压力，读完本章你怎么看虎妞这一人物？	多角度理解人物。
第16章	本章中虎妞和祥子发生了两次争执，你认为他们之间的矛盾根源是什么？	抓矛盾冲突，深度解读人物。
第17章	小说重点写祥子和虎妞，为什么要花较多笔墨写二强子和小福子？	理解次要人物的重要影响。
第18章	本章结尾写"祥子病了"，这场病他本来可以避免的，却为什么没能避免？祥子的病将给他和虎妞的生活带来怎样的影响？	理解小说情节的作用。
第19章	你怎么理解"愚蠢与残忍是这里的一些现象；所以愚蠢，所以残忍，却另有原因"这句话的深意？	通过品味语言，品析作品主旨。
第20章	虎妞死后祥子发生了哪些变化？	学习评判人物价值。
第21章	对比在烈日和暴雨中拉车的祥子，看本章中拉车的祥子有哪些不同。	抓细节，根据人物变化，理解作品的深刻性。
第22章	祥子诅咒的人构成了怎样的病态社会？他们分别毁灭了祥子哪些美好的品质或梦想。	深入理解作品主题。

续表

阅读范围	检核点	意图说明
第23章	在祥子不断下坠的人生过程中,作者为什么要安排他与小马儿祖父的重逢和小福子的死这两件事?	深入理解情节对表现主题的作用。
第24章	祥子从一个勤快的车夫,落到一个懒惰无赖的混混,他有没有别的路可走?	深入理解作品主题。

这份"检核单"在学生通读前发下去,人手一份,可以在阅读过程中起提示作用,也可以在读完相对应的章节后,对检核单上的问题进行简单的回答。在拟定这份阅读检核单时,笔者更多的是围绕着人物、情节、手法等要点,聚焦阅读过程中梳理、概括、辨析、追因等思维活动,或检核一章的阅读重点,或引导多元解读,或提示深度思考,力图引导学生在阅读中加强思考力度,在比较、辨析、质疑中实现"与文本对话",在反复的对话过程中提高思维品质。

(三)"祥子的堕落该由谁来负责"——认知冲突与精读指导

在指导学生通读完全书后,笔者收集了学生在阅读中的疑惑和最感兴趣的问题,整合成下面5个探究专题:

1. 为什么老舍先生说"祥子是个人奋斗的典型"?
2. 探究《骆驼祥子》全书中的比喻句。
3. 同样是进城务工人员,祥子的命运与今天的农民工有什么异同?
4. 祥子的悲惨结局是谁造成的?
5. 探究《骆驼祥子》一书中的"京味儿"。

在这5个专题中选出学生最感兴趣的一个——"祥子的悲惨结局是谁造成的"作为重点,围绕思维型教学理论认知冲突原理设计了一堂精读课。这堂课笔者是这样上的:

环节一:导入

设置模拟法庭的情境,请学生根据兴趣选择身份:控方、检方、辩方。

(控方的主要任务是围绕"祥子的堕落该由谁来负责"这一核心话题从全书中寻找那些对祥子产生负面影响的人物,依据文本细节,概括他们的"犯罪事实"作为自己发言的有力支撑。辩方的主要任务是对控方的指控进行质疑、反驳或者是为"祥子的堕落"提供新的负责人及证据。检方的主要任务是对祥子堕落的事实进行举证,并听取控方和辩方对"祥子的堕落"这一核心话题的观点及阐述,对此进行质疑、补充等,并给出最终判断。)

环节二:检方举证

检方依据文本对祥子的堕落事实进行举证,并要求控方对此提出指控。

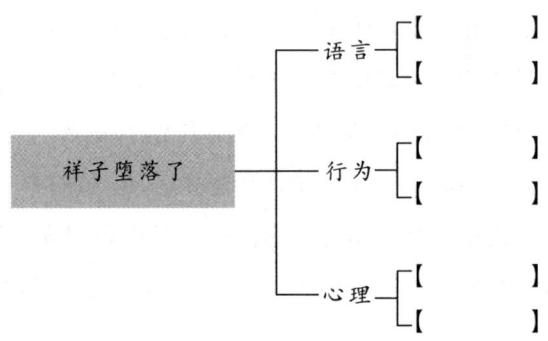

图3-1 检方对祥子堕落事实的举证

在本环节中,如果条件允许,教师可以提醒学生注意祥子的堕落是渐变的,是过程性的,对祥子堕落事实的判定不仅要聚焦于最后几章,还要从前文中找到堕落的趋势与过程。

环节三:控方指控

祥子从一个强壮、诚实的农村小伙子变成了一个自私、麻木、懒惰的混混,他的堕落该由谁来负责?请控方同学依据文本信息,用图或者表(如表3-2的教师示例)的形式呈现要控告的对象,详细列出其对祥子的犯罪事实,同时用百分比表明对其责任的认定。

表 3-2　控方对祥子堕落责任人的指控

控告对象	身份、地位	犯罪事实	对祥子产生的影响	责任认定
刘四爷	人和车场老板	收取份儿钱，压榨祥子的劳动成果	使祥子憋着一口气，勤奋拉车发誓要攒钱买一辆属于自己的车，因而辛苦生活	10%

　　教师示例意在激发学生的认知冲突。在分析祥子堕落的原因时，多数学生会说出次要人物对祥子的影响，比如大兵抢车、孙侦探敲诈、虎妞离世等，因为这些人物以及相关情节鲜明地呈现了祥子命运的一波三折，也比较容易被学生把握。为更好激发学生的认知冲突，充分认识情节中的众多人物的作用，全方位完整呈现20世纪二三十年代以北平为代表的中国城市社会的病态、混乱、黑暗，因而在教师所给示例中排在第一位的是"刘四爷"。

　　刘四爷是车场的老板，他把车租给祥子，每日收取很高的车租。他是祥子辛苦劳动的盘剥者，是寄生在众多悲苦车夫身上的吸血虫。"他年轻的时候当过库兵，设过赌场，买卖过人口，放过阎王账"，他"在前清的时候，打过群架，抢过良家父女，跪过铁索"。混混出身的刘四爷"晓得怎样对付穷人"。他自私自利，唯利是图，为了私欲不管他人死活，枉顾女儿幸福。刘四爷身上折射出了当时社会的景象。对于这一点多数学生在初次阅读时是想不到的。教师以刘四爷为第一个控诉的对象，能有效激发学生的认知冲突，从而引领学生由对个人的分析来窥视当时社会的图景，由表及里，从某几个人的作用到整个社会的罪恶，从而对祥子堕落的原因形成深刻的认识。

　　学生作品举例：

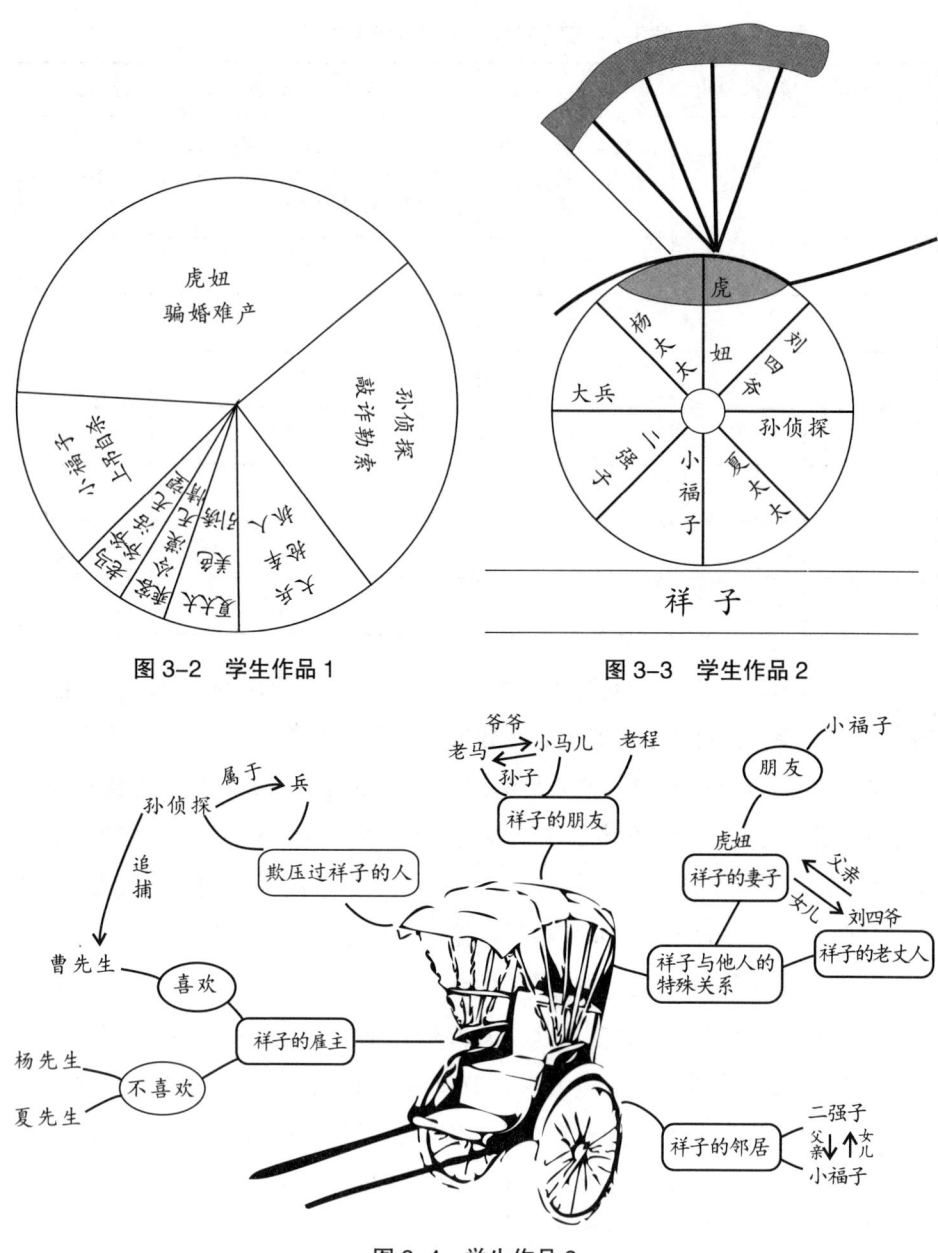

图3-2 学生作品1　　图3-3 学生作品2

图3-4 学生作品3

上面学生作品呈现了学生对这一问题的理解，令人欣喜的是学生不仅关注到了小福子、杨太太、夏太太、二强子、老马爷爷等人在祥子堕落上的作用与意义，还能进入生活的逻辑深入理解他人对祥子的影响。有的同学说"小福子的死是压倒骆驼的最后一根稻草"；有的同学说"老马爷爷的今天就是祥子的明天";有的同学说"夏太太的色诱让祥子彻底放弃了自己";有的同学说"杨太太的苛刻折射出的是整个社会的自私与凉薄"……此外学生在深入理解人物时也有许多精彩的认识。例如,在谈到虎妞的作用时,学生说到虎妞骗婚摧毁了祥子对于爱情与理想婚姻生活的希望。放弃爱情,对生活妥协,让祥子原本纯净的心灵在欲望的引诱与生活的重压下蒙上了一层尘埃。除此之外还有学生注意到祥子初来京城生活的"人和车场",与虎妞结婚后居住的大杂院,以及他最后走向那如同"无底的深坑"的白房子,每一个地点都是当时城市生活的一层,祥子的人生每走一步,每到一站,都更沉沦堕落一步。在他堕落的路上没有一个人是无辜的,最终被这个由众人组成的黑暗社会所吞噬。

环节四:辩方辩护

在本环节中选择辩方角色的同学对上一环节控方的指控对象、责任认定比重展开了激烈的争论。争论的焦点主要集中在:老马爷孙该不该为祥子的死承担责任?小福子对祥子的影响到底有多大?

针对这样的讨论,教师及时引导学生回读文本,关注如下内容:

"祥子呆呆的立在门外,看着这一老一少和那辆破车",祥子"心中感到一种向来没有过的难受。在小马儿身上,他似乎看到了自己的过去;在老者身上,似乎看到了自己的将来!""他不肯要虎妞,还不是因为自己有买车的愿望?买上车,省下钱,然后一清二白的娶个老婆;哼,看看小马儿!自己有了儿子,未必不就是那样。这样一想,对虎妞的要挟,似乎不必反抗了;反正自己跳不出圈儿去,什么样的娘们不可以要呢?况且她还许带过几辆车来呢,干吗不享几天现成的福!看透了自己,便无须小看别人,虎妞就是虎妞吧,什么也甭说了!"

(《骆驼祥子》第十章)

从这一段文字中我们不难发现,是老马祖孙的处境与未来让祥子放弃了对虎妞的反抗,同时也是放弃了对幸福生活的追求与希望。

"一想到那个老者与小马儿,祥子就把一切的希望都要放下,而想乐一天是一天吧,干吗成天际咬着牙跟自己过不去呢?!穷人的命,他似乎看明白了,是枣核儿两头尖:幼小的时候能不饿死,万幸;到老了能不饿死,很难。只有中间的一段,年轻力壮,不怕饥饱劳碌,还能像个人儿似的。在这一段里,该快活快活的时候还不敢去干,地道的傻子;过了这村便没有这店!"

(《骆驼祥子》第十一章)

从这一段文字中我们能发现老马祖孙的处境不仅仅影响了祥子对虎妞、对婚姻的态度,甚至扭转了他对于人生与命运的态度。一开始那个要强、精打细算、有理想、有韧劲的祥子,在此时流露出了对奋斗的质疑,对命运不公的妥协,而这是他走向堕落的心理基础。

至此师生达成共识,老马祖孙虽不是祥子堕落的直接施暴者,却同是被那个黑暗社会所吞噬的对象,他们的作用在于以其悲苦的命运呈现社会的冷酷与黑暗,让祥子逐渐意识到在北平城里做一个底层车夫的自己是无路可走的,未来的生活亦是无希望可言的。

环节五:检方取证

经过上面几个环节,学生成功认识到祥子的堕落是黑暗社会造成的。这个时候作为检方一员的教师抛出问题,进一步制造认知冲突,推动学生向更深处思考。

同学们,在祥子堕落事件中我们看到了社会黑手是如何一步步将祥子推向深渊的,可作为被害人的祥子自身是否对本事件负有责任呢?

请以"如果祥子_____就不会(可能会)_____"作为思考的路径,从文本中找依据,分析祥子的责任。

围绕着这一问题,学生纷纷回读文本,给出了很多答案:

如果祥子了解时局,能察觉被抓的风险而不接那两块钱的生意,就不会把车拉出城去,那么车被抢、人被抓的厄运就不会上演。

如果祥子不那么虚荣,没有被大兵那一句"大个子"喊得飘飘然了,他也不会不顾时局动荡而贸然把车拉出城去。

如果祥子能多交一些朋友,而不是各人只管各人,单打独斗,那在危机来时会不会有人给他一些建议?

如果祥子能抵制住虎妞的引诱,就不会害怕虎妞的要挟。

如果祥子接受与虎妞的婚姻的同时,能接受虎妞的不完美,能理解虎妞对爱情的渴望,感激虎妞给他家的温暖,他的婚姻生活会不会改变?他就不会对生活失去奋斗的动力。

如果祥子听从方太太的建议，把钱存进银行，就不会被孙侦探讹走。

如果祥子像高妈一样大胆泼辣，就不会让孙侦探得逞。

如果祥子像虎妞一样精明能干，就不会面对孙侦探敢怒不敢言。

如果在虎妞难产时，祥子能毅然送她去洋医院而不是请陈二奶奶，他就不会沦落到丧妻失子的悲惨境地。

如果祥子愿意和小福子共同奋斗，没有因为害怕"负不起养着她两个弟弟和一个醉爸爸的责任"而离开，就不会失去最后的希望。

如果祥子能早一点去找曹先生，而不是沉溺于夏太太的诱惑中，他就不会丧失人性中最后的尊严与美好。

……

经过这样的讨论，同学们自然而然得出了祥子最后的堕落跟他自己的虚荣狭隘、见识短浅、自私懦弱有关，跟他自身的局限性有关的结论。正如小说结尾所说："体面的，要强的，好梦想的，利己的，个人的，健壮的，伟大的，祥子，不知陪着人家送了多少回殡；不知道何时何地会埋起他自己来，埋起这堕落的，自私的，不幸的，社会病胎里的产儿，个人主义的末路鬼！"他的堕落既有社会的原因，也有他自己的原因。

讨论到这一步，学生阅读这部书的意义已经初步显露。时代不同，但每个时代都在上演着奋斗者与堕落者的故事，那些伟大的人都能够超越时代的苦痛与局限，他们是内心坚定、精神强大的人。

思维型教学理论认为认知冲突是促进学生积极思维和主动学习的"引发器"，是促进学生认知发展和认知结构转变的有效手段。所谓认知冲突是指个体原有认知结构（包括经验、知识、信念、价值观等的组织化的心理表征）与现实情境不相符时在心理上所产生的矛盾或冲突，并引起相应的觉知判断、情绪体验和动机倾向。引导学生聚焦祥子堕落的原因，抽丝剥茧，从他人到社会，从社会到祥子自身，一层层激发学生的认知冲突，在学生原有认知的基础上激发新的认知，从而实现对作品解读的深入。

（四）品味语言大师的比喻句——自主建构与精读指导

著名文艺理论家、作家唐弢曾说过，大学里应该开这么一门课：老舍语言。的确,老舍是一位真正的语言大师。就语言层面,《骆驼祥子》中老舍先生综合运用叙述、描写、议论、抒情等多种表达方式;将比喻、拟人、排比等修辞手法,运用得炉火纯青;动词、副词的使用精妙处比比皆是。《骆驼祥子》堪称中学生学习的典范之作。因而在实施《骆驼祥子》整本书阅读时,笔者根据这本书的价值和学情设计了"品味语言大师的比喻句"这样一节精读指导课。

在这节课上我出示了品读任务"让我印象深刻的比喻句",让学生自主推荐自己在阅读过程中印象深刻的比喻句。最后根据大家的推荐,我们聚焦了下面12个比喻句:

1. 他们像些小鱼,闲着的时候把嘴放在水皮上,吐出几个完全没用的水泡儿也怪得意。(第二章 城里人面对战争时造谣生事)

2. 他只管拉上买卖,不管别的,像一只饿疯的野兽。(第五章 祥子车丢以后,回人和车场拉车时)

3. 杨家的老少确是已经都睡了,可是他耳朵里还似乎有先生与太太们的叫骂,像三盘不同的留声机在他心中乱转,使他闹得慌。(第五章 在杨家拉包月时)

4. 他的心好像冻实了的小湖上忽然来了一阵春风。(第五章 在杨家拉包月时,家里有女客来玩牌)

5. 他对她,对自己,对现在与将来,都没办法,仿佛是碰在蛛网上的一个小虫,想挣扎已来不及了。(第六章 祥子被虎妞诱惑后,拉车时的内心感受)

6. 祥子痛快得要飞起来,这些日子的苦恼全忽然一齐铲净,像大雨冲过的白石路。(第六章 祥子回到人和车场拉散座,夜晚遇到曹先生,曹先生要祥子去给他拉包月)

7. 不幸,那个女的和那点钱教他不能安心;他的心像一个绿叶,被个虫儿用丝给缠起来,预备作茧。(第七章 祥子到曹宅拉包月时想起他和虎妞的事)

8. 有时候起了狂风,把他打得出不来气,可是他低着头,咬着牙,向前钻,像一条浮着逆水的大鱼。(第八章 祥子在曹宅拉包月,打定主意存钱买车时)

9. 他继续往前奔走,往前冲进,没有任何东西能阻止住这个巨人。他全

身的筋肉没有一处松懈,像被蚂蚁围攻的绿虫,全身摇动着抵御。(第八章 祥子在曹宅拉包月,打定主意存钱买车时)

10. 祥子的脸忽然红得像包着一团火。(第八章 在曹宅时,高妈告诉祥子,虎妞来找他时)

11. 这些话,碰到他自己心上的委屈,就像一些雨点儿落在了干透了的土上,全都吃了进去。(第十章 曹先生看电影,祥子在茶馆等曹先生,众车夫聚在一起诉苦时)

12. 把一支烟烧完,祥子还是想不出道理来,他像被厨子提在手中的鸡,只知道缓一口气就好,没有别的主意。(第十二章 曹先生到左宅避难,祥子钱被抢,到邻居王家找车夫老程时)

接着让学生们分组抓住"喻体"特征,解读"本体",以及作者以这一比喻句表达的意思。在这一环节中,小组成员间互相启发、碰撞,对上面12个比喻句进行了如下解读:

●在第一则比喻中本体是无中生有闲着造谣的城里人,喻体是在水面吐水泡的小鱼。祥子第一次拥有了自己的车,就一心一意拉车挣钱,对于外界的任何消息都不关心。然而北平是不太平的,有着战争所带来的各种消息,这让一些城里人有了饭后的谈资,他们随心所欲地造谣,夸大地说着、传着,还自以为得意。作者用小鱼吐泡生动形象地表现出这些人无事生非、造谣生事、自得其乐的无聊状态。

●在第二则比喻中本体是拼命拉车的祥子,喻体是一只饿疯了的野兽。饿疯了的野兽是不管不顾的,见着什么猎物就抓什么猎物。而祥子卖了骆驼又回到人和车场,还是执着地想再买一辆自己的车。一刻也不放松地拉车挣钱,以前他从不抢别人的买卖,现在他眼里只有钱,见着买卖就拉。这个比喻句形象地写出了祥子这种拼命挣钱的状态。

●在第三则比喻中本体是白日里杨先生和两个太太们的叫骂,喻体是三盘不同的留声机。三盘不同的留声机同时发出不同的声音混合在一起,嘈杂而烦乱。这个比喻写出了杨家嘈杂吵闹的环境,也形象地表现出祥子在杨家被一家大小拼命使唤,身心疲惫的心理状态。

●在第四则比喻中本体是祥子以为看到了挣小钱的机会时激动的心情,

喻体是冻实了的小湖上忽然来的一阵春风。杨家太太拼命使唤祥子干活，吃不好、睡不好，还一刻不得闲。祥子失望极了。碰上有女客来杨家打牌，祥子幻想着杨家太太会在这时给他点儿小钱。这种小希望让原本失望的心又有了一丝的活泛。这个比喻句形象地表现了祥子的这种心理。

● 在第五则比喻中本体是祥子，喻体是小虫。撞在蛛网上的小虫，无论怎样挣扎都是无济于事的。作者用这种状态形象地表现出祥子被虎妞诱惑，糊里糊涂地办下了错事后内心纷乱又不知所措的心理状态。

● 在第六则比喻中本体是没有苦恼的内心，喻体是大雨冲过的白石路。祥子因为丢了车，再次回到人和车场租车，好不容易在杨家拉上包月，又感觉屈辱，辞掉了包月，后又和虎妞发生缠绕。一系列的变故让他内心十分苦恼。此时碰到曹先生让他去拉包月，他又看到了新的希望。作者用"大雨冲过的白石路"来表明祥子此时内心苦恼全无的高兴的心情。

● 在第七则比喻中本体是祥子的内心，喻体是被虫儿用丝缠起来的绿叶。祥子在曹宅拉包月，因为曹先生对下人很体谅和照顾，祥子应该感觉很痛快才对，但是想到虎妞不会放过他，他的钱也可能拿不回来时，作者用"被虫儿用丝缠起来的绿叶"来表明祥子此时的内心很不安，很苦恼。

● 在第八则比喻中本体是使劲拉车的祥子，喻体是一条浮着逆水的大鱼。祥子在曹宅拉车时，高妈告诉祥子怎样用钱赚更多的钱，祥子打定主意自己存钱买车，似乎看到了希望和光明。这时他在狂风中拉车，像"一条浮着逆水的大鱼"。这个比喻写出了祥子不畏惧狂风，表明祥子具有刚强、面对挫折却迎难而上的特点。

● 在第九则比喻中本体是在狂风中使劲拉车的祥子，喻体是被蚂蚁围攻时摇动着抵御的绿虫。祥子在曹宅拉车时，高妈告诉祥子怎样用钱赚更多的钱。祥子打定主意自己存钱买车，似乎看到了希望和光明。这时他在狂风中拉车，"像被蚂蚁围攻却摇动着抵御的绿虫"，表明祥子和狂风对抗，毫无畏惧、退缩，表明祥子刚强，面对挫折迎难而上的特点。

● 在第十则比喻句中本体是祥子的脸色，喻体是一团火的颜色。祥子在曹宅拉车，打定主意靠自己存钱买车，虎妞此时却找上门来了，与虎妞的尴尬的关系让祥子的内心充满了不安和紧张，表现在脸色上像包着一团火。

●在第十一则比喻句中本体是车夫们的话,喻体是雨点儿。这句把小茶馆里众车夫抱怨的话勾起了祥子心头的委屈,比作雨点落在干透的土上,全都吃了进去,以此来表现祥子其人的木讷和不善言辞。心中有苦,但是嘴里说不出来。

●在第十二则比喻句中本体是祥子,喻体是被厨子提在手中的鸡。曹先生仓皇出逃,祥子被孙侦探用枪威胁、勒索,无处可去。此处把祥子比作被厨子提在手中的鸡,写其在危险面前毫无主意,只能任人宰割。

阅读老舍先生的作品,我们不难发现,比喻是他运用得最多,也是最得心应手的一种修辞手法。粗略统计,《骆驼祥子》整本书中大约有130余处比喻。这样大量的比喻手法的运用俨然成为老舍语言风格的重要组成部分。老舍先生自己就曾说过,"干燥、晦涩、无趣,是文艺的致命伤。""比喻是生活知识的精巧联想。"

经过上述分析,学生们发现老舍先生选择生活中常见的具体的实物作为喻体(例如"留声机""白石路""泥土"等)增强了文章的趣味性,使文章生动、活泼,富有生活气息;老舍善于用动物做喻体(例如"兔子""小鱼""蜜蜂"等),以动物特性来表现人物特点、处境、心情,从而使作品产生了强烈的艺术感染力;老舍的比喻中还带有非常鲜明的"京味儿"特点,让人读来尤为亲切。

进行完这一环节后,笔者觉得挖掘语言价值,学习比喻手法,不能停留在鉴赏和品味上,如果能迁移应用到学生的写作中就更好了,因而笔者设计了下面这个专题。

(五)"我向老舍学写作"——应用迁移与阅读成果

《普通高中语文课程标准(2017年版)》中对整本书阅读有着明确的学分与课时要求。义务教育阶段语文课标中虽未明确要求课时,但是如果要充分、深入地指导学生读完一整本书,也是需要课时保障的。因此我们在实施《骆驼祥子》整本书阅读时是结合我校"阅读黄金周"活动,在小长假前上一节导读课,然后在小长假期间布置通读任务,小长假结束返校后拿出一周的课时来进行精读和阅读展示。

同学们在读《骆驼祥子》整本书时纷纷表示，老舍先生的语言很好，贴近他们的生活语言，既有文采又容易仿写。基于这样的认识，我们在"阅读黄金周"中实施了"我向老舍学写作"这一内容，主要是采用作业的形式，划定仿写内容，让学生根据自己的生活情境，仿写老舍先生的文段。

下面呈现的是"我向老舍学写作"任务中部分学生的语段写作：

老舍原文：

语段1："在洋车夫里，个人的委屈与困难是公众的话料，'车口儿'上，小茶馆中，大杂院里，每人报告着形容着或吵嚷着自己的事，而后这些事成为大家的财产，像民歌似的由一处传到一处。"

这段话写出了在洋车夫群体里人人有自己的苦楚与辛酸，而众人对他人的苦难表现得极其冷漠。

语段2："他的大手大脚在这小而暖的屋中活动着，像小木笼里的一只大兔子，眼睛红红的看着外边，看着里边，空有能飞跑的腿，跑不出去！"

这一句中小屋像小木笼，大手大脚的祥子像一只大兔子，兔子被关在木笼里，祥子被虎妞拴在身边。这一比喻传神地写出祥子婚后的不自在。

语段3："其余的人多数是彼此谈着闲话，听到这两句，马上都静了一会儿，而后像鸟儿炸了巢似的都想起一日间的委屈，都想讲给大家听。"

语段4："他弄不清哪儿是哪儿了，天是那么黑，心中是那么急，即使他会看看星，调一调方向，他也不敢从容的去这么办；星星们——在他眼中——好似比他还着急，你碰我，我碰你的在黑空中乱动。"

语段5："躺下，他闭不上眼！那些事就像一窝蜂似的，你出来，我进去，每个肚子尖上都有个刺！"

语段3是在茶馆里，一干车夫诉苦时的景象。语段4是写祥子被大兵抓入兵营后，在夜晚伺机逃跑时的情景。老舍先生在这段话中以星星的乱动来表现祥子内心的仓皇失措、惊恐异常。语段5是写虎妞骗祥子自己怀孕，并威胁哄骗祥子如何设计讨好刘四爷后，祥子的恐惧、慌乱。

语段6："灰天上透出些红色，地与远树显着更黑了；红色渐渐的与灰色融调起来，有的地方成为灰紫的，有的地方特别的红，而大部分的天色是葡萄灰的。又待了一会儿，红中透出明亮的金黄来，各种颜色都露出些光；忽然，一切东西都非常清楚了。跟着，东方的早霞变成一片深红，头上的天显出蓝色。红霞碎开，金光一道一道的射出，横的是霞，直的是光，在天的东南角织成一部极伟大光华的蛛网：绿的田，树，野草，都由暗绿变为发光的翡翠。老松的干上染上了金红，飞鸟的翅儿闪起金光，一切的东西都带出笑意。"

这段是写在祥子带着三头骆驼从兵营中逃出来时所见到的景象，这日出是从祥子的视角所写的，光线的变化、景物的样态中渗透的是祥子在经历了劫难后重获希望的欢喜，是典型的景中含情、情景交融的写法。给学生这段作为仿写段落，是想初中的学生能够学习这种景物描写的手法，把自己的感情融入对景物的描写中去。

语段7："他的脸慢慢由红而白。几天的容忍缄默似乎不能再维持，像憋足了的水，遇见个出口就要激冲出去。"

这句是祥子在刘四爷生日宴上听到其他车夫议论他和虎妞的关系后，一段时间挤压在心底的情绪爆发的一段。

下面呈现的是学生的仿写：

语段1仿写："在茶余饭后，名人的绯闻往往成为公众的话料，办公桌前，餐桌边，楼道里，每个人都津津乐道，演绎着自己的理解，拿着他人的苦乐酸甜，撰写自己的小说，而后这些段子，像苍蝇一样从一处传到另一处。"这位同学仿照老舍先生的写法，来表达对那些说闲话、聊名人八卦的批评。

语段2仿写："我的身体在这小而热闹的屋子中活动着，像小铁笼里的大豹子，看着窗外，空有一身的本领和力气就是出不去。"这位学生灵活仿用老舍先生的句子来表达自己在不喜欢的课上的束缚感。

语段3仿写："自媒体时代，似乎谣言的制造和散播成本太低。辟谣、封号、拘留。风波刚过，又喊喊喳喳地说起来，像危险已过的林鸟，啁啾不停。"这位学生很好地抓住了"鸟儿喊喊喳喳"这一特点来表现闲话、谣言的哄闹。

语段3、4、5仿写："就在开学的前几天，医院打来电话告知诊断结果，'恶性肿瘤'，我的脑袋嗡地一下，紧跟着全家人像鸟儿炸了巢一样混乱。爸爸、妈妈，还有我的手机响个不停。托人联系医院，回答亲戚朋友的询问，应对来自大家的关心……到了晚上，躺下，我闭不上眼！这些事儿就像一窝蜂似的，你出来，我进去，闹闹哄哄。窗外黑乎乎一片，不时有几颗星突然窜出云层，让我的心也跟着七上八下。"这一同学在描写自己真实的生活情境中非常好地融入了对老舍上面3个句子的仿用，灵活自然，恰到好处。

语段6仿写："因为生病我已经住院一月有余了，何时才能走出病房，重返学校？习惯于晚睡晚起的我最近睡眠更加不好了，总是在天不亮就醒了。今晨查房，张主任的话使我原本沉重的心一下子松了下来。我打开窗户，远方的楼宇身上的黑淡漠了许多，变成淡淡的灰；不知何时，楼角露出一丝红光，红色渐渐与灰色融调起来，有的地方成为灰紫的，有的地方特别的红，而大部分的天色是葡萄灰的。又待了一会儿，红中透出明亮的金黄来，投射在对面那栋高楼的玻璃窗上；忽然，一切东西都非常的清楚了。跟着，东方的早霞变成一片深红，头上的天显出蓝色。红霞碎开，金光一道一道地射出，横的是霞，直的是光，窗前那株老松的干上染了金红，飞鸟的翅儿闪起金光，一切的东西都带出笑意。"

语段7仿写："春节是中华民族的传统节日，但总觉得这个年越来越变味儿。年味儿越来越淡，传统的文化似乎不那么重要。什么大大小小，什么喜气祥和，人们不是在过节，是在过面子！如往年一样，我来到舅舅家拜年。本来开开心心的，可一回到家就听见了大人的抱怨。什么礼数不周，什么红包大小，什么给出去多收回来少！人前出手时他们要的是面子，人后抱怨时他们颜面尽失。如此，还过什么节？一场盛宴，食不甘味，一进家门维持了好久的容忍与缄默再也关不住了，像憋足了的水，遇见个什么出口就要激冲出去。"

这两个同学把从老舍语段中学来的词句和写法成功地移植到对自己生活情境的描写中去，一个同学是表达了因疾病所困，住院时异常苦闷的自己在听到查房医生带来的好消息时的轻松与满怀希望；另一个同学是表现亲人间因为压岁钱问题而产生的不满的情绪。

"我向老舍学写作"这一活动，是从小说文本的整体语言特色和中学生语文学习的学情出发，以语文核心素养为纲设计的整本书阅读的迁移应用任务。突出语言的积累与运用这一核心素养，逐步培养学生的语感和对语言运用规律的把握，从而实现根据具体的语言情境和不同的对象，进行得体而恰当的书面表达的目的。从学生的习作来看，这一阅读实践一方面打通了阅读与写作，使读写有效结合起来，另一方面盘活了课后作业，让学生的阅读收获具体、切实。

（六）从"一棵树"到"骆驼祥子"：从"象"入手探究"祥子"其人——自主建构与阅读展示

《骆驼祥子》整本书阅读的最后一个阶段是阅读展示阶段，在这一阶段里，同学们根据兴趣自由结组，自主探究。他们一般先整合阅读成果，然后根据选题查阅相关文献，明确展示的形式（专题探究小论文、文创推广方案与作品、插图、短视频、改编剧等），然后进行展示汇报。当时有个组将精读选题中的"祥子"形象解读和《骆驼祥子》书中的比喻手法两个阅读选题整合成"从'象'入手探究'祥子'其人"这一探究任务，并撰写专题探究小论文，下面呈现的是该组同学在阅读展示课上以 PPT 的形式所做的汇报。

从"一棵树"到"骆驼祥子"：从"象"入手探究"祥子"其人

刚来到城里时

"他觉得，他就很像一棵树，上下没有一个地方不挺脱的。"

解读：这个时候的祥子二十来岁，身形已经长得很高很大了，他身体结实硬棒。头朝下能倒立很久，这时他觉得自己是一棵树。此处"树"这一形象的比喻，表明祥子对自己健壮身体的自信，对美好未来的憧憬，这个比喻生动地写出了一开始祥子身上的朝气与生机。这份朝气与生机的根源是他"凭本事吃饭，靠力气赚钱"的朴素而单纯的生活理想。

紧咬牙关买下属于自己的车

"从风里雨里的咬牙，从饭里茶里的自苦，才赚出那辆车。那辆车是他的一切挣扎与困苦的总结果与报酬，像身经百战的武士的一颗徽章。"

解读："徽章"这一比喻既表达了车是对于祥子风里来雨里去艰苦奋斗的奖励，也表明车对于祥子而言具有非常重要的精神意义。

成为骆驼祥子

"一清醒过来,他已经是'骆驼祥子'了。"

解读:祥子被冠以"骆驼"这一称号,表面上看是与其被抓,逃出后牵回了三匹骆驼,获得一笔意外之财有关系。从深层次看"骆驼"这一动物与祥子这个人有着怎样的联系呢?骆驼四腿细长,身量高大,与祥子在外形上有着相似之处。此外骆驼的生活环境恶劣,行走在沙漠戈壁地带,力气大,耐力强,沉默寡言,与祥子的品行有相似之处。再有在本书中描写的骆驼"怕滑,一汪儿水,一片儿泥,都可以教它们劈了腿,或折扭了膝",在城市生活的骆驼是脆弱的,就如祥子的命运一样。因而"骆驼"这一形象的背后是对祥子的隐喻。

走兽与鬼影

"祥子还在那文化之城,可是变成了走兽。"

"他为自己努力,也为自己完成了死亡。他等着吸那最后的一口气,他是个还有口气的死鬼。"

解读:祥子吃喝嫖赌,懒惰自私。他狡猾,因为他丧失了尊严,没有了羞耻心,失去了生活的希望。他告发阮明,靠出卖灵魂获得钱。祥子完成了从人到鬼的转变。没有了人的美好品质后的他只剩下一副躯壳等待着腐烂,预备着到乱坟岗子去。

图3-5 从"象"入手探究"祥子"其人PPT

在整个阅读过程中,学生根据自己的阅读情况,调动已有的知识经验解决新问题,这样的做法是符合自主建构理论的。

上面只是学生小组专题研读众多作品之一。专题研读的选题可以由两部分构成:一是教师给的选题,这样操作能更好凸显文本特色与价值;二是由学生根据阅读实际情况自己拟定的,这样操作能最大程度照顾到学生的阅读兴趣,有利于小组充分合作。此外,在操作过程中要注意选题的开放度,要给学生留有充分的探究和释读的空间,同时不能忽视选题与文本的联系,不能远离文本空谈。

三、青春文学　爱与尊严——《简·爱》整本书阅读指导

《简·爱》是统编语文教材九年级下册名著导读中推荐的阅读书目。有很多教师因为中考的压力，或放弃对这本书进行阅读指导，或是有导无读。笔者之所以坚持带着学生去读这本书，主要是觉得这本书是名著中难得的涉及自尊与独立、爱情与尊严的"青春读物"。进入初三，大多数少男少女已经步入青春期，教给他们正确的爱情观是非常重要且有意义的一件事。因而笔者在指导《简·爱》整本书阅读时选择从"爱与选择"这一主题入手，一方面借简·爱这一经典的文学形象滋润少年心田，培育正确爱情观；另一方面在阅读时，借助以读促写，提高学生创意表达的能力。

对《简·爱》整本书阅读指导的整体框架与其他长篇小说基本相同，都是遵循下面程式进行的：

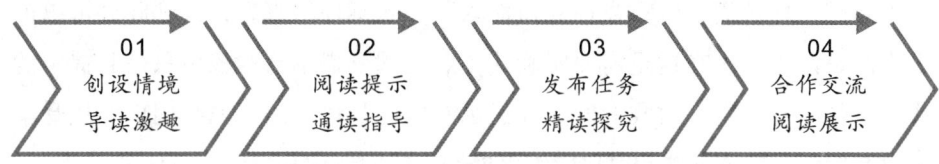

图 3-6　《简·爱》整本书阅读指导图

在《简·爱》整本书阅读导读课上，笔者借用了王敏芳《解锁小说整本书阅读"密码"之"第一"——以部编版名著必读书〈简·爱〉为例》一文中的思路，带着学生阅读第一页，梳理第一章，分析第一人，以此来激发学生的阅读兴趣。

教师不能代替学生阅读，但教师的阅读可以提高对学生阅读指导的针对性。因而自初一开始，笔者始终坚持在指导学生读整本书之前自己要先读，记录阅读中的感受与发现、困惑与疑问，明确文本特色与教学价值，并根据这些记录梳理出阅读提示与检核点，在学生通读前发下去。经过多次实践，这样的方式对学生通读全书还是有比较好的指导作用的。

《简·爱》一书共 38 章，每章给学生 2—3 个提示或检核点，这些阅读检核点主要是以"人物""情节""艺术手法"为核心，或引导学生关注人物心理变化（例如，提示学生阅读第 2 章时留意简·爱在红屋子里经历了一场漫长而跌宕起伏的心理活动，阅读完尝试梳理一下其中变化的层次）；或引导学生对人物进行对比，聚焦人物的变化与成长（例如，提示学生阅读第 4 章时

留意本章中简·爱对约翰的教训以及对舅母的指责的反抗，读完后与第1章中所表现的反抗行为进行对比，看看有什么不同之处）；或提示学生抓细节深入品味人物性格（例如，提示学生留意第5章中在洛伍德的第一天里谭波尔小姐的那些让简·爱印象深刻的言行）；或提示学生关注小说中他人对主人公的影响（例如，在阅读第1、2章时引导学生思考盖茨海德府的下人是如何看待简·爱的，读完后思考这类评价对年幼的简·爱有怎样的影响）；或提示学生体会情节的波折（例如，读完第25章提示学生暂停一下，围绕着桑菲尔德庄园上的神秘人梳理一下情节，感受情节张弛之妙）；或提示学生关注描写的妙处（例如，在读到第11章时提示学生关注文中多处对府内陈设的描写，阅读时请尝试用一两个词语概括每处陈设的特点，并思考该处陈设描写在情节发展中有何作用）；有些时候也会从语言的角度进行提示（例如，第16章"可是门依然关着，唯有夜色穿窗而入"一句翻译得真好，读到此处可以停下来品一品）……在这里需要明确的一点是阅读提示与检核单只是起提示的作用，学生有思考，对我们的阅读提示有回应是最好的，但我们也要接受学生没有回应，毕竟这些相对比较细碎处不是我们通读阶段的主要任务。

基于对《简·爱》这本书文本价值的挖掘与阅读目标的确定，在精读阶段，笔者选择从下面两个维度来实现阅读目标：分析简·爱形象，培育正确爱情观。

（一）以写促读，创意表达

阅读是作者与文本的对话，是一种隐秘的行为。所以我们在《简·爱》的阅读过程中设计一些创意表达的任务，激发学生表达的热情，推动学生把对文本的理解外显出来。下面是笔者在这方面做的一些尝试：

1. 以多层泡泡图的形式，激发对简·爱其人的认识与理解

在解读人物时，泡泡图是相对比较清晰，容易让人迅速关注人物特征的一种思维导图。笔者之所以选择以思维导图的形式布置简·爱形象解读任务，是所教班级男生居多，逻辑思维较强，平时懒得动笔，尤其是对于大段书面表达，他们从心理上比较抗拒。在通读结束后，笔者让他们以画图的方式呈现对简·爱的认识，难度不大，比较合他们的胃口。至于要求用多层泡泡图是想引导他们在设计泡泡图一圈一圈的层次中，把对人物的理解展开，能在具体情节中对人物进行解读。下面是一位同学的作品：

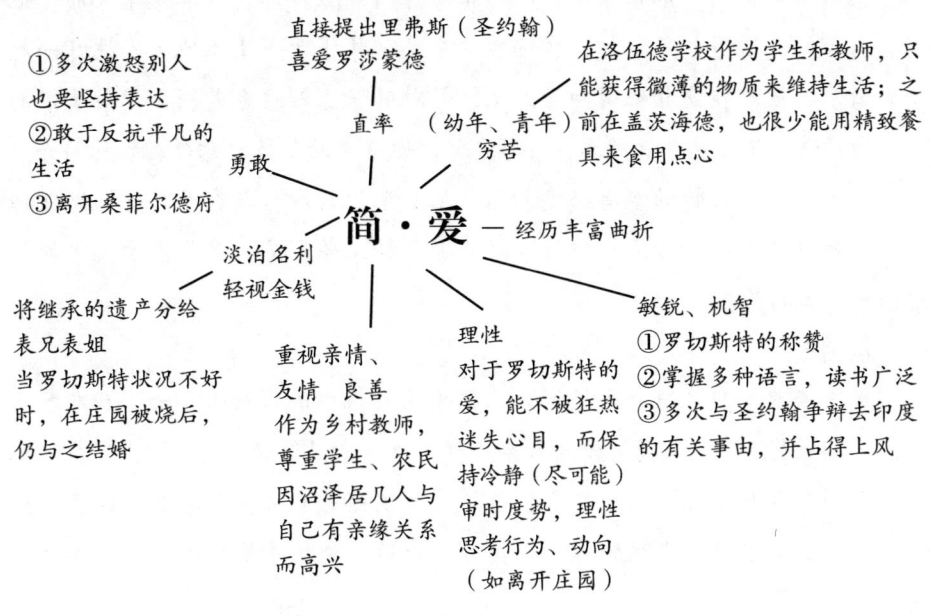

图 3-7 对简·爱的认识（学生作品）

从这次作业中我们能看到学生对简·爱的认识是准确而丰富的，多数同学能基于具体情节对人物进行比较细致、准确的分析。

在这次作业之后，笔者又用 2019 年浙江省金华市的下面这道中考试题促进学生对人物理解的书面表达。

文学世界，万物有灵。下列作家笔下的哪种植物可以用来比喻简·爱？请结合相关内容，简析两者的相似之处。

A. 白杨树（茅盾） B. 小桃树（贾平凹） C. 木棉树（舒婷《致橡树》）

下面呈现的是学生的作业示例：

示例 1：

我认为可以用白杨树比喻简·爱。白杨树是平凡的，虽然生长环境恶劣，但它却一直坚强不屈地屹立着。枝枝向上，力争上游，用坚挺铸就不凡。这正和简·爱的性格相似。简·爱独立自强，敢于反抗。面对表兄的打骂，校监的污蔑，她都能勇敢地抗争，哪怕自己只是一个平凡的女子，也要如白杨树般铸就不凡。

示例2：

我选择木棉树。木棉树以树的形象与橡树站在一起，两者是平等的，他们各有长处，遇事相互分担，幸福共同分享，扎根于一块土地上，枝叶一起伸向云层，虽然相恋相依，却始终保持精神的独立。这也是简·爱所追求的平等的爱情。简·爱个性独立，自尊自强，她追求的是情投意合、风雨同舟。简·爱不因罗切斯特的富有而爱慕他，不贪恋他的权势与富贵，她始终保持经济的独立与人格的独立，即便是婚后也坚持工作，为的就是在爱情中能始终保持平等的关系。

示例3：

我选择贾平凹笔下的小桃树，其在风雨寒霜中依然顽强存活，且在春天开出了灿烂花苞。正如简·爱的人生一样。起初在舅舅家，简·爱十分自卑孤独，受到冷落与凌辱，而后在洛伍德学校，不论是生活条件艰苦，还是学监的歧视，都成了简·爱顽强成长的养分，使她在逆境中磨炼出了一个更好的自己。

经过这样两次作业，学生把对简·爱这一人物的认识从感性走向了理性，从表层走向深处，并通过写作练习有创意地表达出来。

2. 绘制或解读封面，外化对主题的理解

完成了对人物的理解后，笔者又布置了绘制或解读封面，来促进学生对主题的理解的外化。

在布置作业之前，笔者跟同学们分享了逛书店买书的经历：往往最先吸引我的是一本书的书名与封面。对此学生纷纷点头，表示有同感。紧跟着我向同学们介绍了书籍封面设计的原则——突出和强化主题、注重实用性与审美的统一。然后出示了几张我们读过的名著的封面，有鲁迅为自己的《呐喊》设计的封面，有中国青年出版总社出版的《红岩》的封面，大家一起探讨封面上的内容以及对作品主题的呈现。随后我让大家去看自己手里的《简·爱》，如果觉得手里这本书封面设计得好，那就去写一段文字对自己这本书的封面进行介绍，如果觉得自己手里的那本《简·爱》的封面在指向主题方面并没有可言说之处的话，可以自己尝试进行设计。

下面是两个同学的作业:

封面主体是简·爱的半身剪影,剪影的心口位置是她和罗切斯特先生初次邂逅的场景。人物额头处向脑中延伸出一只树杈,上面站着一只鸟,上方飞着一只鸟,头像外部还飞翔着一只鸟。这一方面象征着简·爱追求的自由,一方面也可以解读为在爱情路上经历了离去与归来后的简·爱对感情更坚定,人格更独立、自强。剪影和背景的颜色自上而下,由浑浊变清澈,尤其是以剪影心口处的场景为分界线,以此来表现爱情这一主题。

图 3-8 学生作业 1

这位同学完成的是对封面的介绍与解读,我们从语言文字中能看到有一定的条理,对于主题的理解也较为准确。

我画的封面以简·爱为主体,我在她的身后画上荆棘与黑暗,以此来表现她在成长路上所经历的苦难与艰辛。而她却面向阳光,嘴角微微上扬,神情愉悦,眼神中流露出坚毅,以此来表现她乐观面对生活。她的手中紧紧握住一颗象征爱情的心,以此来表现她经历种种苦难,成长为一个独立坚强、自尊自重的女性,最终收获真正的爱情和幸福。

图 3-9 学生作业 2

上面这位同学选择的是为《简·爱》创作封面,该同学能够紧扣人物与主题进行设计。其实不论是解说封面还是设计封面,都是一项综合性非常强的作业,学生要从线条、色彩、构图等角度去解说主题,这非常考验学生的综合表达能力。

(二)"爱与选择"——少女的成长史

初中阶段的学生正值情窦初开之际,也是人生观、爱情观形成的重要时期。《简·爱》以主人公简·爱陷入爱情——放弃爱情——回归爱情为主要内容呈现了一个女孩的成长史,对学生树立正确的人生观、爱情观,以及正确地看待苦难、爱情、自尊、独立会产生很大的作用,因而笔者设计了下面两个环节来实现读"青春文学"滋养少年成长这一初衷。

1. 专题探究：从"离去"与"归来"看简·爱的成长之路

和以往读其他书一样，在阅读的第三个阶段，笔者会根据学生的兴趣点和难点设计一些专题，让各小组去探究，这次笔者设计了6个选题：

（1）从"离去"与"归来"看一个女孩的成长路

（2）"治愈"与"拯救"

（3）"爱人"更重要，还是"被爱"更重要

（4）"阁楼上的疯女人"的隐喻

（5）《简·爱》的艺术风格

（6）《简·爱》的影响

两个教学班，一共12个组，竟然有4个组选择了（4），在我看来选题（4）是非常有难度的，但从汇报来看，这些小组同学查阅资料、细读文本，竟然对这一选题做了非常深入而全面的探究。

他们首先梳理原文，对"疯女人"伯莎·梅森做了如下概括：被家族卖掉，嫁给一个不爱自己的人；然后依据原文对伯莎·梅森疯的原因进行推断；接着他们比照简·爱与伯莎·梅森后，得出"伯莎·梅森是简·爱的反抗精神的另一面"这一结论。他们认为简·爱不像那个时代的女性，她勇敢、稳重、善良，自尊和自由是她人生中最宝贵的信仰。伯莎·梅森才是那个时代的女性代表，她们婚前是政治联姻的筹码，婚后是随时可以被抛弃的花瓶，爱对她们来说是最奢侈的憧憬。疯女人代表了那个时代众多现实女性心中那个勇于反抗的自我。最后他们还查阅了其他文学作品中的疯女人形象，发现其共同特点：女性通过"疯"来表达自己的意志，表达对社会的反抗。

其他小组对另外几个选题的呈现也都有可圈可点之处，有的小组用思维导图梳理简·爱的离去—归来的路径，紧扣住地点的转换，对全文情节做了较为清晰的把握，同时也聚焦了简·爱的成长变化。下面是学生做的阅读成果展示：

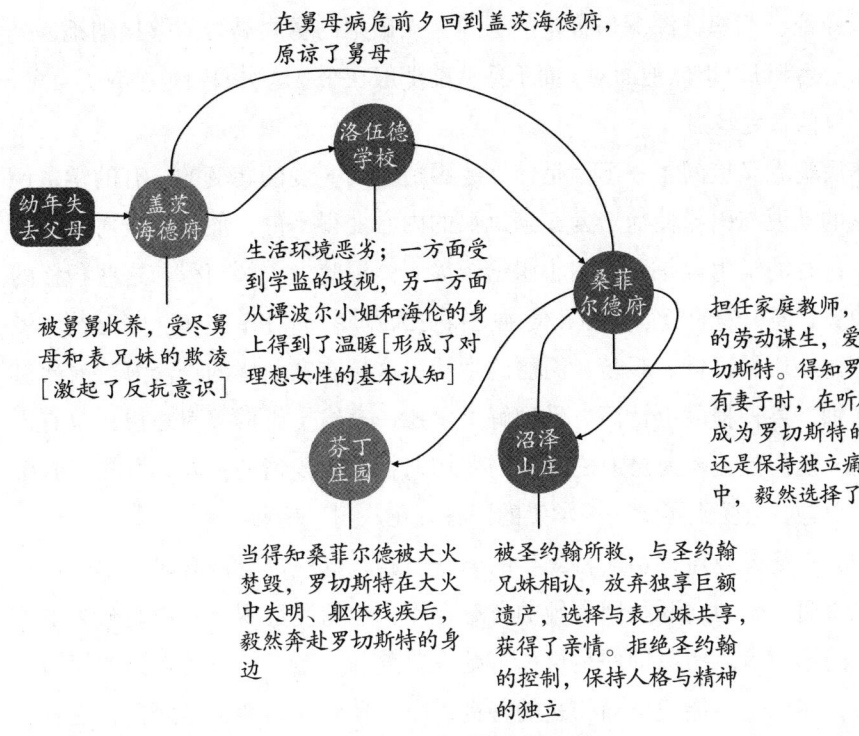

图 3-10　学生阅读成果展示

不过在这个过程中也有一些不足，比如，对简·爱的"离去"与"归来"认识不够深入。全书写了简·爱两次离去—归来，第一次是带着怨恨离开盖茨海德府被送去洛伍德学校，然后在里德舅妈弥留之际回到盖茨海德府，放下了仇恨，原谅了里德家人对她的伤害。第二次是因不愿做罗切斯特的情妇而痛苦地离开桑菲尔德，又在得知罗切斯特在大火中受伤而回到他身边。再有就是对离去的原因呈现得比较多，对归来的分析不够深入。于是笔者带着学生回读文本，引导学生深入分析简·爱的两次归来。

学生很快锁定了下面文字："然而，无论是明嘲还是暗讽，对我已失去了一度有过的影响力。我坐在两位表姐妹中间，惊讶地发现自己对一位的完全怠慢、另一位半带嘲弄的殷勤处之泰然——伊丽莎伤不了我的感情，乔治亚娜也没有使我生气。事实上我有别的事情要想。最近几个月里，我内心被唤起的感情，比她们所能煽起的要强烈得多——所激起的痛苦和欢乐要比她们所能加予和馈赠的要尖锐和激烈得多——她们的神态好歹与我无关。"

他们发现再次回到盖茨海德府，简·爱可以无视姐妹们对她的傲慢无礼，她可以原谅、宽恕曾深深伤害她的舅妈，无论她的舅妈是否能够接纳她、爱她，简·爱都可以坦然地面对，而不像从前那般在乎。这次回归她抛弃了自卑，变得更自信，更坚强。

然后笔者又追问了一下，是什么原因造成简·爱的转变的，有的学生说是海伦的劝说与引导使简·爱充满仇恨的内心变得平静，使她放下对于过去的执念；有的学生说是谭波尔小姐给予简·爱温暖、关怀与爱，这些积极的情感冲淡了简·爱的负面情绪，使她变得更为宽厚、平和；还有人说是简·爱在洛伍德经历了饥饿、艰苦、简陋的生活，这与衣食无忧的盖茨海德府比有天壤之别，某种程度上让简·爱理解了里德一家给予她的养育之恩；也有人认为简·爱回到盖茨海德府之前正与罗切斯特擦出爱情的火花，沉浸于其中的简·爱势必会受到影响……学生的回答五花八门，精彩纷呈。

在分析简·爱对罗切斯特先生的离开与归来这一部分内容时，学生基本上能说出简·爱的离开是因为她的自尊自爱，她的爱情观不允许她成为别人婚姻里的第三者。所以即便是再痛苦她也要离开。至于简·爱重回罗切斯特的身边，多数学生能说出简·爱的善良，简·爱对罗切斯特是深爱，也有个别同学能联系到此时简·爱继承了大笔遗产，解读出从财富上和罗切斯特实现了平等是简·爱回到罗切斯特身边的重要原因。在爱情关系中对平等的追求是简·爱最独特与最光辉之处。

除此之外，在讨论中有学生对于简·爱在深夜里听到罗切斯特的呼唤这一情节表示不理解，"这不合理"，"作者为什么要这样写"，这是几个男生的疑问。老师针对这些疑问进行了适当点拨：这样的情节虽然在科学面前是不合情理的，却恰好表现了二人的心灵感应，作者以此来表达对爱情的认识——值得托付终身的爱情是心灵的契合。

2. 爱人重要，还是被爱重要？——关于爱情大讨论

简·爱视"被爱"如生命般重要。孟子说"爱人者，人恒爱之"，在现实生活中，"爱"与"被爱"会深刻影响我们的自我认同。在"爱"的多种形态中，我们不断练习如何与人相处，这是自我成长的必经之路。想一想，对你来说，"爱人"更重要，还是"被爱"更重要。

之所以设计这样的一个话题，还是希望引导少男少女去思考爱情，去思考在爱情中应该如何自处。不过因为选这个题的只有一个小组，他们的解读比较简单，学生们或者因为年龄和阅历的问题，或是碍于在课堂上，所以这一话题没能激起全班同学的讨论，非常遗憾。但是课后通过学生的作业，还是看到了部分学生对这个话题的回应与思考。

读《简·爱》的一点思考
初三（8）班　王曦婕

《简·爱》中有这么一段话："我必定得离开，你以为我会留下来，成为你眼中一个可有可无的人吗？你认为我是一架机器——一架冷淡无情的机器吗？你以为我能受得了别人把我仅有的一片面包从我口里夺走，把仅有的一滴救命之水从我杯里泼掉吗？你以为，因为我贫穷、低微、矮小、不美，我就没有灵魂，没有心了吗？——你错了，我也有和你一样的灵魂，和你一样的一颗心！假如上帝曾给我一点儿漂亮、丰盛财产，我也会让你觉得难以分开我，就像我当初难以离开你一样。我现在是用我的心灵和你的心灵对话，站在上帝眼前，我们是同等的。"这是这本书让我学到的——追求平等与尊重。

简·爱最初生活在舅母家，在面对关进红房子、遭受表兄的殴打、表兄妹的歧视等虐待时，她勇于回击，从内心发出了"不公平"的呐喊，表现出了强烈的反抗精神，而一颗追求平等与尊重的种子也在她的心中慢慢萌发。在孤儿院，简的反抗意识得到了进一步的发展，这与海伦·彭斯逆来顺受的性格形成了鲜明的对比。而简·爱追求平等与尊重的信念在与罗切斯特的爱情中彰显得更为完整了。简·爱不会因为自身的其貌不扬、身份低下而感到卑微，她认为爱情应当建立在精神平等的基础上，而不应取决于社会地位、物质财富以及样貌，只有男女彼此深爱着对方最为本质、不加修饰的灵魂，才能得到真正的幸福。而简·爱与罗切斯特的爱情毫无疑问向我们证实了这一观点的正确性：离开前，简·爱是个身份低下的家庭教师，罗切斯特是个富裕高贵的上层人物；离开后，简·爱继承了遗产，而罗切斯特却失去了一切。但样貌、金钱、阶级等，都不会成为他们彼此相爱的隔阂。由此可见，只有基于精神平等的真正的爱慕，才是坚不可摧的，它不会因为任何外界条件的改变而轰塌。

简·爱是一个不甘忍受社会压迫、勇于追求个人幸福的女性。而她在爱情中所表现出的"自尊"，是如今的每一位新时代女性应该学习的。从古至今，男尊女卑、男主外女主内等思想已经慢慢被消除，但它依旧潜移默化地影响着社会中的男女关系。有些男性利用这一特点，对女性进行贬低与打压，从而满足自己扭曲的变态心理。但如果女性能够在面对男性时做到像简·爱一样不卑不亢、坦然而待，肯定自己的价值，不允许他人的歧视与侮辱，那么，女性受害者会越来越少，社会中男女关系的天平也会慢慢平衡。自尊，不仅仅是女性应该拥有的，而是每一个人应该拥有的。这是一种健康的心理状态，懂得自尊的人，他的生活一定是舒洽的。

综上，《简·爱》教会了我去勇敢地追求应有的平等与尊重，而简·爱在爱情中的自尊，同样告诉了我女性在男女关系中并非是弱势群体。男性同女性除了在身体构造方面有不同外，在其他的方面均一样：我们有同样的机遇与权利，我们在对话时处于同等的高度，我们同样有追求自由与自我价值的权利，我们同样可以在家带孩子，我们同样可以穿着自由，我们同样可以……学会爱自己，才是终身浪漫的开始。

幸福来源于"被尊重"和"被爱"

初三（8）班　何芷珊

读完《简·爱》之后，我向我自己提出了一个问题：人的幸福感来源于何处？现在我认为，人的幸福感来源于"被尊重"和"被爱"。

毫无疑问，舅妈里德太太两样一样都没有给简·爱。她甚至认为收养自己的亲人是义务，是不得不去做，这样的铁石心肠，这样冷漠的态度。在她的身边，简·爱没有感受到爱，更不用提尊重。在慈善学校，简·爱认识了一位博学多才且十分宽容的朋友——海伦。海伦虽然年纪比简·爱要大，但是她认真地倾听简·爱的想法，给予简·爱尊重，同时也不吝啬表达对于简·爱的爱——这是多么美好的友情！来到桑菲尔德，简·爱与罗切斯特相爱，但是当他们即将喜结连理之时，她却发现罗切斯特早有妻子，她不愿意做情妇，便离开了罗切斯特。罗切斯特给了她爱，但没有给她尊重，所以简·爱离开了庄园。一番奔波后简·爱来到了沼泽山庄，经过圣约翰妹妹的照料，简·爱逐渐好了起来。圣约翰发现简·爱身上的美好品质：坚韧，顽强，独立。他向简·爱求婚，他给了简·爱尊重，但是他并没有给简·爱爱情，所以简·爱拒绝了他的求婚，离开了圣约翰家。也正是因为简·爱勇敢地追求幸福，最终才与罗切斯特在一起。她得到了爱,也得到了尊重,她获得了真正的幸福。

虽然我们现在还是中学生,但"爱"和"尊重"离我们并不遥远,我们也应该勇敢地追求这两点,这样才能让自己获得幸福。

《简·爱》给我的启示
初三(7)班　解佳怡

《简·爱》是一部成长小说,讲述了一个出身寒微、父母双亡的孤女的成长故事。下面我将从简·爱人生中的五个阶段分别来谈我的感受、启发和思考。

1. 盖茨海德府的童年

在这里,幼小的简·爱受到她的舅妈、表兄及表姐精神和肉体的双重虐待。舅妈从一开始就不喜欢简·爱这个古怪的孩子,即使舅舅临终前嘱咐她要善待简·爱,她对简·爱的嫌恶和憎恨不仅没有减少,反而与日俱增,以至于她的孩子们也对简·爱另眼相看。简·爱的表兄在她看了书架上的书后对她大打出手,而简·爱竟还击了回去。这里,不难看出简·爱是一个有自己独立的性格和思想的人,我对简·爱的未来担忧,同时非常钦佩她的勇气。

简·爱因此被关进了红房子,在红房子内,有这样一段弱小而倔强的内心独白:"'不公平!——太不公平了!'我的理智告诉我说,在痛苦的刺激下,他一时变得像大人那么强有力,而同样被激起来的决心,也在怂恿采取某种不寻常的办法来逃脱难以忍受的迫害——比如说出走,或者不成的话,就从此不吃不喝,让自己饿死。"我仿佛听到了简·爱心中的呐喊,虽然面对的势力强大,但遇到不合理的要求和不公平的对待时,即使力量弱小,我们也要像简·爱那样敢于去反抗,敢于为自己发声,寻找公平和平等。

2. 洛伍德学校的教育

在这里,简·爱仍要忍受贫困的折磨和精神上的压抑,但得到了朋友和榜样。

简·爱的好朋友海伦,在学校的资助人当众批评侮辱简·爱后安慰她:"即使世上的人都恨你,相信你坏,只要你自己问心无愧,知道自己是无辜的,你就不会没有朋友。"我感动于她们之间深厚而纯粹的友谊,同时也被海伦强大的内心所折服。是啊,只要我们自己问心无愧,就总有理解我们的人存在;就算没有,那又何妨?何必去在意他人对我们的评价呢?

还有善良而敏锐的谭波尔小姐,她将孩子们的苦看在眼里,为孩子加餐,即使她知道这样做会被说；她还大费周折地求证，为简·爱公开洗清罪名。起初我不理解这样的行为，因为她面临着被辞退的风险。后来我明白，这是因为她知道这对一个孩子来说并不是一桩无关紧要的小事。老师的行为直接影响着学生的行为，谭波尔小姐是一名好老师，她关心孩子们的心理状况，倾听并信任她们，是简·爱的榜样。

3. 做桑菲尔德府的家庭教师

在这里，简·爱爱上了她的男雇主，一位有瑕疵的拜伦式（叛逆）男主人公爱德华·罗切斯特。罗切斯特先生在家里举办贵族交际会，故意与门当户对的英格拉姆小姐关系暧昧，让简·爱心生嫉妒；英格拉姆等贵族小姐对简·爱尖酸刻薄，认为她没有权利和她们一同参加活动，这体现了当时社会中根深蒂固的等级偏见。但简·爱自始至终都保持着独立的人格和尊严，没有因为地位卑微而放弃对情感的平等追求，这就是自尊的体现。

最让我印象深刻的是简·爱对罗切斯特的告白："……你以为，就因为我贫穷，低微，不美，矮小，我就既没有灵魂，也没有心吗？——你想错了！我跟你一样，有灵魂，——也完全一样有一颗心！要是上帝赐予我一点美貌、大量财富的话，我也会让你难以离开我，就像我现在难以离开你一样。我现在不是凭习俗、常规，甚至也不是凭着血肉之躯跟你说话，——这是我的心灵在跟你的心灵说话，就仿佛我们都离开了人世间，两人一同站立在上帝的跟前，彼此平等，——就像我们本来就是的那样！"这是一篇具有划时代意义的女性平等宣言！这是多么勇敢和纯粹！每个人生来就有平等追求爱情的权利，不为阶级、年龄、财富所羁绊，主动追求爱情，坚信人类生来平等，简·爱自尊的女子的天性怎能不令人心生敬意！

成婚前的一个月，罗切斯特先生为简·爱买了许多服装与首饰，但"他给我买的越多，一种烦恼和屈辱的感觉就越使我脸上发热。"罗切斯特认为简·爱也是那种爱慕虚荣的人，但简·爱并不是。简·爱还要求继续做家庭教师，挣自己的工钱。为什么？因为自尊。简·爱没有把爱情当作索取财富的方法，没有想着享乐地度过余生，女性本不该如此。双方平等的付出，是简·爱想要的爱情。除了罗切斯特的敬重，简·爱别无所求。

在成婚的那天，一个天大的秘密被揭开——罗切斯特先生已经有了妻子，是那个会咬人的疯女人！简·爱已发现罗切斯特欺骗了她，离开还是当情妇？简·爱毅然地选择了离开，因为"忠诚已遭破坏，信仰已经丧失了！"这就是自尊。在她看来，留下来当情妇是不道德的，不是光明正大的，两人的信任已经消失，所以她放弃了爱情、财富和安逸的生活，在一个凌晨独自离开桑菲尔德府，独自奔向渺茫的前途。离开需要勇气，在爱情中坚守自己的原则和底线更为不易，但我们不要委曲求全，越是不容易，我们越是要尊重自己。

4. 在荒原庄与里弗斯一家在一起的日子和最后的成熟

离开桑菲尔德府的简·爱差点饿死在陌生的乡村，被好心的里弗斯一家收留。简·爱与家里的两个表妹十分聊得来，常在一起读书交流。后来简·爱成为了女子乡村学校的教师，搬到了学校去住。一日，简·爱收到了来自她叔父的一笔遗产，一下子变得富有了。简·爱决定与里弗斯一家平分财产，因为他们是有亲缘关系的。在这期间，严肃而冷酷的牧师表兄圣约翰多次向简·爱求婚，简·爱最终拒绝了他，并决定回到罗切斯特先生的身边。

简·爱为何会做出这样的决定？从圣约翰的方面来说，他本是有喜欢的女生——奥立弗小姐，但经过深思熟虑，他觉得她不是他适合的伴侣，所以才追求简·爱；他考虑太多世俗的东西，太死板，这与简·爱的爱情观是不同的。其次，他要让简·爱也和他一样为宗教事业奉献终身，要带她去印度，即使不相爱也要在一起，简·爱瞧不起他对爱情的看法，瞧不起他奉献的这种虚假感情。再者，圣约翰先生有些强势，常用命令式的语气对简·爱说话，简·爱常常也只能服从；简·爱在他的身边常常受拘束、遭制止，被迫压制自己的天性，这对简·爱来说是无法忍受的。从罗切斯特的方面来说，简·爱和他在一起，是毫无拘束的，可以完全放松。其次，简·爱获得了一笔意外的财富，取得了经济上的独立，她知道她与罗切斯特先生获得了平等的社会地位。最重要的是，简·爱在心中还是深爱着罗切斯特先生的，他们的三观是高度一致的，于是她遵从自己内心的选择，回到罗切斯特身边。

是简·爱的自尊、自强、自爱支撑她完成每一个决定：在爱情来临时不自卑，勇敢地表达爱，追求的是平等、互相尊重、彼此欣赏的爱；当爱情与尊严冲突时，坚决地选择尊严。先学会做人再爱人，我想这样的爱情观是值得我们学习的。

从上面学生作业中笔者看到了学生对困难的理解，对反抗的思考，对爱情的认识。能激发学生做这样的思考和表达，读《简·爱》的意义已经达成了。

四、聚焦典型与经典，降低阅读难度——《儒林外史》整本书阅读指导

《儒林外史》是一部优秀的长篇讽刺小说，它以批判科举制度为中心，对形形色色"儒林"人物欺世盗名的丑恶灵魂做了深刻的揭露和抨击。在结构上，它连缀许多故事而成长篇，并无一中心人物，也没有贯穿始终的中心故事，在众多古典小说中这种艺术结构自成一格。从文学史的角度来看，《儒林外史》的思想价值、艺术价值是毋庸置疑的，但从学情来看，该书是学生初中阶段阅读的古典小说中难度最大的一本。之所以如此说，是因为笔者在布置《儒林外史》阅读任务时，明显感觉很难推进。第一次推荐阅读，全班同学只有一个人看完了全书，有三分之二的同学在前五章就停滞不前了。学生普遍反映很难读，主要体现在以下几点：

1. 内容不易理解。①有许多难理解的词句。②社会时代背景（八股取士、封建制度）距离学生的认知遥远。③人物的称呼较多，且变化频繁。

2. 小说的事件繁多，故事跳跃性强，难以梳理故事内容。

3. 人物众多，年代跨越很大，很难理清楚关系。

4. 表达委婉，不太能读出小说讽刺的艺术。

因此，在指导《儒林外史》阅读时，笔者把"降低阅读难度，提高阅读效率""围绕典型与经典，提高阅读收获""建立内在关联，促进阅读深入"作为重点，并进行了如下尝试。

（一）巧妙打开"第一页"，全面梳理"第一章"，细腻感受"第一人"——导读激趣

在《儒林外史》导读课上，笔者依然采用了王敏芳《解锁小说整本书阅读"密码"之"第一"——以部编版名著必读书〈简·爱〉为例》一文中的思路，带着学生阅读第一页，梳理第一章，分析第一人，以此来激发学生的阅读兴趣。

1. 巧妙打开"第一页"

我选择《卧闲草堂评本·儒林外史》（岳麓书社出版）卷首《序》作为打开《儒林外史》的第一页，以此来指导学生感知整本书，把握吴敬梓的创作主张。

夫曰"外史"，原不自居正史之列也；曰"儒林"，迥异元虚荒渺之谈也。其书以"功名富贵"为一篇之骨：有心艳功名富贵而媚人下人者；有倚仗功名富贵而骄人傲人者；有假托无意功名富贵自以为高，被人看破耻笑者；终乃以辞却功名富贵，品地最上一层为中流砥柱。篇中所载之人，不可枚举。而其人之性情心术，一一活现纸上。读之者，无论是何人品，无不可取以自镜。

阅读这段话，学生会对《儒林外史》有一个整体上的认知。首先这本书是以文学的笔法反映现实；其次全书以功名富贵为核心，塑造了四类人物："心艳功名富贵而媚人下人者"，"倚仗功名富贵而骄人傲人者"，"假托无意功名富贵自以为高，被人看破耻笑者"，"辞却功名富贵，品地最上一层为中流砥柱"，并鲜明表达了对这四类人的态度。阅读这段话我们能够知道作者把功名富贵看成是腐败堕落的代名词，看作全社会虚伪势利之风的根源，从而达成对求取功名富贵的工具——八股取士的科举制度的否定。

选择《序》作为打开《儒林外史》的第一页，除了希望学生能在阅读之初就准确把握全书主旨外，还借作者对四类人物的概括作为接下来阅读的主线，指导学生按照这一主线选择典型人物、经典片段组成群文，降低对整本书阅读的难度，在有限的阅读时间里提高阅读效率。

2. 全面梳理"第一章"

中国古典长篇小说的"第一章"，往往因缺乏强烈的矛盾冲突、跌宕起伏的情节变化，而被同学忽略或轻视。其实如果能充分重视第一章，仔细阅读，我们会发现第一章中有很多耐人寻味的地方，甚至隐藏着解读全书的重要密码。

作为中国古典小说《儒林外史》的第一章"说楔子敷陈大义 借名流隐括全文"，作者在回目中清晰地写明本回的作用"敷陈大义"和"隐括全文"。于是笔者抓住这两点指导学生对第一章进行梳理。学生很容易发现本章中敷陈的"大义"。

从开篇的一首《蝶恋花》"人生南北多歧路，将相神仙，也要凡人做。百代兴亡朝复暮，江风吹倒前朝树。　功名富贵无凭据，费尽心情，总把流光误。浊酒三杯沉醉去，水流花谢知何处。"到作者跳出来的议论"这一首词，也是个老生常谈，不过说人生富贵功名是身外之物，但世人一见了功名，便舍着性命去求他；及至到手之后，味同嚼蜡。自古及今，那一个是看得破的？"再到王冕评"法"，"这个法（八股取士）却定的不好！将来读书人既有此一条荣身之路，把那文行出处都看得轻了"。最终以"一代文人有厄"这一论断将全文主旨隐括其中。

此外在第一回中出现了时知县、危素、秦老爹、王冕等人，对照序文中的四类人，只需要教师稍加点拨，学生就能发现时知县、危素隐括的是鱼肉乡民的当官者；秦老爹宽厚明哲囊括了底层人民的良善；王冕兼具贤士、奇人的精神品格。而耐人寻味的胖子、瘦子、胡子则揭示了趋炎附势的乡绅、假充风雅的名士的某些特征，作者连名字都不给他们，正好显示了他们的普遍性和概括性。

此外在第一章中吴敬梓对时知县这一人物的刻画，运用精当的心理描写（"老师既把这个人托我，我若不把他就叫了来见老师，也惹得老师笑我做事疲软。我不如竟自己下乡去拜他。他看见赏他脸面，断不是难为他的意思，自然大着胆见我，我就便带了他来见老师，却不是办事勤敏？"又想道："一个堂堂县令，屈尊去拜一个乡民，惹得衙役们笑话。"又想道："老师前日口气甚是敬他，老师敬他十分，我就该敬他一百分。况且屈尊敬贤，将来'志书'上少不得称赞一篇。这是万古千年不朽的勾当，有甚么做不得。"），活脱脱把时知县复杂而微妙的内心活动呈现出来，从而实现了对其虚伪做作、贪图虚名的讽刺。

在全面梳理第一章的过程中，我们梳理了作者所敷衍的大义、名流隐括的内涵，初步感知讽刺手法，虽然正式阅读还没开始，但学生对于全书的文本特色与价值已有了较为充分的认识。

3. 细腻感受"第一人"

《儒林外史》一书中出现的第一个人物是王冕。在本节课前，有很多学生对于在第一回中讲王冕的故事很不解，感觉有某种深意，但又说不明白。于是这节课笔者带着学生先概括这一章中写了王冕哪几件事，这些事表现了王冕哪些特点或品质。经过讨论，师生做了如下梳理：

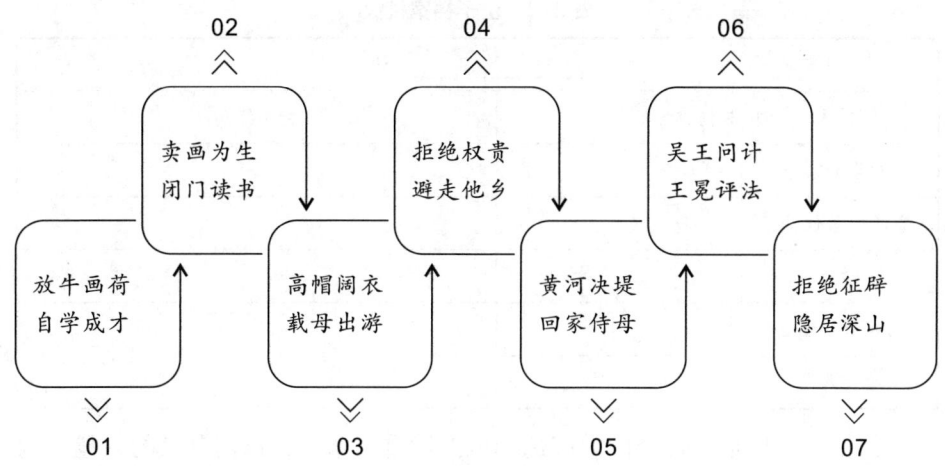

图 3-11　王冕事件梳理

在梳理的过程中，学生对王冕形象有了较为细腻的感受，即王冕是一个与自然和谐交融的智者形象，是一个拒绝功名富贵的隐士形象，是一个经济独立的能人，他是作者塑造的理想的人格典范。作者是按照中国古典小说常见的做法，在第一回中借一个独立的故事，向读者暗示了他整个的创作意图。

（二）"两个任务，三个支架"——降低阅读难度，使通读走向深入

《儒林外史》对中学生而言阅读难度大，如果教师不加引导单靠学生自己去读，阅读收获难以保障。因而在通读全书前，我们提供给学生三个阅读支架：

1. 全书的结构图
2. 全书主要人物分类图
3. 主要人物、情节索引

然后发布两个阅读任务：

1. 让学生根据兴趣与能力选择 3 个人物，制作士子档案。

2. 根据士子档案，在学习小组内讲儒生故事。

下面表3-3是当时提供给学生的士子档案模板：

表3-3 士子档案模板

_____档案	
基本信息	主要经历
姓名及称呼	
籍贯（居住地）	
学历	
家庭成员	
结交人员	

根据这一模板，每个同学有选择地阅读重点章节，根据自己的兴趣与能力选择3个人物，制作了士子档案。

下面表3-4是一位同学做的匡超人的档案：

表3-4 匡超人的档案

个人信息	姓名（曾用名）	匡迥，字超人	
	家庭住址	温州府乐清县	
	进学经历	中秀才—以优行贡入太学—考取教习	
	婚姻状况	先入赘郑老爹家，后隐瞒已婚事实，另娶李给谏外甥女	
	职业情况	测字—选文—枪手—教习	
家庭主要成员	匡父	颇有见识。"功名到底是身外之物，德行是最要紧的；我看你在孝悌上用心，是极难得，却又不可因后来日子略过的顺利些，就添出一肚子的势利见识来，改变了小时的心事……万不可贪图富贵，攀高结贵。"	
	匡兄	自私、不孝，家中失火，不但不顾父母，忙着救自己的财物，还埋怨弟弟不帮自己抢搬货物。	
主要经历	流落异乡，结识马二，淳朴少年点燃功名欲望		乖觉、淳朴
	归家事亲，孝行感人		孝顺
	深夜苦读，感动县主		勤奋
	一路进学，考中秀才		

续表

主要经历	县主摘印，遭受牵连，满腹牢骚，避祸他乡	忘记恩情
	相与名士，选文作诗，愈加渴望功名	虚伪
	相与潘三，伪造文书，成为枪手，不法谋财	唯利是图
	停妻再娶，拔优行贡，回乡竖旗	虚伪、攀附权贵
	拒见潘三，薄情寡义，拿腔作势，冷落旧交	势利、忘恩负义
	选为教习，虚荣伪善	吹牛撒谎 彻底堕落

完成人物档案后，为了扩大阅读的范围，笔者安排同学在小组内部按照人物档案给其他成员讲儒生故事。这样一轮操作下来，大家互通有无，基本实现了对全书内容的了解。

接下来，为了引导学生对儒林人物的解读走向深入，笔者又安排以小组为单位，从小组成员所讲的儒生故事中聚焦一个人（一类人），进行人物形象研读。

下面是其中一组同学的研读报告：

迂腐儒士群体：

周进（醉心科举、坚持不懈、秉性忠厚）

直到六十多岁他仍旧坚持科举，参观贡院头撞号板，终于考得进士；做考官后，认真品读范进的文章，最终提拔范进做官。

范进（名利熏心、卑怯懦弱）

哪怕家里穷得吃不上饭，他依旧醉心科举；无论中前还是中后，他都怯弱无能，害怕胡屠户会打骂他，也不停地巴结地主乡绅。

鲁编修（醉心八股）

无儿子，对女儿重点培养八股取士，并叫女儿赶紧生孩子，培养孩子八股取士的能力；因女婿蘧公孙不喜八股，喜好作诗，对其失望至极。

从这组同学的报告中笔者发现，他们的研读报告还是对人物的简单分类和人物主要事件的罗列，对人物的解读依然没有走向深入。于是笔者以部分同学比较感兴趣的匡超人为例，上了一节以匡超人为主的人物形象研读课。

在这节课上我们依托多数同学所做的"匡超人档案"，聚焦文本细节，重点落在梳理匡超人的蜕变之路上。

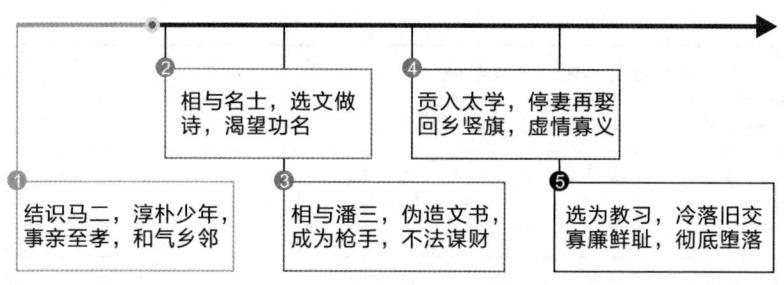

图 3-12 匡超人的蜕变之路

在这节课上笔者主要是引导学生关注细节描写，特别是关注对人物具体行为的表现，从而深入挖掘人物心理层面上的细微变化，以此来使匡超人的蜕变之路清晰地呈现在学生面前。例如，匡超人在相与马二先生之后，他得了马二先生周济的十两银子回乡。白天谋生计、侍奉父母，夜间苦读到四更。此处值得注意的是他读的是马二先生选的《三科程墨持运》，由此可见科举取士的种子已经在少年心里种下了。再如，匡超人避祸来到西湖与景兰江等假名士相处，他迅速学到了那些假名士们那大言不惭、欺世盗名的诀窍。在后文他吹嘘教习工作何等尊贵，吹嘘五省儒子供着自己的牌位"先儒匡子之神位"等细节处可见一斑。还有匡超人题了优行以后有几处细节值得注意：一是"挂匾""竖旗杆"，这体现了他的虚荣。二是在李给谏面前隐瞒了自己已婚的事实，因为不想承认自己娶了抚院差人的女儿，怕被看轻了。三是重返杭州再见景兰江时，一反之前的亲近，变得拿腔作调，还无中生有，吹嘘自己做了教习，"督、抚、提、镇"都在自己跟前磕头。诸如此类细节很多，教师带着学生进入文本，细细品味方能明白一个少年是如何一步步走向堕落的。

（三）局部细读，从个体到群像——专题探究

因《儒林外史》独特文本特点与学生的接受情况相较于之前指导的长篇小说不同，所以在进行《儒林外史》阅读指导时所采取的策略也稍有不同。在阅读初期，放下对读整本书的执着，选择群文阅读。让学生根据兴趣与能力选择相应的阅读任务与研读专题，并根据所选聚焦部分章节从而形成群文阅读。最后利用小组交流与展示环节，以一个人或一个组的群文阅读推动全

班的整本书阅读。

基于《儒林外史》的文本特色与价值，以及学生的兴趣点，笔者给出了下面几个选题：

1. "儒林"中的良与莠
2. 从鲁小姐和沈琼枝看"儒林"外的女儿相
3. 从胡屠户、秦老爹、四奇士等人看"儒林"之外的世相
4. 封建知识分子的"歧路"与"出路"
5. 喜剧？悲剧？——《儒林外史》的讽刺艺术

选题1主要是引导学生辩证地去看待儒林人士，总结他们的共性，分析他们身上的缺点与陋习，同时也能看到他们身上的优点与闪光之处。选题2和选题3都是通过儒林人士之外的人群，去看当时的社会状态，深入感受"八股取士""科举制度"成为读书人唯一的进身之路后，社会价值观发生了怎样的扭曲。选题4是引导学生聚焦整本书的开头和结尾部分，作者以王冕和四奇士来表达的对士人出路的思考。选题5则是聚焦到讽刺艺术。

下面呈现的是选题5的小组汇报内容：

该小组从"讽刺的对象""讽刺的方式""讽刺的原因""讽刺的艺术""讽刺的启示"以及"讽刺艺术的影响"六个方面对《儒林外史》的讽刺艺术进行探究。他们认为全书主要的讽刺对象是科举制度，并分析科举制度是如何对世人产生影响的。在分析讽刺的方式时，他们聚焦了夸张、对比、亦庄亦谐，特别是他们对对比手法的分析，非常详细。他们指出了全书对比的几种类型：1.正面人物与反面人物之间的对比；2.一个人物前后社会地位的变化导致他人对其态度的前后对比；3.同一人物前后形象的对比；4.人物言与行的矛盾；5.称呼与外貌的对比（一把白胡子的周进在举业上还是一个童生）。但在分析讽刺手法时，这个小组在辨析《儒林外史》是喜剧还是悲剧这一问题上有一些含糊和分歧。

实际上对这一问题的讨论是很有难度的，需要学生从字面的表达上跳出去，通过分析悲剧与喜剧的本质，从而实现对《儒林外史》讽刺艺术的深入理解。我当时抓住这个组的问题，给学生以指导：我们首先明确喜剧和悲剧的定义。所谓喜剧是指以夸张的手法、巧妙的结构、诙谐的台词，及对喜剧性格的刻画，引起人们对丑的、滑稽的内容的嘲笑，对正常的人生和美好的

理想予以肯定。悲剧是指人物命运悲惨，最终以悲惨或灾祸结局。由此我们达成一致——《儒林外史》是以喜剧的形式呈现悲剧的内容。由此自然带出《儒林外史》是在真实、客观地反映生活，矛头不是对准个人，而是通过人物指向社会，指向科举制度，在描写人物的丑态时，也能看到人物的善与苦，这就是其"戚而能讽，婉而多谐"的讽刺艺术。

五、古典长篇小说《红楼梦》整本书阅读

长篇小说《红楼梦》整本书阅读的教学设计基于《普通高中语文课程标准（2017年版2020年修订）》进行。我们在通读过程中围绕"现实与太虚的两重世界"，在精读过程中围绕"经典红楼看经典"与研读过程中围绕"梦幻何处品红楼"等主题意义，在不同的阅读阶段实施单元阅读教学，在"批判性地探究悲剧价值"这一核心概念中提出解决全书阅读的关键问题。

作为古代长篇小说的经典代表作，《红楼梦》呈现出极为丰富的社会信息、广泛细致的世态人情。其首要的教学价值在于这本书对学生的精神成长有重要的引导作用，而这也正是高中学生思维和情感发展需要汲取的营养。

我们通过捕捉历史背景、激发动机等策略开展激趣导读、阶段性助读；我们根据"是'甄'是'贾'，是'梦'是'幻'"这一核心问题设计精读课程，促使学生形成认知冲突，展开深度阅读。最后展开"这是爱情主题的畅想还是家族衰亡主题的寓言"这一研究任务的学习，通过不同选题引导学生在任务驱动中不断形成认知冲突，在研究性学习过程中展开批判性思考。以下我们将从各专题阅读展开叙述与分析。

（一）孤独的叛逆者还是诗意的守望者——基于核心问题的问题链设计，在激发动机中引发认知冲突

"谁是大观园里那个孤独而又诗意的贵族女子？"《红楼梦》中颇具才华的诗情女子众多，如何回答这个问题，又如何通过问题调动学生深度解读书中女性形象的兴致？在"'孤独的守望者'——《红楼梦》之林黛玉专题教学设计"中，李斌老师设计了发掘学生深度学习的问题链，首先指导学生整合与黛玉相关的重点情节，由碎到整、由浅入深地把握人物形象；然后通过分析重点情节中黛玉的代表诗作，理解黛玉精神世界的"孤独"；继而再对

照影子人物——晴雯，深入挖掘黛玉的孤独本质——精神的叛逆。

要完成以上系列的学习任务，教师首先要进行基于核心问题的问题链设计，即紧扣黛玉这一人物的精神特质进行由情节到线索、从诗作到内心、从影子到原型的不断追问，形成环环相扣的思维链条，同时指向对黛玉这一全书关键人物进行专题阅读。首先明确专题阅读教学的核心问题："谁是大观园里那个孤独而又诗意的贵族女子？"由此设计推进阅读的问题链：

1. 她是谁？她有着怎样独特的人生轨迹？

学生以小组为单位，摘选出与核心问题相关的人物及其重点情节，完成情节概括。每个同学根据相关情节分别用一个四字词概括人物形象，绘制出该人物的人生轨迹图。当然，学生在这一学习过程中可能会出现人物认识不一致或未聚焦核心问题的现象，教师通过课前学情反馈、评价给予指导和修正，也会在后面的课堂教学中结合具体内容加以精准指导。

大家通过整本书的阅读，会发现《红楼梦》中每个人物的性格不是单一的，随着情节的发展，其性格的多个侧面逐一显露。而学生看人物，往往存在片面化的问题，这个学习任务，在学生充分阅读的基础上，根据情节的发展，为这一人物做性格梳理，由碎到整，使学生阅读系统化，人物理解全面化。这个任务的难度不高，学生通过自主学习及合作学习完全可以解决，安排在课前完成。教师可以提供重点情节参考意见，进一步明确这个女子是林黛玉：

黛玉进贾府（第三回　贾雨村夤缘复旧职　林黛玉抛父进京都）

黛玉嫌宫花（第七回　送宫花贾琏戏熙凤　宴宁府宝玉会秦钟）

黛玉半含酸（第八回　比通灵金莺微露意　探宝钗黛玉半含酸）

误剪香囊袋（第十七回至十八回　大观园试才题对额　荣国府归省庆元宵）

共读西厢（第二十三回　西厢记妙词通戏语　牡丹亭艳曲警芳心）

黛玉葬花（第二十七回　滴翠亭杨妃戏彩蝶　埋香冢飞燕泣残红）

饯花伤春（第二十八回　蒋玉菡情赠茜香罗　薛宝钗羞笼红麝串）

耿耿于怀金麒麟（第二十九回　享福人福深还祷福　痴情女情重愈斟情）

感肺腑叹知己（第三十二回　诉肺腑心迷活宝玉　含耻辱情烈死金钏）

诗题旧帕（第三十四回　情中情因情感妹妹　错里错以错劝哥哥）
魁夺菊花诗（第三十八回　林潇湘魁夺菊花诗　薛蘅芜讽和螃蟹咏）
互剖金兰语（第四十五回　金兰契互剖金兰语　风雨夕闷制风雨词）
黛玉巧诲人（第四十八回　滥情人情误思游艺　慕雅女雅集苦吟诗）
颦儿迷本性（第九十六回　瞒消息凤姐设奇谋　泄机关颦儿迷本性）
焚稿烧帕断痴情（第九十七回　林黛玉焚稿断痴情　薛宝钗出闺成大礼）
魂归离恨天（第九十八回　苦绛珠魂归离恨天　病神瑛泪洒相思地）

这样在课堂教学过程中形成了基本的学习路径：初识黛玉——从情节发展看人物形象，教师收集各组课前完成的"黛玉的人生轨迹"，班内展示。（见表3-5一、二列）然后引导学生开展小组合作学习活动：①小组合作理清宝黛爱情发展脉络——青梅竹马，亲密共处；爱意萌发，互相试探；心意相通，无法自主；有缘无分，悲剧收场。②按"宝黛爱情"发展的线索，找出黛玉性格发展中的"变与不变"（见表3-5三、四列），结合黛玉人生轨迹，绘制"黛玉性格发展图谱"。

表3-5　黛玉的人生轨迹

一、情节概括	二、黛玉性格	三、爱情线索	四、性格的变化
黛玉进贾府	敏感自尊	青梅竹马，亲密共处	不变的底色：
黛玉嫌宫花	敏感多疑 尖酸刻薄		
黛玉半含酸	尖酸刻薄		
误剪香囊袋	敏感多疑	爱意萌发，互相试探	
共读西厢	不拘世俗		
黛玉葬花	多愁善感		
饯花伤春	多愁善感		变化的性格：
耿耿于怀金麒麟	敏感小性		
感肺腑叹知己	叛逆痴情		
诗题旧帕	叛逆痴情	心意相通，无法自主	
魁夺菊花诗	孤标傲世		
互剖金兰语	多愁善感		
黛玉巧诲人	待人以诚		

续表

一、情节概括	二、黛玉性格	三、爱情线索	四、性格的变化
掣儿迷本性	痴情执着	有缘无分，悲剧收场	
焚稿烧帕断痴情	决绝执着		
魂归离恨天	决绝执着		

在长篇小说中，一个贴近现实的人物，不仅性格特点多侧面，而且随着年龄的增长、人事的变化、爱情的发展，其性格也有一个形成、发展、成熟的过程。黛玉性格中伴随其一生不变的底色是她的多愁善感、敏感自尊、叛逆执着。最后"黛玉之死"三个重点情节，充分体现了她的执着、倔强和决绝，这是其性格底色中重要的一面。黛玉随着时间、爱情的发展而变化的性格是小性、多疑、尖酸刻薄……这多来自爱情的不确定。随着宝黛二人互诉衷肠、与宝钗和解，黛玉性格中的自尊自爱、真诚体贴、活泼幽默就充分体现出来了。即使此时也有多愁善感的一面，也不是因为感情的不确定，而是感叹身世，哀叹人生短暂生命无常，悲叹自身体弱多病。

教师围绕"黛玉性格的变化受爱情的不确定和确定的影响比较明显"这一基本线索设计了相应的学习任务，但是如何调动学生深入研究人物的学习动机呢？学生以"宝黛爱情发展"为线索，重新回到作品中整合情节，以此为契机充分调动学生精读的阅读动机，并聚焦在一个核心人物上。在整理情节过程中不仅做到由碎片到整体合一，更学会了全面地把握人物形象、梳理人物性格发展变化的方法，能够联系地、发展地随着全书情节内容把握人物形象。这一过程也正激起学生对黛玉这一女子原有的认知判断与通过情节变化梳理构建出新认识的冲突，而正因为思维冲突过程中的补充、修正行为恰恰帮助学生精准地抓住了人物多维性格特点中的主要性格，为逐步深入人物内心世界做好了铺垫。

2. 她是整部小说中最具诗人气质的少女吗？

教师预设一个颇具思维挑战性的问题："有人说她是整部小说中最具有诗人气质的少女，她丰富的精神世界全部通过一首首动人的诗歌表现出来。你同意吗？"

借此引导学生举隅诗歌、解读赏析，在多元交流中引发不同认知，在交流互动中加深对黛玉这一人物精神世界的探知。如学生阅读《葬花吟》《咏白海棠》《问菊》《咏菊》《菊梦》《桃花行》《唐多令·咏柳絮》等诗作，体会黛玉在诗作中展现出的精神世界的共同特征——不仅仅表达出人生无常的悲叹，更重要的是表现了一个美丽而敏感的生命孤独的人生体验。这一学习体验可以在班内进行交流，并将之前绘制的"黛玉性格发展图谱"改版升级成"黛玉的精神世界"图示。这一学习环节我们提炼主题为"满纸自怜题素怨"——学生通过研读诗篇，去触碰人物的精神世界，打开另一个认识人物的认知视角。

这一环节最为关键的学习过程是对"如何触碰到黛玉这一人物的精神世界"所展开的认知冲突过程。所谓"言为心声，语为心境"，教师通过诗词在塑造人物形象方面承担着相当重要的任务这一作用，引导学生建构"从诗词作品中看人物"的学习路径，据此重新打开黛玉这一人物独特的内心世界，去丰富、重构人物的性格与气质。这样，学生在品读赏析诗词过程中深化了对黛玉这一角色的认知——黛玉是大观园中的"诗魂"，她用自己全部的智慧和充沛的情感在吟唱。

在这一学习环节后，教师为进一步揭示黛玉内心的孤独境界，进行追问：林黛玉有贾母的怜爱、宝玉的呵护、姐妹们的陪伴、紫鹃的尽心服侍，为何还会感受到如此深刻的孤独？由此学生开展小组活动，通过回顾重点情节，讨论分析黛玉孤独之因，记录在"黛玉的精神世界"图示后面。如外在的孤独表现为父母双亡，寄人篱下，无依无靠，孤苦伶仃。内在的孤独表现为特立独行，渴望爱情自由。她的特立独行与封建社会对女子的要求标准格格不入。如在"女子无才便是德"的社会，黛玉尽情展示自己的无双诗才；在人人都劝宝玉多做点仕途经济学问时，她却不以为意；在贾府下人"虎视眈眈""言三语四"中，从不掩饰自己的真性情；在姐妹们热热闹闹地送花神时，她却去哀悼、掩埋那满园飘零的花瓣……因此在物质生活并不匮乏的贾府，黛玉时时刻刻感到与众不同、不被理解的孤独。她渴望爱情自由，对《西厢记》的由衷赞叹体现出黛玉对纯真爱情的向往，对爱情自由的默然渴望。黛玉为爱而生，但是她与宝玉的爱情却生长在最不允许爱情生长的土壤上。即使二人情同一心，黛玉却难诉衷肠，只能独自垂泪（眼空蓄泪泪空垂，暗洒闲抛更向谁？）。再加之生命脆弱，无人做主，更增添了黛玉的痛苦。这一学习过程是深入探究和细致归纳的过程，我们将这一过程提炼主题为"片言谁解诉秋心"，学生回顾相关重点情节，去探寻黛玉孤独的成因。

3. 谁是对黛玉这一角色进一步的映衬与补充？

特立独行背后隐藏着的叛逆——书中还有哪些人物是对黛玉这一人物精神特质的映射与补充？教师继续预设问题，展开层层递进的思考。基于问题，学生小组展开讨论与探究，形成认知冲突，在生生互动中完善对黛玉精神世界的解读与辨析。情节中的人物、人物创作的诗词，是理解人物精神世界的媒介，但是高明的曹雪芹塑造黛玉形象的方法不止于此。脂砚斋曾评价晴雯和袭人"晴为黛影，袭为钗副"，即晴雯和袭人的性格、命运分别是黛玉和宝钗的投影。陈维昭的《红学通史》也提出"影子说"的观点：小说中的某一人物、人物关系或某段情节是另一个人物、另一对人物关系或另一段情节的影子、缩影或投影。教师要调用教学积累、前人评价，进一步带动学生展开深入的学习与思考。

由此看来，教师更应致力于引导学生通过"影子"人物完成全面认知核心人物的学习过程。鲁迅指出"有《红楼梦》来以后，传统的思想和手法都打破了"。的确，一般的作品要把握人物形象分析情节即可，但《红楼梦》作为中国古典文学的巅峰之作，它塑造人物的方法是多种多样的。我们不仅仅要梳理情节、揣摩诗词，还要对主要人物的"影子人物"做分析，才能全面、深刻地理解人物形象。因学生的知识储备和认知水平有限，很少有学生能够想到"影子人物"对主要人物的映衬、补充作用，因此教师可以对"影子人物"进行分析引发学生深入思考。这一过程中学生有可能提出影子人物是香菱，是晴雯，是宝琴等，教师要恰恰抓住这一多元冲突认知的过程分析人物性格、梳理人物特点、沉淀分析方法。

由此，本专题的教学内容既完成了对黛玉这一核心人物的深度解读和分析，又掌握了《红楼梦》这部长篇小说分析大观园中女性精神特质的品鉴方法。以上过程随问题链逐步开展、螺旋递进，最终抵达黛玉这一人物的精神境界。

（二）"悄然幻梦处，欲说有却无"——回目里的暗合、叙事中的外部视角和人物塑造的镜像

《红楼梦》中的梦境是真实的现实，而其中生活的现实不过是一场幻梦而

已。学生的阅读问题总是随之而来的——"'假亦真来真亦假'如何理解？""《红楼梦》中大量的人物出场与宝黛爱情有什么关系？"学生问题的背后是指向作家写作的艺术手法和创作意图的。要理解《红楼梦》的艺术创作手法就要在通读《红楼梦》前 80 回的基础上，通过对关键人物及其情节发展、变化的把握，分析这部鸿篇巨制的叙事特点和叙述逻辑，以此了解曹雪芹基于全书的写作手法。同时，通过梳理、回顾小说中的重要情节、人物形象，尝试从外部认知视角、诗词谶语分析与之相关的人物性格及其命运，进一步明确艺术手法对于揭示小说主题的作用。通过课堂学习的指导和交流，学生逐渐理解并掌握一定的阅读古典长篇小说的方法，并以此形成分析艺术手法的能力。为了更好地引导学生在阅读中进行有效的自主建构，笔者设计了"'悄然幻梦处，欲说有却无'——《红楼梦》艺术手法"的重点突破课。

在设计之初，笔者针对这一课的重难点明确了核心问题：如何在纷繁复杂的事件发展中把握情节发展的内在本质，全面而深刻地把握人物的精神特质？据此确定出本课的教学重点是从情节前后关联中理解"草蛇灰线"的手法对明确主题的作用，从核心人物形象的分析中明确其镜像人物。要达成这一重点内容就要能够基于小说文本建立前后伏笔的关联意识，能够基于小说核心人物及其镜像人物的分析，构建其他主要人物与镜像人物的关系，进一步理解伏笔手法以及人物设置的意义。这一过程恰恰是引导学生通过自主建构来突破教学难点的环节。

在课堂教学过程中，首先基于文本内容理解的视角创境导入——你怎样理解"悄然幻梦处，欲说有却无"这一题目？学生自由发言，解释内涵并结合书中内容有所阐释。在教师的追问、师生与生生的互动交流中明确这种"悄然幻梦处，欲说有却无"的特殊感受是从"伏脉千里"中展示出的前后情节彼此呼应、其中暗示命运的指征；也是从核心人物的镜像布局中看到的人物之间相似相称、各美其美的关联及其特征。

教师在教学设计过程中特别关注了整本书阅读的整体性和情境性。笔者力求在贯穿全书阅读的大情境中完成对艺术手法的认知和对人物布局的全局性认知，而整本书阅读与研讨这一学习任务群的关键就在于整本书阅读的连贯性及其产生的整体意义。其中，阅读《红楼梦》这部长篇小说的要义还在于对书中主要人物形象的理解和把握要有一定的全面性、深刻性。教师在设计问题时，将其设定在一个饶有诗意的课题含义的语境下，适当激趣、触发思考后便顺理成章地引导学生进行章回梳理。学生在章回情节前后勾连的认识与组织过程中，发现或认识到情节前后所产生的内在关联及其内涵超出了原来阅读时建立起来的意义，即在不同的阅读阶段，在自我的阅读认知冲突中不断重构着对这部作品的理解，形成了对作者艺术手法的初步认知。

那么接下来就是指向自主建构的研读环节，学生对题目的内涵有所理解后对"草蛇灰线"这一概念展开深入学习。然后与小组同学进行合作辨思，并要结合具体内容对"草蛇灰线"这一手法进行分析、阐述。

笔者预设了学习任务：一经"草蛇灰线"，便可"伏脉千里"。请你根据《红楼梦》一书中关键的章回情节，发掘、分析哪些情节内容的书写巧妙地体现了这一手法，并画出分析图。

学生小组合作交流、组长负责综述展示。教师巡视指导，点拨提示，并及时纠正学生对情节前后暗合、照应理解有误的地方；及时发现并归纳学生小组交流过程中出现的相同角度，做好选取典型案例交流的准备；及时发现学生交流过程中伏笔角度认知不全面的地方，以备下一环节提出预设、做好引导。然后选择学生小组进行不同角度的展示、阐述；对于在交流过程中引发的问题加以阐释、思辨或质疑，随时进行修正、完善。

在此，教师要对关键情节的理解和把握有充分的预设：

1. 把握并理解回目中的"虚实相生""前后暗合"

《红楼梦》既然从梦中写起，自然会有"梦游的一段经历"——警幻导引着宝玉走入太虚幻境阅览判词，又听词曲后，警幻未能如期点醒梦中之人——宝玉，于是说了一句："痴儿竟尚未悟！"由此引发学生们的思考——我们是不是也是那痴儿？在未知的年龄阶段，在前几经提醒之下也未尝悟得人生后来的命运？这即是作者曹雪芹的创作高明之处了！《终身误》一曲唱出的"金玉良缘""木石前盟""空对高士晶莹雪、不忘世外姝"以及《飞鸟各投林》这首终曲，意寓着贾府兴衰变迁、十二钗的人生命运、贾宝玉的人生大结局，可谓曲终人散之意。课堂中引导学生梳理出伏笔脉络的结构图示，学生在梳理和建构中把握了这虚实暗合恰恰是全书的明暗两条线索，也正揭示着小说的主题。

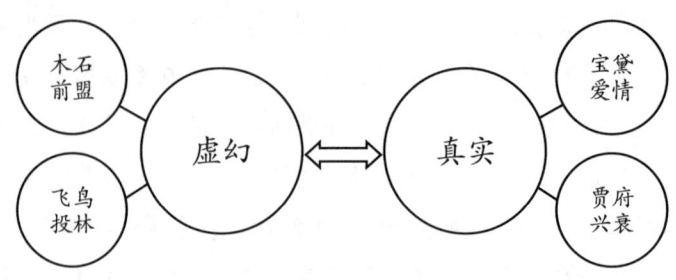

图 3-13 虚实结构

2. 理解并梳理关键情节里的"微言大义""外部视角"

除了将太虚幻境与贾府现实相暗合的伏脉之笔，我们再从第六回"贾宝玉初试云雨情，刘姥姥一进荣国府"中去感受另一种现实情节的"伏脉千里"之意。通过问题提示学生进行关联性思考：回目上"初试"与"一进"，是如何与下文进行照应或关联的呢？

在师生共析中，不断讨论、明确：贾宝玉的初试云雨情是一种象征意义的接受诱惑的开始，从这一回到十七回，都是贾府内外浑浊的世俗生活，直到大观园的出现他才找到一个干净的栖身之所，而这一回中的初试云雨只是在其情爱发生之初的懵懂而又不确定性的生理表现，带有世俗气息，并非真情知心之爱；而刘姥姥的一进自然对下文的二进（第四十回）、三进（第一一三回）有所照应，且作者有意将刘姥姥作为一个贾府外的小人物并以其作为外部认知的视角见证并拯救了贾府的伏笔早早作下——可见作者的叙事中蕴含着丰富的动机，学生在以上的思考与讨论中加深了对外部认知视角贯穿全书作用的理解，并根据提示进行梳理、分析，形成如下图示。

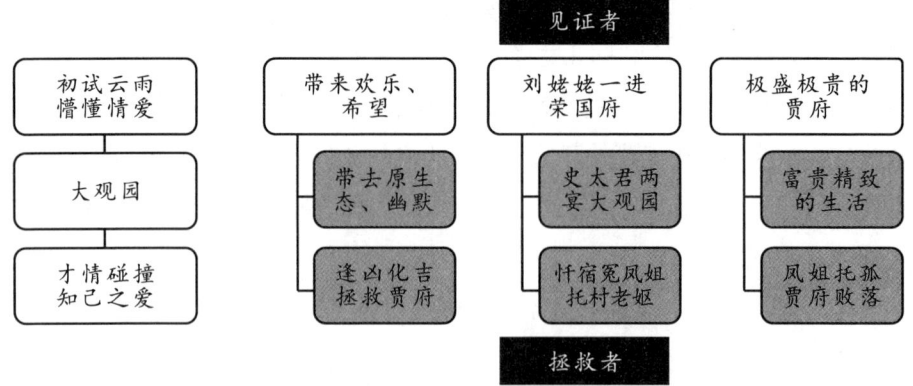

图 3-14 第六回"伏脉千里"分析图

学生在梳理与建构中,不断从关键情节的虚实照应、内容情节的微言大义再次到叙事回目本身,揭示出回目内容的概述、对比中生成的隐喻,这都表明作者丰富的叙事动机背后是伏脉千里之后的主题揭示——繁华过尽,人生终究不过是镜花水月。

在完成对回目内容的赏析后,需要进一步对核心人物的塑造展开讨论与学习,即教师要引导学生回到整本书中最为关键的人物探究上,这就要在自主探究中不断思辨、论证,去尝试理解基于作者创作视角下核心人物的布局。

在众多的回目梳理与前后关联中,我们也不难领略到作者在小说中塑造人物的丰富性和多元性,由此我们进一步探寻小说核心人物布局上的秘密——以贾宝玉和林黛玉为例,请结合贾宝玉、林黛玉这两位人物的个性特征,联系大观园外的男人们、大观园内的女儿们,尝试从小说创作者的角度分析以贾宝玉、林黛玉为核心形成的镜像人物布局,并画出分析图。

学生小组合作交流研讨,对贾宝玉、林黛玉这两位核心人物做人物形象区域构建,并结合相关情节等内容加以分析、阐释。

接下来是小组代表展示阐释、教师点拨指导。贾宝玉是整个《红楼梦》中的灵魂人物,其在灵、梦、情三个层面上产生不同的侧面形象,我们暂且将其命名为贾宝玉形象区域。我们预设贾宝玉在灵的层面上是顽石,在梦的层面上是情种,在情的层面上是侍者,那么请同学们尝试构建出这个核心人物形象的区域:对应三个角度的现实人物都是谁?为什么是他们?请根据人物形象的图示联系相关情节加以分析、解读。

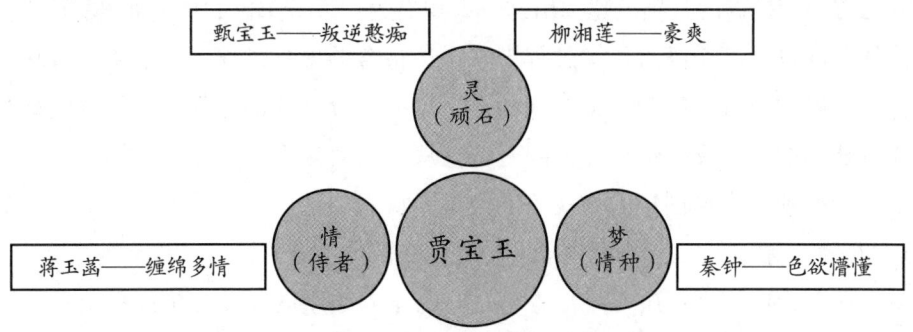

图 3-15 贾宝玉形象区域

学生的学习活动从人物镜像的构架图示展开,在生生互动、丰富的认知冲突中不断构建出完整的人物关系。

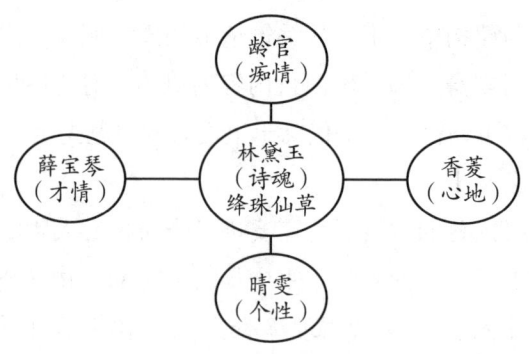

图 3-16　黛玉镜像图示

　　同样，构建黛玉这一人物的镜像图示也产生了丰富的认知：这些副本里不仅有薛宝琴那样的孤苦无依和寄人篱下，更有香菱的身世飘零、龄官的敏感痴情和晴雯的直烈遭危，但她们四个少女正是黛玉的四个侧面：出众独特的诗才、善良单纯的心地、尖酸刻薄的语锋、孤高敏感的气质（分别结合四位少女的相关情节——薛宝琴的《怀古诗》；香菱的身世和对薛蟠娶妻的态度；龄官画蔷的痴情；晴雯撕扇和对袭人的些许态度等内容辅助理解）。在以上的自主构建和认知冲突的交流中，学生愈来愈感知到宝黛二人无论从木石前盟还是今生知遇，一切都似乎是命运的冥冥注定。

　　学习环节到此，学生了解并掌握到一部长篇小说更为重要的学习内容是对塑造核心人物的艺术手法进行分析与辨识。教师设计相应的学习任务，不仅引导学生在自主构建人物关系的结构图示中形成方法路径，还要通过后续的学习内容引导学生加深对人物的分析。这些学习任务在对书中主要人物形象已有一定把握的基础上建构出这一人物更为切近其角色的真实性、多元性。该任务的设计基于高阶认知过程中联系、整合的思维过程，学生能够对基于核心人物的原有印象加以镜像式的重新审视、分析并加以判断，可以说是对原有认知的一次突破性构建，同时将仅从阅读对象视角下分析人物的方式提升、转换到从作家创作人物视角下去重新认识。这样一来学生从整本书中塑造的多元人物角度去认识贾宝玉，同时也在教师一定的提示、引导下，在灵、梦、情三个层面上产生多维形象，且在与学习小组的互动分析过程中逐渐生成对作家创作立场下认识人物的思路、方法，也对人物的分析与把握更加全面而深刻。这一环节的设计与实施是在整本书阅读背景下，在丰富的文本情境中对人物所产生的整体意义的理解与把握。

（三）是爱情主题的畅想还是家族衰亡主题的寓言——在研究性学习过程中展开批判性思考

关于《红楼梦》的思想价值，大致有两个方面：一是着眼于文本的阐释，如爱情主题、封建社会衰亡主题等；另一种则侧重文本之外的创造过程和创作背景，如影射政治说、自传说等。如何有效且深入地指导学生完成对《红楼梦》全书主题的学习与理解呢？笔者设计了"'数去更无君傲世，看来惟有我知音'——《红楼梦》之思想价值"的研究性学习任务。

本次学习任务的设计旨在指导学生在《红楼梦》主题的理解与研究上有所成就，引导学生在学习任务的完成过程中了解、把握作者思想，理解作品主旨，同时引导学生将阐释论题与理解文本有机结合起来，在此基础上有条理地、深入地探讨作品对人生、社会的基本认识及其价值取向，从而进一步揭示作品的思想价值。

在这一学习过程中，教师结合不同思想水平的学习任务指导学生恰当运用批判性思维的论述方式对作品思想价值加以表述，以此提升学生对整本书阅读的认知水平与思维能力。要求学生选择恰当的学习任务，根据学习路径逐步完成研究性学习任务；提示学生阅读学习资料、梳理文本内容，对其进行提炼、归纳，形成自己的认识；最后在学习任务的提示下完成研究论文的撰写，在表达认知中深入理解作品的主题思想，完善对小说主题的认识。

依然是明确突破本课重难点学习的核心问题：怎样深入而客观地理解《红楼梦》这部作品的主题？据此设计以下学习任务：

任务一：此书开篇第一回有言——"虽我之罪固不能免，然闺阁中本自历历有人，万不可因我之不肖，自护己短，一并使其泯灭也。"第十三回末尾的两句诗，再次明确了这一思想："万千金紫谁治国，裙钗一二可齐家。"也就是说，齐家治国平天下之事，已沦为"禄蠹""浊物"的男人们已不能为，须以女儿之真情而为之。作者所能见到的，只有"女儿"可做真情的载体。曹雪芹把"情"与"补天"完全统一在一起，也就是将人的个体价值与人的社会价值统一协调在一起，这就是《红楼梦》之"大旨"所在。

请同学们重读小说第一回，再次理解、把握内容，然后将之与书中女子十二钗的性格、命运进行联系，将书中有关内容与该任务中所提到的主旨思想加以联系、分析，试运用研究性学习的方法解读、分析这一论断，不少于800字。

任务二：红学专家冯其庸先生曾赋予《红楼梦》里关于现实世界与理想世界以新意——"在《红楼梦》里，揭露批判着一个现实世界，呼唤向往着一个理想世界"。

请同学们首先回顾、抓取书中典型人物形象及其主要事件，然后概述并分析荣宁二府中贵族子弟的生活情节，最后将以上内容与以宝黛二人为核心塑造的大观园生活进行对比。完成以上学习环节之后，请基于你的梳理、概括及分析提出你的看法，撰写800字以上的小论文。

任务三："好即是了""假作真时真亦假""到头一梦、万境归空"是《红楼梦》中所表达出来的哲学思想，也表现出曹雪芹对世间万物、对人生、对社会有着相当全面、深刻的理性思考和把握。请你梳理大观园中少男少女们成长过程中的大事件，梳理红楼一梦中关于贾宝玉、王熙凤、林黛玉、柳湘莲、袭人等众人的梦境，再读《红楼梦》太虚幻境中的十二支曲子，结合以上重点阅读内容对这一论题任务进行恰当的解读与论证，不少于800字。

请同学们在以上三个学习任务中任选一个，与同学合作完成。在学习、论证问题的过程中可以通过查找资料、阅读相关书目等方法辅助理解。

完成时长为四周（第一周选题、解题，确定小组合作任务及方式，与指导教师沟通、修正，确定解题思路并据此查找相关资料；第二周结合相关资料再读原著相关内容，并尝试撰写；第三周撰写成文，与指导教师沟通、答疑，进行补充修改；第四周，修改后成文，并进行年级或班级交流汇报。）

在这一学习环节中，教师通过三个学习任务的设计引导学生由深度精读上升至学术类研读的学习高度。学生完成该阶段学习需要前期通读全书，并能对书中的裙钗群像及典型女性角色有较为深刻而系统的分析。学习任务一中首先指导学生重读第一回，再次理解内容，让学生将之与全书贾府中女性的抒写有所联系，明确其作为总起和铺垫的作用，进而指导学生逐渐清晰——作者把"通灵宝玉"的来历安排在"女娲补天"的神话之中，本身就有为"闺阁昭传"之外的另一层深意。其中通过学习任务的路径提示，学生需要不断回读作品，以研究的视角做出解读与分析，即作者花了整一回的文字来写甄士隐的故事，实际上是在暗示全书的情节与主旨：甄士隐的家事即暗示了书中贾府的整个故事，所谓"不怕繁中繁，只要繁中虚；不怕省中省，只要省中实，此则省中实也"。故十二钗副册中的香菱出场才如此隆重，她浓缩了贾府内所有女儿命运："真应怜。"正因她的出场背景是"地陷东南"，也就揭示了为"闺阁昭传"与补天的联系。其用意即为：闺阁中人（真应怜）的悲剧之根源，在于天之不补。这样，引导学生对全书女性形象及其命运进行梳理和概述分析，将第一回与全书贾府中的女性（应以十二钗为主）有所联系。学生需要通过查阅相关论述，明确在中国文学史上，《红楼梦》第一次把女性推上了小说主角的地位。通过再读第十三回末尾的两句诗，明确这一思想："万千金紫谁治国，裙钗一二可齐家。"也就是说，齐家治国平天下之事，已沦为"禄蠹""浊物"的男人们已不能为，须以女儿之真情而为之。整体而言，学生要在选择这一选题后极大地调动内外学习动机，不断在研究资料与文本回读过程中建构出对这一任务的独特理解，展开有理有据的阐述、论证，也就是在自我批判和对研究成果批判地接受过程中建构出自己的理解，进行批判性的接受与反思。

学习任务二中，首先，学生要回顾《红楼梦》通读任务中"三个世界及其两条线索"这一学习任务。学生通过前期的关键人物的分析与核心情节的梳理，已明确《红楼梦》中的现实世界是贾府里的世俗生活世界，理想世界是大观园里富有诗情的青春世界。在这一基础上，学生通过研读环节中这一任务的完成会进一步认知"两重世界"与这部小说主题思想的关系。其次，回顾书中人物，上至封建朝廷，下至市井世俗、和尚道士、三姑六婆，抓取个性化的典型的人物及其事件。进而通过梳理分析荣、宁二府里的贵族子弟及其不谙政务、空虚堕落、荒淫无耻的情节，加之其家庭成员之间无论父子、兄弟、夫妇、妻妾还是叔伯、妯娌、姑嫂之间的钩心斗角、相互倾轧不可调和的矛盾，逐渐认知其贾府赫赫扬扬的表象之下潜伏的巨大危机——学生们通过小说所描写的贾府生活无疑会剖析到整个封建社会的发展趋势，即无可挽回地走向败落，乃至灭亡。

在回顾文本与梳理内在关系的过程中，学生还会将之与大观园中的世界进行对比分析，这即是在自主建构过程中不断反思原来所学和原来理解的内容，从而通过作者在书中所塑造的两个不朽的人物贾宝玉与林黛玉，来理解作者所向往的生命观念与人生目标。这样学生才可能不断对旧知、对不全面的认识产生批判性思考，形成较为全面而深刻的认识，从而展开针对论题任务的逻辑论证和反思批判性分析。

学习任务三中不仅需要学生完成前期通读阅读学程，还应能对书中的典型人物、名场面有较为系统的梳理和学习，即要跟随教师完成前五课时的精读分析。同时教师最好提供一定的学习支架，即可以梳理大观园里的少男少女们有关成长的大小事件，列表概述，分析这些大大小小的事件所体现出的思想、精神层面成长的价值或意义。可以梳理《红楼梦》中的种种梦境——贾宝玉的梦，王熙凤的梦，黛玉的梦，柳湘莲的梦，袭人、贾瑞、秦钟、小红、香菱、尤二姐等众人的梦，体会、分析这些梦境折射出怎样的人生百态、生命哲思等。也可以重点阅读《红楼梦》第五回贾宝玉游太虚幻境时听到的十二支曲子，同时勾连第十三回秦可卿临终托梦给王熙凤所言，理解作者运用"草蛇灰线、千里伏脉"这一手法表达出怎样的社会思考或人生警示。

学生结合以上内容，通过一定的学习步骤，再次品读书中内容，通过"草蛇灰线"这一艺术手法的前后映照，进一步分析、提炼出该书所蕴含的崇尚自然、追求自由的价值取向，尝试理解天道自然、无为出世的道家思想，感悟夹杂着人生如梦、万境归空的佛家思想。这一过程中所领悟的内容不仅是在自主建构过程中产生了具有逻辑条理的理性认知，也是在作家视角的意义下重读《红楼梦》并不断解释关于"梦"的深刻含义，更是在对该部作品艺术手法深刻理解的基础上恰当地迁移运用以产生专题学习的意义，使得本任务的研究性学习自然而成熟。

六、应用迁移与文本联读：从个案到同类，从名著到生活

孔子提倡举一反三，叶圣陶说"教是为了不教"。关注北京中考名著阅读试题我们不难发现，有一类考题指向了几本书的共性。这共性可以是文体，可以是阅读方法，可以是相同类别的人物形象解读，可以是相同的主题的探讨……我们指导学生由读一本书到读一类书，从读个案到读同类，帮助学生找到联结点，实施文本联读，从而提高学生应用迁移的能力。学生进入初三进行中考复习时，如何能盘活曾经的阅读、有效指导名著阅读板块的复习？

以旧带新，文本联读仍然不失为一个很好的办法。因而在初三中考复习阶段，笔者采用文本联读的方式，或从相同主题，或从相同艺术手法，或从相同文体类别，或从相同阅读方法等方面建立联结点，打通阅读，提高复习效率。

下面以笔者在带领学生复习《骆驼祥子》《儒林外史》《简·爱》《水浒传》四本书时的三个例子来具体说明：

（一）青年人的堕落之路：祥子与匡超人

《儒林外史》与《骆驼祥子》，一个是古典讽刺小说，一个是现代小说，乍一看两者似乎毫无关联，如果抓住人物经历，我们会发现祥子与匡超人有着相似的堕落之路。于是笔者选择以青年人的堕落之路为联结点，建立文本联读。学生将祥子的堕落过程与匡超人的堕落过程进行比较：

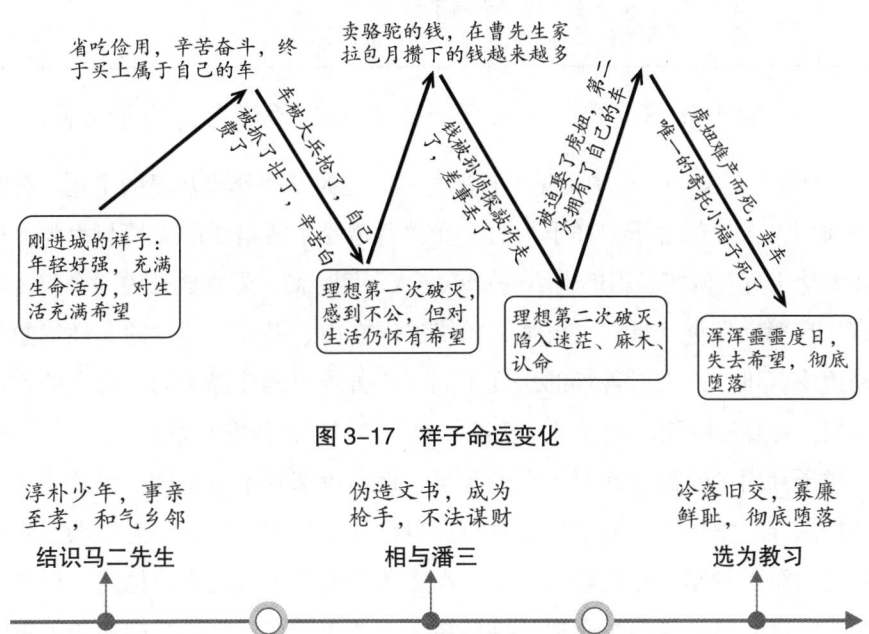

图 3-17　祥子命运变化

图 3-18　匡超人命运变化

并以表格的形式做出了如下解读（见表 3-6）：

表3-6　祥子与匡超人堕落原因对比

	相同点		不同点		认识与思考
	外因	内因	外因	内因	
祥子的堕落	恶劣的社会环境的逼迫	自身性格的不坚定	社会动荡，军阀混战，兵匪横行；旧社会统治阶级对贫苦人民的残酷剥削和压榨；世人的冷漠、麻木。	自私狭隘的个人主义思想；过分善良和隐忍；缺乏眼光和决断，不能正视现实……	1.要勇敢面对生活中的磨难，在不公正面前要敢于抗争。如果抗争无效，也要守住自己的人格底线。 2.不要把功名利禄、富贵名利作为人生唯一的价值与追求。 3.开阔的眼界与灵活的头脑会影响你一生。
匡超人的堕落			追求功名的氛围和假名士的虚伪的社会环境；受马纯上影响把举业作为人生唯一出路；受景兰江等假名士的影响，学着沽名钓誉，追名逐利；接触潘三后，为谋利而不择手段，同时看到了权力带来的巨大好处。	骨子里贪图权力金钱；性格中的"乖觉"，不反抗。	

（二）能否守住尊严，决定了一个人的生活姿态：祥子与简·爱

"苦难"是文学作品中常见的母题之一，也是众多作家热衷的主题。苦难是一面照见人性的镜子。祥子与简·爱都曾遭受生活给予的无情与冷酷，但是祥子从正直、诚实、积极生活的青年堕入深渊，简·爱则成长为一个善良、正直、自尊、自重、自立、自强，始终追求自由、平等、独立的女性形象。同是遭受苦难，二人对苦难的态度不同，在苦难中的选择不同，命运的走向也不同。在复习阶段，笔者以"苦难"为题，将二人建立联系。

祥子和简·爱都曾面对生活的苦难，他们也都曾不屈不挠，勇敢生活，但结局迥异。学生说，祥子凭着勤劳和坚忍省吃俭用，终于如愿以偿，买到了自己的第一辆车。然而好景不长，没多久他的洋车就被士兵抢走。但他没有灰心，继续风里来雨里去攒钱准备再买一辆车。在这个过程中，祥子不顾脸面和同行抢生意，在金钱面前他不管不顾，像一只饿疯的野兽。他实在太倒霉了，辛辛苦苦的积蓄又被洗劫一空。就这样反复了三次，祥子再也无法鼓起生活的勇气。最后，他开始游戏生活，吃喝嫖赌，彻底堕落为城市的垃圾。

而简·爱身材瘦小，相貌平平，无金钱、无地位，却有着不平凡的气质和非常丰富的情感世界。初次离开盖茨海德府的简·爱是带着对凌虐与不公

的愤恨的,在洛伍德学校求学时,海伦的温暖,谭波尔小姐的影响,最初的愤恨慢慢淡化了,所以简·爱在舅母临终前夕回到盖茨海德府时,心中是平静的、宽容的,是带着原谅归来的。简·爱虽然深爱着罗切斯特先生,但她的追求、人格决不允许她以一个情妇的身份委身于罗切斯特,从而丧失自己的独立,所以她战胜了软弱的感情,带着痛苦离开了。而在得到遗产后,她在财富上与罗切斯特平等了,且在得知罗切斯特丧失财富与健康后,她毅然回到罗切斯特身边,奔赴爱情,成为一个爱的奉献者。在这整个过程中,不论是在苦难面前,抑或是在爱情面前,简·爱始终守住了她的尊严,保持人格的独立。

相较于简·爱守住尊严,展现出独立、自强的生活姿态,祥子则在社会和生活的重压之下,一步步丧失了尊严,堕入深渊。

其实只要简单梳理一下近几年北京中考真题和模拟题,我们就会发现,多数关于名著考查的试题都是很好的文本联读的素材。例如,2021年大兴一模对于圆形人物的考查,要求学生从人物的复杂性去分析,题面就涉及《朝花夕拾》中的既愚昧无知又真诚善良的长妈妈,《简·爱》中的既敏感自卑又自尊要强的简·爱,《儒林外史》中渴求功名又虚伪软弱的范进,《水浒传》中精明能干又粗暴蛮横的杨志,《骆驼祥子》中自尊要强、吃苦耐劳,在经历变故后变得麻木狡诈、自暴自弃的祥子等诸多人物。再如2020年西城二模在考查群体形象在书中所起的作用时涉及《儒林外史》中的儒士、《骆驼祥子》中的车夫、《红星照耀中国》中的延安百姓等。再有2021年朝阳期末着重考查小说在"娱目醒心"方面的作用,要求学生能从阅读过的小说中选择一个人物或一个情节,说说其对自己产生的"娱目醒心"作用。只要我们在进行名著复习时找到书册之间的联结点,就能实现文本联读。例如以人物性格和命运的发展变化与主题的关联为联结点就能带起《水浒传》《儒林外史》《钢铁是怎样炼成的》《简·爱》《骆驼祥子》等书籍的复习;以人物之间的性格异同、相互衬托、态度变化等为联结点就能带起《水浒传》《西游记》《骆驼祥子》等书籍的复习;以重要情节与主题的关联为联结点就带起了《西游记》《水浒传》《儒林外史》《海底两万里》等书籍的复习。针对具体内容,调动自己的阅读积累,建立文本之间的联系,或是从一本到另一本,分析两本的异同点,抑或是从名著到生活,说阅读经验、谈读书启示,这样的学习活动能最大程度训练学生的迁移应用能力，从而提升学生的思维品质。

长篇小说类整本书阅读的实施策略可以有很多，但有一点是无论如何都不能少的，那就是教师先阅读、真阅读、深阅读。在指导学生读整本书前，教师要先阅读。教师的先阅读要区别于一般意义上的读者阅读，因为要指导学生读，所以教师的读要基于文本特点、书册的教学价值以及学情去读。教师的真阅读强调的是教师亲历的阅读过程对指导学生阅读的重要性，教师以自己的真实的阅读过程，以自己与文本发生的对话、碰撞，从自己的阅读发现、阅读感受、阅读疑问入手去设计阅读指导内容才有可能最大限度贴合学生的阅读经历，从而给予有效的指导。教师要深阅读，教师对一部小说只停留在情节曲折离奇所带来的感官刺激上，而不能向文本深处走，怎能引导学生读出思考，读出深度？此处的深阅读还有一层含义，就是要把对一整本书的阅读当成一门课程去设计，根据阅读目的、阅读进程选择适合的课型、适合的活动推进阅读，根据文本特点、教学价值等去教授阅读方法，根据学情落实阅读重点，提升阅读收获。

讨论话题

1. 关于长篇小说类名著阅读的实施策略有很多，但是我们基本上能达成一个共识：好的导读是成功的一半。那我们该如何勾连文本与生活、时代与学生，选择适宜的导读方法以激发学生的阅读兴趣？

2. 长篇小说往往篇幅很长，需要占用学生很多的阅读时间。那些难度大的长篇，一旦遇到过于零碎的阅读，就很难持续推进。如何确保整本书阅读的持续推进？

（张娜　王海霞）

第二节 科普类与学术类整本书阅读

每每讲到整本书阅读,都会想到日本作家黑岩祐治的《全世界都想上的课》这本书。书的主人公是日本一位国语教师桥本武,书的副标题为"传奇教师桥本武的奇迹教室",之所以有此命名,是因为桥本武所授的国语课无非是带领学生初中三年只读一本书,但因他杰出的授课能力,他所在的学校成为"东京大学录取率日本第一"的名校。本书的作者和许多日本杰出人士都曾是桥本武老师的弟子。

桥本武老师如何用一本书成就了日本的"传奇"?我想用电视台在报道桥本武老师经历时所用的标题来回答这个问题,即"大可绕远而行"。桥本武老师的课堂从不追求读书的速度和数量,而特别强调"慢"。之所以"慢"并非刻意为之,用书中提炼的关键词来说是:游戏=学习,一字一乾坤,一沙一世界。用中国古话说桥本武老师的阅读课堂总是"遇山开路,遇水搭桥",书中可为之事总是要拿到生活里试一试,遇到要解决的问题就到实践中尝试一下。从"一个字"可以牵扯出整个文化史,"一个词"可以漫游整个世界。正因如此,桥本武老师只能三年读一本书,他的课成为学生心目中"全世界最想上的课"。

这样的课让阅读变成了一件有"趣"的事,有阅读,有思考,有实践,期待每一节阅读课都是学生最想上的课。

一、"小科普,大智慧"——科普类整本书阅读的特点

科普文是以科普创作的方式,为了普及科学技术知识、传播科学思想、倡导科学方法、弘扬科学精神而形成的具有科学性、思想性、艺术性的作品,在中小学语文教材中具有重要地位。语文教材中为什么要选入科普作品呢?

(一)科普类整本书阅读是青少年成长的沃土

科普阅读是青少年成长发展的需要。依据皮亚杰认知发展四个阶段的理论,从 11 岁至成年属于认知水平的第四阶段,即"形式运算阶段"。此时学生可以依据逻辑推理、归纳或演绎的方式解决问题,能够理解符号的意义、隐喻或直喻,能够做一些概括,思维水平已经接近成人。而科普作品担当着传播科学思想、科学方法的作用,阅读文本的语言具有较为严谨的逻辑性。同时因为科普作品有普及科学知识的作用,语言不似学术著作一样具有极强的专业性,因而特别适合中学生阅读。尤其是教材中选入的科普作品类型多样,不仅包括科学小品、观察日记,还包括学生喜爱的科学传记。类型多样、精心编排使科普作品在保持学生好奇心、激发个体学习动机方面都起到了至关重要的作用。

科普阅读是青少年创新发展的需要。当今社会发展也向青少年提出了科技创新的要求。《中国学生发展核心素养》中提到,学生应该具备适应终身发展和社会发展需要的必备品格和关键能力。为达到这一目标设计了三大方面、六大素养的发展维度。其中科学精神、学会学习、实践创新三大素养对学生自主学习、理性思考、实践创新能力都提出了要求。而教材中选入的科普作品大多为文质兼美的科普佳作。无论是内容的科学性、语言的逻辑性,还是涉猎范围之广,选题选材之新都成为学生开阔视野、激发思维、掌握科学方法的重要素材。

另外,科普文中蕴含着丰富的人文内容。于漪老师说过:"各民族的语言都不仅是一个符号体系,而且是该民族认识世界、阐释世界的意义体系和价值体系。"科普作品用它独特的方式阐明了科学与人文、自然与社会的关系,让我们从不同的维度认识自我,认识自然,认识人类社会。这些都会对学生的人格发展、价值观的确立产生影响。

(二)科普类整本书阅读是语文教学的重要媒介

科普阅读在整本书阅读中占有一席之地。20 世纪 40 年代初,著名教育家叶圣陶先生写了《论中学国文课程的改订》。该文明确提出,"国文教材似乎该用整本的书,而不该用单篇短章,像以往和现在的办法。退一步说,也该把整本的书作主体，把单篇短章作辅佐"。可见，整本书阅读的倡议由来已久。如今，《义务教育语文课程标准（2022年版）》将"整本书阅读"纳入"拓展型学习任务群"这一板块中，并在第三学段学习内容中明确提出"阅读文学、科普、科幻等方面的优秀作品"的要求，可见，读整本的科普作品的重要性。但我们也不得不承认，就2018年初中语文统编教材推荐的36部名著中，科普类作品仅有3部，所占比例之小可见一斑。因此，提升对科普类整本书阅读的重视程度迫在眉睫，对其阅读策略的研究在语文教学中至关重要。

科普作品是开展跨学科学习的重要媒介。《义务教育语文课程标准（2022年版）》在"拓展型学习任务群"中加入了一个新的板块，即"跨学科学习"。"跨学科学习"的总体目标中提道：围绕学科学习、社会生活中有意义的话题，开展阅读、梳理、探究、交流等活动，在综合运用多学科知识发现问题、分析问题、解决问题的过程中，提高语言文字运用能力。尤其在7—9年级的学习内容板块中明确：结合数学、物理、化学、生物学等学科学习，或者自己参与的科技活动，学习撰写并分享观察、实验研究报告。科普作品凭借其丰富的内容、科学的方法及严谨的语言，必然会成为人文与科学融合的媒介，会为以语文学科为起点和主导的跨学科学习提供丰富的选题和坚实的科学基底。

（三）科普类整本书阅读是提升思维能力的阶梯

中学阶段的整本书阅读相关研究大多以文学著作作为整本书阅读的读物，而对科普作品的讨论有所欠缺，初高中学段的科普类著作的研究基本上是缺失的。

科普类著作相对于其他著作来说具有无法代替的独特性。将科普类书籍选入中学教材中，其目的在于普及科学知识或传递科学观点。因此，内容的科学性是其首要特点。所谓科学性是指作品立足于科学依据，能够用严谨准确的语言将某一事物的客观规律阐述出来，从而达到向读者传达作品信息的目的。其次，是文笔的生动性。中学教材中科普类书籍与一般的说明及议论文不同，文章除了严谨的论证说明外，也有大量描写和叙述，甚至运用多种修辞手法，增强文章的可读性，达到引人入胜的效果。

然而，科普类作品相较于文学性作品来说理论性较强，许多著作具有专门性，需要具备专业的知识才能够深入解读，新课标特别挑选出了适宜中学生阅读的科普类著作，并不是为了培养学术人才，而是为了促进学生思维发展，弥补中学生阅读经验的不足，提高中学生阅读能力。

科普类整本书阅读会给学生不同的阅读感受，有助于学生在给定情境中识别不同的观点，寻找支持或相悖的证据，审视推理与假设，反思前后逻辑的一致性，等等。文学类作品的阅读往往会将读者带入某些特定情境中，艺术地塑造某些典型的人物形象，使读者产生共情。读者能够识别不同的观点，对已有人、事、物进行批判，有赖于丰富的人生阅历。科普类作品真实的内容、观点、推断都会自然地引发认知的冲突，从而激发探究的欲望。所以，相较于文学作品的"虚"，科普类作品的"真"更有助于提高学生的批判性思维能力。

科普类整本书阅读可以帮助学生明确科学的概念。同时，概念与概念的联系，构成判断。判断与判断的联系，构成新的判断，即推理，从而反映事物的规律，揭示客观事物的规律。所以科普类整本书的阅读会引导学生学会假设、论证假设、分析规律，形成判断，将思维推向更深的层次。

二、"小昆虫，大世界"——《昆虫记》整本书阅读指导

《昆虫记》是法国昆虫学家法布尔花了近30年时间写成的一本科普巨著。这本书之所以引人入胜，是因为法布尔在进行昆虫研究的过程中一反常规，用野外观察和实验的方法来研究昆虫的本能和习性。不仅如此，法布尔不满足于记录昆虫的生活，他对于昆虫形态、习性、劳动、繁衍和死亡的描述，处处都洋溢着对生命的尊重，对自然的赞美和对生命的敬畏。正因如此，《昆虫记》这部书为这些生命注入了灵魂和生气，让我们从"小昆虫"的生命历程中窥视"大世界"的人生哲学。

作为一部科学与文学完美结合的典范，《昆虫记》因其本身的特点成为发展学生的理性思维、科学素养，学习科学研究方法的优秀素材。针对《昆虫记》的整本书阅读教学设计主要分成四个部分进行，即导读、通读、精读、迁移。为更好地培养学生的思维能力、科学素养，依照胡卫平教授思维型教学理论的原理及要素进行教学设计，采用情境创设、任务驱动、交流研讨、读写结合等教学策略开展教学活动。（见表3-7）

表 3-7　《昆虫记》整本书阅读教学框架

教学阶段（课时安排）	主要内容	思维型教学要素（可偏重其一，也可兼顾多个要素）	教学策略
导读课	教师从学生的生活出发创设阅读情境介绍阅读对象，激发阅读兴趣。	创设情境 提出问题	情境创设
通读指导课	教师提出阅读要求，提供阅读任务，学生自主制订阅读计划，自主批注，质疑探究。	自主探究	任务驱动
精读指导课 1	教师提出讨论话题"冷血的母爱"。围绕核心问题"昆虫的母爱是不是'爱'？"布置任务，展开讨论。	自主探究 合作交流	任务驱动 交流研讨
精读指导课 2	教师提出核心问题："物竞天择，适者生存"适用于人类社会吗？布置任务，展开讨论。	自主探究 合作交流 应用迁移	任务驱动 交流研讨
阅读展示课 1	教师指导学生围绕"人与自然如何和谐相处？"完成小论文。	总结反思 应用迁移	读写结合 展示交流
阅读展示课 2	仿照法布尔的研究方法，撰写一份观察报告。	总结反思 应用迁移	展示交流

（一）"吃屎将"与"大美丽"哪一个是真正的你？——创设情境，导读激趣

《昆虫记》这部书涉及许多自然科学的知识、概念，但因其饱含人文观念和充满精彩的语言表达，堪称科学与文学完美结合的典范，被称为"昆虫的史诗"。作者法布尔像一个孩子孜孜不倦地观察昆虫的生活，再用活泼的语言、拟人的手法将自己的成果凝结成精彩的文字，使原本乏味的科学探索也变得不那么枯燥。这一点是《昆虫记》作为科普巨著与其他自然科学类书籍不同之处，也是其能够吸引青少年读者的重要原因。而这种吸引力往往来自于《昆虫记》中包含的深情表述与学生已有认知产生的矛盾冲突，这一冲突激发了学生阅读的动机。

正是抓住了本书的这一特点，在导读课上笔者设计了以下教学环节：

首先，课前布置任务一：阅读"百度百科"中有关蜣螂的文字介绍，用一句话概括蜣螂给你留下的最深刻印象。

目录	1 形态特征	4 种群分布	7 其他含义
	2 生活习性	5 生长阶段	
	3 昆虫介绍	6 药用价值	

图 3-19　"百度百科"有关蜣螂的介绍目录

从"百度百科"的介绍目录可以看出这是有关蜣螂的科学说明。其文字表达科学严谨，包含许多科学名词与术语。学生联系生活经历可知蜣螂俗称"屎壳郎"，这一点往往成为初二学生关注的焦点。从这一关键信息出发，根据认知能力的不同，有的学生对蜣螂最深刻的印象是"吃屎"，而有的学生则会探究蜣螂的药用价值。而这些对蜣螂的认知与法布尔对蜣螂的评价大相径庭。

接着，在导读课上引出法布尔对蜣螂的评价：西班牙蜣螂是除圣甲虫外食粪虫里最美的。这一深情的评价是对学生认知很好的补充。不仅如此，"为爱而生的大孔雀蝶""有心计的螳螂""天生的泥水匠——蝉"这些精辟的论述都出自法布尔之口。这些认知上的矛盾和补充，不仅能够激发学生对《昆虫记》这本书阅读的欲望，还能推动学生对法布尔其人一探究竟。

然后，引导学生阅读教材"名著导读"板块及《昆虫记》前言、后记中有关作者的介绍。布置任务二：查阅资料，完成有关法布尔的一份思维导图。（包括生平、科学成就、研究方法等方面）思考：作者对昆虫评价为什么如此与众不同？

（二）"从来如此"就是对的吗？——提出问题与通读指导

《昆虫记》的整本书阅读的第二部分就是通读课。通读课主要利用学生业余时间完成，通读过程最重要的特点是：尊重学生阅读主体的地位，鼓励学生提出问题；借助思辨性的问题激发学生思维。在这个过程中，学生不应该只是知识的接受者，他们应该学会质疑，甚至是批判。

初中生阅读科普类整本书主要是获取普及性科学知识，了解科学的探究方法，增加对科学的兴趣。在阅读过程中难免会遇到一些专业性的概念、术语，学生可查找工具书及相关资料，深化认识；对于自己感兴趣的领域也可以自主批注，提出问题，进行更加深入的探究。科普作品相对于文学作品来说，作品内容不是引人入胜、层层推进的故事，而是以概念说理、实证举例为主，体现的往往是分析、综合、判断、推理的过程。所以自主学习的规划、实施、监控的过程就显得特别重要。

以《昆虫记》整本书阅读通读指导为例：

首先，教师指导学生参照图书目录完成对《昆虫记》整本书内容的专题划分。（见表3-8）

表3-8 《昆虫记》的专题划分

昆虫的习性		昆虫的生活	
专题一	《荒石园》 《昆虫的装死》	专题八	《萤火虫》
专题二	《蝉和蚂蚁的寓言》 《蝉出地洞》	专题九	《圣甲虫》 《圣甲虫的梨形粪球》 《圣甲虫的造型术》
专题三	《螳螂捕食》 《灰蝗虫》 《绿蝈蝈》	专题十	《西班牙蜣螂》 《米诺多蒂菲》
专题四	《大孔雀蝶》 《小阔条纹蝶》	专题十一	《南美潘帕斯草原的食粪虫》 《粪金龟和公共卫生》
专题五	《象态橡栗象》 《豌豆象》 《菜豆象》	专题十二	《隧蜂》 《隧蜂门卫》
专题六	《金步甲的婚俗》 《松树鳃角金龟》	专题十三	《老象虫》
专题七	《意大利蟋蟀》 《田野地头的蟋蟀》	专题十四	《朗格多克蝎的家庭》 《朗格多克蝎》

学生的专题划分方式可以多样，但一定要遵循一定的规律。比如昆虫种类、阅读量等参数都可进行参考。

分类是认识事物的基本方法。将内容较长的整本书划分专题，不仅可以降低认识事物的难度，加快阅读速度，也是做好阅读规划的基础。依据《义务教育语文课程标准（2022年版）》对7—9年级学生整本书阅读要求及专题划分，制订符合自己阅读水平的阅读计划，此计划包含以下项目（见表3-9）：

表 3-9　《昆虫记》自主阅读任务单

阅读时间	专题	阅读时长	阅读任务	质疑探究	自我评价

整本书阅读因其篇幅较长，对文本的通读就显得尤为重要。但学生的阅读水平参差不齐，并不是所有的学生都能在通读环节做到质疑探究。所以教师在自主阅读环节提供问题支撑整体通读过程是非常必要的。

其次，设计问题激发学生思维。

各种素养的形成都需要基于问题，课堂教学是学生素养形成的主渠道，通过课堂提问引导学生进行探究、思维、实践、创新，是发展学生素养的重要前提。

按照学生的认知水平，提问可以分为无认知问题、低认知问题、高认知问题三类。在教师的教学过程中应尽量避免无认知问题，减少低认知问题，增加高认知问题。

在《昆虫记》整本书的通读指导过程中，为更好地提高学生的思维品质，在设计问题时充分考虑了问题所体现的认知水平。（见表3-10）

表 3-10　《昆虫记》通读问题设计

专题	阅读任务	设计意图
专题一	作者说："对碰撞震动和降低温度比较敏感的昆虫，同样对乙醚所产生的作用也很敏感。"作者是通过哪些实验一步步得出这个结论的？	通过科学实验、分析综合得出结论。
专题二	法布尔提出了"挖出的浮土都跑哪儿去了"的疑问，然后又通过观察和推理，在下文解开了这个秘密。请简要梳理法布尔得到结论的推理过程。	学习如何通过已知结论进行合理推断。
专题三	任务一：人们的美誉与螳螂的习性截然相反，试分析好心的人们产生错误认识的原因。 任务二：法布尔观察到一只灰螳虫蜕皮的情景，请简要列出其准备阶段和蜕皮过程。 任务三：通过用不同的食物来喂养捉来的绿蝈蝈，法布尔总结出它们有哪些饮食习惯？	对文本内容进行分条概述，并能够通过分析得出自己的结论。

续表

专题	阅读任务			设计意图
专题四		大孔雀蝶	小阔条纹蝶	通过事物的不同表现，对事物做准确的判断。
	雄蝶的出现时间	雌蝶早晨孵出，雄蝶当晚八点到十点之间飞来，外面一片漆黑。		
	雄蝶的相处情形	雄蝶之间没有因争风吃醋发生打斗。		
专题五	阅读相关内容，说说豌豆象妈妈是一位怎样的母亲。			通过阅读能分析、综合、判断形成对昆虫形象的认识。
专题六	《金步甲的婚俗》中有这样一句话："生殖法规拿雄性当成什么，竟然如此这般地残害它们？"结合本文，揣摩法布尔的情感态度。			通过对文本的分析，体会作者情感。
专题七		比较对象	蟋蟀的特征	通过比较分析，概括事物特征。
		白额螽斯		
		雏鸟破蛋		
		百灵鸟		
		螽斯		
		蝉		
专题八		萤火虫的发光属性		对文本内容进行分层概述，能够准确分析实验与观点之间的关系。
		研究方向	研究方法	
		原理		
			实验：用萤火虫照书照相技术 观察：成群萤火虫	
		作用		
专题九	分五步概括圣甲虫制作粪球的过程。			对文本内容进行分条概述。

续表

专题	阅读任务	设计意图
专题十	在幼虫孵化和成长的问题上,西班牙蜣螂面临着与圣甲虫同样的问题,它又是如何解决的呢?	通过比较分析对方法做出正确的判断。
专题十一	法布尔记述了法那斯米隆作品中最为精妙的部分——粪球的通风系统,请分条概括它的精妙之处。	对文本内容进行分条概述。
专题十二	隧蜂的"愚蠢与宽厚"表现在哪些地方?	通过比较分析对事物特征做出正确的判断。
专题十三	象虫与其他鞘翅目昆虫在外形上最大的区别是什么?形成这一外形特点的原因是什么?	对比分析发现特征;根据文章内容合理推断。
专题十四	作为妈妈的朗格多克蝎,前后有哪两种截然不同的表现?	通过比较,对事物做出准确的判断。

(三)谁才是自然界的勇者?——自主建构与精读指导

《昆虫记》作为一本观察日记,具有非常丰富的观察素材,学生在阅读过程中通过自主筛选、分析、分类,建构属于自我的认知体系。在通读全书之后,会打破线性阅读的规律,以任务或问题的方式设计一系列的专题学习内容。

例如,你认为本书中哪几种昆虫适应自然的能力更强、种群延续时间更长?请从它们的身体结构、生存环境、生活习性三个方面加以分析。(见表3-11)

表3-11 昆虫适应能力分析

昆虫名称	决定因素		
	身体结构	生存环境	生活习性

这样的专题学习一般会在通读全书之后完成，用这样的方式对图书内容进行梳理。这样的学习过程意义有三：其一，对图书涉及的生物学知识进行再一次梳理，熟悉科学的观察方法，提升科学素养；其二，从人文视角关注昆虫世界，从自然界中获取对人生有益的营养；其三，通过对比、分析、综合、概括等思维过程，完成对"自然勇者"的筛选、提纯。

（四）昆虫的"爱"是不是"爱"？——认知冲突与精读指导

爱因斯坦说："对于一切来说，只有热爱才是最好的老师。"笔者将"热爱"理解为对某件事情的兴趣。科学兴趣即对科学的好奇心和求知欲，以及由此生发的亲近科学、体验科学、热爱科学的情感。这种"兴趣"不光是与生俱来的，在阅读教学过程中设计认知冲突也是产生"兴趣"的有效方法。

在《昆虫记》精读指导课的设计过程中，笔者借助学生对"母爱"的普遍认知与昆虫世界"母爱"表现方式之间的不同，制造认知冲突。以"冷血的母爱"为主题，提出"昆虫的'爱'是不是'爱'？"这一核心话题，引导学生展开讨论。

首先，我借助任务单引导学生对《昆虫记》整本书中有关昆虫妈妈"冷血"的表现进行梳理。（见表3-12）

表3-12 "冷血妈妈"搜集任务单

昆虫妈妈	冷血表现
例：绿螽蟖	吞食自己受孕的囊泡

任务单提供的内容梳理框架，是让学生能够明确判断的基础是实证，这也是科学精神的一种表现。完成实证的采集之后，以小组为单位针对"昆虫的'爱'是不是'爱'？"这一话题，先进行小组讨论，再推选代表在全班发表看法。在小组发言的过程中，教师提出以下要求：

小组发言要求：

1. 观点要明确。

2. 有充分的证据支撑自己的观点。

3. 表达逻辑清楚，语言流畅。

4. 小组讨论列出发言提纲。

各组发言结束，两种观点自然形成了对立，争论即刻爆发。在不断的争论中，我们发觉了法布尔以"人性"发掘"虫性"的写作视角，但也运用观察与实验的方法，向我们印证优胜劣汰、适者生存的自然法则。

最后，教师还会给学生布置一项任务：

要求：模仿以上议题，以小组为单位创设议题，并布置任务。（见表3-13）

表3-13 议题创设

序号	议题（问题形式）	具体任务
1		
2		

借助科普作品中科学与人文的矛盾制造认知冲突，不仅充分调动了学生的学习动机，更是在碰撞中提升了学生的科学思维能力。

（五）我的世界，我的发现——应用迁移与阅读展示

读书真正的意义在于给予读者真正的学习能力。《昆虫记》以小昆虫为媒介，向我们展示了大自然的优胜劣汰，又映射着人类社会的温情与残酷。这本书有取之不尽的科学宝藏，也有体察不尽的人生智慧。读完此书，如何引导学生从被动接受到主动创造呢？唯有将书中所学带回到实践中去。在实践中应用所学，应包括两大方面：一是将知识和方法运用到真实情境，迁移到其他领域，解决实际问题；二是将学习过程中形成的行为规范和价值观以不同形式迁移到日常生活中，形成良好的伙伴关系。据此，我们设计了以下两个任务：

任务一：根据任务单（见表3-14）完成对一种或一类昆虫的观察。

表 3-14 观察记录单

观察对象			
观察周期			
	第一次	第二次	第三次
观察日期			
观察工具			
观察角度			
观察结论			

任务二：讲一讲你与昆虫发生的故事，说一说你由此获得的生命感悟。不少于 600 字。

《昆虫记》之所以被称为"昆虫的史诗"，是因为这本书实现了"科学"与"人文"的完美结合。作者法布尔痴迷于对昆虫的研究，夜以继日、孜孜以求，这不仅源于他对科学事业的献身精神，更源于他对生命自然无限的热爱。他用人性观照虫性，用诗意的语言告知我们昆虫的本能与习性，这不仅使对科学仰视的普通人对其得以亲近，更让我们反思人与虫的联系与区别，让我们去思考"人与自然如何相互借鉴，如何和谐相处"。一本《昆虫记》包罗万象，可以将我们对人生社会的思考引向更深处，也让科普作品阅读更加妙趣横生。

三、社会科学学术类论著《乡土中国》整本书阅读

学术类整本书以自然科学、社会科学中的相关问题为论述对象，具有较强的理论性。其核心内容是作者针对某一科学领域中的研究和重要发现做出的针对性论述，呈现出作者独特而深刻的学术见解，体现出较高的科学性。在论述中，作者遵循逻辑思维的基本路径对核心问题进行概念解读，不仅有基于概念的阐述分析、推理论证，也有针对核心观点展开的具体而翔实的例证分析、对比阐释，具备逻辑思维丰富、条理清晰、观点严谨的特点。这类书籍供高中生阅读，学生可从中获得逻辑构建的基本方法和途径。

统编高中语文教材必修上册第五单元要求学生阅读《乡土中国》这本学术性论著，主要是引导学生通过阅读这类书籍梳理大纲小目，对学术类书籍有初步的阅读体验和学术印象，了解其中的表达方式和学术内容。《乡土中

国》是费孝通先生的一部观点鲜明、论述严谨的学术类著作。该书取自作者20世纪40年代后期在西南联大和云南大学所讲的"乡村社会学"课程的内容,共14篇文章,每一篇章涉及核心思想、重要概念和相关术语,且引用大量儒家思想观点加以论述分析,例举了近现代中国乡土社会生活的种种现象进行生动阐释,理据结合、逻辑清晰、论证丰富。作者尝试从不同层面、多角度地回答了"作为中国基层社会的乡土社会究竟是个什么样的社会"这个问题。结合课标中整本书阅读任务群的学习要求以及单元学习提示,学生要通过不同阶段的学程任务理解书中的关键概念,把握全书的逻辑思路,学习其完整而严谨的论证过程,了解本书的学术价值,学会根据阅读目的选择恰当的阅读方法,积累阅读学术著作的经验。这一学习过程旨在培养和提升学生的逻辑思维能力。

就学术类著作阅读而言,在自主通读过程中,教师可根据阅读内容围绕学习目标设计阅读任务,阶段性地、有针对性地提供助读资源,引导学生划分阅读范围,即根据文本内容的有机联系对章节适当进行归纳,确定局部的深度阅读目标,同时引导学生提取全书关键概念、核心观点、关键论据,学习其中的逻辑论证,掌握归纳、演绎等论证方法。通过阅读全书,学习准确把握文章观点和作者态度的方法,能够思考、融通已有的知识框架,并利用目录、序跋、注释等理解全书写作思路、写作目的。此外,指导学生对相关学术论著、相关评价等资料进行深入研读,结合书中的理论认识分析中国现当代社会生活,进一步认识我们的国家和人民,深入思考中国社会变迁的现实问题。

据此我们以思维型教学理论为依托,以发展高中生的逻辑思维为落脚点,从"电视剧《山海情》"到"家乡的文化生活"设计阅读情境,激发阅读动机,学习说理论证;从"厚"到"薄",从"梳理"到"构建"提炼核心概念,构建逻辑框架,引发认知冲突;最后"到生活里去寻找,在生活中学习与研究",展开迁移拓展、反思研究,发展思辨与审美力,设计了系列的重点突破课。

(一)从"十里不同音"到"五服",从"亲亲得相首匿"到《三字经》——基于情境创设的逻辑论证

高一学生需要通读《乡土中国》全书,通过课后作业的方式对每章的论

述思路做出思路框架，对每章中的关键概念进行梳理并提出疑问。教师通过作业捕捉到的学生问题大多聚焦于论证的重点是什么、作者是如何针对关键概念进行论证的、一些篇章中的例子到底说明了什么等诸如此类的问题。据此，教师为了更有针对性地指导学生开展学术类著作的有效阅读，结合学生的问题设计了《理性论证的魅力——逻辑论证》这一课（作者：首都师范大学附属回龙观育新学校　张一帆）。教师希望学生能够在鲜活、丰富的社会情境中学习、理解书中举例论证的作用及其逻辑特点，能够结合具体、生动的情境材料阐述例证与论点的逻辑关系；学生可以通过分析作者所举事例，理解书中学术概念，明确单篇文章的论述逻辑，进而对所给材料进行压缩提炼，形成具有一定逻辑关系的论证材料。这样力求提升学生的学术类文本阅读素养，提升逻辑思维能力及分析能力。

为达成以上目标，我们首先确定了本课需要解决的核心问题：如何深入理解《乡土中国》中的"差序格局""无讼""长老统治"等重要概念呢？学生是否可以结合以下材料及书中的相关理论提出自己的看法并加以有理有据的阐述呢？

基于核心问题，我们设计了学习任务：在通读全书并理解每一章主要理论的基础上，将下面所给材料梳理成例证，结合篇章概念形成新的观点并加以分析。

【材料一】地理特点：相比平原地区，我国东南沿海地区多山地、丘陵、海岛，村落间交通不便。语言现象：因地理条件所限，我国东南沿海地区"十里不同音"是常态，一大片地区没有多少内部差异的不多见。我国汉语方言种类繁多，尤以东南沿海地区为甚。

【材料二】《五服图》注："五服"是为家族中人进行服丧的丧服制度，服丧程度以"己身"为核心，一圈一圈向外推出去，逐渐变浅——如斩衰是五服中最重的一种，丧服毛边不修饰，以尽哀痛，服期三年。

【材料三】"亲亲得相首匿"是汉代刑罚适用原则之一，具体指汉代法律所规定的直系三代血亲之间和夫妻之间，除犯谋反、大逆以外的罪行，有罪可以相互包庇隐瞒，不向官府告发；对于亲属之间容隐犯罪的行为，依照法律规定也不应当追究其刑事责任。而依照宋朝法律，女人告丈夫，无论对错输赢，都要坐牢两年。也就是说，政府不鼓励亲属之间互相告发，大义灭亲。

李清照就因将丈夫张汝舟告倒治罪而落狱。

【材料四】从《三字经》里对九族的说法"高曾祖，父而身。身而子，子而孙。自子孙，至玄曾。乃九族，人之伦"可以看出九族有一个传承的特点——子孙祖父，男性是家族的中轴，在一个大家族中，关系的亲疏也由此产生。

【材料五】梁山伯与祝英台的故事是中国四大民间传说之一，祝英台女扮男装求学，结识同窗梁山伯，两人情投意合，但这种"私相授受"的感情却不被封建社会所容，双方至死无法结下姻缘。

【材料六】"天命之谓性，率性之谓道，修道之谓教。道也者，不可须臾离也，可离非道也。是故君子戒慎乎其所不睹，恐惧乎其所不闻。莫见乎隐，莫显乎微，故君子慎其独也。"——《礼记·中庸》

学生阅读以上材料，结合所给材料和书中相关的理论，提出所要论证的观点并进行恰当论证。教师在学生回答过程中引导阐述方向，点评学生观点的同时提示符合观点的论证方法：概述材料，明确材料说明的问题与篇章观点之间的关系；适当增加论说性语言，让例证与文章的论点或分论点相融合。之后让学生动笔将所给材料运用恰当的语言转述出来，分组讨论，代表发言。学生基于材料设置的学习情境进行小组合作讨论，形成组内观点，在班级内交流；班级内针对各组所持观点及论述内容进行思辨。

在这一过程中，教师根据学生观点及其论证内容生成板书，并指导学生加深对书中重要概念的理解，明确论证方法的使用，理清针对问题的论证思路。

教师将学习资料作为引发学生思考的引子，并据此形成学科的学习情境，通过多元认知视域下的社会文化内容激发学生理解其内在思想的兴趣，也成为激发思考的内在动机——当学生调动思维，思考阅读材料及书中的理论所产生的联系、分析论证其可能存在的理论关系时，学生自然将所理解的内容与书中原有理论的认知在头脑中形成一定的冲突、产生质疑或形成新的认识。在这一思维过程中，我们预设学习任务促其形成一定的思辨性认识，以形成理性的观点。在利用阅读材料进行论证过程中会调动其判断、合理推理和有效分析的思维能力，使其论证更加富有逻辑性。

在这一教学片段中，教师选定议论文中运用最广泛的论证方法——例证法进行精读指导。之所以确定本专题的精读指导课，是因为《乡土中国》作为社会学理论研究的学术著作，其表达方式主要为议论，议论分析中事实论证是卓有成效的推理论证方法。作者在书中运用丰富的事例，使章节中的观点得到印证、支撑与全面的阐释。因此，理解例证的内容、把握例证与书中理论的关系，是理解书中观点的必由之路。在章节的精读中，学生或读不懂具体事例，或未能明确事例的切入角度，或看不出事例组合以后产生的结论，最终因为没有充分读懂例证，而无法对作者的理论形成较成熟的看法，更无法拓展应用于现实。该课例片段以具体章节的例证分析为抓手，以某一章为范式点染拓展其他章节，帮助学生理解例证，疏通例证与书中理论的逻辑关系，培养学生学术类文本阅读素养，提升学生逻辑思维能力。

（二）从"厚"到"薄"，再识"乡土"——在合作交流中引发认知冲突

高一学生通过月余时间能够阅读完《乡土中国价值典藏版》（商务印书馆）整本书内容，学生能够在教师要求下基于书中每一章节的内容进行生字词积累、内容梳理、设计思路框架图以及核心内容的解读，但是学生在阅读过程中暴露出以下问题：对每一章的核心概念抓取不够准确，或者抓取一定关键词但并不能完全理解每章的写作要义；从学生读书任务的作业反馈可知，部分学生不能在自主阅读过程中准确把握每章内容中作者针对核心内容所运用的论证方式及采取的论证角度；就其全书内容而言，学生在短时间内还未能建立起各章节之间的关联，以至于未能理解全书的写作目的；部分学生对书中提到的一些学术概念如何理解感到困惑。基于此，笔者设计了《乡土中国》整本书阅读推进课。

在这节重点问题突破课上，我们希望学生通过梳理全书大纲小目及其关联，做出全书内容提要，把握书中的核心观点，由此把握全书的论述逻辑，提炼、分析并理解本书的重要概念。最后理解作者的研究目的，明确作品的价值取向，了解中国历史现代化的进程，进一步认识我们的国家和人民，深入思考中国社会变迁的现实问题。

首先是确定本课学习的核心问题：《乡土中国》整本书究竟讲明了哪几个方面的内容？书中最能阐明中国的"乡土性"关键概念是什么？核心问题直指本课学习的重难点。

依据核心问题，笔者设计了第一个学习任务：理一理，画一画——请你

和同学一起结合目录，梳理全书每一章的核心内容，归纳、分析并建构基于全书内容间关联的思维导图，完成后请贴到教室南侧的墙上。学生在小组合作交流中展开学习活动，构建思维导图。教师在巡视中加以指导，适时地进行方法提示：回到目录，概括内容；关注开头、结尾和过渡，照应、提炼是关键；归纳联系，建立回目之间的关联；提取核心概念，理解核心内涵。

学生需要在思维导图的构建中不断完善对全书内容的认知，加深理解前后章节之间的联系，形成逻辑清晰的概念间的把握和梳理。即在"乡土社会"中，从"熟悉"里得来的认识是个别的，并不是抽象普遍的，这种"个别性"体现在人际关系上就是差序的"私人关系网络"，乡土道德也是"维系着私人的道德"。"差序格局"中所形成的社群事实是社会圈子，最基本的社群是"家"或"小家族"。家中的代际关系、男女有别，维系着基本的社会安稳。在家之外的更宽泛的范围里，"乡土社会"是"礼治社会"，时间上传统经验的积累，空间上稳固的社区生活，保证了"礼"的推行和人们对传统的主动服膺。礼治的理想是每个人自动地循规蹈矩，以身内的良心律己，即便有人际冲突也可以"评理"，而不必对簿公堂，于是便有了"无讼"。在追求"无讼"的礼治社会中，社会权力是发生在社会继替过程中的教化性权力，相应的基层管理就是长老统治。在乡土社会中，血缘是稳定的力量，从血缘结合转向地缘结合，社会就发生了大的转变，也便会产生"横暴权力""同意权力"和"长老权力"之外的"时势权力"，发生了"名实的分离"。在变化的社会中，不假思索地根据"欲望"行事的做法，也逐渐向根据"需要"来行事的做法转变。

这一教学片段围绕从"厚"到"薄"再识"乡土"这一主题进行大纲小目的梳理与归纳。通过小组合作，开展自主建构意义的学习活动——完成全书的逻辑框架导图。在梳理全书的大纲小目及其内在关联的过程中，做出全书内容提要并把握书中的核心观点，在把握全书的论述逻辑时，提炼、分析并理解本书的重要概念。

更重要的是在接下来的"选一选，评一评"环节，更加挑战学生对全书逻辑体系的认知与准确把握能力。笔者设计了学习任务：请你根据对本书内容的理解，在两两比较过程中选择你认为最符合本书逻辑思路的思维导图，并做出合理阐释。此时，将学生选择率、认可度最高的前三个图示移至黑板，并让选择该作业的学生进行阐释。由此不断明确全书论述的逻辑及其论证过程，学生在比较辨识中自我校正了自主建构过程中的错误归纳，理清了原有框架中的模糊认知，也提升了对全书重要思想概念的理解水平。借助这一学习成果，继续加强对全书重要概念的理解和提炼。根据学生的回答，教师继续引导：我们想要进一步把握作者论述的观点还需要理解作者分别从哪些角度对"乡土社会"进行了论证。或者换一种方式提出学习任务：基于逻辑关系进行角度归纳——全书阐明了哪几个问题？于是形成较为宏观的内容归纳：

"重刊序言""后记""附录"和第1—3章（"乡土本色""文字下乡""再论文字下乡"）——社会性质和特点

第4—7章（"差序格局""维系着私人的道德""家族""男女有别"）——社会结构

第8—11章（"礼治秩序""无讼""无为政治""长老统治"）——社会治理

第12—14章（"血缘和地缘""名实的分离""从欲望到需要"）——社会变迁

如果全书的逻辑体系已经建构完成，作者基于全书的论述内容和论述角度也有所分析和明确，我们是否可以提炼出全书的核心概念来进一步说明"乡土中国"的内涵？通过层层铺设的学习路径，在问题不断指向全书的最核心问题也是最关键的学术概念这一过程中——"差序格局""礼治秩序"就呼之欲出了。

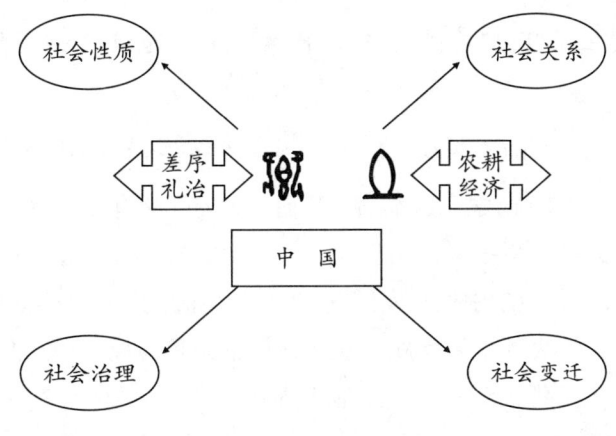

图3—20

在这一教学片段中，我们可以感受到学生在预设的学习任务中能够与同学进行较为充分的沟通交流、合作探究。首先，教师能够基于学情进行问题梳理，引导学生抓住阅读中出现的主要问题，在认知层面已经引起学生对主要问题的关注，使学生的思维认知达到了一个高度聚焦的起点上。这样，通过构建思维导图的学习任务进一步促使学生就阅读的核心问题进行理性思考。其次，学生在这一过程中再次回归文本内容，并就书中的关键概念在头脑中加以理解、提炼并进行归类、归纳，进而在自主性的理解思考过程中不断与同伴进行交流、互动，督促其对归纳后的结论进行判断、简要论证，学生在构建思维逻辑关联图示的过程中不断加深对《乡土中国》全书核心内容的理解，小组同学在合作中能不断调整、修正并完善对全书内容的认知与把握。在一定的思维冲突与碰撞中，引导自身有效表达、准确构建，同时基于合作学习对学习效果进行客观评价，及时调整学习方式，自我诊断学习问题，在教师引导和同学互助下提升对问题的认知、分析能力。这样基于全书内容的概述及梳理，使学生逐渐树立学术类阅读的基本意识，归纳阅读方法，形成逻辑思维。最后结合本书"序"等内容理解作者的研究目的，明确作品的价值取向，了解中国历史现代化的进程，进一步认识我们的国家和人民，深入思考中国社会变迁的现实问题。以上学习过程即读懂作者、把握方法、读出自我。本专题的这一课时主要是运用自主建构、合作探究的方式带领学生寻找《乡土中国》中的重要概念，梳理概念间的逻辑关系。

（三）到生活中去寻找"乡土中国"——通过迁移应用展开反思监控

"老师，'乡土中国'还存在吗？""为什么我们今天还要学习20世纪40年代的作品？""老师，学完这本书对我们今天的生活有什么意义或影响吗？"《乡土中国》阅读过程中以及阅读完后，学生的理解性问题、应用类问题一直在不断提出，这是教学中的真实问题，也是学生阅读与社会生活脱节的地方，更是我们要切实解决的学习问题。在此情境下，我们设计了"洞悉现代社会万象，聚焦乡土文化根源——到生活中寻找'乡土中国'"这一综合实践性学习内容。

我们希望通过设置生活情境下的学习任务，拓展学生的理论认知，引导学生深度理解学术类著作《乡土中国》中的核心概念和重要观点。学生通过提供的学习支架，明确阅读学术类整本书的路径与方法，培养调研访谈、数据分析、理据结合的研究能力，发展学术研究素养。在完成相应的学习任务后，敢于提出具有一定批判意识的观点，并能够有理有据地加以分析论证。同时通过调研分析、撰写报告，获得对当下中国"乡土性"的创新性认识，激发对当代中国的进一步探索热情和对中国未来的审慎思考。

据此，笔者设计了这一学习过程的核心问题：今天的中国社会还具有"乡土"特点吗？我们还可以用书中的观点来审视今天的中国社会吗？据此设计了几项实践性的学习任务。以下为例举。

结合第四单元当代文化参与任务群"家乡文化生活"单元学习内容，根据《乡土中国》整本书阅读研读学程，设计单元学习任务一：

* 再次阅读《乡土中国》第一章、第十一章、第十四章等内容，任选角度对你居住的乡镇村落或社区人员分布等情况（如性别比例、年龄分布、职业类别、人口来源、人口流动、职业类型等）做调研，对你所居住的区域性环境进行调研、分析——思考其是否具有乡土社会的基本特点。

* 结合《乡土中国》第二、三章，对你所居住地区的文化习俗和文化遗产的保护与传承、文化建设（图书馆建立、文化墙的设计等）进行情况调查，分析并论证在当代社会生活中"文字"在现代社会生活中的作用。

* 结合《乡土中国》第四章、第五章、第八章等内容，请你以自己为中心，做有关"五服"或"家谱"的调查梳理，同时可联系当今社会的"朋友圈""个人诚信体系（银行信用、公共交通信誉等）"等现象，分析现代生活中人们处理事务需要怎样的人际格局？现代生活中做人做事方面如何处理公私冲突？

* 结合《乡土中国》第六、七章等内容，调研所居乡镇村落、社区中的居民文化、休闲生活内容及其方式（节日聚会、假期生活等），长辈交流交往的群体特点，分析现代社会中的生活群体的特点及其产生根源。

同时提供一定的阅读支架：熊培云《一个村庄里的中国》、鲁迅《故乡》、纪录片《舌尖上的中国》。

以上四个选题任选其一，根据以下表单（表3-15、表3-16）完成调研访谈、整理分析工作，撰写调查报告，不少于800字。

表 3-15　访谈记录表

对象		性别		年龄	
访谈成员			访谈时间		
访谈提纲	1. 2. 3. 4. 5. ……		访谈记录		

表 3-16　调查报告结构表

标题	（标题应明确调查的主旨，放在第一页中间）
摘要	（简要概括报告内容，语言应简明清晰）
目录	（列出报告主要包括哪几部分）
调查背景与目标	（调查的背景和设定的目标）
调查步骤与方法	（怎样实施调查，经历了什么样的步骤，运用了哪些方法）
调查内容与分析	（调查的主要问题，获得的各种信息，以及对这些信息的分析。这是调查报告的主体部分，可以分成若干段落）
结论	（总结调查的主要内容，提出自己的看法）
建议	（简要提出解决问题的措施）
参考资料	（列出参考的文献资料及其来源）

　　学生调研的内容五花八门，生动、鲜活，但有失具体而详实的分析。于是笔者设计了基于过程性学习的表现性评价，对学习成果加以指导和自我监督。在课堂展评中，由师生对各小组报告进行表现性评价。经由师生评价后，获得高水平评价的小组进行展示汇报。这样师生共同研讨，形成本专题教学结论，并结合整本书阅读成果做综合性评价。

　　表现性评价（见表 3-17）：

　　从选题观点、论证分析、结构层次、语言表达等四个维度进行评价，划分为 A、B、C 三个层级。

表 3-17　表现性评价

评价角度	A	B	C
选题观点	报告、文章选题有新意、切入点小，观点鲜明而深刻。	报告、文章选题观点明确，表述清晰。	报告、文章选题有观点，但语意较为空泛。
论证分析	论述有理有据，联系文本准确而丰富。	论述有理有据，联系文本准确、论述较充分。	论述理据结合，有关联文本的意识。
结构层次	文章结构合理，层次清晰。	文章结构有逻辑层次。	缺少段落间的关联。
语言表达	论述语言简练、表达到位，语意明确而富有逻辑性。	论述语言表达较为明确，有一定的逻辑性。	论述语言较为简练，有部分语病。

基于此，教师对该大任务进行综合性评价：通过精读、研读学习完成相应的读写任务，根据撰写文章的质量（70%）和通读过程性笔记（30%）进行课程终结评价。教师可以对整个学习任务的完成给予点评。

在这一学习过程中，学生们结合自身的阅读基础和对问题感兴趣的程度，参考调研问题、访谈对象等可操作性因素，选择适合自己的问题并着手与同学结组进行合作学习，在一周内完成此项学程任务。学生们首先需要设计相应的访谈问题，做好组内分工。然后到熟悉的社区或村镇中考察现场，寻找到相应的调研、访谈人群，进行实地调查、结果统计，并通过小组合作进行数据分析、整合调研内容，提出基于现实的客观认识。这一学习过程就需要学生负责任地提出见解，既要符合书中的概念内涵，也要能依据前提为真的调研结论进行推断，形成当代生活中是否依然体现"乡土中国"特征的论证分析。这样一来，学生就会得到来源于生活实践的学习结论——如，所谓"乡土中国"，其实就是传统中国，是我们今天这个中国的逻辑前提，理解今日的中国，必须深刻领悟传统中国的内涵。因此，学生们通过系列问题的考察、调研可以洞悉现代社会万象，聚焦乡土文化的根源。这一学习进程中，《乡土中国》中的概念（比如礼俗社会、差序格局、礼治秩序、无讼等）自然而然地与现代生活紧密相连，学生也了解到书中的学术观点，认识到即使在现代社会也依然摆脱不了乡土文化的影响。

学生在这一过程中能够运用《乡土中国》中的概念来解释和评析现实生活，

而这一思维过程需要论述有理有据、推理论证合理全面、于现实中引发质疑且于分析中辩证思考，这更是学术类整本书阅读的重要意义所在，也正是逻辑思维由论证分析逐步走向反思、批判的过程。

整体而言，围绕整本书专题研读的学习要求，教师为学生提供了不同角度的学习内容。首先教师将统编语文教材第四单元"家乡文化生活"学习内容与第五单元《乡土中国》专题学习内容有机整合，创设出鲜活真实的学习情境，设计出结合不同章节阅读的综合性学习任务，在一定程度上有效地激发了学生学习的外部动机，将书中的理论适宜地迁移到当代实际生活中，较大范围内引导学生再次学习书中重要观点，以反刍理论、审视生活。这一设计也切中了阅读整本书所应达到的最佳阅读效果——把握作者写作意图，反思、认识当代中国。在完成调研、访谈的过程中，学生不断建构出基于个人社会生活范围与书中理论视域下的新观点，形成并完善相对独特的分析论证过程。在理论认知与实际生活认识不断产生冲突中，在原有生活经验的建立与新视角对社会的分析中，在对社会生活的原有认知和被打破之间的冲突中，感受学者费孝通先生身上所体现出来的知识分子高度的社会责任感——他不断追究乡土社会的特点，探索社会发展的途径。在这一学习过程中明晓中国乡土社会的性质，在观察与思考中引发对现实生活的关注与思考，对当代社会的文化现象能有所理解，并能全面而客观地进行阐释。这一学习历程不仅能够有效地对以往的阅读理解加以反思，进行自我监控，也更能引导每一个学习主体将之前思考之未果的内容有机联系到生活实际。所谓应用迁移即将理论学习中的所困所思在生活中得到内化或进行重新思考。这"乡土"提示并引导当代高中生去体会中国发展历程中的兴衰变迁，感受乡土社会的文化魅力，感受中国发展壮大过程的辉煌文明。那么当堂教学中可以进一步引发学生思考——我们今天再读《乡土中国》会不会过时？在师生、生生互动中进行理性判断，理性对话。

📖 讨论话题

学术类著作阅读与研讨旨在培养学生严谨的理性思维及学术素养，发展学生的逻辑思维能力，现就指向逻辑思维能力内涵的意义层面设计了与本书相关的学习任务，供大家参考与讨论：

1. 基于逻辑推理的学术类著作学习任务：

材料一：贾雨村攀附贾家后得以官复原职，在应天府任上审理薛蟠打死冯渊的命案，得知薛蟠属于"护官符"上的四大家族，便胡乱判了此案。

材料二：人们办事，即使有明确的规章流程，有的还是喜欢四处找关系。

以上两个事例，有没有共通之处？为什么？

2. 基于逻辑判断与论证的学术类著作学习任务：

新华社北京 3 月 22 日电 打赢脱贫攻坚战、全面建成小康社会后，要进一步巩固拓展脱贫攻坚成果，接续推动脱贫地区发展和乡村全面振兴。

从巩固拓展脱贫攻坚成果到与乡村振兴有效衔接，这一内容是否吻合"社会变迁"这一问题？请结合文中内容与时代生活分析论证这一发展战略。

（魏丹丹　王海霞）

第三节　文化经典类名著阅读教学设计

一、"文化经典类"整本书阅读的特质

何谓文化经典？在汉代，把一种书奉为"经"的时候，首先是儒家的经典。在时间的长河里，存在于传统文化中，具有继往开来之精神，濡染国人精神底子的优秀典籍，都可以称其为中国文化经典，比如《论语》《庄子》《大学》《老子》《诗经》等。

文化经典的表达方式几乎都是民族语言，它们起作用的方式既有"讲道理"，也有"熏陶"，还有"建立某种意义上的规则"，以及带有教育性的"教材范本"等。中国文化经典是我们民族的文化之根、民族之魂，是中华民族的精神特质的凝聚与体现。所以一定要读，还一定要读好。不同的学业水平阶段应该接受哪些经典的熏陶？应该获得怎样的精神与思想的引领与构建？该怎样让不同阶段的学生建立正确而自由的与母语思想体系的联系，将母语所蕴含的民族文化、智慧、思想、哲学等扎根在心灵深处，并在此基础上构造成长的精神家园？这一定是我们语文教学中应该加倍重视的。

如何学好"经典"？我们一直在探索，我们清醒地知道经典文本教育因为"经"而导致课程知识复古，一味地强调诵读，简单地解注和照搬；在教育方法和手段上也常常固守经典文本的辞章诠释，囿于静态语义表达或外在语言形式的背诵考查，致使学生的学习兴趣消退，与文本疏离，对经典始终"敬而远之"。比如小学诵读的《三字经》《百家姓》《弟子规》之类，因为朗朗上口，于是早上读、课前读，学生往往只是呆读死记，失去对这些经典的内驱性的喜欢。另外，在经典作品的教育上，也会因为过度挖掘阐述文本作者的原意而具有"回溯"性，囿于文本语境下的思想体悟与价值思考，导致育人思想的陈旧、僵化甚至带有强制性。诸如"父母命，行勿懒。父母教，须敬听。父母责，须顺承"（《弟子规》）等所谓的"孝悌"纲常教化，虽然

具有人伦亲情关系的秩序约定，但也不可避免地带有迂腐盲从的奴性训诫，这都不利于培养学生的现代公民意识。

　　由此看来，文化经典有其固有的人伦关系、社会价值、文化思想、道德规则、心性启悟等教育特质，因此我们的语文阅读就必须有历史的传承性，还要有时代的发展性，让传统文化经典的诠释、解读、运用成为一种联系过去与现在的中介，经典只有不断地与现代视域融合才能开辟出新的意义和真理。也就是说，对经典文本的解读学习，要深入把握其在历史流变中的继承与开新的动态关系，要彰显经典文本的流传性及其作为"活"的思想源泉的本质特征，体现对经典文本理解的"视域融合"。这种视域融合所产生的新视域，超出了原来的文本作者和读者自身的视界，达到了更高和更新的层次，它又给新的经验和新的理解提供了可能性。因此，中华传统文化经典的阅读应聚焦"整"读策略，以期有效地、有针对性地探索学生思维品质的提升途径。

二、"文化经典类"整本书阅读中的"整"的价值意义

　　鲍鹏山在一次有关《论语》的讲座中说过这样的话："知识和思想一定要成体系，不成体系的思想或知识会成为人的负担！"零碎的知识和思想不仅无益于人形成自己独特的知识或思想体系，还很可能在头脑中造成知识间的相互冲撞和思想的混乱。相对长篇小说类整本书阅读，文化经典作品更容易被我们"零散"化，甚至"淡弱"化，以前高考中没有把《论语》列为考试板块的时候，我们只是在初中学习《论语〈十则〉》，高中学习《论语〈十二章〉》《子路、曾皙、冉有、公西华侍坐》，《老子》《孟子》《庄子》等书更是以"选读"的方式出现。于是在教学中，教师和学生自然而然把考试作为指挥棒，只把要求背诵考查的篇目进行讲析落实，其他或者是简单翻译一两篇有代表性的文字，或者是蜻蜓点水讲一讲儒、释、道等思想的宗旨大义也便作罢。所以当《论语》出现在高考视野，作为整本书来进行考查的时候，其教学价值就在于"整书""整读""整合"而带来的思维性培养和促进。2020—2022这三年在新高考的研究实践中，我们聚焦《论语》的"整"阅读指导，深深感受到《论语》对于学生提升思想境界、涵养情怀、改变格局意义非凡，正所谓"读书以启思，读书以养志，读书以怡情"，在启思、养志上，《论语》不可小视。下面是我们的一些体会：

（一）专注于聚合式、逻辑式思维能力的培养

对传统文化经典的理解不仅要"回溯"，更要"延展"，即从"重义"到"重理"，义理贯通，理趣相合。以"理"为聚合点进行主题式、母题式的阅读，教师为主导，学生为主体一起探讨寻找划分的标准，然后进行归纳，提炼出相应的主题，重在文本内部的横向比较和思维的集中。比如可以打乱《论语》的原有章节顺序，把全书分为若干主题，每个主题下再分若干细目，按细目分类摘录。比如《论语》中关于"孝"的论述有 18 次，从而汇聚起来进行主题式阅读，让学生感受哪些是可以延续哪些又该辩证看待。

"主题式"阅读，不是碎片化的阅读，是一种整合性的深度阅读，是打破零打碎敲的"解读"为聚焦问题式的"研究"。阅读不能漫无目的，没有方向的思维不可能走向确定；不能宽泛无边，没有边界的思维难以走向清晰；也不能没有焦点，没有聚焦的思维难以走向精确。在单篇文章的教学中，因其主题的相对集中和内容的相对单纯、限定的缺失往往不会带来明显的思维混乱；而在整本书阅读中，尤其是带有深度思想教育性的"经典"作品，主题、内容、条理都纷繁复杂，限定思维的条件就很重要了。如果信马由缰，听凭学生的个人兴会，或许也有独到的发现，但对于视野与学识尚不健全的学生来说，这样的个人建构毕竟有限。不能否认，有些认知能力特别强的学生，靠自我的觉察与反思，也能达成对文本的深度解读，但这样的个案并不具有教育的典型意义，多数学生还是需要教学的支持与引导。所以，"主题式"的整本书研读无疑是最恰切的一个途径。

就拿《论语》来说，主题式研究的优秀读物较多。例如：钱宁重编的《新论语》（三联书店，2012 年版），该书打乱《论语》全书顺序，分为内编和外编，内编是孔子之言，外编是弟子之语。体例上有创新。汪荣辉编的《〈论语〉精读》（湖北人民出版社，2014 年版），该书从"孝敬长亲、生活礼仪、读书求学、教书育人、善交益友、勤政为民、仁者之心、君子小人、人生常理"九个主题构建教学单元，将《论语》原文与新的时代精神相结合。我校李宏老师也主编出版了《论语》的专题校本教材，从孔子、弟子、成人、君子、圣人等主题角度去梳理归纳，已在我校语文教学中运用。

（二）专注于发散式、批判式思维能力的培养

对传统文化经典的理解要采取对话方法，鼓励学生在阅读中进行更多的"主体参与"，与文本对话，与作者对话，与时代对话。换一种视角进行思考，打破固有思维的枷锁，让不同的思考进行碰撞、交流，让经典阅读更具有"考据性""批判性"的教学特质。

学习传统文化经典，最重要的是让静态的思想能够鲜活起来。不是去再现和复制经典，而是能够富有探究的乐趣，让学生感受到思辨的力量，逐步形成适应个人终身发展和社会发展的"必备品格"和"关键能力"。例如，石衡潭的《东风破——〈论语〉之另类解读》（山东画报出版社，2009年版），该书把东西方的两大经典《论语》和《圣经》做了对比阅读，相互参照，彼此分明，弘扬《论语》的普世价值，新意迭出，多有思想的火花迸发。曾琦云、倪新兵的《论语禅》（文化艺术出版社，2010年版），该书从禅的角度解读《论语》，认为《论语》一书，从开头到最后，千言万语，无非是要你觉悟，从觉悟中找到快乐之道。

那么，我们的学校教育也一定要把语文课教出以"人"为本的思想和意义来，经典文本的解读不只是对作者原意的单向度还原，更是一种围绕文本的读者与作者之间的跨时空对话。在诠释学看来，任何经典文本都是在历史流变中持续地积淀而形成的，"历史精神的本质并不在于对过去事物的修复，而是在于与现时生命的思维性沟通"。所谓理解就是在语言上取得相互一致，不仅是言语意义上的主体指向对象的一致，还进一步是本体论意义上的主体在理解活动中所呈现出来的一致。经典文本既是在对作者原意的理解过程中建构的，更是在围绕文本读者与作者的理解的对话中展开的。通过对话，经典文本的意义被给予，对经典文本的理解与经典文本自显的关联意义得以形成。在对话中，可以发现所思之物的逻辑及存在的意义。文本诠释始终是一种主体性参与事件，主体的参与是被文本吸引进来的，文本意义与主体意义交融于文本诠释之中。

怎么才能产生有价值的对话？那么就需要激发学生的发现意识、怀疑精神、究根能力，这很像《论语》里倡导的"举一反三"，就是不要盲目接受，要善于多问"为什么"，让学生就困难的、犹疑的地方展开讨论，激发课堂

的思维活力，提升思辨的能力。要培养学生比较性的、发散性的思维方法。在《论语》阅读的过程中，注重批判性思维的培养，不是一味地肯定，而是有所取舍，加以鉴别，培养学生合理、公正和创新的思维方式。目前，这一类的解读还不是很多，比较有代表性的是李泽厚的《论语今读》。李泽厚先生以哲学为主线贯穿整部诠释，他的著述体例，分为"译、注、记"。译，是对原文的翻译，他没有按照清代训诂的方法，逐字逐句地翻译，但他参考了大量以前的解释，选出他认为最贴切的解释进行意译。同时也并没有对一些他所不认同的观点避而不谈，而是把各家各派的注释都呈现在读者面前，让读者照"注"做出自己的判断。最能体现李泽厚哲学的，就在他的"记"。他的哲学理念，对读者的思辨有极大的启发价值。

在教学中，我们需要明确批判性思维中"批判"的含义，批判并非"否定"的同义词，它还有"肯定"的一面。正如余党绪老师所说："批判并不意味着否定，虽然批判必然伴随着质疑与解构"，"解构与建构，彼此之间是一种密不可分的共生关系"。对于《论语》一书，高一或高二教学阶段我们更多的是在做"建构"的事情，往往按照"仁""礼""信""君子""利""言""学"等主题脉络来把握其核心思想。那么，在高三阶段则更多一些"解构重建"的意义。教学中更多需要通过对比、归纳、佐证、质疑、辩论等方法对《论语》进行经典文化与现实生活的理解、迁移、运用。比如我们会进行"考据式阅读"，把一个句子或者一段话进行多家注释，让学生辨析推断合理性，重在引导学生进行有理据的分析；我们也会使用"悖论式阅读"，即从表面上看是同一命题却隐含着两个对立的结论，需要学生去真正结合具体语境，回归《论语》的话语逻辑，从而做出有争辩度、有思想性的深度挖掘，培养学生思维的严谨性、全面性，在批判中有发现，在质疑中有判断，在论辩中有肯定。比如《论语》中多处说孔子是"知其不可而为之"，但也有"天下有道则见，无道则隐""用之则行，舍之则藏"的孔子言说。孔子曾经称赞大禹亲自劳动"卑宫室而尽力乎沟洫"（《泰伯》），并且以此得到天下——"禹稷躬稼，而有天下"（《宪问》）。但另一方面，孔子在针对樊迟学稼学圃的要求时，显得很不高兴，并骂樊迟是小人。孔子一方面赞美颜渊式的"一箪食，一瓢饮，不改其乐"的君子修为，而另一方面却也讲"食不厌精，脍不厌细"式的精致生活。孔子既说"不患人之不己知，患其不能也"，也说

"君子疾没世而名不称焉"……这样的"认知冲突"一旦提到课堂起始,就会有"一石激起千层浪"的效果,因为有趣又有挑战性,同时还有合理性的推断、推翻,不再把《论语》学习停留在知"道"的层面,而是使之具备达"理"的趣味性和多样化,从而让高一高二学生的认知更加清晰、理性、深刻、内化。

(三)专注于灵活性、辩证性思维能力的培养

对传统文化经典的学习要彰显实践智慧,实现整本书阅读后的"成人""育人"功能。说到底,文化经典的最大价值就在于更有助于学生提升自我认知和塑造能力,能够立足于"人"的社会价值,拥有活泼、主动、健康的人格底蕴以及和谐灵动的人际属性,我们的经典阅读应该为有生活价值的学习而进行。把经典教"活"用"对",让学生学习的"动机"更加发自内心,让经典的"迁移"更加生动合理。

文化经典文本往往是带有时间接续的现实意义上的合法则性,又带有实践目的指引的主体意义上的合目的性。它既内含传统,又联系现在,对传统文化经典的理解也必须从其与当代社会的关系之中去把握。当代社会内承于传统文化,尽管传统文化经典的现代氛围与古典时期有很大差异,但对其经典文本的理解必须要有实践智慧参与,要将经典文本与读者实存的生命感受、当代社会的具体问题联系起来,切己地体验与领悟经典文本中随着世易时移而仍旧留存下来的生命实践智慧。整本书阅读,并不是要一字一句地讲述整本书,而是对这本书的思想情感和表达观点有一个完整的认识,强调认知过程和思维主体的契合。比如在初中《论语》教学重点是关注前五章,教学内容为学习、为人等主题,重在激发学生阅读《论语》的兴趣,初步了解《论语》思想和孔子其人,重视语言的积累和思维的发展,关注审美鉴赏和文化传承。其中,能够激发"学习动机"的活动往往是从实际生活、学生成长需求角度去挖掘,比如"该怎么学习""怎么交友""什么是真正的诚信""言和行怎么协调"等,每一次学习和探讨,都是在古人思想中得到启迪和借鉴,同时恰到好处地勾连生活和自身的经历、经验,从而获得引证、矫正、提升、塑造等。使学生无论是在精神世界还是生活实践,都能因为这些"经典"而彰显出"读书人"的收获和成长。

文化经典的整本书阅读是比较枯燥乏味的,也很容易流于既定的别人的

经验解读，所以我们更要倡导"真阅读"，即从学生自身知识建构的角度看，它在融入学生原有知识经验背景下，学生在阅读过程中能够进行自我建构、内化知识和提升认识，建构观念信仰，影响身心的成长。这就是真正意义上的阅读，故称之为"真阅读"，实现阅读的自由与精神的愉悦，提供生活的引导与融入社会的能力。比如作为高中生研读《论语》整本书，就比初中生更要深入，研究习得关于家庭、伦理、社会、政治等诸方面的思想智慧。通过学习《论语》可以培养高尚人格，树立正确的人生观，还可以获得许多为人处世的法宝，如诚信，珍惜时间，过简单平淡的生活，如何面对利益，如何认识自己与别人的关系，等等。读《论语》在文化传承和立德树人这两个方面无疑是重中之重，化"读"为"用"至关重要。

读经典以"化"人，不仅仅说的是可以从书里学习具体的做人做事的方法，更重要的是可以改变思维方式，培养更优秀更灵活的思维品质和能力。这是读书的最高"实践"价值。比如我们谈《论语》整本书阅读与思维训练，不得不谈《论语》的思维方式，很多时候孔子的思维方式是非常值得我们借鉴的。孔子是教育大家，非常留意教育规律和学生心理，孔子的教育思想是活的，传达给学生的也是灵活的做人处事的思想。在认知层面，他注重"知情意行"的训练，"知"和"意"更多是思维能力的训练，如"知其然知其所以然"的逻辑追问。"意"，除了意志，还有意念、意会等顿悟力的培养。孔子强调学而思，就是强调思维能力，它是在认知学基础上的思维，而不是空想。孔子本人学习起来废寝忘食，读书读到韦编三绝，是相当投入的，同时他又是践行者和思想家，所以他的思维方式就特别值得研究和学习。我们读《论语》会研究"恕道"，其实就是换位思考，其逻辑归因不在自己，而在别人，是从别人的心理和人性角度思考问题的缘起，这也可以说是同理心，非常符合感情逻辑，也打破了个人中心的思维局限。而"吾日三省吾身"，则是典型的批判性思维，是对自己的反思与补漏。当然，孔子批判更多的还是集中在当政者，除了三省吾身，还有三戒三畏九思十不食等，都是对君子人格养成的谆谆教诲，也是理性的自我审视和警示。在逻辑推理方面有演绎和归纳法，都在《论语》中有呈现。

综上所述，文化经典的整本书阅读，关键是一个"整"字，就是整合内容、整理思想、整体感悟。无论是孔子，还是老子，或是庄子、韩非子等，其流传至今的文化经典性书籍都是"硬骨头","硬啃"是必要的,但是"巧烹"也是必需的,基于思维发展的前提来思考我们的语文教学,来处理不同教学阶段的文化经典读本,是个系统工程,任重道远。所幸的是我们正在打破死板和固执,我们正走在一条遵循"人"的发展之路,努力把经典的思想精粹教授得有趣而有意义。

三、《论语》"整"书阅读的教学实践

(一)一"通"读:通读原典,溯本求源,自我感悟,读"典"启思,读写结合

"有本始有末,有源才有流。"读书还是要从源头开始,由源至流之所以能流泻出千年不灭的风景,是因为源头的高度、源头的纯净和源头蓬勃的生命力!那就请来古圣先贤,引来源头活水,让学生真正定下心去读完整本书。

第一阶段重在"通"读以实现"整"的认识,安排在高一阶段实施。结合教材中的《子路、曾皙、冉有、公西华侍坐》《〈论语〉十二章》的重点学习,对《论语》二十篇进行高一下学期的"整"阶段规划,细化要求,定期交流,及时表扬,有序推进。

首先要统一阅读版本。我们选择《论语译注》(杨伯峻 中华书局),其特点:体例简明(原文、译文、注释);注释准确,平实详明,包括文言词语的详解、孔子弟子的一般情况介绍、不同说法的举例及出处等;风格严谨客观,适合文言功底较弱、对于儒家经典没有多少了解的初学者。可以推荐学生配读鲍鹏山写的《孔子是怎样炼成的》,丰富对于孔子其人及其思想的认识,让较为枯燥的经典阅读变得生动鲜活。

然后印制全年级每天阅读的打卡单。打卡单的设计要关注学生的阅读起点、难点,也着眼于个性阅读的知识收获和思想体会,设立"经典摘抄、难点译注、点滴感悟、困惑质疑"板块,每天学习2—3则,每周阅读完一章,每周一课时课堂交流互动,分享优秀的或者有思考性的感悟,以推动自主阅读不断深化,提高不同层次学生的阅读兴趣,学会阅读方法。阅读感悟要强化回归《论语》的话语体系和思想体系,时刻培养注重论理有据、由浅入深、由现象到本质、由经典到现实沿用的思维方式和思维习惯;有意识地引导和

训练学生的感悟表达要内容集中深入,拒绝散漫肤浅的思维和表述。

最后要求学生写《论语》体会(或其他古代经典的读书笔记)。开头要先引文,再释义,一是便于加深记忆和准确理解,也为之后阐发、论述和分析提供依据,论理有据是做学问应该有的求真态度。规定"观点—分析—联系现实—结论"的结构顺序,含有两个意图:一是引领学生说理的思维路径,为高二议论文的写作做铺垫;二是提醒学生无论是从经典条目得出自己的评述观点还是联系现实,都是站在今天的角度对经典的回望和审视,让经典对接现实,观照现实人生。这样的读写结合,既具有《论语》"整"读的语文思维养成意义,又能推动"整"读全书的进程。一个月出一张班级小报,让整整一个学期的阅读积少成多、日积月累、由浅入深,让《论语》的整本书阅读真正贯彻下来。最后,把学生写作的内容编成《我们的〈论语〉心得》作品集。

第一阶段的"通读"是《论语》"整"阅读的基础与起点,目标为指导学生依据语境翻译文本,落实文言基础,培养学生准确理解文本内容的能力,在此基础上引导学生挖掘文本内涵。这一级别内容的设置,充分体现了课程循序渐进的特点,为整个课程的顺利实施打下坚实的基础。

在此阶段,教师对于学生的任务驱动、学情把控、总结表彰、问题辅导等非常关键,尤其对于没有定力、没有耐力的学生,就需要选择好课堂交流的"点",能够以"点"带"面",要么是榜样的示范作用,要么是对于某个文本理解的争议激活,要能够真正地深入浅出,给学生带来"读"原典的动力。下面展示几篇学生的自读感悟,体会如何借助学生的心得而"一石激起千层浪",从而引发更多人参与各抒己见的讨论。

何以为仁?

陈紫桐

儒学的核心思想就是"仁",即仁爱,爱人。要求百姓间要互相爱护,融洽相处,领导者则要以仁心治民,爱惜民力,取信于民。

子曰:"仁远乎哉?我欲仁,斯仁至矣。"在孔子看来,"仁"并非遥不可及的完美超人境界,而是一种道德修养,一种社会风气,应该自然而然。这种风气体现于"车马衣轻裘与朋友共,敝之而无憾"的乐于分享、心底无私;体现于"己所不欲,勿施于人"的宽容友善、包容厚德;体现于"修己以安人""修己以安百姓"的谦虚恭敬、内敛自省;体现于"成事不说,遂事不谏,既往不咎"的大度豁达、温厚淡然。真正的"仁"与"爱"不是为了表现自我给人看,更不是用于趋炎附势争名夺利的华美外衣,而是发自内心的赤诚。子曰:"巧言令色鲜矣仁。"那些满嘴花言巧语,装出来的刻意为之的好心与慈善,是令人一目了然的,反倒更像小丑。

若世人皆怀仁爱之心,以礼待人,以德服人,以义称人,泛爱众而亲人,博施于民而能济众,心系他人,心怀天下,则"德不孤必有邻"。德立仁行,则"老者安之,朋友信之,少者怀之"。民安国顺,则天下平。

君子之风
李千爱

君子指人格高尚的人,中国文化人格中推为正宗正道的标准。

"君子喻于义,小人喻于利"这句话中,足以见得古人是鲜明的用义利观来区别人的境界的。君子凡事以"义"为先——道义、仁义、正义、大义、礼义,做事讲究三思而后行,道德多自省。而小人则凡事趋利而行,不顾大局,缺少道德自律,于是在利益面前多争强好胜,结党营私。君子则因为无私心少私欲,而更见其大度大方,不斤斤计较,不蝇营狗苟,内心清澄端庄,面容也会多平和安然。所以我们常常说"君子风度翩翩"也便是这样的玉树临风、伟岸儒雅的模样吧。"君子矜而不争,群而不党"说得极好,人越有内涵也就越自信,越自信气质也就会越卓越,站在那儿就是一道风景,由内而外散发着魅力。而如果君子与君子在一起,更是一派恬淡从容,所有的分寸所有的言谈都让人如沐春风。

君子风度,人人当仰慕之,学习之。

微议"中庸之道"
李雅琪

子曰:"去其两端,取其中而用之,谓之中庸。"可见,孔圣人强调执两用中,即温和包容的处事待人的态度。

孔子也曾说："君子和而不同，小人同而不和。"所谓"和"是指事物通过变革达到内在的统一和协调状态，"同"是指掩盖或否定矛盾追求表面上的整齐一致。孔子认为在稳定的状态下各有其主见是应提倡的，而不应当在表面上敷衍作态强求统一乃至含混不分、两头趋好。

正如江泽民在2002年的一段讲话所言："和谐而又不千篇一律，不同而又不相互冲突。和谐以共生共长，不同以相辅相成。"这番话道出"和而不同"的真谛，对于普通人而言，这也是一种做人的境界，每一个人生来与别人不同，但是我们如果有这种和而不同的思想准则，就会避免随波逐流，也会避免自以为是、一叶障目。

故而，今天来看中庸之道是非常有其积极意义的，但是有些人会把它曲解为"无原则""老好人""一团和气""折中主义"。我认为这是极其要不得的，这是没立场没原则的表现，容易助长附势阿谀之风，也会养成凡事差不多就行的萎靡之气。表面一团和气，背地却容易沆瀣一气，又何谈真正的社会风尚？人心需要清澈，风气需要清正，中庸之道中的"和而不同"，应该是认同和接纳背景下的独立人格，创新精神。当下之青年，首要的是会做人，子曰："不得中行而与之，必也狂狷乎？狂者进取，狷者有所不为也。"这里的"狂"就是流于冒进，"狷"即流于退守，孔子认为做人要不偏不倚，二者要互相牵制，互相补充。我觉得我们应该这么去努力，在成长的路上一定会更有收获。

君子之道

李欣芷

"君子"是儒家思想推崇的至高境界，是中国文化中的完美人格。"君子志于道，据于德，依于仁，游于艺"是孔子对"君子"内涵的全面系统的概括。

君子志于道，孔子云："三军可夺帅也，匹夫不可夺志也。"君子的志向是求道，君子谋道不谋食，甚至是"朝闻道，夕可死也"。所以君子的最凸显的是内在的追求，把生命当作一种使命。

君子据于德，孔子认为德行是有识之士必须具备的品质，"君子怀德""君子泰而不骄""君子贞而不谅""君子不忧不惧""君子群而不党""君子周而不比"。德是君子的行为标准，对内平衡，对外平静。

君子依于仁，"仁人志士，无求生以害人，有杀身以成仁"，这句话很是大气凛然，儒家思想是主张"当仁不让"的，就是要让君子成为一个社会的道德榜样，一些身先士卒的先锋，敢于为真理为信仰而坚守大义。仁，于普通人而言或许就是做个好人，于君子而言，似乎便是一种胸襟，包容天下。而"君子义以为质，礼以行之，孙以出之，信以成之。君子哉！"这是大境界。

君子游于艺，君子应该愿意学习各门技艺，流憩于各种高雅的集会与活动中，要有生机活力，要活得更通达圆润，独立卓然，不应该是书呆子，更不应该是象牙塔里的偏执狂，真正的君子应该有扑面而来的美好感。

总结这一阶段的《论语》整本书阅读，最大的益处便是文言上的积累，以及思想的提升，尤其是对于高一学生而言，理性思维能力得到了很好的锻炼，包括逻辑思维、辩证思维、批判性思维，作文能力和认知水平也有了大幅度提高。尤其是批判性思维的激发是非常有成效的，批判性思维主要指对知识、信念进行能动的、持续的、精确的反思和省察，洞悉支持它的理由及其指向的结论的一种思维策略和技能。正如《中庸》所说"博学之，审问之，慎思之，明辨之，笃行之"，《论语》的自我学习、边读边写，给学生创造了一个深入思考社会人生的机会，在他们合适的年龄以较为合适的方式促成了他们对于现实人生的思考和讨论，他们由儒家思想起步追索，进而涉及对道家思想、现当代的一些哲学思潮等的理解，这些思考学习对学生构建自己的人生观、价值观、世界观起到了积极的促进作用。其中，儒家的"仁爱"思想及"家国天下"的济世情怀，更会引导学生逐渐走出小我的圈子，目光所及不再只是现实功利，"社稷苍生""经世致用"等理念播种于心，适逢其时，便会萌芽成长，成就担当天下道义的胸怀。孔子的人格魅力及现实理性精神，以及对孔子思想的再审视，对学生形成较为完善的人格、涵育现代理性精神大有裨益。

（二）二"精"读：主题研读，聚焦核心，贯通联系，扩展辅读，深入儒学

第二阶段重在聚合专题，实现"精"读。我们主要开发如下专题："孔

子其人""弟子篇""论学""论孝""论仁""论礼乐""论士与君子""论为政",从修养身心、治学悟道、立身处世、济世安邦等方面设计教学。在专题研读过程中,要完成核心概念的界定,内涵的解读,结合背景辩证地认识并联系现实,以发展的眼光进行评价。

这一阶段的以"精"带"整",主要依托于我校李宏老师整理编辑的校本课程《论语助读》一书,放在高二年级上半学期进行。其体例分原文、章旨、注释、析论四部分。注释较杨本简明,但析论部分阐释更加精到,注重相关内容的联系,引证丰富,古今纵横,理据兼备,能够引领学生深入了解孔子学说,为研读《论语》思想做了极好的铺垫。下面摘取该书的部分章节做示例。

第三章 孔子之教

1.《论语·为政2.10》

子曰:"视其所以,观其所由,察其所安,人焉廋哉?人焉廋哉?"

(1)翻译:

(2)理解:此章是孔子教人观察人的方法,体现了孔子识人的什么原则和精神?

2.《论语·雍也6.12》

冉求曰:"非不说子之道,力不足也。"子曰:"力不足者,中道而废。今女画。"

(1)翻译:

(2)理解:此章是孔子责备冉求学习过程中出现的什么问题?

3.《论语·述而7.7》

子曰:"自行束脩以上,吾未尝无诲焉。"

(1)翻译:

(2)理解:此章反映了孔子教学思想的哪一方面?请简单阐释其内涵。

4.《论语·述而7.8》

子曰:"不愤不启,不悱不发。举一隅不以三隅反,则不复也。"

(1)翻译:

(2)理解:此章涉及了孔子"_____"的教学思想,简述此种教学方式的意义和价值及对今天教学的启发。

5.《论语·述而 7.34》

子曰:"若圣与仁,则吾岂敢?抑为之不厌,诲人不倦,则可谓云尔已矣。"公西华曰:"正唯弟子不能学也。"

(1)翻译:

(2)理解:此章反映了孔子的哪些品德精神?

6.《论语·季氏 16.9》

孔子曰:"生而知之者,上也;学而知之者,次也;困而学之,又其次也;困而不学,民斯为下矣。"

(1)翻译:

(2)理解:此章反映了孔子对人的天赋资质不同的客观认识,它与"因材施教"的关系是怎样的?

7.《论语·子张 17.9》

子曰:"予欲无言。"子贡曰:"子如不言,则小子何述焉?"子曰:"天何言哉?四时行焉,百物生焉,天何言哉?"

(1)翻译:

(2)理解:此章反映孔子教育思想中的哪一方面?此章内涵与《老子》第二章中的内容有相似之处,请写出《老子》第二章中的相关语句。

第九章　论仁爱

1.《论语·里仁 4.1》

子曰:"里仁为美,择不处仁,焉得知?"

(1)翻译:

(2)理解:每个人的道德修养既是个人自身的事,又必然与所处的外界环境有关。"以仁为邻"是成就"仁德"的_____。正所谓"近朱者赤,近墨者黑"。

2.《论语·里仁 4.2》

子曰:"不仁者不可以久处约,不可以长处乐。仁者安仁,知者利仁"。

(1)翻译:

（2）理解：与不仁者对比，为何"仁者安仁"？

3.《论语·里仁4.3》

子曰："唯仁者能好人，能恶人。"

（1）翻译：

（2）理解：简要说明为何仁者有"好人""恶人"的能力。

4.《论语·雍也6.30》

子贡曰："如有博施于民而能济众，何如？可谓仁乎？"子曰："何事于仁？必也圣乎！尧舜其犹病诸。夫仁者，己欲立而立人，己欲达而达人。能近取譬，可谓仁之方也已。"

（1）翻译：

（2）理解：孔子明示子贡求仁之道不必好高骛远，舍近求远，凡事能从自身取比，推己及人就是行仁的方法，"己欲立而立人，己欲达而达人"正是儒家"_____道"的体现。

5.《论语·颜渊12.1》

颜渊问仁。子曰："克己复礼为仁。一日克己复礼，天下归仁焉。为仁由己，而由人乎哉？"颜渊曰："请问其目。"子曰："非礼勿视，非礼勿听，非礼勿言，非礼勿动。"颜渊曰："回虽不敏，请事斯语矣。"

（1）翻译：

（2）理解：克己复礼的具体做法是什么？

6.《论语·子路13.27》

子曰："刚、毅、木、讷近仁。"

（1）翻译：

（2）理解：简述刚毅木讷近乎仁的理由。

7.《论语·卫灵公15.9》

子曰："志士仁人，无求生以害仁，有杀身以成仁。"

（1）翻译：

（2）理解：孔子的生死观是以仁为最高原则的。"杀身成仁"自古以来激励着仁人志士为国家民族的生死存亡而不惜抛头颅、洒热血，谱写了中华民族的壮丽诗篇。

8.《论语·卫灵公 15.10》

子贡问为仁。子曰:"工欲善其事,必先利其器。居是邦也,事其大夫之贤者,友其士之仁者。"

(1)翻译:

(2)理解:"工欲善其事,必先利其器",孔子以此作比,说明践行仁德,要从"_____"开始。

9.《论语·卫灵公 15.36》

子曰:"当仁,不让于师。"

(1)翻译:

(2)理解:此章是孔子鼓励门人弟子要"_____"。虽然儒家重视师生之礼,强调师道尊严,但行仁宜勇,无须谦让。表现了"仁德"至上的原则。

通过以上两章示例,表现了这套校本课程教材的鲜明特点,就是贯通联结,打破各个章节,实现一个专题下的聚合、比较、引证、补充等,从而让学生能够有更加深入而全面的认知。

(三)三"联"读:跨章联读,创造"辩"点,聚焦重点,联系生活,学以致用

进入高三,对于《论语》的学习贵在选好"思辨"点,创造"好"的研究话题,让学生在紧张忙碌的学习中有兴趣参与并且有所精进,并促进其思想上的提升,减少断章取义,能够立足于《论语》的"整"体思想来展开学习。教学中一般安排两周或者分散为 7—10 课时,实现《论语》整本书阅读的"精炼"化、"生活"性,与学生的精神成长挂钩。具体设计如表 3-18 所示:

表3-18　高三《论语》整本书阅读教学框架

高三阶段（第一学期）	主要内容	思维型教学要素	教学策略
导读课	《论语》与生活乃至高考	冲突引发精读动机	习题例举、分析交流、制订高三《论语》精读规划
通读指导课1	《论语》思想支架图	学情调动、整理概括、辨析明确	思维导图
通读指导课2	《论语》与我们的人生话题	对比、归纳、整合	表格梳理
精读指导课1	孔子为什么最喜欢颜回？（教育思想）	逻辑思维、批判思维	交流、写作
精读指导课2	孔子主张的礼仅仅是为统治者服务的吗？（社会文化）	理解、对比、辨析	交流、写作
精读指导课3	论言与行的智慧（做人做事）	逻辑思维、批判思维	交流、写作
阅读展示课1	选取《论语》中的一个句子为打造"文明和谐"社区进行宣传张贴活动汇报（古为今用）	语言运用、迁移运用	微写作活动设计、交流展示
阅读展示课2	《论语》精句今辨示例（制造辨点）	创造发散、批判辨证	大写作、交流

四、高一阶段导读课

（一）导入激趣

史学泰斗钱穆先生曾经这样评价《论语》：中国读书人应负两大责任，一是自己读《论语》，一是劝人读《论语》。钱穆以《国史大纲》《论语新解》等书成为我国一代史学和儒学大师。《论语》究竟有什么魅力让钱穆先生如此推荐呢？今天我们就来走进《论语》。

（二）联系生活

导入新课后，教师可以在大屏幕上展示下面几组句子，让学生联系生活畅所欲言，交流结束后教师小结，这样学生的阅读兴趣会越来越浓。

1.君子坦荡荡，小人长戚戚——出自《论语·述而》　《论语》一书中"君子"出现的次数仅次于"仁"。很多时候"君子"是与"小人"对比出现的。"做光明磊落、心胸坦荡的君子，不做斤斤计较、患得患失的小人"的观念一直影响至今。

2. 君子欲讷于言而敏于行——出自《论语·里仁》 对于父母来说，孩子是其生命的延续，很多父母会把对孩子的期许寄托在孩子的名字中。宋代儒医高若讷，字敏之，他的名和字均取自《论语·里仁》中"君子欲讷于言而敏于行"一句，饱含父母对他的期望，即以后能够话语谨慎，做事敏捷。

3. 君子以文会友，以友辅仁——出自《论语·颜渊》 学校的命名包含着学校的办学目标。台湾辅仁大学校名取自《论语·颜渊》："君子以文会友，以友辅仁。"表明校园内学子们讲学以会友，则道益明；取善以辅仁，则德日进。

4. 人而无信，不知其可也——出自《论语·为政》 人要诚信，失去了诚信就失去了根本。社会主义核心价值观中的"诚信"是和"人而无信，不知其可也"一脉相承的。

5. 君子和而不同，小人同而不和——出自《论语·子路》 君子之间虽然有不同意见，却能保持和谐；小人虽然常和他人意见相同，却不能保持和谐。

总结：《论语》是记录孔子及其弟子言行的语录体著作，由孔子的弟子及其再传弟子编撰而成。《论语》内容涉及政治、教育、文学、哲学，以及立身处世的道理等多方面，是研究孔子及儒家思想，尤其是原始儒家思想的第一手资料。南宋时朱熹将《大学》《中庸》《论语》《孟子》合为"四书"。《论语》全书共20篇，492章，每篇篇名取自正文开头前二、三字。《论语》的中心思想是什么？流传千年的一句话说，半部《论语》治天下。许多人都认为《论语》的核心内容是讲政治思想、政治哲学，是历代统治者用来巩固其统治的学说。然而，细读《论语》却可以发现，孔子最关心的是人的完善，希望通过人的提高和完善来达到天下有道的目标。《论语》的中心思想在于讲做人的道理，其出发点和终极目标都在于人的提高和完善，也就是以修身为本。

（三）"项目式"阅读规划的引领与激发

在学生的阅读"动机"逐渐高涨时，教师引导学生制定项目式学习的内容，立足于"孔子其人、弟子形象、主要思想、儒学价值"等方面去设计学习项目。给够充分的小组合作探讨的时间，主要设计好负责人、分工、进度、学习过程推进、成果汇报方式等。

1. 情境创设

有儒家文化新地标之称的孔子博物馆于2019年正式对外开放，其网站设有《志愿者讲堂》栏目，学生将以志愿者的身份，丰富该栏目的内容。

设计分析：情境是支持学生进行探究的学习环境，源于现实生活或真实世界存在的重要问题；学生在该情境中，解决一个复杂的、具有挑战性的问题，或完成一项源自真实世界经验且需要深度思考的任务。创设情境，有利于加强学生的学习与社会、与生活的联系。

2. 项目设计

志愿者以小组为单位，编辑适合中学生阅读的《我的〈论语〉选读》读本，为同龄人学习《论语》提供资源。

设计分析：项目设计要具有挑战性以及建构性，学生通过对问题的解析和研究，体验学习、解决问题、形成作品的全过程，建构起自身的知识获取、问题解决的能力系统。

3. 项目目标

（1）通读《论语》，能翻译《论语》的大部分语录和对话。

（2）做读书笔记，在教师指导下梳理全书内容，按专题对《论语》分类。

（3）背诵《论语》30则以上。

（4）小组合作完成《我的〈论语〉选读》读本的编辑。

（5）能陈述编辑该读本的理由，客观评价《论语》的当代价值和世界意义。

设计分析：项目目标应基于课程标准、教学内容和学生经验，结合社会性议题、当前社会热点或是身边要解决的问题。项目目标以学科的基本概念和原理为中心，选取聚焦学科必备知识、关键能力，具有学科素养和价值引领的教学主题。

4. 标志性成果

小组成员分工合作，完成编辑《我的〈论语〉选读》读本，并能在全班同学面前讲述小组合作学习、编辑成书的过程，介绍作品成果的特点。

设计分析：经过项目学习之后，学生掌握了相关的知识与技能，并能在特定的情境下产生有形结果（如作品、方案等）；学生能用清晰的语言，展示其学习过程、思维过程和作品。

5. 学习支架

为顺利完成项目学习，教师推荐学习读本、工具书以及相关学习资源。

（1）工具书——《古代汉语词典》

（2）《论语》读本

《论语译注》，杨伯峻译注，中华书局

《论语通译》，徐志刚译注，人民文学出版社

（3）相关资源推介

《孔子的故事》，浙江文艺出版社

孔子博物馆官方网站

中国孔子网

设计分析：学习支架也称教学支架，是指在学习者解决问题或完成任务的过程中，教师设计好有助于促进或帮助学习者有意义地参与问题解决并获得技能的各类支持。

（四）各组汇报，修改、细化、完善《论语》"项目式"学习规划内容、学习过程评级表

书写工整，张贴于班级。

说明：

项目式教学是一种在建构主义和情境学习理论基础上体现行动导向教育理念的教学方法，它将基于知识传授的传统教学转变为专注于项目完成、生活体验和解决问题的多维交互式教学。整本书阅读需要有整体的规划设计、学生的自主阅读探讨，才能保证学习效果；而项目式教学是让学生在一个完整的项目中展开学习活动，非常适合需要较长时段的整本书阅读。项目式教学包括内容、活动、情境和结果四个部分，通过调整教学内容、拓宽教学环境、改变教学模式、改革评价方式等，最终使学生充分发挥创造力，进行创造性思维。

项目式学习基本流程在于前期准备（研究方向、设计活动、提供学习支架）、过程实施（过程观察、监控，指导并与学生共同制定活动评价表，释疑解惑，指导建议）、展示交流（形成项目汇报、展示成果心得等）。在高一阶段，学生已经有了小学和初中阶段对于《论语》的诵读、释义基础，那么对

《论语》的专题化、项目式的学习就更加有主动参与性和提升性,所以设计这样一个大概历时两周的教学专题。

在项目式学习过程中要重视观察督促学习进度,可以使用一些监测表,如表3-19:

表3-19 阅读笔记格式示例

阅读日期:	时长:
篇章:	
句子摘要:	
今日疑问:	
今日心得:	
一周精华:	
一周反思:	

五、高三阶段精读指导课

高三的教学往往是基于一个测试点,然后引申挖掘开去,就可以形成以题回文、据理聚文的整本书阅读效果。比如在《论语》中,孔子的教育思想、教学原则、教学方法及其人才观等,都是能引起学生共鸣的话题,并且应该是《论语》整本书阅读中非常有必要再去精思深挖的内容,所以我们利用月考测试针对《论语》精心拟题,作为话题引领后面的聚焦研究:

1.子曰:"吾与回言终日,不违如愚。退而省其私,亦足以发。回也不愚。"(《论语·为政》)

2.子谓子贡曰:"女与回也孰愈?"对曰:"赐也何敢望回?回也闻一以知十,赐也闻一以知二。"子曰:"弗如也,吾与女弗如也。"(《论语·公冶长》)

3.子曰:"贤哉,回也!一箪食,一瓢饮,在陋巷。人不堪其忧,回也不改其乐。贤哉,回也!"(《论语·雍也》)

4.子曰:"回也非助我者也,于吾言无所不说。"(《论语·先进》)

问题一:请结合以上四则材料,说说颜回是个什么样的人。

问题二:"弗如也,吾与女弗如也"中的"与"有"赞同""和"两种解释方法,请你分别按照这两种解释翻译句子,并说说你更喜欢哪种解释,为什么。

　　这样的测试就可以初步了解学生是否对《论语》的思想体系有所把握，然后再跟进一课时"孔子为什么最喜欢颜回"，从而实现高三阶段对《论语》的以"散"扣"整"的教学。见表3-20。

表3-20　"孔子为什么最喜欢颜回"教学设计

课题	孔子为什么最喜欢颜回
教学内容分析 1. 明确《论语》整本书阅读在高三的学习价值，既体现高一高二对《论语》专题思想的深入巩固，更体现高考背景下的"文化经典"的考查方向，即在零散的语录体中寻找思想的内核，聚焦问题，服务于精神成长和现实生活。 2. 明确本课主题于《论语》一书阅读的重要意义，用学生感兴趣的问题打开《论语》整书中一个重要思想内容的讨论——培养什么样的人，还原《论语》作为"人"学的价值。 3. 明确本课于学生思维方式、思维能力的教学价值，从"思想"到"思维"，从简单的"知道"到合理的"析理"，让问题"真实"，让思考"真情"，至少要让学生知道在一个具体"语境"下，如何让思维"进去——出来"。	
学习者分析 1. 高三整本书阅读的实施很艰难，主要源于学生更愿意做题，而没有时间没有意愿再去"读书"，无论是兴趣还是动机都处于低点。 2. 对于《论语》整本书阅读所储备的功底参差不齐，绝大多数人还停留在"解词释义"的攻坚阶段，要从思想认知带动解读，再从解读提升认识析理，需要强大而有效的"动机激发"。 3. 对于《论语》的理解把握大多数停留在就话论话的程度，缺少佐证、归纳、推理、分析的高阶思维技巧。所以每一个课堂环节都应该自然而又真实，能解决学生的思维"卡点"。	
学习目标确定 1. 通过对"孔子为什么最喜欢颜回"这一问题的探究，深入理解《论语》思想体系中的教育观、人才观，从而打通"君子人格""仁义礼信""求学处事"等专题内容。 2. 通过探究《论语》中孔子"培养什么样的人"这一核心思想，启迪学生成人成才的思考，更深入地感受《论语》儒家思想的精髓和价值。 3. 通过研读语录、查阅资料、整合材料、联系比较、合作交流等方式，培养学生思维的逻辑性、灵活性和深刻性。	
学习重点难点 重点：目标1、2 难点：问题情境下的"动机激活"程度不可控，需要教师有充分的问题意识和资料储备。	
学习评价设计 1. 课堂的活跃度观察，对于问题参与性的评价和鼓励。 2. 小组合作任务分工后的完成度，材料使用的精准度评价。 3. 学习感受的写作和分享，以及对同学思想成果的互动点评。	

续表

学习活动设计	
教师活动	学生活动
环节一：创设问题情境	
教师活动1 驱动性问题：孔子弟子三千，他最喜欢谁？	学生活动1 可能的答案：子路或者颜回
活动意图说明：用学生感兴趣的贴近生活的话题进入，为思维"预热"。	
环节二：问题启动聚焦	
教师活动2 驱动性问题：孔子为什么最喜欢颜回？ 提供文本资料，引发讨论 1."回之为人也，择乎中庸，得一善，则拳拳服膺，而弗失之矣。" 2.颜渊死。子曰："噫！天丧予！天丧予！" 3.子曰："贤哉回也！一箪食，一瓢饮，在陋巷。人不堪其忧，回也不改其乐。贤哉回也！" 4.子曰："吾与回言终日，不违如愚。退而省其私，亦足以发。回也不愚。" 5.子谓颜渊曰："用之则行，舍之则藏，唯我与尔有是夫！" 6.子曰："语之而不惰者，其回也与！" 7.孔子对曰："有颜回者好学，不迁怒，不贰过。不幸短命死矣！今也则亡，未闻好学者也。" 8.子曰："回也，其心三月不违仁，其余则日月焉而已矣。"	学生活动2 阅读语录文本，概括理由（颜回是个怎样的人） 可能的答案： 谦虚好学 勤勉踏实 安贫乐道 尊师重教 志同道合 深得要领 举一反三 言行一致 人生知己
活动意图说明：初步系统化建立孔子的"人才观"，提高以文本理解为前提的概括能力。	
环节三：激发质疑	
教师活动3 驱动性问题1：下面句子又作何理解？ 子曰："回也非助我者也，于吾言无所不说。" 驱动性问题2：如果这句话翻译为"孔子说颜回对自己没有什么帮助，只不过我说的话他没有不心悦诚服的"，那么孔子喜欢的学生就是听话不违逆自己的吗？请结合《论语》中其他句子来佐证分析孔子的教育理念，然后重新更加合理地翻译这句话。	学生活动3 学生之间展开讨论、质疑（孔子的教育观？） 可能的答案： 要好学，更要会学，要有独立见解，敢于质疑。 观点1：鼓励式、启发式、平等对话 佐证1："回也闻一以知十，赐也闻一以知二，弗如也，吾与女弗如也。" 佐证2：宰予的"三年之丧""井有仁"孔子的回答都带有尊重和谆谆教诲的教育观。

续表

活动意图说明：用冲突性问题引发深层逻辑推理，孔子在培养什么样的人？孔子的教育观是怎样的？	
环节四：合作探究义理	
教师活动4 驱动性问题：小组合作，翻译理解《孔子家语·颜回》，说说你对颜回又有什么新的认识。 【原文】 鲁定公问于颜回曰："子亦闻东野毕之善御乎？"对曰："善则善矣，虽然，其马将必佚。"定公色不悦，谓左右曰："君子固有诬人也。" 颜回退。后三日，牧来诉之曰："东野毕之马佚，两骖曳两服入于厩。"公闻之，越席而起，促驾召颜回。回至，公曰："前日寡人问吾子以东野毕之御，而子曰'善则善矣，其马将佚'，不识吾子奚以知？" 颜回对曰："以政知之。昔者帝舜巧于使民，造父巧于使马。舜不穷其民力，造父不穷其马力，是以舜无佚民，造父无佚马。今东野毕之御也，升马执辔，衔体正矣；步骤驰骋，朝礼毕矣；历险致远，马力尽矣，然而犹乃求马不已。臣以知之。" 公曰："善！诚若吾子之言也。吾子之言，其义大矣，愿少进乎？"颜回曰："臣闻之，鸟穷则啄，兽穷则攫，人穷则诈，马穷则佚。自古及今，未有穷其下能无危者也。" 公悦，遂以告孔子。孔子对曰："夫其所以为颜回者，此之类也，岂足多哉？"	**学生活动4** 课堂现场翻译文言文，借助小组合作力量解决文言文障碍，快速进入对于"颜回"人物的再认识，全面认识。 可能的答案：颜回的为政思想、有洞察力、正直不阿。 颜回以御马比喻治理国家：御马，不穷其马力；治民，不穷其民力。否则就会出现危险。
活动意图说明：引导整本书阅读的"资源化"意识和方法，借力生力，更加系统地了解《论语》思想，全面概括"颜回"形象。	
环节五：整合应用迁移	
教师活动5 驱动性问题1：孔子很明确地批评过哪个学生？结合文本说为什么。 驱动性问题2：《论语》一书展示了很多场师生对话的情境，让我们感受到了孔子的"育人方法"，同时也看到了作为儒家思想体系中"成为什么样的人"的答案，结合对颜回的认识，结合其他《论语》语录试着概括一下儒家的人才观。	**学生活动5** 小组合作，可以任选一两个角度去寻找文本依据，阐述《论语》对于"人才"的标准。 可能的答案：仁义之心、知行合一、学以致用、诚实守信、尽己达人、谦虚好学、肩负使命、不拘一器、独立思考、乐群敬业等。 批评子路的自我夸耀、鲁莽不谦虚；批评宰予大白天睡觉为"朽木不可雕"等，都证明孔子把"博文约礼""言行一致""尽己达人"等儒家"人"学理念贯穿在每一个日常生活、每一个教学对话中。

续表

活动意图说明：以点带面，深入《论语》思想体系，感受"君子人格""人才标准"，在情感价值观上引领学生自我收获成长，思考"成为什么样的人"。
板书设计：　　　　　孔子————颜回————儒家人才观 　　　　　　　　　　　　　人学 　　　　　　　　仁、礼、忠、恕、学、言、行、政
作业与拓展学习设计 结合课堂收获感受写篇短论，题目自拟，比如《孔颜之交》《颜回之乐》《儒家的人才观》等，不少于200字，要求文段中要有三四处《论语》文本的使用和分析，做到言之有据。

设计说明：

　　动机是学生积极思维和自主建构的动力，动机激发支撑着认知冲突、自主建构和自我监控；认知冲突在动机激发的支撑下，引发学生的自主建构。由此，在高三阶段，我们的整本书阅读必须要有激活、盘活的策略，要更精准，更聚合，更有"牵一发而动全身"的功效，于是我们把提出什么样的核心问题作为进入整本书"再读、精读"的抓手，正如钟启泉教授所说的"鼓励学生进行有益的怀疑与思考""迫使他们提出问题，探查假设，寻求合理性"。叶圣陶先生也说："教师引导学生用心阅读，宜揣摩何处为学生所不易领会，即于此处提出问题，令学生思之。"我们在有限而紧迫的时间内去给整本书阅读"升温""加热"，用批判性思维理论去聚焦作品的核心价值点，形成阅读微专题。

　　"孔子为什么最喜欢颜回"的教学设计立足于问题的抛出，实现"动机激发"。以核心问题的探究、讨论、求证来引领一堂课的"微"阅读，精准地回归、拿捏、摘取《论语》整本书的相关言论和思想，以微带整。在课堂中不断用问题引领学生的"内在冲突"，用问题链环环相扣来架构思维的连贯和深入。整个课堂用核心问题牵动对全书的"再组""重构"，既梳理了孔子思想中的仁、礼、忠、信、慎、谨等线条，也对学生进行了情感、态度、精神、价值的构建，在"做怎样的人""怎么求学""学以成人"上获得启迪。正如鲁迅先生所说："运用脑髓，放出眼光，自己来拿。"不能"跪着"读经典，一味盲从，全盘接受；也不能"跑着"读经典，一味"短平快"，求实用；而应当"站着"读经典，怀着敬畏之心，平等交流。一堂课或许不能改变思维能力，但至少可以去影响一种思维方式，习得一种怎么去读书的方法，让学生自己"走进去""跳出来"，有"卡点"有"冲突"才会有"通关"的喜悦感。唯有如此，文化经典《论语》才能成为在我们生活中继续起作用的"新经典"。

> 📖 **讨论话题**

1. 文化经典阅读如何切实有效地进行小学、初中、高中学段的序列化教学？针对阅读书目、阅读目标、阅读活动、阅读成果的设计能否真正形成一体化？

2. 文化经典阅读如何更好地发挥"以文化人"的作用？

（吴翠红）

第四章
校本作业的设计与实施

引言：校本作业设计概述

一直以来，作业都是教师、学生、家长关注的重点，"双减"政策的出台，对学校的"作业管理"效度与教师的"作业设计"能力提出了更高要求。如何应校情、班情、生情设计出合理有效的作业，真正让作业发挥巩固、反馈、诊断与导向等功能，是目前亟待解决之难题。

已有研究表明，目前的作业设计存有以下几个问题：一是与教学内容结合不紧密，未发挥学情诊断、学习评价等功能而导致的缺乏针对性；二是未遵循语文教育规律、忽视文体文本特点、忽视过程与方法而导致的缺乏科学性；三是作业布置具有目的不明确、设计不成体系、数量多且重复的盲目性；四是具有只为应试而忽视学生兴趣与思维提升的功利性。

为打破目前作业设计的现状，教师可以从"思维培育"的角度论起，开发出与教学内容相关、遵循教育规律的具有针对性、科学性的作业设计策略。而思维型教学理论是胡卫平教授领导开发的一套助力于培养学生思维能力的理论体系，将此理论运用到教学实践中，可为当前作业设计面临的困境指出一条突围路径。

本章将从语文教学的三大类课型中逐一探索其校本作业的设计，分别为：阅读课校本作业设计、写作课校本作业设计与综合实践活动课校本作业设计。

第四章
校本作业的设计与实施

第一节 阅读课校本作业设计

一提作业，尤其在初中课堂上布置作业时，几乎全班学生能立即表现出警觉的神情。这些神情下有的在祈求能少则少，有的在期待早布置早写完早"放纵自我"，还有的抱着"挑战"的心态急迫地等待冲破关卡。至于另外的少数是对作业持着"无所谓"的态度，认为作业不过是个"规定动作"。

以上种种，好似都说明目前的作业设置不够吸引学生，也未发挥出其本身的价值，因而亟待改变。实际上，很多时候，教师布置的作业很难适应本班学生情况与本课时的学习目标，自然起不到作业检测、巩固与增能的效果。因而，在"双减""课改"的大背景下，如何设计作业能让其真正做到减负提质增效，是摆在每位教师面前的一大课题。

本节将从阅读课校本作业设计的特点入手，以我们学校的校本作业开发与设计为例，探究出几条适宜的设计策略。

一、阅读课校本作业设计的特点

阅读课校本作业的设计首先应明确阅读课的本质、校本作业及其设计的内涵，在此基础上再探究阅读课校本作业设计的特点。

（一）阅读课的本质

阅读课作为语文教育教学的重要活动之一，其本质特点在课标中得以窥见。

2022年，教育部颁发了最新版的《义务教育语文课程标准》，强调立德树人的根本任务，强调建构素养导向的学科课程体系，以引领新时代的语文教育教学工作。本次课标修订后提出的第一条理念就是"立足学生核心素养发展，充分发挥语文课程育人功能"，而语文核心素养的实现离不开语文实践活动。课标中明确指出义务教育阶段的四项语文实践活动为识字与写字、阅读与鉴赏、表达与交流、梳理与探究。而阅读课就是阅读与鉴赏活动的主要承载者，是培育学生语文核心素养的重要途径。

结合课标第 14 页至 15 页详细梳理的第四学段阅读教学要求，以及"文学阅读与创意表达"任务群中的要求，可看出阅读课是提升学生语文核心素养的重要载体，通过基础积累、语言品析、形象评判、情感体味等来提升学生审美，促进其精神的成长，并承担起文化传承的责任。

（二）校本作业及其设计的内涵

我们所研究的"校本作业"指的是教师依据本校学生情况设计的作业。其中，语文作业指的是学校教师布置给学生的与语文科目有关的学习任务，也称为"语文课外作业"或"语文家庭作业"。当然，由于其隶属"作业"范畴，因而也具有过程性评价的作用。

关于"作业设计"，不少研究者对其进行了界定，如张秋玲在专著《语文教学设计：优化与重构》中专列一章论述作业的设计，她认为："作业设计是教师依据本节课的教学目标、学生个性、教学进展，针对教学中难以在课堂上当堂掌握的有关教学内容而设计的一种学习任务。"语文作业的设计需要教师根据语文学科特点与设计原则，对语文作业内容进行思考与组织，并选择相应作业材料，合理安排作业时间，巧妙运用作业的各类形式，对教学各要素进行有序、优化的安排，最终制定、开发出一套完备的作业方案。

（三）阅读课校本作业设计的特点

首先，由阅读课的本质可知，外在文本的学习重在基础积累、语言品析、形象评判、情感体味等，那么阅读课的作业也应针对上述诸方面进行设计，以便对学生的阅读能力进行检测。关于初中生阅读能力的发展，人们进行了大量的研究。有学者认为语文学科中对学生阅读能力的评价包含信息提取、分析概括、领会理解、解释推断、发散拓展和批判赏析等六个层级。[①]那么，评判学生阅读能力便可从这六大方面进行，而阅读能力的

---

① 张燕华、郑国民、关惠文：《初中生语文阅读能力表现研究》，《教育学报》2015 年第 6 期。

提高就可以是在上述六层级间的跃升。这也意味着，在设计阅读教学的作业时，应关注这六大方面，注重阅读能力的培养。

其次，学生是教育教学活动的主要作用对象，教师只有了解所授学段学生的身心发展情况及学习特点，才能设计出满足此段学生学习需求的课程内容与作业；只有对本校尤其是本班学生情况进行透彻分析，才能开发出合理有效的校本作业。因此，在设计校本作业时要注重对本校学情的了解。

二、阅读课校本作业设计的类型

根据上述阅读课校本作业的设计特点，本校语文教研组将作业设计为预习类、巩固类与拓展类三大模块，每一模块下含有多种类型以发挥不同的作用。

（一）预习类校本作业设计

预习类校本作业是指学生为课上文本学习所做准备的作业，旨在调查本校、本班学生的先前积淀、对文本的感知程度或对文章的疑惑之处。精心设计的预习作业，是完成学情前测的重要手段，也是课堂教学的切入点与起点。此外，调研学生疑惑的预习作业，有助于学生质疑思考能力的提升，同时问题的驱动能吸引学生最大程度地参与课堂活动，从而保证课堂效果。

本校的预习类作业又分为测验类、预备类与质疑类三种。

1. 测验类作业：借助线上问卷等调查工具进行调研

每位学生的学习背景、知识基础不同，这些"先前经验"往往会被携带到课堂中，也就难免存在班级内不同学生对课程内容理解程度的差异。而在目前的"班级授课制"下，教师只能寻找"中和"或可"层递"的内容来实施教学，这便有必要提前掌握班级学生的学习水平。

在调研学情时，教师可借用一些实用的工具。例如，可用"×管家"收集学生作业；将设计好的选择题录入线上问卷调查工具，更便捷、直观地统计出学生作业的完成度、准确率与错误的题目；设计"词云图"生成对主观作答的弥合统计等。当然，目前的线上问卷调查工具也能做基础的"词云图"，因而可利用其做主客观题目的统计与分析。

下面是我校初二年级备课组利用线上问卷调查工具制作的对说明文单元

（第五单元）中"说明方法""说明语言""说明顺序"的调研，具体题目如下：

××学校八年级上学期第五单元说明文学习情况前测表

1. 你的班级是_____。

A.1班　　B.2班　　C.3班　　D.4班　　E.5班　　F.6班　　G.7班

2. 请选出下列属于"说明方法"的一项。

A.对比　　B.比喻　　C.做图表　　D.列举

3. 请选出下列文段中用到的"说明方法"。

我国的建筑，从古代的宫殿到近代的一般住房，绝大部分是对称的，左边怎么样，右边也怎么样。苏州园林可绝不讲究对称，好像故意避免似的。

A.举例子　　B.分类别　　C.作比较　　D.作诠释

4. 请找出下列文段中用到的"说明方法"。（多选）

桥长265米，由11个半圆形的石拱组成，每个石拱长度不一，自16米到21.6米。桥宽约8米，路面平坦，几乎与河面平行。每两个石拱之间有石砌桥墩，把11个石拱联成一个整体。由于各拱相联，所以这种桥叫做联拱石桥。

A.举例子　　B.列数字　　C.作诠释　　D.下定义

5. 请写出除上述题目中出现的"说明方法"以外的不少于2种方法。

6. 根据先前的经验，你认为说明文语言的特点有哪些？请写出几个关键词。

7. 通过之前的学习，你了解到的"说明顺序"有哪几种？

8. 你知道的"逻辑顺序"有哪些？

此前测"作业"旨在调研学生"说明方法""说明语言""说明顺序"等知识的储备情况。上述问题的设置由易到难，需要的思维水平也由低到高，一定程度上照顾了不同层级学生的学业基础。实际上，学生在小学学过"说明文"这一文体的相关知识，而本单元作为初中首次出现的说明文单元，教师需要对学生的储备做些调研，依据调查结果设计或调整接下来的教学内容与策略。

本问卷中的第1题是进行班级的统计，便于后期运用此问卷中的"分类统计"功能区分出不同班级学生的作答情况，以备各班教师掌握本班学情。第2题较为基础，主要调查学生对"说明方法"的名称是否存有迷惑。因为"说明文"中的"说明方法"有"专属称呼",例如修辞中的"比喻"在说明方法中被称为"打比方","对比"称作"作比较","列举"称为"举例子",等等。总之,这道题目调查学生是否对"说明方法"的基本类型及名称有清晰、准确的掌握。第3—4题是对说明方法的判断,调查学生能否判断与辨别具体文段中所使用的说明方法。同时,两道题目有层递性:第三题只含有一种方法,而第4题的文段融合了两种方法,且第4题迷惑性更大些,主要因为"作诠释"与"下定义"两种方法的区分是教学难点之一。当然教师恰可利用此道题发现学生错误点而进行针对性教学。第5题是对"说明方法"考查的收尾题,需要学生综合前面三道题目来作答。可以说,前三道题目调查的是学生知识掌握的精准度,而第5题调查的是学生知识掌握的全面性。

第6题是对说明文语言特点的考查,较为基础,且用关键词罗列的作答方式,所需调动的思维层级较低。同理,第7题也仅考查对"说明顺序"这一知识点的掌握情况,较为基础。当然,最后一道题由于考查点较为细致而导致难度偏大,不过亦可考查出学生的积累量。总之,这一问卷难度适中且有层递性,能够对学生的先验知识进行摸底。

当然,由于前面几道题目为选择题,不排除有"猜""蒙"的情况,但题目难度适中,且后台可见学生填报时长——多数在4分钟左右,应是下意识的知识调取所填,因而测验结果较为准确。

可以说,运用此类先进设备能够调动学生兴趣,引起认知冲突,且对重点内容有提示——敏锐的学生能够完成学习准备。此外,当学生对一些题目产生疑问时,可引导其带着问题、带着任务听课以提升课堂学习成效。对教师而言,借用技术的便捷方式、网络直观可视的数据统计,可以及时高效地调研学情,科学准确地制定教学目标。

最后值得注意的是,此种预习作业适用于对基础常识、固定知识掌握情况的调查。

2. 预备类作业:携带向导完成储备与感知

上述技术的运用有一个弊端是中学生手机使用的不自主导致的统计受限,因而常见的预习类作业还主要是纸质的形式。有一类预习作业多在第一课时,面对陌生文本，需要扫清文字障碍，熟悉文本并初步感知文章内容等，具体包含熟悉字音字形、了解作家作品、标画自然段落、分层并概括内容、复述故事……这些作业主要是为学习新文本进行的准备活动，因而可称为预备类作业。

（1）以填空、选择等形式完成基础知识的检测或重点内容的提示

常见的"熟悉字音字形"的作业主要是汉语的音字互注，或者出设选择题，考查易读错、写错、难写、生僻的字等。作家作品主要以填空的形式出现，考查基本的文学文体文化常识。对于作家作品等基础知识的检测，会采用挖空的方式提示重点内容。

（2）设计开放、自由度较高的作业，提示学生储备相关背景资料

除上述常规的以填空、选择等形式设置作业外，还可设计开放、自由度较高的作业，如在高一学习第二单元的古诗词时，有教师设计了这份预备作业：

"古典诗词作家颁奖委员会"现向公众征集一批优秀诗词作家的颁奖词，本批次入围作家有曹操、陶渊明、李白、杜甫、白居易、苏轼、辛弃疾、李清照八位，请选出你熟悉的2—3位作家，联系所学诗句、作家生平、时代背景等，写出一段"颁奖词"来表达对其人格魅力的赞扬。

设计这份作业在于引导学生全面储备这几位作者生平经历、诗词创作与所处时代背景的相关资料。经过小学和初中的积累，多数学生对常见诗人有一定的了解，也能对其"知人论世"，因而可做出生平事迹的简单梳理及人物品格的初步评判。但这份作业有一定的挑战性——"颁奖词"的写作对学生的语言表达能力提出了高要求，因此可以在本单元学习的前一周布置下去，分派给每组一位诗人，允许学生查阅资料，发挥小组功能，完成"颁奖词"的写作。由此既检测出学生对这几位诗人的了解程度，更引导了学生储备相关背景资料，以便开展后续新课的学习。

以此顺承下去的是，学生经过长时间的学习，积累了较多诗词文学常识后，可请学生完成"诗歌脉络发展史"的预备作业：

历史长河漫漫，诗歌先贤们变成了一个又一个时代的启明星，请根据积累与提示，在下方时间轴上补足各位诗歌先贤及其代表作品。

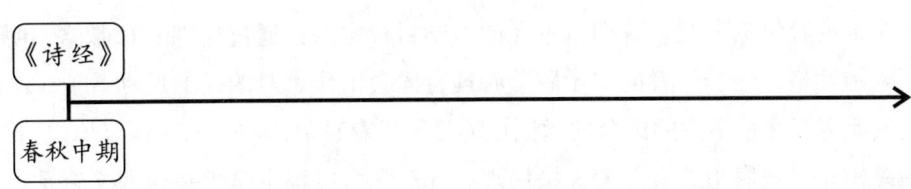

此作业可引导学生储备"诗歌发展史"的背景知识,适用于高三作业的设置。

(3)设置梳理文脉、概括文层内容的作业

梳理文脉、概括文层内容是一项重要的语文实践活动,此项活动有助于学生理清作者写作思路,进而理解文章的主旨情感。尤其对内容较散乱的文本,我们有必要设计梳理概括类作业使学生初步感知文本。其次是对于自读课文的学习,布置此类作业能够为后续的学习奠定基础。

关于文层概括,可设置"拟小标题"的作业形式。例如《记念刘和珍君》一文的预备作业,可布置为:

面对"三·一八"惨案,鲁迅不知如何说、说什么,但自我正直、怀有大义的性情又促发着他不能不说,而这篇文章中就充斥着这种矛盾心理。请同学们梳理文中相关语句,并尝试给每小节拟一个标题,并画出本文的结构图,填于下方表格。(见表4-1)

表4-1 《记念刘和珍君》文层概括

层落	语句 (原文中标画)	标题 (写在每层序号后)	层次结构 (画于文本空白处)
一	我也早觉得有写一点东西的必要了 可是我实在无话可说	写作缘起,纪念死者	
二			
三	—		
四		刘和珍遇害	
五			
六	—	"三·一八"惨案教训	
七	我说不出话		

《记念刘和珍君》是一篇优秀杂文,鲁迅虽做了"一至七"的数字分层,

但文本内容仍然散乱。我们将本课的教学目标定为：通过梳理文章脉络，明晰人物性格，理解作者的"矛盾"心理，体会出作者对凶残的反动政府、下劣的流言家和唤不醒的民众的激愤控诉之意以及对革命烈士的深深哀悼之情，最终树立"铁肩担道义"的大格局观。针对学习过程中学生在抓取文章重点时可能会遇到的困难，我们设置了"拟小标题"的作业，目的是引导学生梳理文脉、概括文层内容，并尝试画出文章层次结构，以便对文本有初步的感知。同时，文脉的梳理也为课上分析刘和珍的形象特征圈定了区间。而表格第一列梳理的"说""无话可说"的语句，正可引出本课教学重难点（主问题）——如何理解作者这么矛盾、纠结的心理。因此，此份作业虽仅仅作梳理与概括，但却是课堂教学起点，预备的浅层区为课上理解分析难解处进行了铺垫。

同样，在自读课文的学习中，提前布置分层概括文章内容的作业，能够为后续学习奠定基础。例如在学习《昆明的雨》时，布置的这份作业：

通读全文，标序号，尝试为文章分层，并用不少于30字的文段简述分层理由，课上检查。

这篇文章是"总分总"的结构，层次较清晰，而初二的学生经过前期"文层梳理"的训练，能够利用每段开头或结尾出现的关键词厘清文章结构。教师在课上会进行"昆明的雨'明亮''丰满''令人动情'"的特点的关键词句梳理，可以说，这份预备作业能够帮助学生锁定区间。接着在课上深入探究"为什么想念昆明的雨"这一主问题时，也需要在文本梳理的基础上进行分析，因此，此项作业是直入文本建设的初层地基。

（4）文言文学习中可设置"复述故事"或重难点字词句分析的作业

以上多为梳理与概括的预备作业，教师还可设置复述的预备作业，例如在教授简易的、故事性较强的《愚公移山》《周亚夫军细柳》时，可布置"复述故事"的作业。由于文言的时代隔阂性，学生复述时一些语句容易遗漏或理解错误，这恰可作为课上着重翻译与教授之处。教师再提示一些重难点字词，即可完成文章内容的疏通。

此外，在进入文本分析时，也可以设定一些简单的准备任务，为课上的探究提供前提条件。如在进行《周亚夫军细柳》文章分析前，教师可布置作业为：

本文出现了"军"字的不同意义，请选择其中2~3个意义，找出相关语句，探究语句的深层意蕴。

温馨提示：

①摘录原句并翻译。

②分析语句中你认为的关键字词的深层含义。

③这句话有何作用？

本课的教学目标为通过对"军"的本义及引申义的学习，分类概括文中"军"的特点及作用，进而分析理解周亚夫治军严明、刚直不阿的人物形象以及对比衬托、正侧结合的写人手法。上述作业就是课堂教学中问题探究展开的基础。

总之，此类作业会让学生带着问题、依照向导储备相关背景资料或初步感知文章内容，从而为课上的有效教学打下基础。

3. 质疑类作业：自由提问，深入思考

上面两种预习作业都是教师主导设计的，学生在文本思考上会受些限制，另有一种预习作业是开放地询问学生疑惑或者请学生自由发问的作业。此类校本作业对学生的思考力提出了较高要求，还需要宽松和谐的班级文化氛围，对教师的教学敏锐力、文本价值的把握能力、教学设计能力、课堂驾驭能力等提出了较高要求。

（1）直接询问学生的疑惑之处

首先，学生要对所学课文的主要内容有所理解，经过思考进而提出"真"疑惑，而往往这样的"真"疑惑能成为撬动整节课的一根杠杆。例如，第一课时疏通《富贵不能淫》的文意，学生在读懂主要内容后，教师布置下第二课时的预习作业：

初学完文章后，你是否有疑问？可在下方横线上提出。

————————————————————————

这种形式是直接询问式的，多数学生表示已读懂但没提出有价值的问题。当然，班级内不乏爱动脑爱主动探究的学生，能够提出可引发师生共同关注的问题。例如有学生就真诚地表示"这段文字没太看懂，孟子到底有没有回答景春的问题呢？景春不是问'什么是大丈夫'吗？孟子后面说了半天也没点到这个问题啊"。那么，教师发现这个问题后便可将其作为整节课的主问题，来引发全班学生的思考讨论。教师可将此主问题拆为：①孟子眼中的公孙衍、张仪之流是怎样的？结合原文相关语句进行品析。②孟子答问部分说了哪几层意思，结合上节课的理解梳理概括。③如何理解孟子提到的"妾妇之道"？④孟子心中"大丈夫"的标准是怎样的？

拆分的这四个问题更接近学生的日常思考水平。第一个问题学生能找到"是焉得为大丈夫乎"这个关键句，教师可提供另外两个语句与之对比，以凸显孟子对张仪之流的轻蔑鄙夷态度。学生可能不理解其中缘由，那么教师便可补充相关背景资料——纵横家的事迹、孟子"正气凛然""刚直不阿"的性格特点等，以启发学生推断孟子对"纵横家"的态度。第二个问题指向的梳理概括层次内容的任务对学生构不成难度。至于第三个问题，教师拓展"类比论证"的手法即可解决。第四个问题就是孟子所"立"的大丈夫标准，可在文中轻易找出。

实际上，教师本课时的重点就是梳理文章论证思路，理解"先破后立"的论证方式，明晰孟子心中"大丈夫"的标准。学生的这个问题正可做串联本课的一条主线，在思考讨论结束后，教师再请这位学生回顾整节课，形成自己对所提问题的解答，也可分享给全班同学作为本课的小结。因此，本节课教师课前发现问题，引导学生带着问题、带着任务去阅读去思考，大大提升了学生听课的效率与内在的思维动力，达成较好的师生、生生多项互动的温馨场域，高效地完成了教学目标。

由于文言文偏难，对学生的质疑思考能力有着更高的要求，而自读现代文容易理解，设置质疑类作业后，学生更易提出丰富、有趣、有用的问题。此时教师应注意对学生的问题进行分类，并合理安排答问的先后顺序。

（2）给学生示范提问的方向、质疑的角度

还有一种设计方式是给学生提供一些提问的方向，并给学生留足思考与质疑的空间。例如《带上她的眼睛》一文的预习作业我们设计为：

一些文章的标题总是耐人寻味的，例如"带上她的眼睛"，初读有些惊悚，再思又觉神奇，"她的眼睛"怎么能"带上"呢？为什么要"带上她的眼睛"？"她"是谁……刘慈欣总能创造性地"平地起波澜"，读完文章后，你发现了文中哪些"看似是平地"却好像有"波澜"的地方呢？是否有别的疑问呢？请分享出来跟同学们一起思考吧！

作为科幻文的优秀代表，这篇文章读起来生动有趣，能极大地调动七年级学生的阅读兴趣，而教师可引导学生在兴趣的基础上进一步思考、质疑。这份预习作业从题目入手，给了学生一些提问的方向、质疑的角度，能起到示范、引导作用。

由此，质疑类的作业能最大程度调起学生的思维动力，让学生深入文本进行思考。其实有时提出问题比解决问题更重要，因而教师可在此类作业中培养学生的质疑精神与探究能力。

综上，预习作业作为前测作业、前置作业，分为借助工具进行调研的测验类作业；携带问题进行储备与感知的预备类作业；自由提问深入思考的质疑类作业三大类。无论哪一类作业，其目的都是帮助教师了解学情后找准教学切入点，高效地实施课上教学活动。

（二）巩固类校本作业设计

上述预习作业是课前，此类巩固作业主要在课后，设计对象主要是精读课文。

阅读课需要完成对课中基础知识的巩固、文本内容理解的巩固与文章艺术特色的巩固等三方面。

1. 基础知识的巩固

前面在预习作业的第二分类下已谈及"基础知识"的预习作业设计，为进一步应对学生基础薄弱、知识掌握不牢固的问题，有必要在课后及时帮助学生落实到位，这就需要教师设计有趣又有效，不枯燥而又助力于学生巩固基础的作业。

（1）筛选课文相关基础知识布置选择题

首先，关于现代文的字音字形、成语、病句、标点、对联等基本知识的巩固作业，本校主要采用选择题的形式来强化学生的记忆，即筛选一些与本课出现的基础知识相关的、有梯度的选择题布置为课后作业。

（2）运用"三行对译"及其变式练习巩固文言基础知识

对于文言文基础知识的巩固，常用的方式为"三行对译"：一行原文、一行重点字词、一行译文，以此增强对文意的掌握。有时会做变式训练，如下是对《三峡》第一课时作业的设计：

在三峡的峭壁上镌刻着郦道元《三峡》一文，但历时久远且古文无句读，

很多游客不能看清文章的全部内容,请你帮他们解答以下疑惑:

1. 请诵读全文,标注停顿线("|")并填写看不清的括号中的字。

2. 由于文言语段与现代文有时代隔膜,有游客不能完全理解文章意思,请你用现代汉语为其解释说明。(加点的字词需先作释义)

自三峡七百里中两岸连山略无(　　)处重岩(　　)(　　)隐天蔽日自非(　)(　)夜分不见(　)月

字词释义:_____

译文:_____

_____

至于夏水(　)(　)沿(　　)阻绝或王命急宣有时朝发白帝暮到江陵其间千二百里虽乘奔御风不以疾也

字词释义:_____

译文:_____

_____

春冬之时则(　)(　)绿潭回清倒影绝(　)多生怪柏悬泉瀑布飞(　)其间清荣(　)(　)良多趣味

字词释义:_____

译文:_____

_____

每至晴初霜旦林寒涧(　　)常有高猿长啸(　　)引凄异空谷传响哀转久绝故渔者歌曰巴东三峡巫峡长猿鸣三声泪(　　)(　　)

字词释义:_____

译文:_____

_____

3. 有游客在理解文章大意基础上发现文章是"总分"的结构,并按照四季的顺序写作的,但提出的疑问是"为何不按'春夏秋冬'的顺序描写",你将如何为他释疑解惑?

此作业本质上是对诵读节奏(断句)的把握、文意疏通与文章结构梳理的巩固练习,这正是在《三峡》第一课时的目标——诵读把握节奏、掌握实词虚词以理解文意、整体感知文章结构——指引下设计的。

上述作业由三个小问题组成，第一问以"标注停顿线"的方式检测学生对文本节奏的把握，并挖空一些易错字、生僻字以检验学生对文中字词句的掌握程度。第二问是传统的"三行对译"题目，目的是巩固学生对文意的记忆情况。最后一问巩固学生对"文章结构"的理解。此项作业还有一个亮点是设置了生活中可能遇到的情境，增强学生运用所学知识解决现实困难的能力。此外，在难易程度上，也有由浅及深的梯度性，是一项分层作业：前两小问应是全部学生必须完成的，最后的问题解决需要较高的思维水平，更适宜乐于思考的学生进行探究。

（3）"制作微课视频"梳理总结文言现象

除上面随文巩固的作业外，在学习一定量的古文后，针对"一词多义"现象，教师可设计"制作微课视频"的作业：

文言文中的"一词多义"情况常常困扰同学们的学习，"高二语文学会"准备帮助大家攻克此难关。"学会"录制的一份《文言实词之"坐"字讲解——字源识记法》已传至各班中转站中，请同学们下载观看。由于必考实词较多，现向同学们征集录制意愿，参与录制的同学将得到教师的亲自指导。一人不少，三五不多，欢迎大家踊跃报名。

此项作业的设计意图是引导学生梳理、总结、巩固已学课文中常见的、必考的文言实词、虚词。历来此项基础类作业记忆难度大、学生兴趣弱、教学成效低，而以"微课视频"的形式教给学生识记方法——借助汉字象形的特点，从字源探起，精确把握汉字的源流及意义，能扎实有效地巩固这些实词。同时，集年级学生之力能梳理出更多的实词，再共享之，可惠及所有学生。

总之，基础知识的巩固要做到既有趣又有效，需要教师站在学生立场，揣摩学生遇到的难点、痛点，巧用情境与策略助学生渡过困厄河、易忘湖。

2. 内容理解的巩固

可以说，对内容理解巩固的作业占阅读课作业的主体，这是因为阅读教学的基点就是对文章内容的理解分析、主旨情感的体味鉴赏。

（1）设定"作答样例"，引导学生结合文本阐释观点

首先在单篇文本的赏读中，作业可围绕课时目标所涉及的文本内容进行设计，如下是对《三峡》第二课时的一份作业设计：

如果你有旅游的计划，想去三峡看看，你准备在哪个季节去呢？为什么？请参考所给样例，结合原文进行阐释。

作答样例：

我准备春季或冬季去三峡。

根据郦道元的描绘，春冬时的三峡有"素湍绿潭，回清倒影"之景，意为"白色的急流中有回旋的清波，绿色的潭水中有倒映着的各种景物的影子"，这证明春冬时三峡之水有湍急之势，亦有清静沉稳之态。试想，春冬的水流不似夏季之激流猛进，但仍有灵动之趣——急流偶遇石子顿激回波，白色浪花猛然回荡。此外，一汪汪潭水碧绿宁静，在水中能欣赏到各个景物之影，沉浸在赏读万物之中，尽情享受物我交融的状态。

正因为春冬的三峡具有沉静优美的特点，所以我想在那两个季节去。

此项作业对应着"分析三峡不同季节的特点"这一课时教学重点，在课堂上教师通过示范、引导学生品读文本语句来分析出三峡不同季节的特点——夏季的壮美、春冬的清美、秋季的凄美，上述的作业就巩固课上对此内容的理解。这项作业还切近生活实际，将考查重点与日常情境相贴合，最大程度地调动学生的思考兴趣，且有"作答样例"的提示，学生能够结合文本内容有理有据地进行阐释。

（2）设置"导游词"等形式，巩固内容理解

对"写景文"内容理解的巩固，还可设置拟写"导游词"的形式，来帮助学生掌握所学文本。例如学完《与朱元思书》后，可设计以下作业：

如果请你做导游，你会如何介绍富春江呢？请结合《与朱元思书》中的相关描写，补充下面的导游词。

富春江导游词

大家好，欢迎来到美丽的富春江风景区。本次将由我带领大家游览其间奇特的青山绿水。

富春江水流贯通桐庐、富阳两线，我国古代文学家吴均在《与朱元思书》中就曾写道"自富阳至桐庐 _____，_____，_____"。

意思是_____。

你看那水，_____
_____。

你看那山，_____
_____。

你看那树，_____
_____。

还有蝉鸣与猿啼_____。

总之，在这里能够暂时忘却世俗忧扰，正如吴均所说的_____
_____。

最后，希望旅客朋友们能够在如此美丽的山水间享受无拘无束、自由自在的快乐。

这项作业本质上是在巩固《与朱元思书》一文的内容理解，外在设题形式上给出了"导游词"的写作框架并在段首提示出文章相关内容，这就是一项学习支架，提示学生走入文本进行详解。

（3）借助群文比较阅读理解文章主旨情感

对文本内容理解的另一大层面是对文章"主旨""情感"的品鉴。《记承天寺夜游》这篇经典文本中蕴含着苏轼得遇知己的安慰、赏月的欣然、漫步的悠闲与被贬的辛酸、怀才不遇的悲凉等喜乐交融的复杂情感，课上教学时会对"闲人"二字进行深入解析以理解这些情感，课后便需巩固之。我们筛选出了这道题目作为课后作业：

学习完本课后，小深和小圳两位同学交流了对文章结尾"何夜无月？何处无竹柏？但少闲人如吾两人者耳"的看法。以下是他们的谈话内容——

（1）小深："闲人"里的"闲"跟我们学过的"从今若许闲乘月"的"闲"应该是一个意思。

（2）小圳：这个句子与"夜夜有月，处处有竹柏，但少闲人如吾两人者耳"的表达效果是一样的。

你赞同他们的观点吗？请你选择其中一个观点，谈谈自己的看法。

之所以说"筛选"，是备课组在本文的作业库中选择了其他学校教师编写的题目。我们认为这道题目贴合本课重难点，且适合本校学情，加之此题在对本文情感理解的基础上还与学过诗句中的"闲"作了比较，增强了学生深入理解与辨析文本的能力。

接着，在学完《与朱元思书》后，还可设计此项作业：

你认为陶弘景是苏轼笔下的"闲人"吗？

这项作业也便于巩固学生对两篇文章的情感理解，并且通过两文联读初步建构起古诗文中"闲者不闲"的情感表达意脉。随着学习的深入，在积累多个作家多个作品后，可形成"闲者不闲"的群文阅读或专题研讨。

综上，对于文本内容理解的巩固可做单篇或群文的作业设计，核心在于对阅读内容的把握、语句的品析与情感的体味等方面。

3. 艺术特色的巩固

如果说上面的作业着重设计文章的"内容"层面，即阅读教学探究的"写了什么"这一方面的话，那么本部分的作业着重巩固的是阅读教学的"形式"层面，即文章是怎么写的。

（1）提供"温馨提示"梳理总结文章艺术特色

仍以《三峡》为例，郦道元从未到过三峡，仅借助文献阅读与想象完成了此文的创作，能传诵至今且比原文献还知名，其原因之一在于作者以高妙的笔力将三峡描绘得有声有色。因此，《三峡》一文的写作特点是值得探究与学习的，也是教学时的重点。那么，在学完本课后可设置以下作业：

如果你到三峡后被其旖旎风光所打动，你非常想发朋友圈分享给大家，但需编辑文案，那么可以借鉴郦道元的哪些文案编辑方式呢？

温馨提示：一般而言，文案编辑需从结构特点（写作思路）、遣词造句、写景方法、情景关系等多方面进行思考。

此作业通过"文案编辑方式"牵引起对文章艺术特色的探析，并且创设生活场景来吸引学生的作答兴趣。但设问有高度与弯度，为避免学生作答困难，给出了一些"温馨提示"，这些提示点明了一些思考的方向，引导学生回顾、梳理、总结课上所学。由此，这份作业便起到了巩固的作用。

（2）提供选择性作业巩固特殊艺术手法的学习

实际上，文章的艺术特色一般都会从结构、语言、修辞或写作方法等角度探析，但一些"艺术手法"较为独特，比如"劝谏艺术"。笔者曾将统编高中语文必修下册《谏逐客书》一文的课后作业设计为"三选一"的问答题：

1.史料记载秦始皇看到此篇谏疏后，"乃除逐客之令，复李斯官，卒用其计谋"。你认为李斯为什么能够劝谏成功？请结合文本所学、本文背景、拓展资料等，有理有据地阐发自己的观点。

提示：可从文章结构、论证方式、语言风格、写作目的、作者身份、写作对象等方面统筹考虑。

2.也可分享学完本篇后对自己为人处世的启发，例如如何劝说老师收回不合理的任务。

3.也可将"劝谏文"（《谏太宗十思疏》《烛之武退秦师》等）共同阅读，谈谈你对"劝谏艺术"的认识。

当时本课的教学重点为"通过研读重要语段和关键语句，揣摩文章铺张扬厉和委婉善讽相结合的笔法"。在课上，笔者首先拓展文章背景，并让学生设想李斯所处境地及其所分析出的秦王逐客的理由，最终达成共识：李斯面对的是刚毅暴虐的国君，落井下石的同事（秦国贵族阶层），还有一群帮倒忙的队友（外来客卿中的间谍）。接着提出本课主问题：请阅读全文，思考李斯是如何突围的。此主问题下会引导学生分段阅读，并针对每段提出一个分问题（有利于解决主问题）：①李斯要如何开篇才能避秦始皇的锋芒？②如果你是秦始皇，看到李斯的步步阐释，你的情绪会怎样？③怎样表述既不得罪宗室大臣，又避免谈及队友的弊端？④如何避免说理枯燥，不给人说教似的难以接受之感呢？每段阅读分析后，请学生回答主问题：李斯是如何说动秦始皇的？

课上的时间有限，对李斯劝谏方法的总结较为仓促且难以检测每位学生的课上所得，这时便可将此布置为课后作业及时巩固课上所学，也是对文本劝谏艺术的统整性思考。问题1的"提示"供给学生思考的方向。问题2期望学生能够将所学与自己的生活实际产生关联，学以致用地解决在生活中遇到的困难。问题3是一个小的群文阅读：本册书出现了三篇"劝谏性"的文章，学完此篇后，可让学生以"劝谏艺术"为话题进行关联思考，还原情境而解决现实难题。

综上，对于文章艺术特色的巩固作业，首先设定于饱含高超艺术特色的文本学习之后，其次可给学生一些提示，引导学生回顾、总结课中所学。总之，此类作业对学生学习能力与文本鉴赏能力的要求更高些。

总之，巩固类的作业分为对基础知识、内容情感与艺术特色三种类别的巩固。教师可巧设情境、提供支架来帮助学生巩固基础知识、理解单篇或群体精读文的内容、鉴赏文章艺术特色等。

（三）拓展类校本作业设计

所谓拓展类作业是指由课内的文本阅读延展迁移到课外的文本阅读、文学写作、生活实践的作业，其目的是增强学生的底蕴，扩展学生积累量，提升写作与实践能力等。

1. 同一主题下的课内与课外文本的关联阅读

聚焦同一主题下进行课内与课外文本的关联阅读，有助于提升学生的迁移运用的能力，是拓展类作业的重要方面。

（1）针对人物形象设计主题关联阅读的作业

众所周知，人物形象是纪传类文本鉴赏的重要层面，在众多文本中总有相似或相异的形象可做类比或对比，这些比较往往聚焦到同一层面才能深化与细化，因而教师不妨将人物形象纳入同一主题下进行关联设计。

例如，在教授《周亚夫军细柳》一文时，所定目标有：①通过对题目中"军"的本义及引申义的学习，分类概括文中"军"的特点及作用。②通过对文中对比、衬托等手法的鉴赏，理解周亚夫治军严明的品格操守。③将本课所学标题拟定角度迁移运用到课外《史记》的其余篇目阅读中。在课上，教师通过引导学生对"军"的关注，提出对本篇标题的思考：本文标题是否可改为"真将军周亚夫"，为什么能或不能？为帮助学生解决这个问题，可以给学生几个思考角度：本文的主人公是谁？除主人公外还出现了哪些身份的人？他们各有什么特点？又为何写这些人？标题拟定的原则有哪些？两个标题的差异在哪里？相较之下，你更认可的那个标题有什么优势？这些问题能够引导学生深入文本分析所塑造的人物形象与人物形象的塑造方法，并总结出标题拟定的三条原则：突出主要人物、凸显主要事件、简洁又耐人寻味。由此教师设计作业为：阅读《史记》中《李将军列传》的相关片段并进行分析。具体作业如下：

  请尝试为这段拟一个标题并说明理由，运用课上总结的"写人方法"分析该段中李广的形象。结合课文与下方文段，谈谈你对汉"军"的理解。

  广既从大将军青击匈奴，既出塞，青捕虏知单于所居，乃自以精兵走之，而令广并于右将军军，出东道。东道少回远，而大军行水草少，其势不屯行。广自请曰："臣部为前将军，今大将军乃徙令臣出东道，且臣结发而与匈奴战，今乃一得当单于，臣愿居前，先死单于。"大将军青亦阴受上诫，以为李广老，数奇，毋令当单于，恐不得所欲。而是时公孙敖新失侯，为中将军从大将军，大将军亦欲使敖与俱当单于，故徙前将军广。广时知之，固自辞于大将军。大将军不听，令长史封书与广之莫府，曰："急诣部，如书。"广不谢大将军而起行，意甚愠怒而就部，引兵与右将军食其合军出东道。军亡导，或失道，后大将军。大将军与单于接战，单于遁走，弗能得而还。南绝幕，遇前将军、右将军。广已见大将军，还入军。大将军使长史持糒醪遗广，因问广、食其失道状，青欲上书报天子军曲折。广未对，大将军使长史急责广之幕府对簿。广曰："诸校尉无罪，乃我自失道。吾今自上簿。"

  至莫府，广谓其麾下曰："广结发与匈奴大小七十余战，今幸从大将军出接单于兵，而大将军又徙广部行回远，而又迷失道，岂非天哉！且广年六十余矣，终不能复对刀笔之吏。"遂引刀自刭。广军士大夫一军皆哭。百姓闻之，知与不知，无老壮皆为垂涕。而右将军独下吏，当死，赎为庶人。

  …………

  太史公曰：《传》曰"其身正，不令而行；其身不正，虽令不从"。其李将军之谓也？余睹李将军悛悛如鄙人，口不能道辞。及死之日，天下知与不知，皆为尽哀。彼其忠实心诚信于士大夫也！谚曰"桃李不言，下自成蹊"。此言虽小，可以谕大也。

（选自《史记·李将军列传》）

  我拟的标题为_____，理由：_____
  李广的形象：_____

我对"军"的理解：_____

选择此片段一是因为这段运用了正侧结合、直接评价的手法塑造了刚烈正直、忠实诚恳、敢于担责的李将军的形象，分析之，首先可检测与巩固课上所学。其次，进行标题的拟定也是对课上所学知识的迁移运用。还有最重要的一点是，李广与周亚夫同属汉代有名的将军，但性格有别，一个严于律己，一个治军严明，拓展此段材料可引导学生思考汉"军"的特点，使得"军"的形象更立体。总之，此项作业的三问正切中课前所设三个学习目标，严格遵循了"教学评"一体化的原则。同时，课外文段与课中都是关于"军人形象"的阅读分析，这正是聚焦在同一主题下的课内与课外文本关联阅读的拓展作业。

（2）围绕一位作家的"创作风格"，设计主题探究的作业

除了人物形象的主题关联阅读外，对一位作家"创作风格"的主题探究也能设计出课内外的联读。例如，在讲完姜夔的《扬州慢》后，笔者曾设计以下作业：

课外阅读姜夔的《暗香》《疏影》，选择你喜欢的一些词句进行赏析，并谈谈你对作家创作风格的认识。

由于本课的学习目标三是"联系时代背景，体会词人忧国伤时的情感以及'文笔清刚，情韵绵邈'的创作风格"，课上通过对诗歌意象意境的品赏、遣词造句的评析、背景资料的展读，学生能初步体会作者清刚又绵邈的风格，课后给学生布置阅读这位词人其余词作的作业，能够形成对诗人风格特征的深入体会。

总之，此类拓展作业一定是基于课内文本的教学，在某一主题或教学点、重点的引领下择取素材进行的作业创设。

2. 关注读写迁移与实践应用

在设计拓展类作业时，还可重点关注语文课中由读到写的拓展，以及由阅读到应用的实践迁移。

（1）将阅读课上学到的写景手法迁移到个性化创作中

语文教学中最基本的就是阅读与写作两大活动，而两者时常是密不可分的。阅读教学往往能够为写作教学提供素材、积累方法，因而阅读课的一项

重要的拓展性作业是完成由读到写的迁移，进行读与写的结合。

例如八年级上册第三单元着重选取了一批写景精美、技法高妙的文言散文：《三峡》一文首段运用正侧结合的手法突出三峡山脉连绵与高峻的特点，接着运用骈散相谐的形式，动静结合与调动多种感官的方式描绘夏、春冬、秋等四季的景象特征，表达出作者对三峡景色的赞美与向往之情。《答谢中书书》从山水相映、色彩配合、晨昏变化、动静相衬等四方面描写了山川之美。借助俯视、仰视与平视，动态与静景等不同的视角，视觉、听觉两种感官，丰富的色彩影像等描绘出了秀丽优美的山川景色，表达出作者沉浸自然的愉悦心情以及长伴林泉的高洁志趣。《记承天寺夜游》融记叙、描写、抒情、议论为一体，记述一次夜游经历，描绘三句月夜竹柏倒影景，营造清幽宁静的艺术境界，表达出知己相乐的安慰、赏月的欣然、漫步的悠闲与被贬的辛酸、怀才不遇的悲凉等喜乐交融的复杂情感。《与朱元思书》描绘了自富阳至桐庐一百多里间的山水景观，围绕"奇山""异水"这一整体特征，通过俯视的观察视角、自己的切身感受以及比喻、视听结合的手法描绘了一幅充满生机活力的富春江山水图，表达了作者厌弃官场，希望归隐山林的高雅情趣。《唐诗五首》中写景名句也多运用动静结合、视听结合、远观近看多视角描绘，勾画出一幅幅悠远旷大的图景，为诗人的情感表达蓄势。

总之，本单元的教学目标之一就是通过阅读、鉴赏写景名句，总结、借鉴、学习并运用描写景物的方法，创作一篇个性化的写景散文。

学生通过作文就能展示出其对写景方法的理解与掌握程度。例如下面几个文段，就明显发现小作者们将课内阅读中所习得的写景方法有效地迁移到了写作中。

文段一：

坐在窗前，一眼望去，高楼林立，一直延伸到山脚下。五颜六色，忽高忽低的楼房密密地斜织着，从中也能看到一些绿色，甚是难得。风烟俱静，"天楼"共色。澄澈的天空中有一道白色的分界线，盖峰之影也。它显得有些突兀……抬头看去，又有绿潭倒影：碧蓝的天空中没有一点杂质，像洞庭湖一般澄澈、透明。不，这是比任何湖水都明亮的蓝啊！下面是浅蓝，上面是深蓝。过了一会儿，湖面就被白白的雾气笼罩了，透过雾气，隐约能看到曾经空明的湖面。可没过多久，这最后一点幻想也烟消云散了。

………………

但这晚上的风景，就大为不同了。

万里无云，天空齐刷刷变成了整齐的暗紫色。路上车水马龙，刺耳的声音此起彼伏，真可谓"百叫无绝"。高楼大厦都点起五颜六色的灯光，交汇在一起。仿佛要射穿你的身体，打散你的灵魂似的。笛声、汽车行驶的声音，两相结合，让人心神不宁，真想连夜搬家跑出地球啊！

文段二：

每每我清晨推开窗，一缕缕凉气把我缠住，让我凉得发颤，但新鲜的空气冲我奔来，又让我神清气爽。看看天空中飘游的白云，多么自由！每次从窗内看到的白云都不一样，形状各异，大小不同，时间久一点的话，颜色也会不一样：有时是纯净的奶白色棉花糖，奶呼呼的；有时是火红火红的火烧云，就像是凤凰的颜色，庄严，美丽；有时又是幽静神秘的红色、粉色、蓝色的渐变色……

老家更贴近山里，山中的空气和环境比城里的好，云彩也比城里的美。我当然也更喜欢山中的氛围。

在这四四方方的窗前我就能待着许久不动。往近看，院前有两棵巨大的树，树枝仿佛都可以伸进窗内，一刮风，树叶飘落，像蝴蝶飞来飞去，发出沙沙的声音。再往远望去，有一棵十分老的松树。这棵松树很神奇，这座山头上只有这一棵，村里人也总喜欢往上面绑红布带。这棵树显得格外显眼，像是仙人一样，立在山头，指引方向。

文段三：

吾家居于京城之北久矣，此乃名闻遐迩之中轴线北端。余立于十一层楼之上，目光所及，怡然之景尽收眼底也。

余俯瞰，可见楼之下车水马龙，繁华之景盛矣。超市，有络绎不绝之客游览于琳琅满目的商品间；食肆，有饕餮之客尽享舌尖美味；美发店，五光十色中发出丝竹声声……国人之富可见一斑矣。余乐见楼之下有一街心公园，四时之景甚美矣。野芳发而幽香，佳木秀而繁阴，风霜高洁，水落石出矣。更有黄发垂髫，并怡然自乐也。

余远眺，只见青山如黛，连绵起伏，盖燕山也。华灯初上之时，但见高楼鳞次栉比，万家灯火，京城之繁华此一也。

窗外之景，可俯瞰亦可远眺。余伫立窗前观窗外之景并思忖：京城日日新，国家日日强，窗外之美景定将愈加美好！余亦中华儿郎，当为此贡献力量！

上述文段并非十全十美，但单从"写景方法"来看，他们已在尝试运用远近、俯仰等观景视角，搭配相宜的色彩，运用多种修辞手法，引用已学或将学诗词等，而且字里行间表达出了对窗外景色的喜爱、赞美之情与自身的奋发志气。因而某种程度上可验证课内写景文教学的成效，能看到学生由阅读迁移到了写作，增强了自身的读写能力。

总之，读写迁移的拓展作业，能最大程度落实读写结合的理念，提高学生语言文字运用的能力，提升语文素养。

（2）将所学知识迁移到实际问题解决中

所谓"实践应用"是将所学知识运用到实际生活的问题解决中，这是一种重要的拓展型作业，而这类作业是与日常生活结合最为紧密的一类，其需要的学生迁移运用的能力也最高。

八年级上册第一单元为新闻的"活动·探究"单元，教材中已给学生安排好了三个任务。第一个任务是新闻阅读，通过阅读不同类型的新闻作品，了解新闻的内容与结构；学习新闻阅读的方法；养成阅读新闻的习惯等。第二个任务是新闻采访，要熟悉采访的一般方法和步骤，确定报道题材，制定采访方案，草拟采访提纲，分小组进行采访实践，搜集新闻素材。第三个任务即新闻写作。以上可见，第二个任务就是一项实践应用型活动，其中一系列的活动安排可在新闻阅读课后预留作业。

首先，请学生整体感知并对比分析出不同种类的新闻，例如从时效性、篇幅、报道对象、标题特点、表达方式等方面区分消息、新闻特写、通讯与新闻评论的特征，然后布置"确定选材与文体"的作业：

八年级组准备以"你认真的模样好美"为题报道一组校内新闻，鼓励大家对老师、同学、后勤人员等进行采访以收集素材。为顺利而高效地完成采访任务，你决定组建小组并依据步骤商讨报道人物与写作文体等，并进行采访提纲的拟写，请将方案列于白纸上上交。

以上作业是在阅读课中学习新闻体裁后引导学生进行新闻采访的第一步实践。其中"组建小组""商讨选题""确定问题""列采访提纲"等都是实践应用型作业。当然,"采访提纲"是学生之前未学习过的,需要在课上补充一些经典的采访提纲样例并简要讲解,再布置"修改采访提纲并实施采访"的作业:

课上已达成共识,新闻采访的问题应遵循化大为小、围绕主题渐进展开、遵循逻辑便于追问等三条标准,请各组修改、丰富自己的提纲,并与采访对象确定时间以实施访谈。可征得采访对象的同意后录像、录音,过程中要拍摄有纪念性、有特点的照片。时间五天。有疑问可寻求教师的帮助。

以上作业也是一份实践型作业——请学生实施采访活动。

至于新闻写作应遵照倒金字塔结构,要写作符合新闻语言特点的内容等,还主要在阅读课中学习,然后随堂布置为读写迁移型的拓展作业。

由此可知,有时一套完整的作业会隶属于多种类型下,而本校所列此些类别已尽可能多地覆盖各种作业的形态,来考查学生的多方能力。

综上,拓展类作业对学生能力要求更高,形式也不单为书面、纸质上的"做题",而是更接近真实生活中的问题解决,因而教师可多设计之。

三、阅读课校本作业设计的策略

根据上述各项案例,本文提炼出以下三条策略:首先,在设计作业时应确立有效的目标,在目标的指引下创设适宜的作业内容。其次,应把控作业的容量,努力弥合好作业"数量"与"质量"间的鸿沟。最后,在作业形式上,可创新表述与完成的形态。

(一)作业目标的确立

设计合理的作业首先应明确本课时作业的目标,根据"教学评"一致性原则,作业目标应与教学目标相合。如前面所设计的作业,不管是预备类还是巩固类的,多数参照教学目标而定。应该说作业目标首先来源于教学目标,但并不是所有的教学目标都会成为作业目标,教师应把握教学目标中的重难点,萃取核心内容进行设计。

其次，作业还需根据课堂实施情况进行调整与修正。一般而言，教师都会在课前设计相应的作业，如果课堂实施状况正好与教学目标相合，那么作业可直接依据课前的设定。但课上的情况千变万化，有时会随机生成一些"意外"的问题，如果这个问题有价值，便可随堂布置为课后作业，相应的原始作业可做些增调。另外，如果课上的教学活动未完成教学目标时，就需将此目标下的作业删除或作为前置的"预习"类作业。总之，如果遇到一些突发情况时，作业可在"课后"做出修改、增删，再行布置。

最后，作业的目标还需根据不同类型作业的功能进行确定。例如，调研学生的已有经验需设计测验类作业；引导学生感知文本需设计预备类作业；提升学生思考探究能力可设计质疑类作业；夯实学生的基础知识掌握度、文本内容的理解度、艺术特色的鉴赏力时可设计相对应的巩固类作业；欲扩展学生积累、增强学生实践能力可设计拓展类作业等。总之，应依据作业的功能与价值确定课时作业目标。

综上，阅读课的作业目标首先应在教学目标与课堂实施的双向标准中调试，还应统筹考虑作业拟发挥的作用。

（二）作业容量的把控

明确作业目标后便可进行作业具体内容的设计，在设计时应控制好作业的质量与数量。

"双减"政策首要的"减负"就是减作业的量，主要指作业的"数量"，但"数量"的精简还需保证"质量"的厚重，因而对教师的作业设计能力提出了高要求。如何弥合"数量"与"质量"的鸿沟，把控好作业的容量是每位教师在设计时着重关注之处。

首先，教师可根据课时分配好作业内容。如前文所举《三峡》的作业设计，第一课时重在对诵读节奏（断句）、文意疏通与文章结构的巩固，那么就请学生练习相应的一套作业以夯实基础。第二课时有对文本内容的理解、艺术技巧的鉴赏等，那么就设计两道题目分别巩固之。由此既能保证作业的质量，发挥出作业巩固知识的功效，又控制了作业的数量——只用五个小题实现教学目标。总之，教师应依据课情分配好作业内容。

其次，对于同一篇文本，有时会设计多种类型的作业，此时也应控制好作业容量。例如：

《周亚夫军细柳》一文的作业，既有课前分析重难点词句的预备作业，又有课后聚焦在同一主题下人物形象关联阅读的拓展类作业，这是由于文言文内容含量较大，既有"文言"的识记又有"文章""文学""文化"的内容理解，因而作业的容量可适当增大。如遇现代自读课文，设计符合要求的一定数量与质量的作业即可。

第三，值得注意的是群文作业设计的容量。群文阅读多为求同或求异的比较阅读，那么在设计时就要控制好比较的容量。就如上文曾将《记承天寺夜游》《游山西村》两文中的"闲"做比较，以辨析苏轼所言"闲人"的复杂情感，可以说这项作业以一牵多，虽数量为一，但含有多维度的思考点，所需思维含金量较高，那么作业的质量也便有了保证。

最后，可能遇到的情况是围绕同一个作业目标、作业主题或拟巩固的学习内容设计出了多项作业，这时不妨都呈现给学生，让学生依据兴趣选择其一完成，这样既保证了质量又有一定的开放度，且稳定了作业的数量。例如上文列举的《谏逐客书》的作业就是三选一的问答题。

总之，作业的容量需要教师在作业目标的指引下，择取相应的内容，把控好数量与质量间的关系，达到提质增效的目的。

（三）作业形式的创造

上述两条启示是对作业内容设计的基础要求，而从设计的形式上，为吸引学生兴趣，也可进行一些创造。

首先在作业的表述形式上，除简单的"提问"外，还可创设贴近生活实际的情境。情境的创设需从"真"而不从"新"，应从学生个人体验、社会生活与学科认知三方面设定真实而有意义的情境，且情境创设应与作业设问一脉相承，并注意表述的清晰度。例如"朋友圈编辑文案"就是日常生活实境，也是学生可能遇到的现实困境，因而能吸引学生兴趣。当然此作业有一定的挑战性，这时需要提供相应的支架。作业表述中的支架有"温馨提示"与"作答示例"两类，即针对"弯度""高度"较大的作业，教师可指出思考方向或给出示例以做引导。但也应避免提示过多使学生的思维受限制，协调二者关系的方法之一是在课上布置作业时做出说明：鼓励同学们从多个角度思考，如果没有思路可参照示例。实际上，由于班级学生思考水平不同，探究力较强的学生可适当放开"限制"，其自得解决问题之法。而部分学生即使有"提示"，也未能很好完成，教师理性看待即可。

另外，作业除了"文字"表述，还可设计成表格、时间轴、坐标轴、思维导图、图画等形式，以适应不同的作业内容。

最后，在作业完成形式上，除"书面表达"外，还可设计为口语表达，如演讲、辩论等；实践活动，如参观、访谈等；现代技术的运用，如微课录制等。

总之，在保证内容的基础上，作业的形式可多种多样，可运用学习支架增其色彩，可巧妙表述吸引学生兴趣，可开放成果助力学生发展等。

至此，本模块关于阅读课的校本作业设计的特点、类型与策略已介绍完毕。我校由阅读课与校本作业设计的特点入手，在"双减"的改革背景下，选择丰富多样的作业类型，设计出了适合校情、生情、课情的作业，有效地控制了作业的容量并在形式上加以创新，在减负的同时增强了作业效力，促进了学生发展。

讨论话题

1. 作业中的问题设计与课中主问题的设计之间有何联系与区别？
2. 如何调和单元与单篇作业设计间的矛盾？

（霍晶晶）

第二节　记叙文写作校本作业设计

义务教育语文课程标准中指出"面向全体，突出主体性，使学生初步学会运用祖国语言文字进行交流沟通"。写作就是用语言文字表达所思所想的一种工具。课标对7—9年级的写作部分的要求有"能从文章中提取主要信息，进行缩写；能根据文章的基本内容和自己的合理想象，进行扩写；能变换文章的主体或表达方式等，进行改写"。缩写、扩写、改写等是以教材为依托进行读写结合，是以读促写的重要的写作训练形式。针对写作训练的校本作业设计也应该遵循此课程标准要求进行设计。在这样的背景下，语文阅读教学后，对写作校本作业的设计与实践就有了现实意义。语文教学最为明显的、最本质的特点就是读写结合。利用课文这个语言载体，从课文本身的内容出发，设计与课文有血肉联系的"写"的课堂训练内容或设计写作校本作业，从而达到以写促读、以读带写的教学目的。写作的内容可以小巧生动，只要与课文阅读内容有联系，就应该把握时机，顺势而作。将写作训练化整为零、化难为易、化粗为细，使学生的写作能力聚零为整、积少成多、积薄成厚。

写作教学策略的实践与实施，必定催生写作类校本作业的成型和拓展。本文将针对记叙文写作校本作业的设计与实践，探讨一点自己的心得体会。

一、写人叙事类写作校本作业的设计与实施

义务教育语文课程标准指出："多角度观察生活，发现生活的丰富多彩，能抓住事物的特征，为写作奠定基础。写作要有真情实感，表达自己对自然、社会、人生的感受、体验和思考，力求有创意。写作时考虑不同的目的和对象，根据表达的需要，围绕表达中心，选择恰当的表达方式。合理安排内容的先后和详略，条理清楚地表达自己的意思。运用联想和想象，丰富表达的内容。正确使用常用的标点符号。写记叙性文章，表达意图明确，内容具体充实……

能根据文章的基本内容和自己的合理想象,进行扩写;能变换文章的文体或表达方式等,进行改写。"这些要求都对义务教育阶段的写作训练做出了具体的指导性的建议。写人,要抓住人物的主要特征来写,让读者一看就能在脑海中刻画出人物的形象来。写人又离不开叙事,叙事是为了凸显人物的精神品质,把人物优秀的品质通过具体的事件来呈现,抓住细节,有详有略,抓住这一点人物才能发光发亮,让读者知道是因为有这样的精神品质所以才能留在人们心中。只有事件和细节还不一定能成为一篇优秀的文章,写作还需要考虑运用恰当的写作手法。议论抒情在写作中也非常重要,可以起到升华中心主题的作用。

(一)一花一世界——爱生活会观察,积累素材

爱上写随笔!

随笔,顾名思义,就是随笔一记,是散文的一个分支,是议论文的一个变体,兼有议论和抒情两种特性。随笔通常篇幅都比较短小,形式多样,作者惯常用各种修辞手法,曲折传达自己的见解和情感,语言灵动,婉而多讽。让学生们养成在平时多多观察生活,体会生活,养成随手笔录的好习惯,既能为真实有趣的生活留下印记,又可以为写作训练积累素材,何乐而不为呢!有些同学怕写作文,觉得每天的生活如出一辙,不知道写什么好;或者是因为心中有感动,落笔却"寡淡";或者因为感觉人家写得好,不知怎么学习人家的好……"不知写什么好""不知怎么写"成为写作路上的"拦路虎"。我认为,关于写作,需要正确认识,提高认识,放下畏难情绪,用一颗火热的心去拥抱生活,去书写生活。"生活是写作的源泉",每个人都在生活中,人人都能有充足的写作素材。"生活中不是缺少美,而是缺少发现美的眼睛。"观察和思考,是你身在生活的宝藏里撷取写作宝石的不二选择。"写作就是用笔说话",是永不过时的与人沟通、交流、分享信息的重要方式,是我们生存发展的基本能力,是现在和未来生活、工作中走向成功的重要手段。"语文学习的外延与生活的外延相等",写作可以延伸到生活的边际、思想的边际。要多读多写,只有多动笔写作才能不断提升写作能力。你有足够多的素材可写,有足够多的想法与人分享,才会有足够多的时间利用,请自信、大胆地写起来、说出来吧!

1. 校园春天——留心观察,"耳得之而为声,目遇之而成色"

九月,秋高气爽,又迎来一批初一的新生。升入中学开启新生活的孩子们对周围的一切都充满了好奇。校园、同学、老师,甚至是对教室、板报都充满了期待!作为语文老师应该抓住孩子们充满期待的眼睛,引领孩子们走入这多彩的初中生活!

开学第一周的周末,笔者留了一篇随笔写作任务:亲爱的同学们,欢迎你们迈进中学的校园,开启你人生新的旅程!开学一周了,你一定对身边的校园、操场、课堂,身边的老师们、同学们有了一些观察和了解,也可能会有人和事或者某个片段让你印象深刻。先不用考虑去写一整篇文章,就把你点点滴滴的观察和感受记录下来,写写自己的心情与想法,期待着大家精彩的随笔!

学生习作一:

开学第一周

俗话说"一年之计在于春",这是课文《春》里的句子,刚开学我们学的第一篇课文就是《春》。这篇课文写得那叫一个好啊!什么动静结合,贬义词褒用,比喻、衬托,我看得那是特别的心潮澎湃啊!我当时还在想朱自清先生是看到了什么样的景象才能写出这么生动形象的文章,同样的时间我怎么就写不出来呢?

…………

在好几次提心吊胆的语文课后,我终于了解了原来不是只有春天才能有这种感受,只要在新的开始就可以用"一年之计在于春"。在几节语文课后我开始渐渐喜欢上了语文。

有一次,语文老师讲到"春雨图",这段可能算是我最喜欢的了,因为我觉得它最简单了,不就是雨下得又小又密吗?老师还没讲我就会了。可我大错特错,老师提了一个简单的问题:"为什么说雨像花针?"我心里想,"这还用问,肯定是写雨下得小呗",但是老师说写雨下得小前面都写过了,"花针"不是这个意思。听到这儿大家争先恐后地回答问题,但没几个沾边儿。"可能是雨滴一头儿大一头儿小。"迎接这个答案的是一阵哄堂大笑,连回答问题的人都笑得前仰后合。老师也跟着笑起来,用眼瞟我们一眼,我们立马开始好好答题。奈何我们就是想不到啊,一堆乱七八糟的答案又冒出来了。"可能雨点打在身上像花针。"那个同学还没说完大家就笑得挺不直腰了，老师直跺脚，"那又不是冰雹怎么会呢？"老师急得都用起激将法了，"你们瞧瞧6班，人家可是很快就答出来了！"我们都快要放弃了，就在老师要公布答案的时候，大家又七嘴八舌地抢答了起来，都不想放弃最后一丝希望。就在这时老师激动地大叫："对，就是闪。"啊？谁说"闪"了，大家都你看看我，我看看你，大眼瞪小眼，不知道说什么，就在这时一个同学站起来结结巴巴地说："老师，我说的是色（shǎi）。"大家又笑得停不下来了，老师白激动了半天。

开学还没几天，我就对这个欢乐的课堂充满了期待，对语文产生了兴趣，原来语文也没那么枯燥。

学生习作二：

早上7：30，同学们陆陆续续走进班级。关于教师节的通知，逐渐走进大家的视野，明天的任务成了整个早上的讨论对象。康乃馨的香味，仿佛在昨天就飘进了初一（5）班，浸在每个同学心中。"我要参与AA""加我一个""我也要，我也要"，大家都十分积极，那九束康乃馨至今还在我们心中，成为了中学的种子，在我们心中生根发芽。直到中午已经有28名同学一起凑钱买花，更有同学一同加入购花的行列中，齐心协力给老师一个惊喜。5：40大家不约而同地前往花店，为老师们挑选花来。"康乃馨，加一些点缀。""好的，你和王雨欣去挑贺卡吧。""你们在这里等花来。"班长分工有序、合理。大家都在自己的岗位上工作。7：10，所有花束都包好了，由张语桐和杨心烁带回家保管，施刘默彤写贺卡内页。月牙当空，就如同雏鹰般的我们。老师们像无数灿烂的繁星指引着我们，陪伴着我们到月圆之时。

清晨，朝阳引领着我们，风里带着花香，全世界的感激今天都属于"辛勤的园丁"。一进校园，花香四溢，"老师，教师节快乐！"响彻整个校园。全班同学在7：30之前到校，准备给徐老师一个惊喜。"徐老师来了！徐老师来了！"靠门的同学喊道。徐老师一进门，大家就起立为老师送上祝福。黑板上的"教师节快乐"的简画也渐渐映入老师的眼帘。上午，另外八束康乃馨也在其余八张办公桌上散发自己的芬芳。今天，康乃馨的芬芳浸在校园的每个角落，在每位老师的心中。同时，每位同学的手上都有阵阵余香。

学生们的随笔内容丰富多彩，语言风格各异，记录了在校期间的点点滴滴趣事。有对老师们的观察，有对同学的调侃，有对学校各项规章制度的感受，还有对当今时事的点评。绝大多数学生都喜欢写随笔，也乐于记录生活中的点滴。不过，也有少部分学生对随笔没有感觉，茫然不知道要写什么，或者只是对一天的在校生活流水账一般地记录，还需要加以指导和启发才能有所进步。

2."＿＿＿＿＿＿＿的同桌"——细心感受，"无尽的远方，无数的人们，都与我有关"

从观察四季更迭，到观察周围生活的环境和人们，扩大学生们观察思考的范围，为写作积累素材。人是社会性动物，社会性是人类的本质属性。这就决定了人们一定要与其他人交往，对他人的关注也会引起对自身的反思和成长，细心感受周围的人们，因为无数的人们，都与我有关。

统编语文教材中，选录了《藤野先生》，其中有"……一个黑瘦的先生，八字须，戴着眼镜，挟着一叠大大小小的书……"的肖像描写。选录了朱自清先生的经典散文《背影》。父亲送儿子北上，临别之前过铁道为儿子买橘子的片段，成为描写人物形象的经典语段。"他用两手攀着上面，两脚再向上缩；他肥胖的身子向左微倾，显出努力的样子，这时我看见他的背影，我的泪很快地流下来了。我赶紧拭干了泪。……过铁道时，他先将橘子散放在地上，自己慢慢爬下，再抱起橘子走……"因为父亲身材肥胖，步履蹒跚，所以爬上铁道再爬下来就非常不容易，所有的这些动作描写刻画出一个关爱儿子、疼惜儿子的老父亲的形象。还有《皇帝的新装》中皇帝和大臣们的心理活动描写等等。

为了引导学生们学习经典文章中刻画人物形象的方法，我们设计了四类作业：1.猜猜他（她）是谁？这个写作任务引导学生们主要运用肖像描写来刻画人物。2.说说你的同桌。认真观察周围的人们，会有很多收获。这个写作任务训练学生们运用肖像、神态、动作、语言描写为人物塑性格。3.分享你最喜欢的游戏。游戏的具体过程是怎样的？你的心情如何？游戏在孩子们的世界中必不可少，让孩子们把游戏的具体过程描写出来，尝试着运用动作、语言、神态描写等手法，可以把游戏过程中的心理活动写出来。4.在特定的语言环境中填写相应的动作、肖像、语言，填写父亲的心理活动。最后写一篇完整的作文《我们班最＿＿＿＿＿＿＿的一名同学》，尝试着运用多种描写人物的方法把人物的形象和性格特点刻画出来。

写作任务一：

观察你的一位同学或者老师，尝试用几句话刻画出他（她）的样貌，在班级内分享，看看大家能不能猜出你写的是谁。

写作任务二：

《_____的同桌》。升入中学了，你周围又有了新的老师和同学们，细心观察，你肯定会发现他们有与众不同的地方。你的同桌有什么个性特点？你们之间又有哪些有趣的交往经历？请你试着运用语言、动作、神态等刻画人物形象的方法，写一篇随笔，不少于500字。

写作任务三：

请你阅读下面的节选文章，在A、B、C三处填写相应的动作、肖像、语言。要求：符合语境内容，符合人物的性格特点。

幸福的光亮

张金凤

小区临街的店铺，可谓五花八门。理发店、电脑维修店、童装店、早餐屋……只有一间店铺还闲着。它比别家的租金略高，门前环境也最好：地面宽敞，绿化带植被茂盛，还有棵巨大的合欢树，如同撑着一把大伞。

合欢树下是街坊大妈们平日聊天休闲的场所，平时热热闹闹。但今天，这棵树下却静得很——那家空置的店铺终于来了房客。一个年轻妇女一手抱着个可爱的小孩，另一只手拿笤帚在扫地。男人在店铺里清理杂物。这个孩子，叫旺旺。没多久，大妈们就了解到这家新房客的情况——听说男主人找了家工厂上班，一家人从乡下刚进城，结婚时欠了债，在老家挣不到钱，进城来打工挣钱。

白天，他们家敞着门，几个月大的小孩在一个凉席上玩儿，旺旺妈就在旁边穿手链、剪线头、缝玩具，总也不闲。

没承想，没过多久，就遇到了麻烦。旺旺爸骑摩托车不小心撞断了腿，治疗费用让这个小家难以承受。旺旺爸在医院久住不起，回了家，小夫妻俩夜里的哭声，隔着门都传出很远。

旺旺妈率先振作起来。她把家隔成两半，锅碗瓢盆和简易的木板床塞进小小的隔间，更大的地方放了货架，"旺旺超市"开张了。

早上，她把丈夫的竹椅和孩子的小床搬到合欢树下，给他们摆上热腾腾的早饭。太阳移，树荫动，旺旺妈便将竹椅、小床不断往树荫里挪。她一天到晚乐呵呵的，把笑容带给丈夫、孩子和每一位顾客。

小区里的人，渐渐地都愿意来这里买东西，因为旺旺妈乐观，看着喜气，总是笑吟吟的，嗓音甜，说话柔，做事利索。别看店面小，货却备得很全。她娇小的身躯跨上大号摩托，先去批发市场上货，再到蔬菜市场进水果和青菜。"好卖就卖，卖不掉的我就吃了。"她笑呵呵地说。

这天，旺旺妈操刀削土豆皮，将十几个土豆切丝浸泡着。本是要自己吃的，却被买菜的客人看中了，非要买去，还经常预定。旺旺妈的食材生意，借助土豆丝拓展开。她开始做些加工好的净菜，回家下锅炒炒就能吃，生意愈发红火。虽然腿上有伤，但旺旺爸开始力所能及地给家里帮帮忙，脸上也逐渐有了笑容。

合欢树下的老人们说，旺旺家真不容易。小区里分布着好几个超市，三步一户、五步一家的，西门口刚开了个大型超市，生鲜齐全。要不是旺旺一家勤劳能干，这小超市很难支撑下去。

旺旺超市开了一年多后，旺旺爸终于康复了，全心帮妻子打理小超市。买卖虽小，却是一家人的根基。他们家水果蔬菜新鲜好吃，品质有保证。不跟别人硬拼价格，而是拼服务和时间：A 晚上，别家超市都是九点关门，只有旺旺超市的灯一直亮到十点半。刚来的时候，她还是 B 的模样，现在已成为面颊黑红的干练店嫂。

丈夫干不了重活儿，旺旺妈一直自己干着上货、搬运等活计。后来有了上门送货的配送车，可她还是自己往批发市场跑。她说，有些居民想买的东西，还得她去淘。只有自己亲自挑，才能上到最好的货。随着网上购物的飞速发展，旺旺超市门口暂存的快递更加多起来。无论多忙，旺旺妈都将物件保管、交接得非常仔细。她还专门腾出一个大纸箱放快递，旺旺超市成了个小型中转站。

取快递的人说，你收点费吧，要不我们以后不好意思麻烦你。可旺旺妈执意不收，邻居间这么点小事都不能托付吗？我一没花本钱，二没花劳动，哪里能要你们的钱呢？以后也尽管往这里放，我收一件收十件都一样，不耽误多少工夫。

去年夏天,我去旺旺超市买东西,却罕见它关着门,门口一块纸牌上写着:有事外出,歇业一周。旺旺超市自开业以来,几乎没有关过门,实在有事,最多关门半天。这次是怎么了?

再次营业的时候,旺旺妈满脸灿烂的笑容。我问,这几天干啥去了?她说:"去北京旅游C!"

她将招牌和灯盏重新擦拭一遍,到了晚上,"旺旺超市"那盏灯更加明亮了。

(选自《人民日报》,有删改)

A: _____

B: _____

C: _____

这篇文章内容朴实感人,记叙描写详尽,非常具有生活的质感,对于学生们来说是一篇非常好的示范文。

写作任务四:

请你把题目《我们班最_____的一名同学》补全,再进行作文,至少要运用三种或三种以上刻画人物形象的方法,写出真情实感。不少于600字。

读写结合能使学生的阅读能力和写作能力相互迁移、相互转化、相互促进。在课堂教学中,教师将课文教学与写作训练结合起来,让学生将自己对文章内容的理解和语言的组织运用有机结合,彼此交融,从而真正地做到读写结合,以读来带动写作,培养学生运用语言文字的能力。以上四个写作任务,从学生们最熟悉的老师、同学们写起,从外貌、语言、动作、神态上观察周围的人们,养成从生活中积累素材的习惯,从课堂中的经典篇目中学习写作手法,这样在考场作文中才会有材料可用,有材料可写。

3. "他为什么哭了?"——深入思考,"人是一棵会思考的苇草"

帕斯卡尔说:"人是一棵会思考的苇草。"查理·芒格也说过:"每个学科都是从一个独特的角度去切入了解这个世界,都是一个摸象的盲人。"在探索世界的过程中,学会思考,学会深入思考去了解周围的人、事、环境、社会,一定会有更大的收获。一个人的智慧,除了学习,更需要去思考,去领悟。我们都需要不断反思自己,反思过去,总结经验教训,用心去感悟,从经历中提取属于自己的人生智慧。在这一部分的写作任务中,引导学生们深入思考所写的文章带给读者哪些启发和感悟,学会提升写作的立意;引导学生们在写作训练中不但要确立正确、集中、深刻、新颖的主题，又能体现出个性倾向、价值判断、生活阅历和人生体验等。于是，我们设计了以下四个写作任务：

写作任务一：

《秋天的怀念》中，史铁生面对无法行走的现实，失去了活下去的欲望。假如他是你的朋友，看到他这样消沉，劝劝他吧！请你思考，联系上下文说说看。

写作任务二：

"他为什么哭了？"你的好朋友课间伏在课桌上，双肩一抖一抖，好像在哭。他为什么哭了？如果你去安慰他，你会对他说什么呢？请你想想，写一写你会对他说的话，不少于300字。

这个写作任务创设了一个情境，这个场景也许是每个学生都会遇到的。既可以用来安慰别人，同时也会使每一个学生自觉地用这些话来比对自己的行为，也能调节自己的心理，走出阴霾。

凡是要学生思考的问题，必须事先为学生准备好充分的感性材料。因为感性材料是思考的基础。试着让学生自己发现问题。

写作任务三：

贾平凹先生的文章《一棵小桃树》讲述了小桃树艰难地成长的过程，作者也赋予了小桃树深厚的情感。小桃树的经历让我们印象深刻，请以贾平凹的名义给小桃树写一封信，你会对它说什么呢？不少于500字。

写作任务四：

《背影》一文的第四段，写"父亲本已说定不送我"，却"终于决定还是自己送我去"。细读这一段，注意文中的细节，设想在这一过程中，父亲可能有的心理活动，不少于150字。

学成于思，思源于疑。苏格拉底曾经说："问题是接生婆，它能帮助新思想的诞生。"人的思维是从发现问题开始的。学生也一样，如果每天在学校只是重复机械消极地记忆教师讲过的东西，不去思考，死记硬背，这个学生的思维就会变得越来越僵化。为此，作为一线教师就要积极开启学生智慧，点燃学生勤学好问、渴求知识、主动思考的火焰。"人是一棵会思考的苇草"，时刻不要忘记思考。从观察周围的校园，到关注周围的同学老师，再到去思考每个人的所作所为、所思所想，一步步地观察生活，思考人生，将思维拓展开，让思考深入下去。

（二）让精神为人物立骨——写人要抓住精神

1. "范进中举后的胡屠户"——放大细节，凸显人物品性

写人，要把人物写活。写人物，要抓住特征，以形传神。抓住人物的性别、年龄、身份、经历等来显示人物特征。统编七年级下册第一单元主要讲述名人的故事，引导学生感受名人的风采。从写作教学的角度来说，课文收录的内容虽然写了不同历史时期、不同领域的杰出名人，但都各有侧重地写出了名人的品格、气质、精神，这些都值得在教学中细细揣摩。在课文教学过程中，引导学生透过细节描写，把握人物特征，理解人物的思想感情。在《说和做——记闻一多先生言行片段》教学中引导学生们关注细节描写，理解细节描写的作用。如，人物的肖像、神态、语言、动作描写，从这些细节中品读出人物的品格、精神和气质。《回忆鲁迅先生》则要求学生们关注多个片段的肖像和语言描写，引导学生们抓住人物的形象特征和精神品质。在这部分写作训练中，我们设计了以下几个写作任务：

写作任务一：

《范进中举》是吴敬梓的经典讽刺小说，通过描写范进参加乡试终于中了举人一事，运用夸张的修辞手法刻画了他为科举考试喜极而疯的形象，对岳父胡屠户在范进中举前后的极其鲜明的肢体动作和言语表情，以及中举后邻居对他的前呼后拥做了重点刻画。描写出了趋炎附势热衷仕途、追求功名利禄的社会风气。下面是《范进中举》原文节选，描写了范进中举后喜极而疯，他的岳父胡屠户治疯的过程。请你画出选段中描写胡屠户的语句，如语言描写、动作描写、心理描写等，说说你看到了一个怎样的胡屠户。

一个人飞奔去迎，走到半路，遇着胡屠户来，后面跟着一个烧汤的二汉，提着七八斤肉，四五千钱，正来贺喜。进门见了老太太，老太太大哭着告诉了一番。胡屠户诧异道："难道这等没福？"外边人一片声请胡老爹说话。胡屠户把肉和钱交与女儿，走了出来。众人如此这般，同他商议。胡屠户作难道："虽然是我女婿，如今却做了老爷，就是天上的星宿。天上的星宿是打不得的！我听得斋公们说：打了天上的星宿，阎王就要拿去打一百铁棍，发在十八层地狱，永不得翻身。我却是不敢做这样的事！"邻居内一个尖酸人说道："罢么！胡老爹，你每日杀猪的营生，白刀子进去，红刀子出来，阎王也不知叫判官的簿子上记了你几千条铁棍；就是添上这一百棍，也打甚么要紧？只恐把铁棍子打完了，也算不到这笔账上来。或者你救好了女婿的病，阎王叙功，从地狱里把你提上第十七层来，也不可知。"报录的人道："不要只管讲笑话。胡老爹，这个事须是这般，你没奈何，权变一权变。"屠户被众人局不过，只得连斟两碗酒喝了，壮一壮胆，把方才这些小心收起，将平日的凶恶样子拿出来，卷一卷那油晃晃的衣袖，走上集去。众邻居五六个都跟着走。老太太赶出来叫道："亲家，你只可吓他一吓，却不要把他打伤了！"众邻居道："这自然，何消吩咐！"说着，一直去了。

来到集上，见范进正在一个庙门口站着，散着头发，满脸污泥，鞋都跑掉了一只，兀自拍着掌，口里叫道："中了！中了！"胡屠户凶神似的走到跟前，说道："该死的畜生！你中了甚么？"一个嘴巴打将去。众人和邻居见这模样，忍不住的笑。不想胡屠户虽然大着胆子打了一下，心里到底还是怕的，那手早颤起来，不敢打到第二下。范进因这一个嘴巴，却也打晕了，昏倒于地。众邻居一齐上前，替他抹胸口，捶背心，舞了半日，渐渐喘息过来，眼睛明亮，不疯了。众人扶起，借庙门口一个外科郎中"跳驼子"板凳上坐着。胡屠户站在一边，不觉那只手隐隐的疼将起来；自己看时，把个巴掌仰着，再也弯不过来。自己心里懊恼道："果然天上'文曲星'是打不得的，而今菩萨计较起来了。"想一想，更疼的狠了，连忙问郎中讨了个膏药贴着。

写作任务二：

《范进中举》中，胡屠户在范进中举后，完全变脸，他庸俗势利、凶暴粗鄙、迷信无知、粗鲁无礼、趋炎附势。请你参考任务一中的节选，仿写"范进中举后的胡屠户"，可以是语言描写、动作描写、心理描写，也可以用上多种刻画人物形象的方法。300字左右。

写作任务三：

生活是由许许多多的小事组成的，一些小事又都是由很多小小的细节连接起来的。诗人北岛曾痛心地指出："我们生活在一个没有细节的时代。"商业化和娱乐化的时代正从人们的生活中删除细节。细节就是一言一行，一举一动，一思一念。你能通过一个片段细节来刻画你的一位朋友或家人吗？这次的重点是要写出人物的性格和精神气质来，400字左右即可。写作时可以参考下面的表格提示梳理写作思路（见表4-2）：

表4-2　写作思路梳理

描写对象	描写对象的性格特征	给"我"的印象	细节或事件1	细节或事件2	描写方法

学生习作：

……

打我从小记事时开始，我就一直看到爷爷总是在伏案写文章、看书。爷爷在不忙的时候，会带我去他工作的地方玩儿。爷爷还用显微镜给我看了很多东西放大后的样子，还做了很多物理小实验。爷爷还经常带我到未名湖和博雅塔散步，并讲述自己上大学时的事情。从此我也有了自己的目标，要像爷爷一样发奋学习。

爷爷退休以后被学校返聘带博士生，继续从事着自己热爱的工作。后来他虽然患有阿尔兹海默症和帕金森，但他在清醒的时候还依旧不忘看书、学习和工作。

爷爷虽然走了，但他的精神和相貌依旧保留在我的心中。

写作任务四：

请你以《我读懂了他（她）》为题目写一篇文章。通过对人物的具体刻画，突出他（她）的性格品质，可以采用刻画人物的手法——肖像描写、语言描写、动作描写、心理描写，内容要充实具体，中心主题突出。不少于500字。

统编初中语文教材挑选了经典规范的作品作为教材主体，语文教材除了课文内容和语言形式的示范功能外，还包括训练的难易深浅在内的示范功能。七年级上册精选了鲁迅先生的经典名篇《从百草园到三味书屋》，其中这样介绍寿镜吾老先生："……他是一个高而瘦的老人，须发都花白了，还带着大眼镜……""人都到那里去了？！""读书！""……我疑心这是极好的文章，因为读到这里，他总是微笑起来，而且将头仰起，摇着，向后面拗过去，拗过去。"这一部分对寿镜吾老先生形象的描写，刻画出先生肖像的特点——高而瘦，年岁大，戴大眼镜。几句话就把人物的特点说出来了。另外，语言和动作描写突出了先生专注学问，专注于读书，对学生比较开明，不打骂，既和蔼又严格的形象。引领学生们明确，对人物的肖像描写要先抓住人物的特点，比如抓住人物的性别、年龄、身份、经历等等。观察细致，描写全面，观察和描写人物时，力求先描绘整体再刻画局部。写人物的心理活动，应写特定的人物在特定的环境中必然产生的心理活动，而不能为心理描写而进行心理描写。还要防止左一个心理活动，右一个心理活动，过度使用心理活动描写，让读者摸不着头脑。另外，心理活动还要努力写人物细微的感情波澜和复杂的心理变化过程才好。总之，在刻画人物形象的过程中要指导学生们善于抓住细节，放大细节，凸显人物精神。

2. "我眼中的长妈妈"——用议论抒情彰显人物精神

在《阿长与〈山海经〉》中，鲁迅记叙了儿时与长妈妈相处的七件事，即便文中也有某些迷信、陋习与愚昧无知，却仍然显示着长妈妈对"哥儿"的真情和关爱。这种真情和关爱，在买《山海经》这个情节详尽的叙述与精彩的议论中表现了出来。因为"别人不肯做，或不能做的事儿，她却能够做成功，她确有伟大的神力"。正是因为有了精彩的议论，长妈妈的形象才逐渐地丰满起来，"我"对长妈妈的深切怀念之情，也得到了彰显。另外，贾平凹的散文《一棵小桃树》，文章一开头就饱含着作者对小桃树的一往情深：当初，怀着它能给"我"带来幸福的希望，让它"孕育着我的梦"而种下它，所以，"我"偏爱它。见到它长得纤弱，没人管它，为自己漂泊他乡忘却了它而难过。当自己生活遭到挫折，见到小桃树在风雨中挣扎，顽强同命运作斗争时，"我"不由得对它产生赞美之情。作者在文中多处表达了对小桃树的疼惜、偏爱、赞美之情，多处运用议论抒情的表达方式写出心声。

在写作训练中，议论抒情的表达方式在学生们写作的起始阶段会比较难驾驭。议论抒情的方式在文章中可以起到画龙点睛、点明题旨、升华主题的作用，需要学生们有自己的想法、观点和视角，才能写出恰当的有力度的议论抒情的语句。从教材当中用仿写的方法学写议论抒情的语句，是一种非常有效的方法。

写作任务一：

《阿长与〈山海经〉》中的阿长是鲁迅先生散文集中经典的人物形象，在文章中，鲁迅先生回忆了与长妈妈生活中的一些片段经历，表达了对阿长的深厚情意。你在读完了文章之后，对阿长有什么评价和印象？请你用议论抒情的表达方式续写"我眼中的长妈妈"，对阿长的精神品质做概括。

写作任务二：

阅读《回忆鲁迅先生》一文，自主选择文章描写先生日常生活的三个小片段做批注，说说表现出了鲁迅先生什么样的形象或性格特点。把你批注出来的文章内容与先生的形象或性格特点整合成一段话，先填写表格（见表4-3），再完整地用一段话表达出来。

表 4-3 《回忆鲁迅先生》日常生活片段、刻画手法及先生性格特点

先生的日常生活片段	场景	刻画人物的手法	先生的形象或性格特点
片段一			
片段二			
片段三			

写作任务三：

《孙权劝学》一文写出了三国时期的名将吕蒙从不爱读书、百般推脱，到后来的"非复吴下阿蒙"，令人"刮目相待"的转变过程，这个故事给了你哪些启示？你觉得阿蒙是什么样的人？说说你的想法。

写作任务四：

在一次主题班会中，老师布置大家一起回忆小时候曾经玩过的游戏。请你描述一个曾经带给你快乐的、印象深刻的游戏（比如下棋、拼图、折纸、放风筝、捉迷藏、踢毽子、跳房子……），与同学们分享一下你童年的快乐和感受。

写作任务五：

议论抒情是记叙文写作中最重要的表达方式之一，往往起到画龙点睛的作用。下面是咱们班的一名同学写的一篇随笔片段，请你为她的随笔最后加一段议论抒情的段落，与前文的内容风格相符合。

学生随笔：

面对困难，武芳羽又是格外坚毅的。"乔月瑾，这道题怎么解？""武芳羽，你在干吗？""我在写语文练习册。"是我们对话框中最多的内容。对待弱势科目——数学，她是不气馁的，更是认真的。徐老师曾说："能把不喜欢的事

干好的人才是真厉害。"我想她，就是这样一个厉害的人，后来她的数学成绩稳步上升，离不开她的坚毅和坚持。对待优势科目——语文，她也曾有发挥失常的时候，但她并没有因此气馁，而是迎难而上。徐老师的叮嘱她常记于心，也会用来鼓励我。近朱者赤，近墨者黑。结识她后，_____。

我的议论抒情：_____
_____
_____

写作任务六：

学习完安徒生的童话《皇帝的新装》，请你完成一篇随笔：有人说，文中小孩子之所以能说出真相，是因为他的"无知"，所以"无畏"，你怎么看这个问题？"无知无畏"下的天真、诚实就不值得我们赞扬吗？"有知有畏"的天真、诚实才值得赞赏吗？要求：明确观点，分条阐述。

学生习作：

"有知有畏"的天真、诚实才值得赞赏

乔月瑾

我认为："有知有畏"人的天真诚实才值得被人们称赞。《皇帝的新装》中的小孩是因为他天真且没有成人那么多的想法，所以才说出真相的。而在文中这些愚蠢、虚伪的人幼时也大概率是这样的，甚至我们每个人小时候都是如此。"人之初，性本善。""孩子就像一张白纸。"这些我们耳熟能详的话也都证实了这一点。所以，综上所述，当每个人在无知无畏的幼时大多都能做到（很简单做到）诚实天真，这是人的本性。而当一个人成长了，变得有知有畏了，他还能像小时候一样诚实的话那一定是值得称赞的。就像文中的大臣为什么没有说实话，是因为他害怕被罢官，只要说真话就会威胁到他的利益。而当一个人在知道说真话可能会失去一定的利益的情况下，依然坚持真理，是值得我们佩服的，因为这等于牺牲了自己的利益，仍然诚实。这不仅需要诚实，更需要勇气。

在七年级下册第一单元的学习中，引导学生们画出《邓稼先》一课中议论抒情的语句，邓稼先是"一个最不要引人注目的人物""忠厚平实""真诚坦白，从不骄人"；"最有中国农民的朴实气质"；"他没有私心，人们绝对相信他"；"邓稼先是中国几千年传统文化所孕育出来的有最高奉献精神的儿

子""邓稼先是中国共产党的理想党员"。议论抒情的语句可以让学生们直接了解其人其事、成就和襟怀。

《说和做——闻一多先生言行片段》中,"闻一多先生,是卓越的学者,热情澎湃的优秀诗人,大勇的革命烈士""他,是口的巨人。他,是行的高标"这两段话,对闻一多先生做出了高度的评价。这些议论抒情的句子,提炼出了人物的精神品质,也对文章的主题起到了升华的作用。从教材中选取可以让学生们学习的段落,把读和写结合起来,永远是写作训练的好方法。

3. 转换视角,重写"故乡"面貌——用对比、衬托、正侧面描写等写作手法来再现人物精神

统编语文七年级下册第一单元中《邓稼先》一文的第三个小标题为"邓稼先与奥本海默",这一部分用了对比衬托的手法,将奥本海默与邓稼先做比对。写奥本海默"拔尖""家喻户晓""锋芒毕露""妇孺皆知",他常常打断别人的报告,一生如此。而邓稼先则是"一个最不要引人注目的人物""忠厚平实""真诚坦白,从不骄人",具有沉稳、低调的气质和品质。这种正反对比衬托出"邓稼先是中国几千年传统文化所孕育出来的有最高奉献精神的儿子"。

《阿长与〈山海经〉》是运用前后对比、欲扬先抑手法的典范之作。儿时,在作者心目中,阿长有很多陋习,比如她喜欢"切切察察"、睡觉摆成个"大"字。她没有文化、粗俗无知,有许多令人不喜欢的礼节规矩。而当阿长为"我"买来《山海经》时,"我似乎遇着了一个霹雳,全体震悚起来",以至于对过往所有的抱怨"从此全消灭了",并且对长妈妈"发生新的敬意了",因为"别人不肯做,或不能做的事,她却能够做成功。她确有伟大的神力"。正是在这种对比和情感的转变中,长妈妈的形象丰满起来,作者对长妈妈的感激、怀念、赞美之情得到充分表达。长妈妈这样一个生活在社会底层的普通、善良、纯朴的劳动妇女也成为文学长廊中一个熠熠生辉的人物形象。

"我看见他戴着黑布小帽,穿着黑布大马褂,深青布棉袍,蹒跚地走到铁道边,慢慢探身下去,尚不大难。可是他穿过铁道,要爬上那边月台,就不容易了。他用两手攀着上面,两脚再向上缩;他肥胖的身子向左微倾,显出努力的样子。这时我看见他的背影,我的泪很快地流下来了。我赶紧拭干了泪,怕他看见,也怕别人看见。我再向外看时,他已抱了朱红的橘子往回走了。

过铁道时,他先将橘子散放在地上,自己慢慢爬下,再抱起橘子走。到这边时,我赶紧去搀他。"这是朱自清先生的《背影》,文中父亲为"我"买橘子的片段运用了经典的正面描写和动作描写的手法。教材中对于人物形象刻画的方法有很多经典篇章,在教学过程中发现、运用、引领,激发学生们的兴趣,多多模仿经典篇章,一定能够在人物刻画的写作训练中有进步。我们在这一部分内容中,设计了以下几个写作任务:

写作任务一:

鲁迅先生的《故乡》以"我"回故乡的活动为线索,按照"回故乡—在故乡—离故乡"的情节安排,依据"我"的所见所闻所忆所感,着重描写了闰土和杨二嫂的人物形象。如果我们转换视角,从闰土、杨二嫂或者宏儿、水生的角度来看"故乡"的其他,一定会有不同的情景和面貌,人物也会有不同的精神面貌。请你从以上四个人物中,任选一个视角,重写"故乡"的面貌。

提示:可以选择一个场景来描写,尝试着运用对比或者正侧面描写等手法,不少于400字。

写作任务二:

在塑造典型人物时,常常把同一人物放在不同的历史时期,通过对其成长和演变的对比,揭示其个性与命运,反映社会生活。比如,鲁迅的《故乡》就是采用这种方式写作的。少年时期的闰土是一个健康、可爱、活泼、聪明、能干、机智勇敢、说话直率、见识广博、充满活力的人。中年后变成生活窘迫、行动迟缓、精神麻木、说话结结巴巴的傀儡。现在的你和几年前的你有哪些变化?你注意到这些变化了吗?你的父母有了哪些变化?请你回忆一下现在的你有什么变化,你的父母有哪些变化,用对比的手法写一个400字左右的片段。

写作任务三:

请观察你周围的某位老师或者同学,用200字左右的片段描写一下他们的眼睛。运用合适的修辞手法,用正面描写、侧面描写,也可以试着用用对比衬托的手法,抓住人物眼睛的特点。

写作引导——鲁迅先生曾经说过:"忘记了是谁说的了,总之是,要极省俭地画出一个人的特点,最好是画他的眼睛。我以为这话是极对的,倘若画了全副的头发,即使细得逼真,也毫无意思。"例如,课文中描写眼睛的句子：

①眼睛也像父亲一样，周围肿得通红。(《故乡》)

②只有一只眼，另一只是"田螺眼"，瞎的。……面如死灰，两只眼上都结着一层阴翳，分不清哪一只瞎，哪一只不瞎。(《老王》)

③只见面前的小个子那对浓似灌木丛的眉毛下面，一对灰色的眼睛射出一道黑豹似的目光，虽然每个见过托尔斯泰的人都谈过这种犀利目光，但再好的图片都没法加以反映。这道目光就像一把锃亮的钢刀刺了过来，又稳又准，击中要害，令你无法动弹，无法躲避。仿佛被催眠术控制住了，你只好乖乖地忍受这种目光的探寻，任何掩饰都抵挡不住。它像枪弹穿透了伪装的甲胄，它像金刚刀切开了玻璃。(《列夫·托尔斯泰》)

写作任务四：

我们身边隐藏着各种各样的"高手"：平常低调内敛的同学，小试牛刀，竟然是出类拔萃的"学霸"；看似平平无奇的邻居，一展身手，竟然是不同凡响的"奇人"；朝夕相处的亲人，有时也会拥有你意想不到的"独门绝技"。请以《高手竟在我身边》为题写一篇记叙文，不少于600字。

写作引导——"高手竟在我身边"是命题作文，明确要求写一篇记叙文。审题时应抓住"高手""竟""身边"三个关键词。可以依次解读为：

①"高手"指在某方面技能突出的人、精通某一领域或在该领域排名较高的人。这就要写出"高"在何处，具体刻画他的"独门绝技"。

②"竟"指竟然、出乎意料，要写出始料未及的转变发现的过程，"我"有意想不到的惊讶。

③"身边"要体现这位"高手"是在"我"的生活中出现的，是"我"比较熟悉的一个人，同学、老师、亲人、邻居等都可以。此外，"身边"意味着之前没发现某个人高在何处，是在某个机缘下让"我"意想不到地发现。这个作文题目，是非常适合运用欲扬先抑的写作手法的。或许是他的常态掩盖了他的特别，也或许是之前从没有让高手展示其绝活的平台和机会。不过，"欲扬先抑"要"抑"得适度，"扬"也要翻转得巧妙自然。

统编语文教材七年级上册"写人要抓住特点"侧重强调写人要描其形，要写出人物个性特征；七年级下册"写出人物的精神"，重在凸显人物的精神品质；八年级上册要求"学写传记"，放眼人物的整个人生历程，在典型的精神品质中突出其影响力和感召力。我们可以看到三者呈逐级上升的趋势，第一次"写人要抓住特点"是后两次专题写作的基础，第三个专题是前两个专题的延展。学生只有先学会把握人物特点（描其形），才有可能逐渐挖掘人物精神（绘其神），叙述人物生平（展人生），进而凸显人物的感召力。三次写作要求的能力循序渐进、逐级上升。

（三）"欲知后事如何，且听下回分解"——讲好故事，吸引读者

1. "一件幸福的事"——记叙文大家庭的六要素，一个都不能少

在小学六年的写作训练学习中，学生们知道了完整地记叙一件事，要有六个要素——时间、地点、人物，事件的起因、经过、结果。但是在真正的写作实践中，往往又会丢三落四，六个要素会被落掉个别。因此，从头开始训练记叙一件事的完整性，还是比较重要。我们先从记叙文的六要素入手来设计写作任务。

写作任务一：

请你以《一件幸福的事》为题目，写一篇记叙文。把这件事写清楚完整，中心主题明确，内容要积极向上，不少于500字。你可以先参照下列表格（表4-4），明确写作的要素，再整理思路，写出完整的文章来。

表4-4 按记叙文六要素安排叙事

六要素	具体内容
时间	
地点	
人物	
事件的起因	
经过	
结果	
中心主题	

写作任务二：

题目：感受_____。我们在学习生活中，每个人都在"感受"，感受关爱，感受友谊，感受成长，感受进步……你对什么有"感受"？哪些"感受"最深刻？请你将上面的题目补充完整，写一篇记叙文。600字左右。

写作提示：写一篇完整的文章，要先把写作思路捋清。对于半命题作文，可以先确定思路框架，例如：我的写作题目是_____；我选择的材料范围有_____；事件中，起因是_____，经过是_____，结果是_____；我打算详细描写的是_____；我打算用的人称是_____；我想要表达的中心主题是_____。

写作任务三：

"一切都将会过去；而那过去了的，就会成为亲切的怀恋。"这是普希金《假如生活欺骗了你》中的诗句。诗人告诉我们：生活不会一帆风顺，当越过坎坷，蓦然回首时，你往往会发现，那些过去了的都已经成为人生宝贵的财富，成为你"亲切的怀恋"。相信你也有过这样的经历和感受吧！

请你以《亲切的怀恋》为题目，写一篇记叙文。紧扣材料主题，内容充实具体，要有真情实感。不少于600字。

写作提示：在这次写作任务的导语中，我们可以判断出来这次写作任务的选材应该是曾经经历过的战胜困难和磨炼的经历。请写出这段经历中最难忘的是什么，回首这段经历，最大的感悟和收获是什么。

写作任务四：

请你以《那一次，我很有成就感》为题目，写一篇记叙文。要求：叙事具体，内容积极向上，中心突出。不少于600字。

写作提示：你可以选取自己生活中那些实实在在的小事来写，写出真情实感。成就感，应该是成功的一次经历，内容要详实，中心主题要突出，尝试着运用议论抒情的语句。

写作要有真情实感，我们在写作训练中，也鼓励学生个性化表达。课标中强调学生的主体性，强调鼓励学生表达对自然、社会、人生的感受与经验。学生要把写作当成自己抒发真实感受的途径，避免走进假大空的套路。另外，鼓励有创意的表达，有利于激发学生对寻常事物发表自己独特见解，避免写作千篇一律。

强调多积累，贴近生活。要多角度地观察生活，发现生活的丰富多彩。生活为作文提供丰富多样的素材，在素材的积累方面主要是体现两点要求：一是贴近生活；二是真实。引导学生认识到素材源自于生活，不是胡编乱造的，是对生活的切身体会。

2. "难忘的那一刻"——增添细节，慢放画面

在教学中，我们会结合阅读教学内容设计相应的写作任务，引导学生聚焦特定话题，增添细节，有创意地表达。下面以《散步》为例具体说明。

七年级上册第六课《散步》，作者选取三代同堂的家庭一次散步的小事来写，写出了一个慈母，一个孝子，一个真诚理解，一个绝对信任。再写走大路还是走小路的分歧，最后写"我们"四个一起走的结尾，思路十分清晰，也把事件写得清楚明白。在叙述分歧的过程中，作者慢放画面，用以小见大的写作手法，反映了古朴的尊老爱幼的家庭伦理道德之美：

我和母亲走在前面，我的妻子和儿子走在后面。小家伙突然叫起来："前面也是妈妈和儿子，后面也是妈妈和儿子。"我们都笑了。

后来发生了分歧：母亲要走大路，大路平顺；我的儿子要走小路，小路有意思……不过，一切都取决于我。我的母亲老了，她早已习惯听从她强壮的儿子；我的儿子还小，他还习惯听从他高大的父亲；妻子呢，在外面，她总是听我的。一霎时我感到了责任的重大，就像领袖人物在严重关头时那样。我想找一个两全的办法，找不出；我想拆散一家人，分成两路，各得其所，终不愿意。我决定委屈儿子，因为我伴同他的时日还长。我说："走大路。"

但是母亲摸摸孙儿的小脑瓜，变了主意："还是走小路吧！"她的眼睛顺小路望过去：那里有金色的菜花，两行整齐的桑树，尽头一口水波粼粼的鱼塘。"我走不过去的地方，你就背着我。"母亲说。

写作任务一：

场景：我和我的父亲、母亲、祖母晚上坐在电视机旁，但我们之间发生了分歧——爸爸想看足球比赛，妈妈想看电视剧，祖母想看戏曲频道，而我想看动画片。爸爸、妈妈争起电视机来，我急中生智，让他们恢复了和平。请你仿写《散步》中一家人发生分歧的部分，把发生分歧的细节补充完整，交代清楚事情是如何解决的，结果如何。400字左右。

写作任务二：

童年，对孩子们来说是他们的全部，而对成年人来说，童年是他们人生中最柔软的部分。冰心女士说："童年是梦中的真，是真中的梦。"亲爱的同学们，你们已经告别了小学的生活，升入了初中，相信在你们的心中，一定有一些童年的趣事藏在心中，永远无法忘怀。请你以《童年趣事》为题写一篇记叙文，细节描写要具体详尽。600字左右。

写作任务三：

在我们的记忆中总会有很多难以忘怀的时刻，可能是欣喜、兴奋、感动，也可能是难过、尴尬、心碎……回忆一个自己难忘的时刻，以《难忘的那一刻》为题，写一篇记叙文，不少于600字。

写作任务四：

人生的旅程是由无数个瞬间组成的，瞬间是短暂的，但也是永恒的。瞬间里闪烁着美丽、精彩、幸福，也许还包含着感动、理解和醒悟。在你十几年的人生旅程中，一定有一些瞬间使你难忘，请你以《瞬间成就永恒》为题，写一篇记叙文，用丰富的细节描写使内容充实具体，中心主题明确，不少于600字。

在叙事的过程中，一定要把事件发展的进程放慢，增添细节，从多角度展示事件的发展。一篇文章既要有简要叙述的部分，比如交代故事、人物、事件，也要有一些细节描写，花大量笔墨去讲清楚一件事情。细节可以带来更多的画面感，能把读者带入其中，让读者迅速地进入阅读的状态。好的细节，能够牢牢地抓住读者，能够塑造出经典的人物形象和让人久久难忘的经典片段。

3."领悟"——用悬念、转折、伏笔、呼应等手法，让故事精彩起来

莫泊桑的经典短篇小说《我的叔叔于勒》中，在小说一开头作者就写道："父亲总要说他那句永不变更的话""唉！如果于勒竟在这只船上，那会叫人多么惊喜呀！"为什么"父亲"急切地盼望于勒归来？于勒是谁？这样设悬念，激发了读者的阅读兴趣，使文章有波澜，为下文写于勒由穷变富的经历，交代菲利普一家盼望于勒回家的原因做好了铺垫。设悬念是小说中惯常的手法，一般用在作品中的显眼处，常开首即悬，吸引读者读下去，紧扣读者心弦，通常卒文见旨，使读者有茅塞顿开之感。

在记叙文写作中学会设置悬念、埋伏笔,学会制造事件的波澜,会把读者的胃口吊起来,极大地增添了阅读的兴趣。不过悬念的设置与平和的叙事有时候要相结合,要交织起来,这样才会有高潮迭起的故事情节。在学生的写作过程中,能够用设悬念和埋伏笔来叙事,文章有一个波澜能够前后呼应,交代明白,就是一篇比较好的叙事文章了。

写作任务一:

请你阅读下面的文章,文中多处运用了设置悬念的手法,请找出哪些地方设置了悬念,并选择其中一处具体分析其作用。

良 心

①父亲因腹痛难忍进医院急诊,B超显示是急性阑尾炎,肠腔上还有一个直径4厘米的不明包块,医生怀疑这个包块是癌。"如果在阑尾手术中病人因其他病灶的影响而死在手术台上,本院不承担医疗责任。同意的话,请你们在手术单上签字。"

②"你们"是指大哥和我。医生的话让大哥的脸"刷"地变白,手术单在他手中"噗噗"地抖动。他把目光投向我,突然的灾难让他的脸上充满同舟共济的企盼。他问,"二子,你看呢?"

③"签就签呗!"我漠然地说。甚至我还打了一个哈欠,不耐烦地说:"昨晚我打了通宵麻将,太困了,想早点回家,手术时你就一个人待在这儿吧!"

④我想,既然没有大祸临头的感觉,何必要虚张声势地悲伤。大哥最终还是忍住了愤怒,在手术单上谨慎地写下自己的名字。

⑤我的冷血是存心的,因为我对父亲有着深深的不满。父亲原来是一名工人,45岁那年他病退回家,让与我同班读书的大哥辍学"顶替"。大哥比我大一岁,我俩的成绩不相上下,都是班上的尖子生。可那时家里穷,父亲怕我俩都考上又都读不到"终局",于是决定让大哥回来"顶替"。

⑥就这样,我和大哥开始了不同的人生。大哥进厂不久,厂里更新了机器设备,他的工作只是坐在电脑监控室里按电钮,轻松自在,养得白白胖胖,并按部就班地娶了妻,生了子,节假日一家三口共用一辆摩托车,像一串幸福的糖葫芦在大街小巷兜风,活得好不滋润。而我这个世纪末的大学生却赶上不包分配,在一个又一个人才市场里兜售了两年,赔尽了笑脸,仍然没能

把自己推销出去，个中辛酸，一言难尽。正是我们兄弟俩截然不同的生活境况让我开始憎恨父亲，他明知我自幼体弱多病，为什么不以保险起见让我"顶替"呢？既然父亲把他的爱以最实惠的方式给了大哥一个人，那么就让大哥一个人来承担养老送终的义务吧！我虽然冷血却不矫情，言为心声是我最大的优点。所以我说要回家睡觉。

⑦"请你们帮着把病人抬上手术床。"医生对我们说。我只好跟着大哥来到父亲的病房。病床上的父亲已被自己的汗水淋湿，扭曲的表情昭示着体内的疼痛正像风暴一样肆虐。生命在这一刻显得无比脆弱，大哥的眼睛终于坚持不住漾出红红的雾气，这份柔情有悖于他一贯的钢铁个性。父亲瞬间明白了自己的病情，他忽然想起什么来，吃力地叮嘱大哥："假如我万一就这么走了，你只能给我立一根孝子棒（我们的风俗，一个儿子立一根），写上你的名字……"

⑧"为什么？"大哥吃惊地问。我也对父亲的"遗言"感到不满。到死还在偏心眼儿，这不是变相地骂我不孝，不认我这个儿子吗！

⑨"因为二子是我捡来的孩子，我得把这个权利留给他的亲生父母，万一他们以后有机会相认，我可不能昧了良心……"父亲说着又把眼光移到我脸上，"二子到现在还没找到工作，我实在不放心。谁会料到大学生就业这么难。那时让他多读书，我是想不能亏待了人家的孩子……二子啊，你别怨爸，爸就这点儿能耐。往后，让大哥多照顾着点儿——大明，记着我的话，对弟弟要多帮衬啊！"父亲艰难地说完这些，汗水已几乎将他淹没。他疼爱的目光久久地停在我脸上，眼眶里溢出浑浊的泪珠。而他对我二十多年的疼爱却得不到回报，他要把写有我的名字的孝子棒给别人——为了良心。

⑩ 我的身世让我震惊。

⑪ 我的狭隘让我羞愧。

⑫ 我的灵魂被父亲的良心打了一记响亮的耳光！

⑬ 我没有离开医院，直至手术结束。医生告诉我们，"不明包块"原来是肠腔积液，真是虚惊一场。

⑭ 而我，已学着乌鸦反哺的姿势，给父亲喂饭。我的良心会背负如山的父爱，走过今生。

写作任务二：

请你以"清晨的校园和往常没有什么两样，可我们班教室的走廊里却挤满了同学。拨开人群，我发现……"为开头，写一篇故事，交代清楚故事的起因、经过、结果。不少于500字。

写作任务三：

请你以《运动会上的风波》为题目写一篇记叙文。请你尝试着运用设置悬念的方法开头，或者在文中埋伏笔、做铺垫，写一写这场风波是如何引起的，经过是怎样的，结局又是如何。600字左右。

写作任务四：

刘慈欣的《带上她的眼睛》，用轻快又略带哀伤的笔触刻画了一个动人故事。文中的"我"带上了一位因事故而被困在地底深处无法返回地面的女宇航员的"传感眼镜"，相当于用她的眼睛去四处游玩。"我"带着她的眼睛完成了她的最后一次地面探索。在结束任务的同时，女宇航员也永远留在了地底下。小说一直到最后才揭开了谜底，但是又不会让人觉得突兀，是因为文中多处埋下了伏笔，与后文的结果相照应。

请你找出小说中埋下伏笔的地方，再说说小说的前后是如何照应的。

写作任务五：

请你以《领悟》为题写一篇文章。内容具体，中心突出，600—800字之间。

设计的这五个写作训练任务，从设置故事的悬念开始，再到叙事过程中设置的转折和波澜，又到叙事前后的伏笔和照应的训练，如果写作中可以使用这几种方法，学会把故事讲得吸引人，那么就是一篇非常成功的文章了。

二、想象类写作校本作业的设计与实施

让我们先来看一下近五年来北京市中考语文关于想象类作文的题目：

2018年北京中考想象类作文题目：

请你用上"伙伴""困境""成长"这三个词语，以"在幽深的峡谷里"为开头，发挥想象，写一篇故事。题目自拟。

要求：①请将作文题目抄写在答题卡上。②字数在600—800之间。③不要出现所在学校的校名或师生姓名。

2019 年北京中考想象类作文题目：

设想你是漂泊其他星球的地球人，或是外出遇险的动物，或是消逝的一片森林，或是流失异国的文物……请以《我终于回来了》为题，发挥想象，写一篇故事。

2020 年北京中考想象类作文题目：

如果你得到一个神奇的控制器，可以让时间放缓、快进、后退和暂停，你会在什么情况下使用？使用后会发生什么事情？请你以"此刻，我按下时间控制器"为开头，发挥想象，写一篇故事。题目自拟。

2021 年北京中考想象类作文题目：

有学者说："读史使人明智。"了解过去，可以让我们增长智慧，对现实生活产生新的思考。假如有一部可以跨越时间的电话，可以打给过去的任何人，你会打给谁？想了解什么？打完之后会发生什么事情？请你以"我挂断了跨越时间的电话"为开头，发挥想象，写一篇故事。题目自拟。

2022 年北京中考作文题目：

（1）运动赛场上，求学生涯中，每一项新纪录的诞生，都是对自己的突破与超越。个人的生命历程里，人类的历史进程中，每一次创造新纪录，都翻开了发展和进步的新篇章。创造新纪录，一直是我们人类共同的梦想与追求。以《我创造了新纪录》为题作文。可写实，可想象。文体不限，诗歌除外。

（2）作家史铁生的《那个星期天》，记述了自己小时候一个星期天的经历，表达了真实的情感体验。在你的记忆中是否有一个星期天，发生过特别的事情，遇见过特殊的风景，获得了别样的体验？在你的想象中是否有一个星期天，经历一场奇遇，解开一个谜团，见证一个奇迹？以《那个星期天》为题作文。可写实，可想象。文体不限，诗歌除外。

从 2014 年北京中考考场作文上第一次出现想象类作文开始，一直到最新的中考题目，想象类作文已经占据了半壁江山。中考想象类作文命题，其材料选择贴近学生们的真实生活，命题类型多样，任务设置符合课标的要求，有的放矢。那么在日常教学想象类写作训练的时候，就要符合学生的逻辑认知，训练学生们在生活真实的基础上进行想象，让想象更真实、更有意义。另外，想象类作文在写作构思上也应该给予切实的指导和训练。

（一）想象类作文写作构思的技巧

下面这几幅图（图4-1至图4-6）都来自于日常生活所常见的物品，我们先出示图片，问大家看到这几幅图，有什么感受。提示学生，有一句广告词这样说："人类失去联想，世界将会怎样？"这句广告词，一语双关，既宣传了自己的产品，又道出了联想与想象对丰富人类生活的影响。联想和想象是人类特有的思维活动。联想是由一事物想到与之相关的另一事物，而想象则是在头脑中创造出未曾有过的新的形象。联想和想象在概念上虽然有一些差别，但在实际写作中往往又交织在一起，结合着使用。为了引导学生写作想象类作文，我们设计了如下三个写作任务：

图4-1

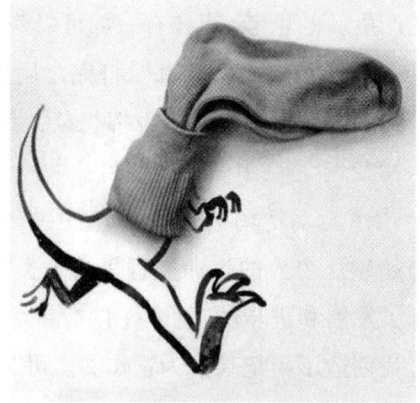

图4-2

图4-3

图4-4

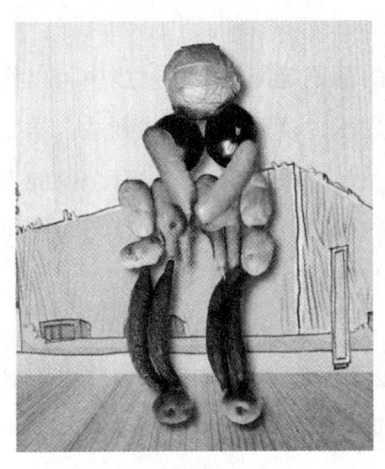 

图 4-5　　　　　　　　　　图 4-6

写作任务一：

皇帝最后穿着并不存在的衣服，继续走完他的游行大典。一个小孩最后说："可是他什么衣服也没有穿啊！"如果人们都纷纷附和，说出了真相，那么故事会有怎样的结局呢？请你展开联想与想象，说说可能的后续结局。

要求：要使人物的言行和性格与之前的表现相符合，故事发展和情节的设计也要合情合理，令人信服。

写作任务二：

郭沫若先生的《天上的街市》中，作者由街灯联想到天上的明星，又联想到空中也会像人类世界一样有美丽的街市，想象着牛郎织女也能像普通人一样过着幸福的生活。这些都运用到了联想与想象。

请你任选下面的两个任务之一，完成写作。

（1）想象牛郎织女在街市中自由来往的情景，仿照《天上的街市》中第3、4小节进行创作。

（2）有资料显示，中国空间站一天可以绕地球15圈以上，只要仰望星空，就有机会看到那颗美丽的"中国星"。由"中国星"，你能联想到什么？发挥想象，写一首小诗，表达一种情感，可以参考《天上的街市》的结构。

写作任务三：

假如有一天，你也像航天员般登上了那富有浪漫色彩的月球，见到了传说中的嫦娥、玉兔，还有砍桂树的吴刚，你会……请描述一下当时情景。不少于 300 字。

以上三个想象类作文的写作任务选用的都是统编语文教材当中可以作为想象类写作的素材。跟着课文展开想象的翅膀,读写结合,找到适合学生学情的写作方式,是提升想象类写作素养的关键。只有素材,没有想象的方法也无法写出一篇精彩的想象类作文,那么,我们可以运用哪些技巧来构思想象类的作文呢?笔者认为可以尝试着使用时空转换法和视角转换法。

1."时空遥控器"——时空转换法

我们在电影或电视剧中经常看到这样的情节:主人公偶然通过时空隧道穿越回了过去,或者是穿越到了未来。因为时空穿梭,人类实现了过去未曾实现的梦想,或弥补了过去的遗憾,又或者穿越到了未来,看到未来的自己和世界。回到过去或穿越未来,虽然在现实的世界中难以实现,但这些想象我们都可以运用在我们的作文中。

写作任务一:

很多人都曾有过丢东西的烦恼。假如有一个遗失物品搜索仪,你猜想它可能是什么样子的?有哪些功能?它会给你的生活带来什么?引发你怎样的思考?……请你发挥想象,自拟题目,写一篇记叙文。要求:①600—800字;②不要出现所在学校的校名或师生姓名。

写作任务二:

假如你拥有一个时空遥控器,可以回到过去,也可以穿越到未来。你会用它做什么事?相信一定会有让你印象深刻的经历吧!请你发挥想象,以《时空遥控器》为题,写一篇记叙文。要求:①600—800字;②不要出现所在学校的校名或师生姓名。

写作任务三:

请你发挥想象,以《三十年后回故乡》为题目,写一篇文章,600—800字,不限文体(诗歌除外)。

恩格斯曾经说过:"一切存在的基本形式是时间和空间。"所谓时空转换法,也就是想象我们可以跨越时空的限制,突破现实与环境的限制。上下五千年,纵横八万里,让时光倒流回到过去或穿越到未来,让天地浓缩或扩展,人世间的悲剧喜剧也可以搬到天上地下。

2."我是猫""读心耳机"——视角转换法

学生们在构思想象类作文的时候,也可以采用视角转换的方法。视角转换法是将自己化身为特定的人物、动物或植物等,从所变换对象的角度来观察、表达。转换写作视角,是一个百搭的方法。比如,我们在使用时空转换法构思的时候无论是回到过去式,立足现在式,还是展望未来式,都可以通过转换视角来叙写。把两种方式结合起来,故事会更有新意,更吸引人。

写作任务一:

假如你是一只猫,跟着你的主人一起生活,会发生什么有趣的事呢?请以《我是猫》为题目,发挥合理的想象,写一篇文章。600—800字。

写作提示:日本著名作家夏目漱石有一部长篇小说《我是猫》。这部作品是以一位穷教师家的猫为主人公,以这只被拟人化的猫的视角来观察人类。这是一只善于思索、有见识、富有正义感又具有文人气质、但至死也没有学会捕捉老鼠的猫。小说中的"我"——"猫"是虚构的、独特的艺术形象,不仅具有动物的习性,而且具有人的思想意识。在这部小说里,"猫"是叙述者、评判者,又是一个完整的形象,起着多方面的作用。这部小说以"物的视角"来构思,把物拟人化,通过物的角度来看周围的世界,来叙述故事,来对重点场面进行描写和刻画,从而表达作者的情感和主题。

写作任务二:

2019年北京中考作文题目其一,设想你是漂泊其他星球的地球人,或是外出遇险的动物,或是消逝的一片森林,或是流失异国的文物……请以《我终于回来了》为题,发挥想象,写一篇故事。要求:①作文题目抄写在答题卡上;②作文内容积极向上;③字数在600—800之间;④不要出现所在学校的校名或师生姓名。

写作任务三:

有一天,你偶然得到一个耳机,你惊奇地发现这是一个可以听到别人内心真实想法的"读心耳机"。你会如何处理这个耳机?你与这个耳机又会发生什么样的故事呢?请你转换视角,成为那副可以读心的耳机,自拟题目,发挥想象,写一篇文章。字数600—800之间。

写作任务四:

刘慈欣的《带上她的眼睛》是一篇经典的科幻小说。文中的"我"带上了一位因事故而被困在地底深处无法返回地面的女宇航员的"传感眼镜",相当于用她的眼睛去四处游玩。"我"带着她的眼睛完成了她的最后一次地面探索。在结束任务的同时,女宇航员也永远留在了地底下。如果请你以女宇航员的视角来叙述整个故事,会有怎样的改变?请你填写下列表格(表4-5),梳理事件发展的过程,然后写出一个完整的故事。

表 4-5　以女宇航员的视角梳理事件过程

	原小说视角	女宇航员的视角
开端		
发展		
高潮		
结局		
中心主题		

（二）想象类作文的写作要求——想象要合理

1. "人类消失之后"——想象类作文的写作要基于现实生活,照拂现实

想象类作文也是作文的一种,其主题都应该在某一方面反映当下学校、家庭或社会的热门话题、社会生活或社会现象,能够让读者自然而然地生发出思考,进而在文章主题中找到现实参照。因而,在想象类写作中,教师应该引导学生们加强对实际生活的关照,加强对学校、社会,甚至是全人类的观察和思考,引导学生们从小处着手,从小事着眼,有观察、有反思,提升想象类作文的写作水平。基于此,我们设计了以下三个写作训练任务:

写作任务一:

想象一下,就在某个平凡且毫无征兆的一天,世界上各个角落的人们各自按照既定的生活模式行止,突然之间,一股神秘的力量将人类从这颗蓝色的星球上移去,人类从地球上消失了,接下来会发生什么?你又该怎么做?请你发挥想象,以《人类消失之后》为题目,写一篇记叙文。要求:内容积极向上,中心主题明确,字数 700 左右。

写作任务二：

题目：假如人的寿命是两百岁。要求：①发挥你的想象，写一篇记叙文；②字数在600—800之间；③不要出现所在学校的校名或师生姓名。

写作任务三：

假如你有一天的时间，可以做任何一种生物，你会选择做哪一种？成为那种生物之后，你的世界一定大不一样吧。请发挥你的想象，写一篇文章，600—800字，不限文体（诗歌除外）。

2."没想到我如此……"——想象类作文的写作内容要合情合理

想象是人在头脑里对已储存的表象进行加工改造而形成新形象的心理过程。虽然想象类作文写作应该大胆想象，不过，也应该合情合理。以郭沫若《天上的街市》为例："我想那缥缈的空中，定然有美丽的街市。街市上陈列的一些物品，定然是世上没有的珍奇。""那隔着河的牛郎织女，定能够骑着牛儿来往。我想他们此刻，定然在天街闲游。"想象有这么一幅温馨的画面，"缥缈的空中"有着"美丽的街市"，天空成了云雾缭绕的仙境，牛郎织女在牛背上边行边看，笑语连连。牛郎织女也会像普通人间的夫妻一样，过着幸福的生活，这是合情合理的，通过想象，温馨的画面便在头脑中清晰地勾勒出来。

想象作文不像一般的记叙文那样强调真人真事、真情实感，可以在已有的生活经验和认知的基础上，依据合理性和科学性的准则，恰当地运用联想、想象等手法，构思出具体、生动、新颖、奇妙的情节，表达出自己对历史、对当代或者对未来的独特思考与探究。孩子们的想象力和创造力丰富，通过想象力写作训练可以很好地提升写作素养。据此，我们设计了以下几个写作任务：

写作任务一：

假如你是一个有思想的物体（除人类以外的其他生物），请以"没想到我如此……"为开头，发挥合理的想象，写一篇故事，题目自拟。要求：①作文内容要积极向上；②字数在600—800之间。

写作提示：任务一的题目要求将自己想象为人类以外的其他生物，选材的角度比较宽泛。提示学生们要以拟人的手法描写经历及感受。"没想到"这个开头的关键词则要求在故事情节展开的过程中写出认知的转变。通过联想与想象以"物体"的角度展现对现实的独特思考。

写作任务二：

请你发挥合理想象，将"如果_____会说话"补充完整，构成你的题目，写一篇记叙文。要求：①请将作文题目抄写在答题卡上；②字数在600—800之间。

写作任务三：

请你以《在没有大人的世界里》为题目，写一篇记叙文。要求：请发挥合理的想象，完成作文，不少于600字。

训练学生们写好想象类作文还要多关注生活，关注周围的世界，多观察、多反思，在生活经历的基础上进一步展开想象，拓展思维，产生新的与之相关的物象。引导学生们平时多多积累写作素材，在材料的基础上进行想象，从而对身边的事物产生表达的欲望，在写作时做到表达更合理，更符合逻辑。扩大阅读面，阅读科普作品，阅读科幻小说。引导学生们走出教室，到田野、乡村，到大自然中去，多多参加学校活动、社区活动、社会活动，在活动中积累人生经历，从而拓宽视野，寻找灵感。教师们也应该与时俱进，多阅读多思考，与学生们共同进步。正确地认识和指导学生们写好想象类作文，对提升学生们的语文素养、提升表达能力、发展学生们的思维能力、培养创造精神，具有非常重要的意义。

讨论话题

1. 如何有效地以学生之间互评的方式提升学生自主修改作文的能力？
2. 如何有效解决学生想象类作文素材欠缺的问题？

（徐速）

第三节 议论文写作校本作业设计

议论文写作作为一种思想、情感等元素的综合表达方式，所体现的是学生的语文综合素养。议论文写作是学生逻辑思维、辩证思维和创造性思维的综合表现。高中阶段是学生思维发展的重要阶段，用议论文写作来培养学生的思维品质是语文教学的重要任务之一。

但是在现实中，很多学生议论文写作水平在高中三年没有得到质的提升，原因主要有以下三方面：一是议论文教学的问题。比如老师在平时教学中存在"重阅读轻写作"的现象，以至于专门针对议论文写作的指导课不足；又如老师们在教授议论文写作时存在"重形式轻思维"的现象，导致学生思维混乱，只会按照模式去生搬硬套。二是我们以作业形式进行议论文写作训练存在一定的问题。如高中三年议论文训练无序，先练什么后练什么，没有清晰的计划。平时作文训练是遇到什么题目就写什么题目，导致议论文写作处于无序混乱状态；同时，课下受时间限制，老师也不可能对每一名同学每一篇作文都细致讲解，这会让能力薄弱的学生写作训练低效甚至无效。三是学生学习现状的问题。现在高中生学习任务重，课外阅读时间少，少有机会拓宽自己的视野；网络信息的便捷迅速、碎片化阅读，让学生追求短平快，不愿意花精力和时间去观察生活，导致认识表层化，不能深入问题的实质。这些都导致在议论文写作训练中学生的逻辑思维、辩证思维、创造性思维没有得到很好的培养，故写出的议论文不是无话可说就是分析浅薄无力。

基于上面问题，我们进行了高中议论文校本作业设计的研究。我们希望通过高中议论文校本作业设计的科学化、序列化来提高议论文教学效果。用依据教材、学情设计的校本议论文写作作业，与阅读课、写作课相配合，帮助学生巩固在阅读课、写作课上学到的议论文写作知识；通过有计划、有序的写作实践，让课下议论文写作更加科学有效，从而让学生的思维品质得到真正有效的培养。

一、高中议论文写作校本作业设计的构想

（一）依托教材内容，探寻内在规律

以教材中的议论文写作进阶序列为依据，以教材为依托，探索议论文训练的内在规律。

笔者研究整理教材中与议论文写作相关的内容，发现五册高中统编教材本身就有一个议论文写作的进阶序列：必修上册强调学会准确阐释概念，议论要有针对意识；必修下册强调掌握多种论说技巧，学会有理有据地展开论证，阐发自己的观点；选择性必修教材三册书则强调通过逻辑知识和理论的学习来让论证更严谨、深刻。这一序列安排既遵循了学生思维发展不断走向成熟的逻辑，又体现了学科教学内容由简单到复杂的科学性。表4-6对教材内容与议论文写作的关系进行了分析。

表4-6 教材内容与议论文写作的关系

教材	单元内容	教材内容与议论文写作关系分析
必修上册	第五单元《乡土中国》 第六单元《劝学》《师说》《反对党八股》《拿来主义》	1.《乡土中国》是学术性著作，学生通过《乡土中国》整本书阅读，在掌握学术性著作阅读方法的同时也训练了自己的逻辑思维能力，这是高一上学期对论述类文章的首次接触。 2.第六单元的这四篇文章都是作者针对当时社会某一现象提出的自己的看法，均是有的放矢，现实针对性非常强，每篇文章也有各自突出的论证方法。学生通过学习这几篇论述类文章既可以掌握比喻论证、对比论证、举例论证、引证等基本论证方法，又培养了议论要有针对性的意识。

续表

教材	单元内容	教材内容与议论文写作关系分析
必修下册	第一单元 《子路、曾皙、冉有、公西华侍坐》《齐桓晋文之事》《庖丁解牛》《烛之武退秦师》《鸿门宴》 第五单元 《在〈人民报〉创刊纪念会上的演说》《在马克思墓前的讲话》《谏逐客书》《与妻书》 第八单元 《谏太宗十思疏》《答司马谏议书》《阿房宫赋》《六国论》	1. 第一单元选取了《论语》《孟子》《庄子》中的经典篇章以及《左传》《史记》的精彩片段，这些篇章论事说理的技巧各不相同，学习这些文章既有助于学生了解中华文化的一些重要理念，领会其中包含的人文精神，思考其现代意义，深化对传统文化的认识，增强文化自信，又能掌握多种论说技巧。 2. 第五单元所选作品《在〈人民报〉创刊纪念会上的演说》《在马克思墓前的讲话》《谏逐客书》《与妻书》这些作品本身切于实用，关注特定对象，富于针对性，并且表达意见有理有据，学生通过学习这一单元既能增强议论要有现实针对性的意识，又能学会有理有据地展开论证，阐发自己的观点。 3. 第八单元选取的作品《谏太宗十思疏》《答司马谏议书》《阿房宫赋》《六国论》围绕"倾听理性的声音"展开，这些作品关注社会现实，针对社会现实进行理性思辨，思路缜密，表达技巧高超，学生通过学习这些作品能养成大胆质疑、缜密推断的批判性思维习惯。 从必修上册到必修下册，我们可以看到教材内容的安排上对学生逻辑思维品质的培养在不断深化。
选择性必修上册	第二单元 《〈论语〉十二章》《大学之道》《人皆有不忍人之心》《〈老子〉四章》《五石之瓠》《兼爱》 第四单元 "逻辑的力量"	1. 第二单元所选作品为先秦诸子散文，通过这个单元的学习，学生加深了对传统文化之根的理解，领会先秦诸子对社会人生的洞察，思考其思想学说对立德树人、修身养性的现实意义；学生还能感受先秦诸子各具特色的论说风格，理解各家的论说方法，领悟其妙处。 2. 第四单元"逻辑的力量"，这个单元学生通过学习一些基本的逻辑方法，学习辨析逻辑错误，进行简单的逻辑推理，并运用逻辑方法来构建并完善论证。通过这个单元的学习，可以让学生思维更缜密，论证更严谨，语言表达更准确。学生的逻辑思维、理性精神得到发展，思维品质得到进一步提升。
选择性必修中册	第一单元 《社会历史的决定性基础》《改造我们的学习》《人的正确思想是从哪里来的?》《实践是检验真理的唯一标准》《修辞立其诚》《怜悯是人的天性》《人应当坚持正义》	本单元所选作品有助于加深学生对社会、历史和人生的认识。尤其是恩格斯、毛泽东的文章，体现了历史唯物主义和辩证唯物主义的世界观和方法论，学生通过学习本单元，获得理论知识、思想启迪，思维品质得到提升。

续表

教材	单元内容	教材内容与议论文写作关系分析
选择性必修下册	第三单元《兰亭集序》《种树郭橐驼传》《石钟山记》	本册书虽然没有直接典型的论述类的文章，但第三单元所选作品情感真挚，以理取胜，理趣盎然，发人深思，能激发学生独特的情感认知，故这个单元在单元学习任务中也专门设计了一说理性的写作任务，以培养学生在说理时说真话抒真情之习惯。

通过研究五册高中统编教材，我们可以把高中议论文写作训练大致分为三个阶段。第一阶段是在必修上册学习阶段，我们把这一阶段称为议论文写作初始阶段，在这一阶段学生主要学习如何准确阐释概念、如何议论有现实针对性，通过这一阶段的训练，学生形成了基本的逻辑思维，为后面议论文写作打下了坚实的基础；第二阶段是在必修下册、选择性必修上册学习阶段，这是议论文写作的进阶阶段，在这一阶段里学生主要学习一些基本论证方法（例证法、比喻论证、对比论证、类比论证……）、论证思路（立论、驳论……）、逻辑知识（同一律、矛盾律……），通过这一阶段的学习训练，学生能灵活运用所掌握的论证方法、论证思路展开合理有力的论证，逻辑思维得到巨大发展；第三阶段是在选择性必修中册和选择性必修下册学习阶段，这是议论文写作升格阶段，在这一阶段学生主要学习如何辩证思考问题，让论证更加严密深刻，学习如何说真话、抒真情，通过这一阶段的学习与提升，学生的论证更加严谨有力、深刻独到，这一阶段学生的辩证思维、创新思维得到发展。学生的议论文写作通过这三个阶段得到了由浅入深、循序渐进地训练与培养，学生的逻辑思维、辩证思维、创新思维得到了发展与提升。

（二）设计校本作业，反哺课堂教学

首先我们要明确校本作业的设计要服务于课堂教学，起到预习、巩固、拓展、检测等功能。故通过分析教材内容与议论文写作关系，我们在设计议论文写作校本作业时，每一阶段的作业设计就有了方向与重点。在第一阶段，即议论文写作的初始阶段，设计的方向与重点应是培养学生议论要有现实针对性和准确阐释概念；在指向议论文写作进阶的第二阶段，方向与重点应是能帮助学生围绕自己的观点充分展开合理有力的论证；在第三阶段，即议论文升格阶段，方向与重点应是帮助学生提升议论的严谨性与独创性。这些作业配合课堂议论文写作教学，能有效提高学生议论文写作的能力。

二、高中议论文校本作业设计案例

（一）"'劝学'新说"——议论要有针对性

在教学中我们常常遇到这种情形：和学生聊天，只要聊关于学生生活中的事情，学生往往能侃侃而谈，他们是有想法、有认识的。可一到课堂议论文写作时，学生的思维好像就被束缚住了，行文或无话可说，或说假大空的话。

这里面主要有两个原因：一是议论文写作练习时老师所给议论文写作题目脱离学生生活实际，过于大而空，激发不了学生思考的欲望；二是学生议论文写作缺乏现实针对意识，没有意识到议论文写作应以自身生活为起点来思考，应有现实针对性，而不是空发议论，自说自话。

如果上面两个问题没有得到很好解决，学生就会对议论文写作产生畏难甚至抵触情绪，长此以往，学生不管进行多少篇议论文写作练习，他的议论文写作水平都不会有质的提升。所以老师要在学生议论文写作初始阶段设计能激发学生写作兴趣、激发学生思考的议论文写作作业。

那么如何设计议论文初始阶段写作作业呢？笔者认为设计的原则就是依据学情设计有现实针对性的写作任务。

什么是具有现实针对性的写作任务呢？一是写作任务里的情景是学生熟悉的生活情景，熟悉的生活情景能让学生在面对写作任务时不陌生，能消除学生写作的畏难情绪；二是写作的任务有现实针对性，能启发学生议论文写作思维的起点是从自身生活入手，是解决生活中某一问题，从而激发学生写作的兴趣。

下面以高中必修上册第六单元写作任务设计为例来具体阐释设计原则：

高中必修上册第六单元写作任务是：《劝学》是两千多年前荀子对学习问题的朴素认识，《师说》是一千多年前韩愈对"耻学于师"的批评，随着社会的发展变化，我们今天在学习中又遇到了新的难题。针对当下学习中的某些问题，以《"劝学"新说》为题，写一篇不少于800字的文章。

这一单元写作任务是学生进入高中阶段的第一次议论文写作，是学生议论文写作初始阶段的一次非常重要的训练，老师如果把握好这次写作就能为学生议论文写作打好基础。依据以往经验，老师如果不对这一写作任务进行校本化设计，让学生就这一写作任务直接写，大多数学生写出的文章都会流于空泛。为什么呢？因为学生关注不到写作任务中"我们今天在学习中又遇到了新的难题。针对当下学习中的某些问题"这一要求，或者说关注到了这一写作要求，但他们还是不能很好理解什么叫当下出现的新问题，学生缺乏现实针对性的意识。所以我们必须要对这一单元写作任务进行校本化设计。

围绕《"劝学"新说》写作任务，笔者设计了如下校本写作作业：

高一必修上册《"劝学"新说》校本写作

任务一：阅读时事材料

请同学们阅读下面两组时事材料，简单地写出自己的感受。

材料一：

近日，"清华妈妈语录"成为电商平台销售的网红爆款。该商品有木制相框摆件，也有墙纸形式，内容均为激励孩子努力学习的话语。如："妈妈为什么逼你学习？是为了你将来点餐的时候，可以不看价格；是为了你累的时候，随时可以打车回家；是为了你在外出旅游的时候，可以住自己喜欢的酒店。"

一些家长将之奉为家庭教育神器。那么，这样的"名校父母语录"真的是通往成功的"秘籍"吗？引发了大家热议。

有家长认为语录有激励作用，记者发现，这类商品在部分网店销量大，月销量达到2000件以上。有买家评价称，"买给孩子的生日礼物，太惊喜了。""给孩子财富，还不如给孩子们好的教育与规矩。"

家长刘先生认为这样的语录内容非常好,"还是要鼓励小朋友,向积极健康的一面去发展。我们家是男宝宝,用这样的语录可以激发他不断地向前进,可以鼓舞他的战斗力,非常有借鉴意义。"

"现在社会比较注重实际,应该有很多人都是这么想的。"家长杨女士说。

也有家长认为,以这样"急功近利"的方式引导孩子学习并不可取。在孩子年纪尚小、心智并不成熟的情况下,就灌输这样的焦虑情绪和价值观,对孩子的成长并无益处。

"从小灌输的话,小孩比较小的时候没有是非观念,会有这种焦虑的情绪。"家长刘女士说。

家长祁女士认为,物质只是一个方面,"但更重要的是,我希望他能有一个内在的动力,精神上的动力"。

以上现象引发了你什么样的思考?

材料二:

新读书无用论盛行于21世纪初,它首先从农村出现,接着蔓延至全社会。这一次不再是知识无用,谁都明白知识有用,但在诸多困难之下,一些家庭在改变命运的机会面前选择了放弃。

新读书无用论的出现对我国教育是一种极大的考验,其社会影响十分深远。

很多人看到一些名人退学的经历,于是得出学习无用论。

华罗庚:少年时考入上海中华职业学校,中途退学帮父母料理杂货铺,后来经过努力成为著名的数学家。

比尔·盖茨:18岁考入哈佛大学,一年后退学,与好友创办微软公司,成为世界首富。

以上现象引发了你什么样的思考?

设计意图：《"劝学"新说》旨在引导学生发现我们当今现实生活中出现的关于学习教育的新问题，从而发表自己的看法，所以笔者选取了两组时事材料来引导学生真正关注现实中的学习问题，这两组材料都反映了学生生活中真实遇见的问题，能够激发学生阅读和思考的兴趣。

任务二：阅读时评文章

请同学们阅读下面两篇时评文章，梳理两文行文思路。

"清华妈妈"式语录，难逃功利主义教育内核
《浙江日报》

"妈妈为什么逼你学习？是为了你将来点餐的时候，可以不看价格；是为了你在累的时候，随时可以打车回家；为了你在外旅游时可以住自己喜欢的酒店……"

近日，电商平台销售的"清华妈妈语录"引发关注，内容为激励孩子努力学习的话语。这类商品在部分网店销量大，有买家评价称，"买给孩子的生日礼物，太惊喜了""送给读高中的儿子，很有激励作用"等。

在高度重视教育的当下，有着名校背景的父母无疑自带光环，其言行更能吸引公众关注。于是乎，清华妈妈、北大爸爸、哈佛宝妈、斯坦福妈妈……各种打着"名校父母"旗号的育儿公号、视频号，输出五花八门的育儿观、教育方式，真假难辨，令人眼花缭乱。

人是寻求意义的动物。孩子如果不知道为什么读书，学习起来就会缺乏足够动力。千古以来，无数学人孜孜探求读书的意义，不同的时代、不同的人做出了各种各样的回答。概而言之，除了为"稻粱谋"的需求之外，更多的是实现理想、追寻人生价值。

人生在世，当然离不开基本的物质生活，但绝不能停留于此。"书中自有颜如玉，书中自有黄金屋"，固然有其合理性，但如果以此为追求，未免略显功利化。在温饱基本上不成问题的当下，"清华妈妈语录"用现代的情境包装古已有之的理念，是在渲染以消费主义为基础的功利主义教育。

"清华妈妈语录"的是非对错，不难厘清，之所以成电商爆款，背后的"鸡娃"营销套路可谓"功不可没"。早在"清华妈妈语录"走俏网络之前，"名校父母"输出"鸡娃"理念就已经在各大网络平台收获关注。一贴上"名校

父母"的标签，不少家长就会对其中传授的"育儿秘籍""教育宝典"深信不疑。

所谓"清华妈妈推荐的教材""哈佛爸爸总结的十大育儿心得"层出不穷，换汤不换药的"配方"催生重重焦虑。

在一个竞争异常激烈的时代，家长在孩子的教育问题上确实很难保持淡定。缺乏自制力的孩子，通过"鸡娃"的方式适当"逼"一下也无可厚非。

但是，"龙生九子，各不相同"，每个人的成长都是不可复制的。教育是极其个性化的事情，世间没有任何一套现成的教育模式，可以套用在每一个孩子的身上。我们可以学习别人的教育理念、教育方式，但不能被牵着鼻子走，切莫在"名校父母"们的鼓噪中陷入焦虑无法自拔。

求学何为？学为人而已。给孩子最好的礼物，就是教会他怎样做人。多关注孩子的内驱力，让学习带来的成就感和满足感持续，才是真正的"鸡娃"之道。

给"学习无用论"扒层皮

杨奇函

读书无用论是平庸者的墓志铭，终生学习才是读书人的通行证。人的一生只有一个职业是永恒的，那就是学生。

01

学习无用？

之前网上流传一个故事叫"第一名和最后一名"的故事。大意就是班级第一名努力学习，最后考大学，在大城市打拼，为生活所累，早早死去。

最后一名不好好学习，吃喝玩乐，到了大学年龄去打工，然后打工致富，腰缠万贯，锦衣玉食，天伦之乐。

此故事用这两个实例来"警示"大家：何必好好学习，不学习也能成功。总有人以比尔·盖茨没有毕业，乔布斯没有毕业，迈克尔·戴尔没有毕业，詹姆斯·卡梅隆没有毕业等一大堆没有大学毕业的例子来告诉那些总挂科，没毕业的人，说"不毕业也是可以的，没有必要一定要毕业"如何如何。

他们会反复鼓吹，"没有学历也没有问题，社会最看重的是能力"。

以上的例子，确实存在着，但是他们个案的偶然性被过分夸大为普遍性了。

统计学上有一个概念，叫"幸存者偏差"，此概念驳斥的是一种常见的逻辑谬误（"谬误"而不是"偏差"），这个被驳斥的逻辑谬误指的是只能看到经过某种筛选而产生的结果，而没有意识到筛选的过程，因此忽略了被筛选掉的关键信息。

具体说来就是，我们看到的很多"传奇"，是因为其身上具备的一些偶然性的因素起着决定着TA成为传奇的作用。然而我们却将其偶然性的成功因素放大为普遍性甚至必然性的因素，竞相效仿，最终导致悲剧。

关于"读书、高考、学历"这件事，大量的"读书无用论""高考何必论""挂科随意论"，就存在着这种"幸存者偏差"。（指出说法的非科学性）

这些论调以极其少数的个案和艺术夸张的手段来渲染读书、高考、学历的无用论。

他们用个案替代普遍，将个别学习过程出现断层的成功者的"不学习"的部分作为其成功的有益补充甚至重要理由，略去了此类成功者真正赖以成功的天赋和机遇，从而制造了"不学习，没问题"的假象，迷惑和鼓动大批学生放任自流。

02

没有非凡天赋和才华，所以需要按部就班。

当然，今时今日绝对不是"万般皆下品，惟有读书高"的时代。学历不代表一切，在社会上实际适应和成长的能力更是一个人长远动态的核心竞争力。但这并不等同于我们可以忽略学历，否认读书，摒弃高考。

我们要看到一个人全面素质的培养和整合不依赖于"读书、高考、学历"的可能性，更要看到其不依赖于"读书、高考、学历"的局限性。

有过学历断层的成功者的成功绝对不是因为"不毕业"等这些因素，而事实上，他们是已经具备了足够非凡的天赋，努力和禀赋基础之上，而不需要通过绝大多数人不得不需要的教育，就能实现绝大多数人不能够实现的成就。

没有这些极其偶然的因素，他们是不可能取得成功的。

对于很多自诩为"学历不高而能力高"故而放任自流终日网游的人来说，他们能够模仿学业断层的成功者唯一的东西，就是"辍学"这一行为。

对于绝大多数人来说，大家并没有非凡的天赋和才华，更多的人往往是需要按部就班，跋涉人生才能够取得体面的生活、幸福的家庭和稳定的事业。

如果一味向往和模仿他们的非常规发展模式，不考虑他们的特殊境况和我们的具体情况，而信奉和鼓吹"读书无用论""高考何必论""挂科随意论"，则是害人害己。

03

学习，是最高效的生活方式。

天赋到了一定程度才能当饭碗用。不是每一个向往自由的灵魂都可以挣脱世俗牢笼从而获得纯粹自由。

绝大多数人不是天才，而是普才，是要通过自身努力才能崛起的普才。我们踏实努力，才可能取得很好的人生成绩；如果我们放任自流，则必然导致悲剧人生，一事无成。

学习，对于大多数人来说，是进入更高平台，掌握更多资源，拓展最优人脉的最高效方式。

如果我们放任自流，不学无术，则承担着巨大的错失良机的风险。毕竟，蓬生麻中，不扶而直，一个好的平台能够让一个人接触更优质的资源，与更优秀的人并肩战斗和擂台对阵，在概率上我们会更接近我们想成为的样子。

对于很多"读书无用论""高考何必论""挂科随意论"者来说，这些论调的最大意义其实并不是"励志"，而是"遮羞"。

因为如果将这些他们一败涂地的事情从存在价值上打倒，那么将会证明他们自身的失败是冤案，他们会难得获取一些优越感，即"你看看这些铁证，我虽然现在不努力不如你，我以后一定会比你强"。

然而事实是，当他们到了四五十岁的时候不得不在同学的汽车尾气中领悟：少壮不努力，老大徒伤悲。

至于很多人攻击的"高分低能"这种现象，事实上"低分低能"在社会上更多。

很多自诩社会能力强的人，并没有什么业务精专，而只不过是抽烟喝酒打麻将打游戏。"书呆子"不是因为读书呆，他可能干啥都会呆，只不过同样作为一个呆子，他会因为多读了书而比其他呆子活得更好。

> 综上,精神鸦片少碰,精神食粮多吃。坦然面对自身,理性审视生活。当我们再次泛起"学习无用"的想法时,不妨冷静自问:"我们是否足够天赋异禀或机遇过人?"如无,且去充电;如有,且行且惜。在力所能及范围内,以最高的概率和最低的风险,不断提高我们自我实现的成功率。

设计意图:这两篇文章都是围绕所给时事材料展开讨论,现实针对性很强,学生阅读这两篇时评文章,能非常直观感受到好的文章绝不是脱离现实问题空泛议论,而是针对现实中某一问题进行深入思考,有逻辑地表达。

任务三:议论要有现实针对性

请同学们结合上面材料思考下面的图表,写一写自己关于议论文写作要有现实针对性的感受。

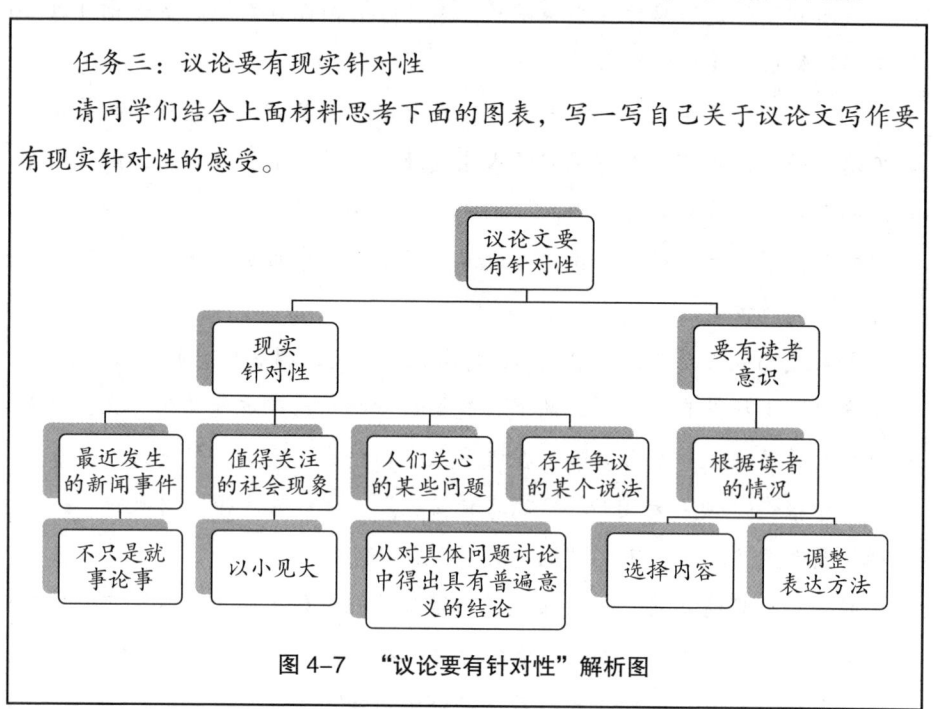

图4-7 "议论要有针对性"解析图

设计意图:引导学生明确议论文写作的思维起点就是要有现实针对性,强化学生议论有针对性的意识。同时帮助学生厘清议论有针对性是包括两方面:一方面是从现实生活思考出发,要解决现实问题;另一方面是写作要有读者意识,明确文章是劝说谁的,写给谁看的,这样文章才会有的放矢,而不是流于空泛。

第四章 校本作业的设计与实施

任务四：思考并发现当下学习中存在的问题

1. 请同学们思考下面两个问题：我们当今社会和过去社会相比有什么不同的特点？在这些特点下产生了哪些学习问题？

当今社会特点	产生哪些学习问题

2. 请就上面出现的学习问题，选择一个你最有想法的问题，谈谈你的看法。

当今社会特点	产生哪些学习问题	我的观点	
		立论	驳论
		为什么（重点谈）怎么做	产生的原因——危害——我们该如何对待

设计意图：引导学生结合时代特征，发现并思考当今社会出现的学习问题。老师用表格的形式帮助学生梳理自己的思考过程，为学生《"劝学"新说》全文写作做好铺垫。

任务五：请结合上面思考，完成《"劝学"新说》作文。
要求：议论要有现实针对性；要体现出"新"。

设计意图：在单元写作任务中老师明确提出了写作要求，明确本次作文的训练重点就是要有针对性地发表观点，从而培养学生议论要有针对性的意识，为议论文写作入门打好基础。

我们对教材《"劝学"新说》写作任务进行拆分，既降低了学生第一次写议论文的难度，又帮助学生树立了写议论文要有现实针对意识。这份校本作业的一系列任务让学生具体感受到了现实针对性是什么，有什么样的作用，能够启发学生今后写其他议论文时首先从现实出发来思考，要有现实针对性，而不是空泛议论。

（二）"青春是什么？"——议论从准确阐释概念开始

概念是思维的基本形式之一，反映客观事物的一般的、本质的特征。人类在认识的过程中，把所感觉到的事物的共同特点抽象出来，加以概括就形成了概念。而一篇好的议论文一定是概念清晰的议论文，例如作文题《论青年的精神》，这篇文章行文的起点就是对"青年的精神"这一概念进行阐释，如果学生不去阐释"青年的精神"究竟具有什么特征，无论怎样行文都是肤浅而空泛的。因此学生必须学会准确清晰地阐释概念。阐释概念就需要下定义，下定义就是用简洁明确的语言对事物的本质特征做概括说明。所以在高一起始阶段，我们不急于让学生写完整的议论文，而是培养他们准确认识事物一般的、本质的特征，打好思维的基础。

我们在设计议论文写作校本作业时应当与议论文教学相配合，在议论文写作起始阶段布置准确阐释概念的作业，让学生通过这些写作作业的训练，获得准确认识、挖掘事物特征的方法。

如在高一必修上册学完第一单元"青春的价值"后，我们设计了"青春是什么？"的概念阐释作业。

"学会准确阐释概念特征"校本作业

> 任务一：
>
> 同学们，学完必修上册第一单元，我们听到了每个时代都在发出青春的歌唱。听，那是《立在地球边上放号》"五四"时代精神的爆发，那歌声冲决罗网、摧毁旧物、狂飙激进；听，那是《沁园春·长沙》大革命时代的探索，那歌声唱出一代青年积极投身革命、寻找救国之道的豪情壮志；听，那是《百合花》血与火战争岁月的洗礼，那歌声唱出英雄儿女的奋不顾身与全情投入；听，那是《峨日朵雪峰之侧》特殊时代的生命思索，那歌声唱出无数青年负屈衔冤，直面苦难，坚定前行；听，那是《哦，香雪》改革开放之初的希冀，那歌声唱出时代、唱出山村少女勃然绽放的生机。青春的歌声回荡在每一个时代中。
>
> 学完第一单元，你对"青春"有什么认识呢？"青春"与"中年""老年"有什么区别吗？请你写几句话来表达你对"青春"的认识，字数不限。

设计意图：这是在学完必修上册第一单元"青春的价值"后，笔者设计的写作任务。首先是基于学生课堂所学，学生对"青春"这个概念不会陌生和畏惧，这里正是从他们熟悉的概念入手来培养学生认识、分析事物本质特征的思维习惯。同时题干中也给予了学生方法上的提示：一是从现象当中直接提取；一是用对比思维，找寻概念独特的特征。学生通过这一写作作业的训练能掌握准确阐释概念的方法。

任务二：

"重启"一词原为计算机操作用语，意为重新启动，而社会生活又赋予了它更为丰富的含义。请同学们思考："重启"在我们生活中有哪些丰富的含义？大家可以借助下面表格来完成对"重启"这一概念的理解。

重启	电脑	社会现象	立意
重启的前提条件（什么情况下重启）			
重启的实质（重启是什么）			
重启的作用和意义			
重启是不是万能的（辩证分析）			
重启与重装、重复开机、开机区别（比较分析）			

设计意图：通过"重启"这一概念的阐释，掌握比喻性概念阐释的方法。老师所设计的表格既引导学生写作时要有阐释概念意识，又给予了概念阐释的方法。通过这一写作任务的训练，学生能多维度认识分析概念的本质特征，从而更加准确、深刻地阐释概念。任务一与任务二在思维发展上有进阶，从任务一抽象概念到任务二象征性概念阐释，帮助学生认识到概念的多样性与复杂性。

附：任务一、任务二学生习作展示

学生习作1：青春不仅仅是年轻，不仅仅是体力、精力旺盛，它更应是一种精神。它是初生牛犊不怕虎的勇气；它是勇于改变社会、创造未来的豪情；它是无论何时何地都相信真善美、追求唯美的纯粹……

学生习作2：什么是青春？青春是青年毛泽东指点江山、激扬文字的那一腔改天换地的豪情壮志；青春是青年郭沫若敢于冲破封建罗网的少年勇气；青春是青年闻一多甘为红烛的无私奉献；青春是青年雪莱追求光明自由的浪漫；青春是青年昌耀不断攀登挑战自我的超越……

学生习作3：

重启	电脑	社会现象	立意
重启的前提条件（什么情况下重启）	死机、运行慢、程序出错……	陷入困境、挫折、状态不好……	为什么要重启？
重启的实质（重启是什么）	清除错误数据，回到初始状态；再次运行……	反思错误失败，不放弃找到最初的信念，重新奋斗……	重启是什么？"重启"象征着面对不理想或者错误的过去，反思错误吸取教训，重新奋斗、开始……
重启的作用和意义	电脑又能转了；程序运行快；运行避免以前的错误（对照以前的）……	人又有动力了；人发展更快了；能反思之前错误，避免走错误的老路……	为什么要重启？1. 重启能规避以前的错误；2. 重启能让我们修正错误获得新生……
重启是不是万能的（辩证分析）	不一定，有些问题重启也解决不了，比如系统本身有问题……	人生的一些做法本身就是有问题……	如何重启，什么情况下重启？正确认识重启，它也是有局限的，我们人生中系统不能出问题……
重启与重装、重复关机、开机区别（比较分析）	重装是完全推翻以前的；关机是停止一切；开机是从一个初始状态开始……		

概念是构成议论文论证的最基本元素。任何一个作文题都含有一个或几个核心概念，能否准确理解和阐释概念决定着审题的成败和立意深刻与否；在写作过程中，能否准确阐释概念也是论证是否深入、说理是否透彻的标志之一。所以我们要让学生认识到准确理解与阐释概念在写作中的重要性，要通过作业帮助学生掌握准确理解和阐释概念的基本方法。

（三）"我们的使命"——论证要合理有力

进入必修下册、选择性必修上册，议论文写作训练也就进入到了进阶阶段，这一阶段要求学生在有现实针对性的基础上，能学会有理有据地展开论证，阐发自己的观点，强调论证要合理有力。

如必修下册第五单元写作任务：

马克思深刻洞察历史发展的规律，从纷纭复杂的社会现象中抽丝剥茧，发现了资本主义的深刻矛盾和无产阶级的历史使命，并自觉承担起创建革命理论、领导革命实践的重任；林觉民矢志拯救国家民族，"为天下人谋永福"，不惜牺牲个人幸福，舍生忘死，视死如归。本单元的文章展现了革命导师和革命先烈对时代使命的深刻理解，表现了他们将个人抱负与时代要求相结合的人生选择。以小组为单位，从本单元中任选一篇文章进一步研读，想想其中展现的精神品质和人生选择，对你思考"抱负与使命"这一话题有何启发。联系当下社会生活，以《我们的使命》为题写一篇不少于800字的演讲稿。

要想写好这篇文章，学生首先要有现实针对意识，能立足现实，分析当下时代特征，因为题目明确要求"联系当下社会生活"。学生能结合自身抱负分析以自己为代表的青年在当下这一时代的使命，因为题目明确提出"我们的使命"。这两点学生经过必修上册议论文写作"要有现实针对性"的训练后已经能关照到。其次，在明确了自己的观点后，要能展开合理有力的论证。比如学生能完成如下思考与表达：在当今时代下"我们"的使命是什么？为什么"我们的使命"是这样？"我们的使命"有什么意义？"我们"如何去完成"我们的使命"……这本身就是一个有序、严密的论证过程，如果学生思考是无序的，那么他的论证必然不合理，也没有力度。可见要很好完成这一写作任务，学生必须具备合理有力地展开论证的能力。

在实际学习过程中，学生在议论文写作中最主要的问题恰恰就是论证不合理、没有力度。究其原因，主要有以下几方面：一是论证结构无序，缺乏逻辑；二是论证方法使用不当，缺乏说服的力量；三是语言表达混乱，不够精确。所以我们就要从议论文的论证结构、论证方法和语言表达三个方面对学生进行训练。配合这三方面，笔者设计了如下校本写作作业：

1. 建构一个完整、有序的议论语段

一个好的议论语段本身论证结构就是严密的，我们可以让学生先从写好一个合理有力的议论语段开始，这样能减轻学生写作的畏难情绪。可以借鉴所学的课文，把典型的议论语段找出来，帮助学生分析一个合理有力的议论语段的基本写作思路，让学生进行模仿，从而完成自我建构。

"写好一个议论语段"校本作业

任务一：学习驳论语段写作

1. 下面语段选自《反对党八股》，请同学们梳理这一语段的论证思路，用自己的语言对论证思路加以概括。

①党八股的第一条罪状是：空话连篇，言之无物。②我们有些同志欢喜写长文章，但是没有什么内容，真是"懒婆娘的裹脚，又长又臭"。③为什么一定要写得那么长，又那么空空洞洞的呢？④只有一种解释，就是下决心不要群众看。⑤因为长而且空，群众见了就摇头，哪里还肯看下去呢？⑥只好去欺负幼稚的人，在他们中间散布坏影响，造成坏习惯。⑦去年六月二十二日，苏联进行那么大的反侵略战争，斯大林在七月三日发表了一篇演说，还只有我们《解放日报》一篇社论那样长。⑧要是我们的老爷写起来，那就不得了，起码得有几万字。⑨现在是在战争的时期，我们应该研究一下文章怎样写得短些，写得精粹些。⑩延安虽然还没有战争，但军队天天在前方打仗，后方也唤工作忙，文章太长了，有谁来看呢？⑪有些同志在前方也喜欢写长报告。⑫他们辛辛苦苦地写了，送来了，其目的是要我们看的。⑬可是怎么敢看呢？

论证思路

第四章 校本作业的设计与实施

> 2. 阅读下面材料，请同学们模仿上面论证语段的论证思路写一个语段。
>
> 当前，在同学们的思想观念中，对待学习有些不同的认识，如"现在才高一，时间有的是，何必争分夺秒呢？""不做作业，也不一定会影响我的学习成绩。""向同学或老师请教问题，会被同学笑话。""不交作业会受到惩罚，那就抄一份交了吧。"
>
> 请就其中一种认识，按照驳论文的一般思路，采用破立结合的方式，写一个不少于200字的语段，批驳这种看法并提出正确观点。

设计意图：《反对党八股》是高中必修上册第六单元里一篇重要文章，是学生学习写驳论文的典范，故选取其中一个典型段落，这一段落是典型驳论思路：摆现象—析原因—论危害—提方法。学生分析总结这一语段的论证思路，很容易找到一个学习写驳论语段的支架。同时老师依据学生学习生活的实际情况，设计了贴合学生学习生活的写作任务，激发了学生写作思考的兴趣。

> 任务二：学习立论语段写作
>
> 1. 请同学们梳理总结《师说》中两个语段的论证思路。
>
> 古之学者必有师。师者，所以传道受业解惑也。人非生而知之者，孰能无惑？惑而不从师，其为惑也，终不解矣。生乎吾前，其闻道也固先乎吾，吾从而师之；生乎吾后，其闻道也亦先乎吾，吾从而师之。吾师道也，夫庸知其年之先后生于吾乎？是故无贵无贱，无长无少，道之所存，师之所存也。
>
> | 论证思路 |
> | --- |
> | |
>
> 圣人无常师。孔子师郯子、苌弘、师襄、老聃。郯子之徒，其贤不及孔子。孔子曰：三人行，则必有我师。是故弟子不必不如师，师不必贤于弟子，闻道有先后，术业有专攻，如是而已。

> 论证思路
>
>
>
> 2. 阅读下面材料，请模仿《师说》两个语段中任意一种论证思路写一个语段。
>
> 当前，在同学们的思想观念中，对待学习有些不同的认识，如："现在才高一，时间有的是，何必争分夺秒呢？""不做作业，也不一定会影响我的学习成绩。""向同学或老师请教问题，会被同学笑话。""不交作业会受到惩罚，那就抄一份交了吧。"
>
> 请就其中一种认识，按照立论的一般思路，写一个不少于200字的语段，提出自己的正确观点。

设计意图：立论语段的论证思路是多样的，《师说》一文中这两个语段都是典型的立论语段。第一个语段主要是采用道理论证：第一句提出论点，第二句、第三句、第四句都是围绕第一句中心论点从为什么角度提出了两个分论点，最后一句得出了结论。第二个语段主要采用例证法：第一句提出论点，第二句例举一个典型论据，第三、四句分析论据，第五句得出结论。学生通过分析总结这两个语段的论证思路，一是积累写立论语段的思维支架，二是明白了立论语段论证思路不是固化的，可以千变万化。而同一写作材料让学生学会从不同角度去写议论语段，也可以培养学生思维的灵活性，激发学生写作的兴趣。

在校本作业中我们可以大量进行这样的议论语段写作训练。议论文语段训练内容既可以是各种论证思路训练，也可以是各种论证方法训练，总之这种语段训练能帮助学生突破议论文写作难点。这样的化整为零的议论文校本作业设计，可操作性强，效果好，能让学生轻松学会议论文写作方法，从而为议论文整文写作打好基础。

2. 准确掌握多种论证方法并能灵活运用，让论证更加有力

我们发现很多同学在议论文写作中论证方法单一，特别爱使用例证法，

但整篇议论文成了论据的堆砌,毫无说服力。究其原因,首先是学生对各种论证方法认识不正确,如认为例证法就是举例子,只关注到了"例",而没有关注到"证",议论缺少必要的分析论证;其次是缺少必要的、有效的论证方法训练,对各种论证方法掌握不熟练,也就缺少了灵活运用的能力。所以我们要利用校本作业帮助学生准确认识各种论证方法,并通过训练有效落实。

"有效使用例证法"校本作业

任务一:使用例证法分析语段

下面语段的观点句是"百姓是社稷的基础",请同学们分析此段其他语句与观点句的关系。结合本语段思考议论文写作中什么才是正确有效的例证法。

百姓是社稷的基础。//民如水,君如舟,水能载舟,亦能覆舟。//项羽攻破秦城时,只顾烧秦殿、庆功业、赏士卒,却偏偏忘了安抚百姓!以致他在溃围迷路时,竟被一田父欺骗,误入大泽,走向绝境。//自古得民心者得天下。项羽英雄一生,却不知民心之贵千金难买。//可见当政者治政、为官者处事,当以百姓为重。

例证法语段分析	
	写作角度与作用
第一句	提出观点句,明确本段中心论点
第二句	
第三、四句	
第五、六句	
第七句	
如何正确使用例证法? 思考: 例证法＝举例子吗?	

设计意图:任务一选取了一个比较简单而典型的例证法语段,帮助学生复习例证法。通过分析语段句间关系,分析每一句在全段中的作用来让学生明晰例证法该如何运用,辨析例证法与单纯举例子之间的区别。

任务二：同学案例分析

1. 作文题

苏轼认为"君子可以寓意于物，而不可以留意于物"，欧阳修在《五代史伶官传序》中也说"智勇多困于所溺"。但也有人反对，如达尔文在《自传》中曾说："就我记得的我在学校时期的性格来说，其中对我后来发生影响的，就是：我有强烈的多样的趣味，沉溺于我感兴趣的事物，深刻了解任何复杂的问题和事物。"达尔文青年时代的兴趣，对他创立生物进化论起了重要的作用。结合你自己的生活实际，自拟题目写一篇议论文。

2. 下面是同学所写的文章，请思考其修改稿和原稿之间的区别，思考如何准确运用例证法。

原稿：

君子可以寓意于物，而不可以留意于物

熊思成

几百年前，苏轼在《宝绘堂记》中提出了"君子可以寓意于物，而不可以留意于物"的观点。这一观点表明了一个人可以有本职工作以外的兴趣，但不可以过度沉迷于这样的外物而荒废本职工作。对此，我认为苏轼的观点在今天对我们也有着指导意义。

<u>古往今来，因过度沉迷于外物而忽视本职工作的例子数不胜数。</u>唐玄宗李隆基在打造完开元盛世后过度注重自我的娱乐生活，没有察觉到地方节度使权力过大，最终引发了安史之乱。宋徽宗赵佶寄情于书画山水，写下不少传世名作，本是好事，但他却

修改稿：

君子可以寓意于物，而不可以留意于物

熊思成

几百年前，苏轼在《宝绘堂记》中提出了"君子可以寓意于物，而不可以留意于物"的观点。这一观点表明了一个人可以有本职工作以外的兴趣，但不可以过度沉迷于这样的外物而荒废本职工作。对此，我认为苏轼的观点在今天对我们也有着指导意义。

<u>古往今来，因过度沉迷于所好之人、事，继而忽视本职工作的例子数不胜数。</u>唐玄宗李隆基在打造完开元盛世后沉溺于杨贵妃的美色之中，最终引发了安史之乱；后唐庄宗李存勖平定天下后宠信伶人终身死国灭；宋徽宗赵佶寄情于书画山水，并以此为

以此为由，长期不上朝，造成了北宋末期统治黑暗，也间接推动了北宋的灭亡。当今社会的部分大学生，上课迟到早退，下课便用大量时间玩游戏，最终浪费了自己的大好青春。<u>可以看到，无论是古代高高在上的皇帝，还是当代初入社会的大学生，一旦过度沉迷于与自己本职工作不相干的事情中，便不可避免地会影响自己的前途，让自己功亏一篑。</u>

那么，外物都是有害的吗？当然不是。《中国诗词大会》第三季的冠军雷海为是一名快递员。在工作之余，他广泛地阅读诗词，丰富了自身的精神生活，而诗词中乐观向上的价值观也同样推动着雷海为在事业上更进一步。再者，被网友们誉为"外交天团"的外交部发言人们，在闲暇时广泛地阅读古籍。这为他们在面对外国记者提问时妙语连珠、旁征博引打下了坚实的基础，显示了中国外交上的新面貌。<u>由此可见，适当地寓情于兴趣不仅不会影响工作，相反地，它还可以促进我们的工作。</u>

<u>也许有人会问，有些人原本的工作就是他们的兴趣，难道这也不能"留意于物"吗？</u>对此我想说，兴趣与本职工作重合当然是再好不过了。我前文所说的"物"指的是"外物"，即

由长期不上朝，间接引起了北宋的灭亡。当今社会的部分青年，沉溺于电子游戏，整日无心学习工作，<u>终日宅家游戏</u>，最终浪费了自己的大好青春。杨妃、伶人、书画、游戏本身没有罪过，但人一旦沉溺进去，却带来了巨大危害。首先，"溺"易让人丧失进取心，那醉心的刺激深深俘获人的身心，让人无法自拔，又怎有精力与能力再去努力工作；其次，"溺"易带来偏爱，一旦偏爱就容易丧失理性，上至君王下至普通百姓，丧失了理性又怎能很好完成事业；且人一旦有所溺就有了短板，容易被他人利用，宋徽宗被蒙蔽，不正因为奸臣投其所好吗？因此，无论是古代高高在上的皇帝，还是当代初入社会的大学生，一旦过度沉迷于与自己本职工作不相干的事情中，便不可避免地会影响自己的前途，让自己功亏一篑。

那么，外物都是有害的吗？当然不是。《中国诗词大会》第三季的冠军雷海为是一名快递员。在工作之余，他广泛地阅读诗词，丰富了自身的精神生活。再者，被网友们誉为"外交天团"的外交部发言人们，在闲暇时广泛地阅读古籍。他们的兴趣同样也对他们的本职工作起到了重要的作用。诗词中乐观向上的价值观推动着雷海

本职工作以外、与本职工作关系不太密切的事物。显然，这种情况不在"外物"的范畴内，这与本文的观点并不矛盾。 　　那么，我们应当如何"寓意于物"，而不"留意于物"呢？在做事情时，我们要尽量以本职工作为主，本职工作完成了一个阶段后，再做出计划，进行自己的兴趣。 　　作为中学生的我们一定要在繁重的学习生活中找到自己的兴趣，但不要过度沉迷。"君子可以寓意于物，而不可以留意于物。"	为在事业上更进一步；古籍中形象生动的典故为外交部发言人们在面对外国记者提问时能够妙语连珠、旁征博引打下了坚实的基础。<u>他们都通过发掘自身兴趣来拓宽自己的知识面，并将其运用至本职工作中。由此可见，适当地寓情于兴趣不仅不会影响工作，相反地，它还可以促进我们的工作。</u> 　　也许有人会问，有些人原本的工作就是他们的兴趣，难道这也不能"留意于物"吗？对此我想说，兴趣与本职工作重合当然是再好不过了。我前文所说的"物"指的是"外物"，即本职工作以外、与本职工作关系不太密切的事物。显然，这种情况不在"外物"的范畴内，这与本文的观点并不矛盾。 　　那么，我们应当如何"寓意于物"，而不"留意于物"呢？在做事情时，我们要尽量以本职工作为主，本职工作完成了一个阶段后，再做出计划，进行自己的兴趣。 　　作为中学生的我们一定要在繁重的学习生活中找到自己的兴趣，但不要过度沉迷。"君子可以寓意于物，而不可以留意于物。"

　　设计意图：任务二让学生对比一位同学的两篇习作，从原稿和修改稿中感受到例证法正确有效使用才能真正阐释出事物内在的规律与道理，才具有逻辑的力量。并且学生通过原稿和修改稿的对比，能更深切感受到有效的例证

法重在证，要深入分析出所选事例所体现出的规律、道理，而不是仅仅陈述事实。

任务三：例证法解析

正确有效的例证法，是"举例子"+"论证分析"。分析论证不能空谈抽象的道理，而必须摆出事实再讲道理，即用材料证明你的观点，这一部分就是"举例子"。但我们不能只把例子摆在那里，要使例子能充分证明观点，就必须通过分析，把例子与观点之间的内在关系证明给人看。证明给人看的过程，就是分析、论证。所以正确有效的例证法是必须要具备这两个部分，而不是只摆例子。

我们也可以用图尔明模式来深入理解例证法，例证法中"例"就是图尔明模式中的"根据"，而"证"就是图尔明模式中的"保证""支撑"。例证法使用正确，论证才会有效和深刻，如果只是摆出例子，论证就没有说服力。

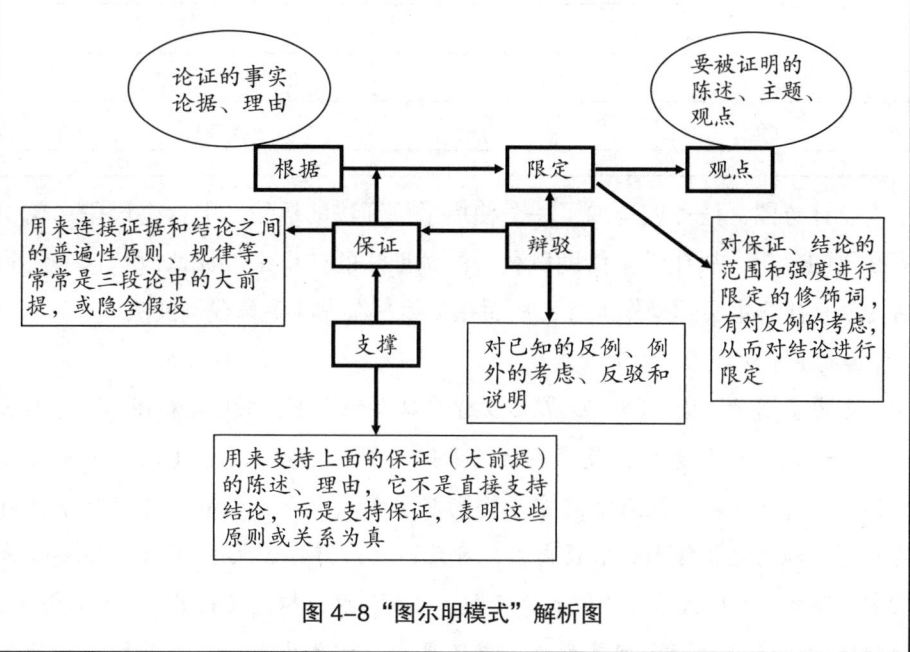

图 4-8 "图尔明模式"解析图

设计意图：任务三从理论角度帮助学生分析了例证法，让学生对例证法有了清晰、准确、深入的认识，并通过图尔明模式准确掌握例证法的使用方法。

任务四：例证法练习

下面这个语段是一位同学议论文习作中的一个语段，可以看到他使用例证法时缺少了"证"这一环节，请大家帮他补充分析论证这一环节。

原稿：智勇多困于所溺。（观点）// 多少智勇双全的君王，早年励精图治，打下江山，后却因一己之喜好，荒废朝政，身败名裂，国破家亡。（保证——规律）// 君不见后唐庄宗李存勖骁勇善战，南征北战，平定天下，何其壮也，却因宠信伶人，君臣离心，身死国灭，何其衰也；/ 君不见梁武帝萧衍少年英才，文韬武略，开创大梁王朝，何其壮也，却因沉溺老庄，醉心佛法，刑政废弛，命丧台城，何其衰也；君不见唐玄宗年少有为，励精图治，开创大唐盛世，何其壮也，却因宠溺贵妃，荒废朝政，出逃蜀川，何其悲也。（论据——典例排比）_____
_____
_____
_____
_____

设计意图：任务四选取了一个使用了例证法的语段，但这个语段，缺少了必要的分析，故让学生借助所获得的例证法的知识来补充修改，这一任务目的就是让学生实际操作训练，从而在实际写作中准确掌握例证法。

学生习作：

智勇多困于所溺。（观点）// 多少智勇双全的君王，早年励精图治，打下江山，后却因一己之喜好，荒废朝政，身败名裂，国破家亡。（阐释——后面论据的规律）// 君不见后唐庄宗李存勖骁勇善战，南征北战，平定天下，何其壮也，却因宠信伶人，君臣离心，身死国灭，何其衰也；/ 君不见梁武帝萧衍少年英才，文韬武略，开创大梁王朝，何其壮也，却因沉溺老庄，醉心佛法，刑政废弛，命丧台城，何其衰也；君不见唐玄宗年少有为，励精图治，开创大唐盛世，何其壮也，却因宠溺贵妃，荒废朝政，出逃蜀川，何其悲也。（论据——典例排比）// 为政者沉溺于所好，必不能公心看事待人；沉溺于所爱，必会偏信偏听。而为政者一旦失去理智、公心，则小人当权，忠臣远离，国

势危矣！（分析议论）

智勇多困于所溺，岂独国君也哉！

我们可以依据学情灵活设计这一类校本作业，除了常用例证法外，还有比喻论证、对比论证、引证等，我们都可以通过校本作业让学生真正吃透，从而在写作中能依据自己的观点灵活准确地选用论证方法，让论证更有力度。

3. 提供全文论证思路支架，掌握论证展开的有效思维路径

学生在高一下学期逻辑思维的能力还是比较弱的，大多数学生还需要在老师的帮助下建构论证逻辑思维路径，故在这个阶段的议论文教学中，许多老师常常提供一种或几种固定的论证模式让学生进行写作训练，这样不仅可以避免产生"议论文入门难"的畏惧心理，而且能让学生感受到议论文说理的逻辑性，这在实际教学过程中是可行的。

但我们要注意在这一阶段避免单一的"论证模式"化的训练，即只是训练一两种论证思路而导致学生论证思路的僵化。我们要引导学生能把常见的说理模式熟练掌握并转化成自身的说理能力，最后能抛开固定的论证模式，根据写作的需要灵活选择有效的论证思路，写出具有说服力的议论文。

"灵活运用论证思路"校本作业

任务一：高考优秀案例分析

阅读下面两篇高考作文，请梳理每篇文章的论证思路。

2014年北京卷高考作文题：

北京过去有许多老规矩，如"出门回家都要跟长辈打招呼""吃菜不许满盘子乱挑""不许管闲事""笑不露齿，话不高声""站有站相，坐有坐相""做客时不许随便动主人家的东西""忠厚传世，勤俭持家"等，这些从小就被要求遵守的准则，点点滴滴，影响了一辈辈北京人。

世易时移，这些老规矩渐渐被人们淡忘了。不久前，有网友陆续把一些老规矩重新整理出来贴到网上，引发了一片热议。

老规矩被重新提起并受到关注，这种现象引发了你哪些思考？请自选角度，自拟题目写一篇文章，文体不限（诗歌除外），不少于700字。

范文1：　　　　　　重拾"老规矩"传承文化

"老规矩"即一个家的规矩，一个家的文化。今日老规矩的重拾，不就是对家族规矩的重塑，对家庭文化的传承吗？的确，面对今日中国社会的现象，"老规矩"需要被重提，家庭的文化需要被传承，故而，应重拾"老规矩"，传承文化。

"老规矩"家家都有。每个家都有自己对家庭文化的传承，都有自己对儿孙的教诲教导。孔子教导孔鲤，"不学诗，无以言；不学礼，无以立"，告诫儿子对"诗礼"的学习，传承"好学"的老规矩；而孟母则更是用"三迁"的身教，来教育孟子学习的重要性，传承孟家对学习的"老规矩"。这些老规矩或言传或身教，点点滴滴影响人格的塑造。

"家是小的国，国是大的家"，今日"老规矩"的重提也是一个国家"老规矩"的重提。面对各种社会现状，中国需要重提"老规矩"，需要用"老规矩"来支撑中华民族精神的脊梁，净化中国人躁动不安的心灵；同时，今之世界文化多元，中国面对欧风美雨，面对不同价值观的冲击，需要重塑中国文化的脊梁，重拾属于中国的"老规矩"，才能使"老规矩"引领人，指引人，提高中国的软实力。

然而，并非所有的老规矩都是正确的，都是积极的。就如材料中的"不许管闲事"在一定程度上不就限制了人们的互帮互助吗？所以，在重提"老规矩"的同时，也应去掉其中落后的、腐朽的糟粕，吸取今日时代的精华。正如鲁迅《拿来主义》中曾说："我们要运用脑髓，放出眼光，自己来拿！"又说："没有拿来的，人不能自成为新人，没有拿来的，文艺不能自成为新文艺。"的确，在今日重拾"老规矩"的同时，也应该取其精华，去其糟粕。为"老规矩"注入新的时代新风，让"不许管闲事"既成为一则让人少添乱子的"老规矩"，又成为一条鼓励人互相帮助的"新规矩"。

扶起老人，不说谎话，真诚做人。这是我们国家友爱、守信、真诚的"老规矩"。这些规矩本身，就是被古人的智慧积累的，被时间和岁月沉淀的一笔巨大的文化财富。让我们重拾这样的老规矩，传承伟大民族的古老文化。

范文2： **别让"老规矩"止于热议**

　　北京过去渗透于大街小巷家家户户的"老规矩"，衣、食、住、行，包罗了生活的点点滴滴。这些细节到"牙齿"的规矩看似烦琐，动静之间却的确将中国传统文化的"孝"甚至"温良恭俭让"展现得恰到好处。所以我认为，这些杂着"京腔儿"的老规矩理应重回胡同弄堂里人们的生活，并应借此，将中国传统文化中的礼仪风范带回中华大地。

　　曾在电视里看到节目中的老外品尝中国美食时"作揖""敬酒""轻拿碗筷""细品菜肴"，这曾经是家家户户一日三次上演的画面，台下的中国观众却被老外的这一系列"动作"惊讶，随之而来的是更强烈的新鲜感，甚至带着一丝"不解"。我甚至能想象得到电视机前某一户人家里，渴望让自家小孩"也守点规矩"的父母指着电视里黄发蓝眼的外国人说道："你看看人家。"想来属实是讽刺得很。

　　时代飞速的发展带来现代文明的同时也瓦解侵蚀着我们悠久厚重的传统文化，久而久之，则演变成了中华子女抛弃这些"古老""厚重"礼节的"借口"。北京老规矩的褪色也不过是其中之一。

　　究其实质，比"现代化"更加速瓦解着传统文化的，是国人自身"崇洋媚外"的心理，而这心理背后，则是中国人自身的不自信。自鸦片战争轰开国门后，中国人的崇洋媚外延续了一百多年，有些人身上落下了"后遗症"，将本应视之如珍宝的传统文化精髓弃之如敝屣。唯有见到老外们争先恐后地学中餐、穿唐装，高吟《论语》，才再度"寻根"，想着复原国学。说白了，还是跟着洋人的尾巴去认可他们所"认可"的事物。

　　所以，这一次发源于北京"网友"的北京老规矩，则是开启了国人由内而外"复兴传统文化"的新阶段，这些从生活中的点滴出发的老规矩，就是最"接地气"的中华文化，蕴含着中华文明的精髓，传承于家家户户的碗筷之间。我想，更重要的是别让"老规矩"只重回于微博界面中的图片文字里，在关闭界面后，却还是任凭小孩子把筷子杵在剩下的半碗米饭里拂袖而去。别让"老规矩"的回归止于热议，在七嘴八舌的评论过后，别让"老规矩"被下一个国外明星的热门话题喧闹着排挤到了脑后。

> 是的，热议过后，应有行动。从下一顿晚餐开始，从明天的出门回家开始，从这一代 80 后们的新生儿的摇篮里开始。让老规矩的回归在皇城根下，带着中华传统文化，实现一次漂亮的"逆袭"。

设计意图：首先，在这份作业设计中引入了高考优秀案例，使用高考优秀案例能够激发学生阅读的兴趣，同龄人的高考高分作文本身对学生就有一种吸引力，学生愿意阅读；其次，这份写作作业设计中所选择两篇高考优秀案例正好使用了两种不同的论证思路，让学生明白了同样的作文题我们可以有不同的认识和看法，可以采用不同的论证思路，但无论采用哪种论证思路，优秀的文章论证思路都是完整且符合逻辑的。任务一让学生对这两篇高考优秀作文的论证思路进行了梳理，也旨在引导学生阅读优秀范文时要关注并学习其论证思路。

任务二：论证思路总结

请结合上面两篇文章，对论证思路做出自己的理解与总结。

《重拾"老规矩"传承文化》	《别让"老规矩"止于热议》
论证思路之正向递进	论证思路之反向递进
论证思路：点——正——反——深——联——结	论证思路：析材料、提观点——列现象（反面）——论危害——挖根源——提办法——做总结
1. 点：_____	1. 析材料、提观点：_____
2. 正：_____	2. 列现象：_____
3. 反：_____	3. 论危害：_____
4. 深：_____	4. 挖根源：_____
5. 联：_____	5. 提办法：_____
6. 结：_____	6. 做总结：_____

设计意图：在任务二中，教师给出了论证思路的思维支架，但是没有全给，需要学生结合文章阅读用自己的理解去完善，这样能帮助学生自主建构论证思路，而不是被动地接受。

附学生案例：

《重拾"老规矩"传承文化》 论证思路之正向递进	《别让"老规矩"止于热议》 论证思路之反向递进
论证思路：点——正——反——深——联——结 1. 点：开门见山，点明中心论点（或论题）；（略） 2. 正：正面举例论述中心论点； 3. 反：反面举例论述中心论点； 4. 深：对中心和事例进行深入分析、开掘（方法：辨是非，挖原因，引哲理，提办法，用驳论等） 5. 联：紧密联系现实，展开议论；（较略） 6. 结：总收全文，呼应中心。（略）	论证思路：析材料、提观点——列现象（反面）——论危害——挖根源——提办法——做总结 1. 析材料、提观点：从材料中分析出你想要阐述的观点； 2. 列现象：与你观点矛盾的一些个人行为或社会现象； 3. 论危害：这些反面的个人行为或现象会给我们个人和社会带来哪些危害； 4. 挖根源：产生这些反面行为和现象的原因是什么； 5. 提办法：如何去实践你所提倡的观点； 6. 做总结：强调观点，畅想未来，深化主旨。

任务三：巩固练习

郎朗的父亲在《我和郎朗30年》这本书中，讲述了郎朗如何从一个普通的孩子迅速成长为超一流钢琴家的故事，介绍了培养郎朗成功的秘诀，其中一条是：让孩子成长得快一些、更快一些。这引起了家长的热议。

家长甲说：我觉得非常有道理。培养孩子确实要尽早、赶快，要尽可能地早学、多学。

家长乙说：我不太同意这种观点。培养孩子不能求快，求快势必会伴随严苛的训练，会影响孩子的身心健康。再说，像郎朗这样成功的又有几人？

家长丙说：是啊，梁启超先生说过，学习不必求猛进，像装罐头塞得太多太急，不见得会受益。他教育出的子女个个都很杰出。

家长甲说：可是时代不一样了啊！
……
要求：以上对话引发了你怎样的思考？请自选角度，自拟题目，写一篇不少于700字的文章。除诗歌外，文体不限。

正向递进思路提纲	反向递进思路提纲

我采用＿＿＿＿＿＿＿＿＿＿论证思路
理由：＿＿＿＿＿＿＿＿＿＿＿＿＿＿＿

设计意图：在任务三中，要求学生就同一个材料采用两种论证思路来列提纲，就是训练学生多角度思考的能力，培养其思维的灵活性，同时要求学生比较两种论证思路，选择自己最擅长的论证思路，其目的是让学生感受不同论证思路的论证特点。

学生写作：

反向递进

欲速则不达

郑渊洁在一篇文章中谈及自己的育子心得，说到"应该让孩子输在起跑线上"。我尚且不知其子如今是否成才，但对他这句话是赞同的。与其让孩子痛苦地在跑道上奔跑却收获无几，为何不给他一个步行的空间让他慢慢长大，从而更深刻地体会成长的滋味。古人云"欲速则不达"，说的就是这番道理。

当年名噪一时的宁铂等中科大少年班的"天才少年"便是被这份快速教育摧毁的。他们在被迫快学与早学，却并不爱学这门知识，于是乎学校的填鸭，家长的催促，反而造成了他们心理的负担，于是宁铂想尽一切办法逃避，不做科研，很少参与实验，甚至练起了气功，皈依了佛门。谁承想一位曾经的"天才少年"会在这强加的速度中一无所成，最终徒留一个少年时的虚名呢？

欲速则不达，成长得太快不只让孩子因畏惧而逃避，更剥夺了他们童年的快乐，而没有这份快乐的人生注定是残缺的。

迈克尔·杰克逊与秀兰·邓波儿见面时一言不发，只是抱头痛哭，哭什么呢？哭的便是他们那份"失去童年"的痛苦。演艺圈中的磨炼让他们迅速成长，过早成熟，他们没有精力像其他孩子一样在山坡上奔跑，幻想拥有飞翔的翅膀，无法在小溪中赤脚抓虾，感受清水绕踝的凉爽。他们在苛刻的训练下确有一番收获，但失去的快乐滋味，又该如何弥补呢？

"十年树木，百年树人"，然而在当今这个不成才便无法在社会立足的时代背景下，不论是学校或是家长似乎都铆足了劲儿让孩子在短期内学习成长。小诗人朱夏妮便差点在这填鸭中失去了最纯真的诗心。幸而其母终于发现了快速填鸭的弊端，停止了这种催赶式教育方式，给了她一条宽敞的路，让她放慢了脚步，自己体味成长。

郎朗可以成为一台"音乐的发动机"，确实少不了其父母的快速教育，但我认为也不能抛却他与生俱来的天赋和对音乐本身的热爱。若是没有这份热爱，不提成为这样的钢琴家，便是坚持下来都是难事。

只希望社会上如朱夏妮母亲这样的家长越来越多，认识到"欲速则不达"的教育者也可以坚持住自己的观点，让孩子可以更轻松地感受成长的痛苦与快乐，"脚踏实地，一步一个脚印"地完成自我的目标。毕竟郎朗只是个例，而太多孩子是普通的，也需要一个不急不缓的环境去慢慢成熟。

在议论文写作进阶阶段，无论是论证方法还是论证思路的训练，我们一定要避免形式化，模式化。如果学生只会浅表化地理解各种论证方法，僵硬地套用各种论证思路，他的逻辑思维、辩证思维、创新思维都得不到发展。所以在这一阶段议论文校本作业设计时一定要突出"灵活运用"，要帮助学生学会根据自己的观点优化与整合论证思路，选取最恰当有效的论证方法。

4. 引入逻辑知识，帮助学生表达更加合理有力

学生在议论文写作中常常出现下面两个基本问题：一个是全文思维不一致，体现为写作时转换话题、偷换概念、论据无法证明论点等；另一个是论证思维僵化单一。如学生总是爱用"总论点——分论点1+事例——分论点2+事例——分论点3+事例——总结"这一模式，而三个分论点之间并没有严格意义上的区别，只是一种铺陈展示。如围绕核心概念"信仰"来展开论证，学生所提出的分论点为"信仰是明灯，信仰是指南针，信仰是引擎"，这就是一种铺陈展示。

我们就要思考：学生为什么会出现全文思维不一致？为什么论证思维僵化单一？怎么才能避免这些问题？究其根本还是学生逻辑思维不严谨。比如第一个问题出现的根本原因就是学生在论证过程中违反了逻辑里的同一律，即在同一思维过程中，必须在同一意义上使用概念和判断，不能在不同意义上使用概念和判断。论据无法证明观点，就是论据所体现的内涵与观点内涵不一致，不是同一类。第二个问题出现的根本原因是论证逻辑无效，学生没有懂得什么才是有效的推理形式，误把堆砌事例、运用修辞等技法当作说理。

故我们要帮助学生真正解决这些问题就需要借助逻辑知识，从认识上、从方法上帮助学生表达更准确、更有效，从而让论证更加合理有力。

我们可以充分利用高二选择性必修上册第四单元"逻辑的力量"帮助学生构建基本的逻辑经验。这一单元分为三个学习活动，第一个学习活动是"发现潜藏的逻辑谬误"，在这一活动里介绍了同一律、矛盾律、排中律、充足理由律等基本逻辑知识。第二个活动是"运用有效的推理形式"，在这一活动里介绍了几种基本的推理形式：必要条件推理、归纳推理、类比推理、二难推理、排除法。第三个活动是"采用合理的论证方法"，这一活动主要是在前面所学逻辑知识上帮助学生掌握几种合理的论证方法：关注论证的隐含前提条件、学会间接论证、在论证中引入"虚拟论敌"等。

但是教材上这三大活动，尤其是第一和第二个活动还是与学生真实的议论文写作有距离，因为教材介绍这些逻辑知识时所选择的语言材料多是片段式的生活言语材料，学生需要教师搭桥帮助他们把这些生活中的逻辑知识转化到议论文写作中。所以议论文校本作业就可以充当这个桥梁，把这三个活动中的逻辑知识落实到学生自己的议论文写作中，通过分析学生自己真实的写作案例，分析自己写作中的逻辑问题，让学生切实感受这些逻辑知识在议论文写作中的作用，从而有意识地运用逻辑知识来进行有效的论证。

下面是学生学习同一律时笔者设计的校本作业。

同一律在议论文写作中的运用

任务一：辨析生活中的逻辑谬误
请同学们分析下面的例子，指出其中的逻辑错误。

病句	错误类型	如何修改
1.鲁迅的作品不是一天能读完的，《孔乙己》是鲁迅的作品，所以，《孔乙己》不是一天能读完的。		

续表

病句	错误类型	如何修改
2. 庄子曰："请循其本。子曰'汝安知鱼乐'云者，既已知吾知之而问我。我知之濠上也。"(《庄子与惠子游于濠梁之上》)		
3. "服务员同志，请当心，你的手指浸到我的汤里去了。""没有关系，汤不烫，我不痛。"		

设计意图：依据教材，选择了教材中所给的三个违反了同一律的言语材料，让学生分析，但教材中并没有让学生修改，只是让学生指出逻辑错误，所以在作业中设计了让学生修改这一任务，目的是让学生通过修改在表达上具体落实同一律，而不仅仅是知识上的了解。

任务二：认识同一律

1. 什么是同一律：同一律是形式逻辑的基本规律之一，就是在同一思维过程中，必须在同一意义上使用概念和判断，不能在不同意义上使用概念和判断。

2. 请用自己的话或举例来说明同一律在语言表达上的主要体现。

（1）思维对象的同一＿＿＿＿＿＿＿＿＿＿＿＿＿＿＿＿＿＿＿＿＿＿

（2）概念的同一＿＿＿＿＿＿＿＿＿＿＿＿＿＿＿＿＿＿＿＿＿＿＿＿

（3）判断的同一＿＿＿＿＿＿＿＿＿＿＿＿＿＿＿＿＿＿＿＿＿＿＿＿

设计意图：这一任务是帮助学生深入理解同一律在语言表达上的主要体现，学生可以用自己的话来阐释，也可以用言语材料举例说明，不仅仅局限于教材所给的三个言语材料，能激发学生主动去探究同一律，从而对同一律有更深刻的认识。

任务三：辨析写作中违反同一律的表现

下面两个案例是我们班一名同学的原稿和修改稿，请比对原稿和修改稿的不同之处，分析原稿是如何违反了同一律，思考修改稿是否遵循了同一律。

案例1原稿：

性格决定命运，项羽的刚愎自用使他终究只能是霸王，而非天下之王。遥想那场鸿门宴，只因项伯的求情还有那所谓的"义"字，便舍天下而取"义"，大丈夫岂能如此优柔寡断？与樊哙交谈竟又被义和理打动，让刘邦侥幸逃脱。再回想乌江自刎，明明有机会渡河过去卷土重来，然而他却说"天亡我，我何渡为？"他将一切归于命运造化，纵使乌江亭长劝他渡河，他自己仍选择放弃，若在机会面前不听劝告，刚愎自用，何以成大器？

再看看他的对手刘邦，鸿门宴中在劣势下忍辱负重，善于保全自己，随机应变。刘邦曾说："夫运筹帷幄之中，决胜于千里之外，吾不如子房。镇国家，抚百姓，给馈饷，不绝粮道，吾不如萧何。连百万之军，战必胜，攻必取，吾不如韩信。此三人者，皆人杰也，吾能用之，此吾所以取天下也。项羽有一范增而不能用，此其为我所擒也。"刘邦的用人之道表现得淋漓尽致，我想这也就是项羽没有的。项羽的刚愎自用使他终究只能是霸王，刘邦以大局为重为他的称王之路奠定很好的基础。所以说，性格决定命运。

思考支架："刚愎自用"的反义词是"忍辱负重""随机应变"吗？

案例2修改稿：

性格决定命运，项羽的刚愎自用使他终究只能是霸王，而非天下之王。遥想那场鸿门宴，项羽单纯、盲目、固执地认为刘邦已臣服在自己的威严之下，自以为可以以不杀之恩感化刘邦，故面对范增的良策视而不见，放虎归山，给自己埋下了失败的苦果。四面楚歌之际项羽仍自负地认为"此天亡我，非战之罪也"，临死都不能反省自己的失败是因为自己的刚愎自用而错失良将贤臣，是因为自己的盲目固执而错失无数赢得胜利的战机，多么可悲啊！

再看看他的对手刘邦，论个人能力不及他十分之一，但刘邦颇有自知之明，懂得从善如流，博采众长。赢得胜利后刘邦曾说："夫运筹帷幄之中，决胜于千里之外，吾不如子房。镇国家，抚百姓，给馈饷，不绝粮道，吾不如萧何。连百万之军，战必胜，攻必取，吾不如韩信。此三人者，皆人杰也，吾能用之，此吾所以取天下也。项羽有一范增而不能用，此其为我所擒也。"刘邦没有被胜利冲昏头脑，他理智地认识到自己为何取得胜利，那就是从不自以为是，能够虚心看到手下大臣们的长处，并把他们的长处发挥到极致，我想这正是项羽没有的。

性格决定命运，项羽的刚愎自用使他终究只能是霸王，刘邦的自知之明、从善如流也注定他会赢得最后的胜利。

思考支架："刚愎自用"的反义词是"从善如流""博采众长"吗？

设计意图：任务三选择了学生自己的写作案例，就是把上面所学到的同一律知识具体运用到写作中，让学生具体感受同一律在自己写作中的体现。所选案例1原稿的问题正是前后对比概念不是从同一对比点出发，原稿把项羽"刚愎自用"与刘邦"忍辱负重"对比，这样的对比其实就是违反了同一律。通过原稿我们可以推知项羽与刘邦的对比是基于"二者如何对待他人才华"这一点来对比的，而"忍辱负重"显然已经不是从这一认知出发，也就是思维对象不一致了，所以写出来就出现了逻辑问题。而修改稿把"忍辱负重"换成"从善如流"一下子就符合了同一律，论证严密了，也就有了说服力。老师在设计这一任务时，也给予了学生思考支架，如"刚愎自用"的反义词是"忍辱负重""随机应变"吗？就是引导学生思考语段前后对比是否遵循了同一律。

任务四：同一律对我写作的启发

请同学们回看自己最近所写的议论文，反思自己的写作中是否有违反同一律的现象，如：核心概念内涵前后不一致、论题前后不一致……如果有，请举出一至二例，详细分析其是如何违反了同一律，然后做出修改。

我的问题案例：
_____

问题分析：
_____

我的修改：
_____

设计意图：任务四引导学生学会用同一律的知识去分析自己习作中存在的问题，并做出修改，这一任务旨在让学生在具体分析修改过程中去体会自己议论文写作违反了同一律的表现，从根本上解决论证逻辑不准确、不严密的问题，通过这样的任务训练让学生逻辑思维品质更加严密。

逻辑知识很重要，但是我们不能处理成专业逻辑知识介绍，在中学阶段更重要的是具体运用，所以在议论文校本作业设计时一定要强调回到学生的具体写作中，用具体写作案例和任务来帮助学生了解逻辑知识、准确运用逻辑知识。学生通过校本作业的练习把所学的逻辑知识实践运用到写作中，从而对生活中的现象进行理性分析，对自己的观点进行有效的论证，做到表达准确、缜密。

（四）"互联网时代的利与弊"——学习辩证思考

统编语文选择性必修中册第一单元写作任务中有这样一题：

人们在获得一些新的东西时，也有可能失去另一些东西。互联网为人们的生活带来不少便捷，那么人们可能会失去什么呢？就这个问题进行深入思考，写一篇不少于800字的文章，题目自拟。

互联网是把双刃剑，利用好它，它对我们有益；利用不好它，它会伤害我们。在信息飞速发展的今天，我们不可能因为互联网的一些弊端而不使用它，但我们又要如何去使用它，才能趋利避害？这需要我们辩证思考。可见此写作任务旨在引导学生辩证思考"互联网"的利与弊，从而培养学生理性思维品质。

进入选择性必修中册的学习，学生议论文写作也进入了升格阶段。这一阶段的主要特征为学生已经能够运用多种论证方法展开论证，已经能够写出一篇有理有据的完整的议论文，可是学生虽有一定的认识但思想还不够深刻。因此议论文升格阶段主要是对学生思想升格，让学生议论能够更加深刻。而议论深刻就需要学生学会辩证思考。

辩证思考就是多角度思考问题，辩证地分析事理，对看似简单的事物作深层思考，不把问题简单化，把事物放在更广阔的背景中去观察、分析，突破思维定式，深化对问题的认识，理性地辨别是非曲直。

在具体议论文写作中，我们可以通过一系列的写作任务来培养学生的辩证思维。如利用写辩论词学会一分为二地看问题，如利用"格言新说"学会用发展、变化的眼光看问题……总之这一阶段我们在议论文校本作业设计时就要多注重培养学生辩证思考的能力，引导学生全面深入看问题，敢于质疑，勇于追问，从而对事物做出理性的判断，让自己的议论更加深刻。

校本作业设计举例：

1. 巧设小辩论

我们可以用学生感兴趣的一些话题，设计一些小辩论，引导学生用一分为二的观点去分析问题，从而全面地认识问题，避免认识的片面性。

> 写作任务：
>
> 某中学举行辩论赛，辩题为"网络匿名有助于/有害于公众议题讨论"，请你以反方队员的身份，针对正方发言拟写一段辩论词。
>
> 要求：不得改换辩题，立场鲜明，语言简明、连贯、得体，不超过100字。
>
> 正方发言：网络匿名的作用在于保护发言人的隐私，在触及敏感话题时，因为这种保护的存在，人们会敢于站出来说话，不再麻木、冷漠。可见，网络匿名是我们打开思考大门的一把金钥匙。

设计意图：首先本写作任务选择学生熟悉的"网络匿名"这一现象来讨论，学生对这一话题感兴趣，愿意发表观点。其次用写辩论词的形式引导学生多角度思考"网络匿名"的利与弊，任务上已经给出了正方辩论词，要求学生从反方的角度思考"网络匿名"的危害，旨在引导学生在分析问题时，既要看到它的这一面，又要看到它的另一面；既要看到它的正面，也要注意它的反面。从而让自己的分析走向深入。

学生案例：

反方发言：正方观点成立的前提是网络发言人都是有正义有责任感之人，但恰恰相反，网络发言人鱼龙混杂，网络匿名就正好为不法分子提供了温床，正好让他们肆无忌惮胡言乱语，扰乱公众视听。可见网络匿名有害于公众议题讨论。

2. 格言新说

我们的生活中有许多格言俗语早已根深蒂固，如"各人自扫门前雪，休管他人瓦上霜""一屋不扫何以扫天下""没有规矩无以成方圆"……这些格言俗语多多少少受到时代政治文化限制，有其局限性。随着社会的进步、文化的变迁，很多格言可以重新注释，因为我们要根据现实，分析利弊，用发展变化的眼光来看待问题。所以我们可以设计一些"格言新说"写作任务，来培养学生用发展变化的眼光辩证分析问题的能力。

> **"格言新说"校本作业**
>
> 古语云"近墨者黑，近朱者赤"，你同意这一说法吗？请用图尔明模式写一篇议论文，阐释你的观点。

设计意图：首先作文题选择了学生非常熟悉的一则格言，让学生不会畏惧。这一格言实际上是关于"个人成长与环境影响"之间的讨论，这一格言对大多数同学来说都是习而不察，非常熟悉但并没有深入思考过，所以这一写作任务让学生对自己特别熟悉的格言重新诠释，就能引导学生深入思考，结合当下社会、个人发展辩证思考，从而得出独到的见解。

写作任务里要求学生写作时要运用图尔明模式，也是在论证方式上给予了思维支架，让学生能够辩证地思考、论证自己的观点。

学生习作：

近朱者未必赤，近墨者未必黑

董清扬

古语有"近朱者赤，近墨者黑"，说白了意思就是环境会对人产生影响，但我不这样认为，我认为近朱者未必赤，近墨者未必黑。

正如周敦颐笔下的莲花出淤泥而不染，莲花不会因为有淤泥的存在而被玷污。清华北大的学子多数人品学兼优，然而也能够听到学生被校友杀害的新闻，就算在一所知名学府中仍旧不能改变自己的本性。卧底在毒贩中的缉毒警，常年潜伏在违法犯罪的边缘，但并没有因此就走上犯罪的道路，当然前提条件是三观正的人。

换种说法，假设近朱者赤，近墨者黑，那么李白身边都是权贵，他就不会"安能摧眉折腰事权贵"，这不符合历史的真实；假设近朱者赤，近墨者黑，那么被校园欺凌的学生，就会加入欺凌他人的团体。如果这么说也不符合人性向善的逻辑。

显而易见，环境对人未必有作用。

说到这里，也许有人会质疑，孟母三迁就是因为孟子受不同地区的不同氛围所影响，母亲担心孟子学习不专心而移居，这不就是近朱者赤，近墨者黑的例子吗？

实则不然，孟子学习时，还尚年幼，还未树立正确的价值观，环境可能对他有一点影响，但绝不是决定性的影响，否则孟子的同窗为何没能都成为孟子这样的儒学圣人呢？这也就强调了树立正确价值观的作用，因此家长也要积极给未成年的孩子们树立正确的价值观。

古人有云："穷则独善其身，达则兼济天下。"说的是要在困境中完善自我，在富足生活中心系天下。穷和达都是环境，君子不因为穷而堕落，也不因为富而骄奢荒淫。

相比于"近朱者赤,近墨者黑"的环境"改造"人类,我更认同人能战胜环境，是"墨"是"赤"全在那一点"近"上，即自己的主观能动性。客观环境是决定不了我们的人生的。因此要想"近墨不黑"就要保持自我，坚定自己的信念。若要改变"近朱者未必赤"，就要努力改掉自身陋习，向身边优秀的人靠近，从而"近朱者赤"。

（五）"我的生涯规划"——说真话，抒真情

文章"说真话,抒真情"，有真诚的态度和情感,文章的技巧文采才有价值。议论文同样如此,毫无真情的议论文哪怕论证再合理、再充沛也只是虚有其表，没有价值。在进入到议论文升格阶段，我们非常有必要引导学生议论文写作说真话、抒真情。

选择性必修下册第三单元写作任务就充分体现了这一导向：

高中时代，我们会面临重要的选择，比如选择什么高考科目、未来从事什么职业等。给友人写一封信，谈谈自己的选择及理由。要求说真话，抒真情，以理服人，以情动人。

这是一则任务驱动型材料作文，任务情境从学生实际生涯规划出发，"我们"在高二面临选科，高三面临选择专业，未来选择什么职业，这些任务是学生在现实生活中必须面对的，学生要想写好这个作文题，就要结合自身情况认真思考，这样的写作任务如果不说真话、不抒真情，就会陷入人云亦云的大流，毫无打动人心的地方。学生说真话、抒真情其实也是自己思想独特性的体现。

在校本作业设计中我们如何引导学生说真话、抒真情呢？选择性必修下册第三单元的写作任务就给了了我们启示与方向：写作任务要创设真情境，用真情境下的有价值的写作任务激发学生真思考，说真话、抒真情。

在议论文写作升格阶段，校本议论文作业设计可以选择学生感兴趣的、贴近学生生活的人、事等来设计写作任务。如开展新闻时评，这些新闻时评作文题目选择的是学生们比较关注的社会热点时事。作文题具有真实的情境，很容易激发学生思考。

新闻时事源于生活，引导学生关注新闻时事既能为学生写作提供源源不断的素材，让写作有现实针对性，避免写作"无病呻吟"的问题，又能启发学生主动关注生活、独立思考。议论文写作进入到升格阶段，其实就是思想认识与逻辑表达的升格。在这一阶段老师引导学生关注新闻时事，鼓励学生针对热点时事提出自己独到的见解，就是引导学生透过现象看本质，引导学生在关注事件、收集信息、思考评论的过程中发展实证、推理、批判与发现的能力，增强思维的逻辑性和深刻性。

当然我们选择新闻时事，可以依据学生的兴趣爱好，把"时事"范围扩大，不仅仅局限在国家、国际大事上，还可以是学生近期关注的影视节目、文学作品、微博网站等，也可以是学生在校园内外发生的鲜活事件……只要是有价值有意义的素材都可以引导学生思考。

三、校本作业的设计原则

高中语文统编教材议论文写作逻辑体系更多是在宏观层面指导议论文写作，在微观层面缺乏具体的、有序列的、可操作的训练任务。所以我们教师就要依据实际学情，结合教材议论文写作进阶序列、教材议论文写作任务对议论文写作进行校本化作业设计。议论文写作校本作业设计原则主要有以下四点：

（一）结合教材内容，减轻负担

高中语文学习任务重、难度大，为了减轻学生学习负担，我们的议论文写作校本作业设计尽量结合教材内容，所设计作业要么是围绕教材内容展开，要么是对教材写作任务的铺垫。所设计校本作业让学生能充分落实和巩固课堂所学，从而提高学生学习效率。如学习完必修上册第一单元"青春的价值"后，我们的校本作业就设计了阐释"什么是青春"的写作任务，这一任务既让学生理解总结了教材中多样的青春形态，又让学生获得了如何准确阐释概念的方法。学完《师说》《反对党八股》等文章后，校本作业就设计了议论文语段论证思路学习，通过分析这些经典语段的论证思路，读写结合，学生高效地掌握了议论文常见的论证思路。

（二）充分结合学情，贴近生活

高中语文学习中，议论文写作始终是学生的难点，部分学生高中三年议论文写作水平提升缓慢。究其原因，一是我们的议论文教学忽视学情：无论是课堂教学还是写作练习都缺乏结合学情的切实的训练过程，缺乏系统的有效的训练体系，如刚进入高一就让学生进行议论文整文写作，随便找作文题让学生练习，只注重议论模式的讲解……学生很难从大量写作练习中获得写作能力的提升。二是我们大量的写作题目脱离学生生活实际：一些写作题目要么老生常谈，过于陈旧；要么高高在上，过于晦涩艰深。这些写作题目无法与学生的生活产生共鸣，也就激发不了学生的写作兴趣，学生也就不会真思考、说真话、抒真情了。

所以我们校本议论文作业设计就要充分结合学生的学情，依据学生的认知、思维发展水平，设计科学有序的作业任务，如我们把议论文写作分为起始、进阶、升格三个阶段，每一阶段设计相应的写作任务。第一阶段是学生议论文写作打基础的阶段，那么就从议论的基础概念阐释开始，着重设计学会阐释概念的作业；第二阶段是学生形成完整论证意识的阶段，那么这一阶段着重设计学习论证方法、论证思路的作业；第三阶段学生已经具备了写一篇完整合理的议论文的能力，那么这一阶段我们的作业就着重放在提升思想认识上。而且每一项写作任务都尽量贴近学生的生活，创设真情境，用真情境激发学生真思考、真写作，如在第三阶段的新闻时评，这些新闻素材多选学生感兴趣的话题，架起了学生生活与写作之间的桥梁，能充分激发学生的写作兴趣。

（三）分解写作任务，聚沙成塔

笔者所在学校属于海淀区中等校，大部分学生逻辑思维品质较弱。而高中统编教材议论文写作虽有逻辑体系，也给出了相应写作任务，但是这些写作任务难度大，对学生知识储备、理论认识都有较高要求。教材所给七大写作任务涉及了学习意义与作用、传统文化思想、个人道德修养、爱国敬业精神、独立思考、职业选择等话题。我们可以看到这些话题都比较宏大，深入理解这些话题既需要丰厚的人生阅历，又需要有深度的学识修养。每一个话题要想写出一篇优秀的议论文，都需要有大量的储备，学生如果没有老师的引导很难真正透彻地理解这些话题，也很难写出有独到见解的文章。因此如果老师不对教材中写作任务进行分解，学生是无法独立、有效完成这些写作任务的。

分解教材写作任务的原则就是依据学生思维的发展，由浅入深，把审题、立意、论证过程清晰化。分解的写作任务减轻了学生写作的难度，为学生写作搭起了台阶，通过这些分解的任务一步一步引导学生顺利完成教材所给写作任务。

如必修上册第六单元写作任务"'劝学'新说"，对刚进入高中的学生来说，这一写作任务是有难度的。劝学不难，但要写出"新"就很难，为什么"新"？如何"新"？这一"新"里就要求学生必须要思考我们当今的时代特征，思考在当今时代特征下我们的学习呈现出什么"新"的特征，思考如何针对这些"新"展开合理的劝说。

我们的校本作业就帮助学生分解了这一写作任务。把这一写作任务分解成了五个任务：第一个任务用两组反映现实生活中出现的学习问题的时事材料来引导学生真正关注现实中的学习问题；第二个任务选用两篇讨论现实生活中出现的学习问题的文章让学生阅读，学生通过阅读这两篇时评文章，不仅获得了论证思路支架，而且直观感受到议论要从现实某一具体问题入手，要针对某一具体问题进行深入思考；第三个任务是给了学生一个议论要有针对性的图表，通过这个图表的学习学生明确了议论文写作的思维起点就是要有现实针对性；第四个任务用表格引导学生结合当下时代特征，发现并思考当今社会出现的学习问题，并梳理自己的思考过程，为进行《"劝学"新说》全文写作做好铺垫；有了前四个任务的铺垫，第五个任务完成全文写作就水到渠成了。这五个分解的写作任务是一次写作起点到终点的完整训练。通过这一完整训练，学生明白了面对一个具体作文任务时，审题应从何处生发，立意该如何确立，又该如何围绕观点展开论证。

（四）提供思维支架，有据可依

进入高中阶段学生逻辑思维的能力虽然较初中有了很大进步，但大多数学生的逻辑思维能力还是比较薄弱的，在议论文写作学习过程中需要教师提供思维支架。同时学生课堂议论文学习的时间有限，需要课下大量的议论文写作练习来落实巩固课堂所学，但因为现实原因，不可能每位学生的每一篇课下议论文写作练习都得到老师详细的批阅和指导，故我们在设计校本议论文作业时就需要给学生提供写作的思维支架。作业中所提供的思维支架可以帮助写作能力薄弱的学生有效展开写作，可以引导写作能力强的学生进行自我修订，从而提高每次写作练习的质量与效率。如在格言新说"近朱者赤，近墨者黑"这一写作任务中我们提供了图尔明模式的思维支架，学生确立了自己的立意后可以依据这一模式有效展开论证，让写作有据可依，也可以用这一支架来反思修订自己的作文。

总之，我们的议论文校本作业设计旨在配合教材、课堂，结合学情把议论文写作落到实处，让学生议论文写作得到有序、有效的训练，最终使学生的逻辑思维、辩证思维、创新思维得到培养与发展。

讨论话题

1. 如何引导学生议论文写作具有独创性？
2. 如何提升学生议论文写作的文采？

（王娅）

第四节 综合性学习校本作业设计

2001年,《全日制义务教育语文课程标准(实验稿)》增设"综合性学习",这使得综合性学习正式进入教育视野。《义务教育语文课程标准(2011年版)》仍然保留了"综合性学习"这一部分,这是课标对综合性学习提升学生语文能力价值的肯定。《义务教育语文课程标准(2022年版)》参照《普通高中语文课程标准(2017年版)》,使用"语文学习任务群"的形式,体现着语文课程的综合性、实践性,继续发展了综合性学习。①现在,综合性学习已经成为学生学习语文必不可少的方式之一,也是学生学以致用的主要方式之一。

一、教材中的综合性学习是什么样的?

《义务教育教科书教师教学用书 语文 七年级 上册》中是这样界定综合性学习的:"语文综合性学习是语文课程中一种相对独立的教学形态。它以语文课程的内部整合为基点,强调语文课程与其他课程的整合,强调语文学习与生活的整合,强调语文学习与实践的整合,强调多种学习方式的整合,以促进学生语文素养的整体推进和协调发展。"综合性学习独立于语文听说读写四大教学,是与其并列而行的课程实施形态,体现语文综合性学习的独立性。同时,综合性学习不仅整合语文内部的听说读写,而且还能与其他课程整合形成跨学科学习,使得单一的、静态的、输入式的语文学习,变成丰富的、动态的、输出式的语文学习。

(一)综合性学习的学段安排

纵观统编语文初高中教材综合性学习的内容,我们可以发现,初中的综

---

① 芦淳:《辩证的否定:从萌发独立到整合跨界——百年语文综合性学习述评》,《语文建设》2022年第17期。

合性学习主要体现在两个方面：一种体现在单元性质的"活动探究"，如八年级上册第一单元有关新闻的活动探究；一种是独立于单元之外的综合性学习。这种综合性学习在初中每册语文书中都涵盖1—3个。如七年级上册的"有朋自远方来"和"少年正是读书时"这类综合性学习。而高中的综合性学习也体现在两个方面：一是在每单元之后设置的"单元学习任务"。它用"讨论""交流""写作""分享""探究"等内容代替了课后习题，不仅改变了之前"赏文——做题"的固有思路，而且将文章与文章之间相互串联整合，使得整个单元形成一个有机整体。另一是在选文类单元之外，新增活动类单元，如必修上册第四单元"家乡文化生活"及第八单元"词语积累与词语解释"。

从教材对综合性学习的编排形式来看，综合性学习已经越来越成为语文教学过程中不可忽视的一部分，综合性学习的地位也从初中附属在单元主题之下，逐渐上升到和高中其他选文类单元同等重要的地位。可见，学生经过之前持续不断的积累、输入后，需要将其内化后输出，逐渐丰富、清晰自己的口语表达和文字表达。而这也刚好符合语文科目的课程性质——"语文课程是一门学习国家通用语言文字运用的综合性、实践性课程"。

初高中语文教材中的综合性学习内容可以按照类型分为两种：第一种是依托文本的综合性学习。如初中的"活动探究"及高中每单元之后的"单元学习任务"。它们都是基于教材选文开展的学习活动，都围绕范文进行综合性学习。第二种是独立于教材课文之外的综合性学习。如初中每册书的综合性学习及高中的综合性学习单元。这类综合性学习只有一个给定的主题，教师可以围绕这个主题选择课本以外的学习材料和活动，供学生学习实践。从编排来看，虽然初中的综合性学习是与教材中选文合并到同一个单元中，但它与前面的选文关联不大，不必完全依托选文进行学习。而是在学习选文后，教师可以引导学生进行进一步的延伸和拓展，这类综合性学习有更大的开放性与创造性。

因此，根据教师教学用书中对综合性学习的定义，即一种独立于语文听说读写之外的教学形态，本节所列举的综合性学习校本作业的设计都源于独立于教材范文之外的部分。如下表（表4-7）所示的初高中综合性学习的单元主题：

表 4-7　初高中教材综合性学习的学段整合

学段	书册	单元	主题
初中学段	七年级上册	第二单元	有朋自远方来
		第四单元	少年正是读书时
		第六单元	文学部落
	七年级下册	第二单元	天下国家
		第四单元	孝亲敬老，从我做起
		第六单元	我的语文生活
	八年级上册	第二单元	人无信不立
		第四单元	我们的互联网时代
		第六单元	身边的文化遗产
	八年级下册	第二单元	倡导低碳生活
		第三单元	古诗苑漫步
		第六单元	以和为贵
	九年级上册	第二单元	君子自强不息
		第四单元	走进小说天地
	九年级下册	第二单元	岁月如歌——我们的初中生活
高中学段	必修上册	第四单元	家乡文化生活
		第八单元	词语积累与词语解释
	必修下册	第四单元	信息时代的语文生活
	选择性必修上册	第四单元	逻辑的力量

由上表可知，初高中独立于教材课文之外的综合性学习共有 19 个，其中初中 15 个，高中 4 个。这 19 个综合性学习活动呈现出如下特点：

1. 注重语文知识与能力的连贯和提升

初高中语文的综合性学习在主题上有明显的相似性，但又同时注重学生语文素养的变化。如：初中八年级上册第六单元的"身边的文化遗产"和高中必修上册第四单元的"家乡文化生活"在主题上就有明显的相似性。它们都是从学生身边出发，通过各种活动让学生感受身边的文化。初中多感受具象的内容，感受学生身边的"名胜古迹、民间技艺、艺术形式、民俗活动、节庆礼仪"等具体的、客观存在的文化遗产。而高中则更多地感受抽象的内容，感受具体的名人志士、多样景致、独特习俗背后所蕴含的抽象的文化理念，探讨具象文化变迁背后的原因并树立建设家乡文化的意识。在同一个主题下设计初高中不同的综合性学习活动，从具体事物到抽象理念，这才更能够体现出学生思维发展的过程。除此之外，初中七年级下册第六单元的"我的语文生活"、八年级上册第四单元的"我们的互联网时代"与高中必修下册"信息时代的语文生活"亦是如此。

2. 贴近生活实际

这种生活可以分成两类，一类是日常生活，一类是社会生活。如七年级上册的第二单元"有朋自远方来"，第四单元"少年正是读书时"等综合性学习，都属于日常生活。再如八年级下册的第二单元"倡导低碳生活"，必修上册"家乡文化生活"，必修下册"信息时代的语文生活"等都是社会生活。无论日常生活还是社会生活，都是学生可以立即或将来能够在自己的生活中真实感受到的部分，而不是晦涩难懂、佶屈聱牙的内容。这种贴近学生生活的综合性实践活动，将学生的"知"与"行"很好地结合在一起。学生或以所学知识来指导他们的生活实践，或以生活实践所得经验反哺知识，真正做到"知行合一"。

3. 以学生为出发点

初高中的综合性学习无一例外地将学生放在了主语地位和主体地位，体现了教育教学活动都以学生为出发点，体现了教育的本质——一种培养人的活动。在综合性学习活动中，明显体现学生的主体地位的主题有"我的语文生活""我们的互联网时代""岁月如歌——我们的初中生活""孝亲敬老，从我做起"等。稍有隐藏的综合性学习主题有"人无信不立""君子自强不息"等，虽然这些主题没有明确围绕学生来谈，但是学生也是"人"的一部分，也希望学生能够成为"君子"。最后是省略主语的综合性学习主题，如"（我）走进小说天地""（我）倡导低碳生活""（我们）身边的文化遗产""（我进行）词语积累与词语解释"等，虽然综合性学习的主题上没有明确出现主语，但是我们补充完整发现，它们都将学生作为主语。可见，综合性学习的设计也是以学生为出发点的。

（二）综合性学习的类别分析

对初高中 19 个综合性学习的主题进行归纳，我们能够归纳出三个综合性学习设置的类别，它们分别是中华传统精神类、语文活动类和现实生活类。见表 4-8。

表 4-8　初高中教材综合性学习的类型整合

类别	主题	书册及单元
中华传统精神类	天下国家	七下第二单元
	孝亲敬老，从我做起	七下第四单元
	人无信不立	八上第二单元
	以和为贵	八下第六单元
	君子自强不息	九上第二单元
语文活动类	文学部落	七上第六单元
	古诗苑漫步	八下第三单元
	走进小说天地	九上第四单元
	词语积累与词语解释	必修上第八单元
	逻辑的力量	选必上第四单元
现实生活类	有朋自远方来	七上第二单元
	少年正是读书时	七上第四单元
	我的语文生活	七下第六单元
	我们的互联网时代	八上第四单元
	身边的文化遗产	八上第六单元
	倡导低碳生活	八下第二单元
	岁月如歌——我们的初中生活	九下第二单元
	家乡文化生活	必修上第四单元
	信息时代的语文生活	必修下第四单元

中华传统精神，是中华传统文化的一部分，是中华传统文化的核心部分，传统文化的内容包罗万象、博大精深。面对学生有限的学习生活，教材中挑选出传统文化最核心的部分——传统精神，供学生探究领悟。教材中提到的"孝悌""忠""信""和""自强不息"等精神都是中华民族从古至今一直在强调和弘扬的内容。

语文活动类，是围绕语文的基本特点和特性设置的一系列的综合性学习活动，是语文学科专业性的重要体现。课标强调，语文课程要重点引导学生热爱我国的语言文字，能够正确使用祖国的语言文字，能够理解文字背后的思想观念。语文活动类的综合性学习就很好地践行了这一点。教材从不同角度和不同文体设置了不同的语文活动，引导学生在参与综合性学习的过程中，深入感受语文的魅力。

现实生活类，是以学生的课后活动为出发点设置的一系列综合性学习活动。它不仅体现了综合性学习的特点——贴近生活实际，也体现了大语文的特点——生活处处皆语文。无论是日常活动还是社会活动，都能很好地调动学生的知识背景和经验。通过学习具体的现实生活事例，有助于学生感悟、提炼现实生活中为人处世的基本规律，引导学生积极面对生活、参与生活、建设生活。

总体来看，这些综合性学习都体现了我国不同时期的文化：中华传统精神类和语文活动类体现的是我国的传统文化，而现实生活类体现着我国优秀的当代文化。同时，在进行综合性学习的过程中，学生无论是用口语还是用书面语表达自己的观点，都需要在理清自己逻辑的基础上正确运用祖国的语言文字进行表达和交流。这些从纷繁文化和生活中精选出来的学习主题，都从不同角度展示了文化与生活的美，从各个角度引导学生形成审美意识，培养高雅的审美情趣。这些综合性学习，虽然类别不同，但都围绕着语文课程的基本理念进行设计，都不断提升着学生的语文核心素养。

（三）综合性学习作业设计的原则

相比于其他类的语文校本作业设计，综合性学习的校本作业设计要更加突出综合性、生活性、有效性的原则。

1. 综合性

综合性学习的最大特点就是综合性，因此在进行该类作业设计的过程中，综合性是最重要的考虑角度之一。在综合性学习校本作业的设计过程中，要考虑三部分的综合：第一，语文工具性和人文性的综合。这是语文课程的基本特点。综合性学习作为语文的学习方式之一也不例外。第二，语文课程的内部综合，即听说读写能力的综合。语文听说读写四大能力相互联系、密不可分，是学生输入、输出语文素养的主要途径。输入是输出的基础。学生通过听与读输入知识；再通过说与写来输出观点。在螺旋式的输入和输出的过程中，其语文能力和语文素养不断提升。第三，语文与其他科目的综合。语文作为学习其他科目的基础，学生对于其他科目的理解与表达能力，都源于自己的语文素养。同时，在大语文的背景下，语文的边界早已从书本内容扩大到日常生活，在日常生活中，学生们也是每时每刻都在进行语文的运用。

2. 生活性

综合性学习是与学生的生活紧密相连的，重点在于培养学生举一反三的能力，逐渐引导学生从对学习活动的探究与解决到对个人生活与社会生活问题的解决。这是一种问题解决能力的培养。单纯的学习活动能够培养学生问题解决能力，但是很难培养学生触类旁通的能力，让学生意识到两者之间的关联。因此，教师在进行综合性学习的校本作业设计时，一定要注重生活性，即学习时发生的情景与现实生活中可能会遇到的情景有相似性。这样当学生离开学校走向社会时，才能用自己所具有的知识与能力，解决他生活中遇到的问题，才能帮助他更好地立足于社会。

3. 有效性

综合性学习的作业活动相比语文的其他板块，可选择的作业活动更多、可以设计的作业类型更丰富。这些活动容易使教师"乱花渐欲迷人眼"，为了繁复多样的形式而进行作业设计。因此，教师在进行综合性学习校本作业设计的过程中一定要把握有效性的原则，即综合性学习校本作业的设计要紧紧围绕学生的学情，围绕教学目标，与课堂教学紧密联系或进行课堂迁移或进行课后提升。在以上三点的基础上，教师可以发挥自己的创造力，设计让学生更感兴趣的、更具主观能动性的作业，才能够保证作业的有效性。

二、综合性学习的校本作业设计案例

综合性学习的最大特点就是综合性，这也是综合性学习与其他语文活动的主要区别之一。因此在进行该类作业的设计过程中，综合性是最重要的考虑角度之一。教师要调动学生多种能力，涉及多个领域，并将这些能力与领域统筹整合在一个作业活动中。

（一）"戴着镣铐跳舞"——语文工具性与人文性的综合

1. 语文的工具性与人文性

语文课程的基本特点是工具性与人文性的统一。综合性学习作为语文的学习方式之一也不例外。在语文课程中，工具性是基础，人文性是核心。语文的工具性是指语文是人们在进行思维、交流观点和沟通情感时所用到的事物。也就是说，人们通过学习语文知识和语言文字，将其作为一种载体，把自己的思维过程、观点、情感表达出来。因此，我们现在之所以能够和同伴交流，能够与古人对话，能够传承我们的文化，都是语文的工具性在起作用。从语文的角度来讲，热爱祖国，就是要热爱祖国的语言文字，就是要正确地理解和运用祖国的语言文字。

人文，可以简单理解为人类文化，尤指人类文化中那些先进的、优秀的内容。语文的人文性就是感受、理解语言文字背后所蕴含的深层含义，与文字背后的内容共情。学生可以从中感受美的熏陶，思考人生价值，培养健全的人格，感受悠久的文化。

语文的工具性和人文性是语文不可分割的两个方面。因此在进行综合性学习校本作业设计的过程中，教师既要让学生感受到中华语言文字的魅力，运用恰当的语言进行表达，又要让学生体会到文字背后蕴含的作者的深切感受和中华文化的博大精深。

2. "词语积累与词语解释"的校本作业设计

如果让我用一个比喻来形容语文的工具性与人文性，我会选择用楼房的建造来做比喻。语文的工具性就是楼房的地基，语文的人文性就是楼房的高度。建筑工人在建造不同高度的楼，会打不同高度的地基。楼房建造得越高，地基挖得就越深，才能保证楼的稳固。而不是随随便便在已有的楼房高度上直接扩建。语文学习也是如此，你想要不断提升自己的理解能力，想要发表自己创新性的想法和观点，就要不断积累你自己的语汇库。在进入新的学段——高中，在高一的上半学期，便通过必修上册第八单元"词语积累与词语解释"来更加深入地阐明这两者的关系，让学生意识到积累的重要性。

词语的类型、词语的感情意义、同义词、反义词、词语在句子中所作的成分等内容虽然在初中没有进行具体的讲解，但在教材补白处都有所设计。为更好地调动学生已有的知识背景，笔者将相关的内容进行梳理，制成学案让学生温故知新，作为单元导入的一部分。

在课堂教学的过程中，结合学生的知识背景，笔者带领学生进行探究活动，寻找汉字的变化历程，梳理基本的字词变化规律，并以札记的形式记录下来。这项探究活动将文言文和白话文结合在一起，降低学生对两者的时间隔阂。接着，笔者继续细化，带领学生推敲词语，让学生们领略词语的准确性。笔者先举出学生在课文中学过的语句，让学生"炼字"，体会词义与词义之间的细微差别，感受恰当使用词语对文意表达和理解的重要性。之后，笔者又进行了写作教学。这次写作不同于以往的写作文，而是进行作文修改；也不是以往的独立作业，而是小组合作完成。在他们已有的习作中找出一段，重新打磨词句，寻找最能够表达自己思想的词语，力求词语的简洁与准确。最后，为了让学生们能够更好地实践和体验他们所学的内容，笔者在班级举行了一次翻译比赛。比赛分为两部分：英译中和中译英。英译中是为了让学生体会汉语的魅力，能够恰当地运用汉字，看看哪位同学的文字在贴近作者主旨的基础上，能够翻译得更恰当、更美，这是语文的工具性。中译英是为了让学生理解文字背后的深意，看看哪位同学的翻译能够与作者的思想和情感产生共鸣，能够翻译出作者的真情实感，这是以语文的人文性作为基础的。

汉字不仅是人类思想的载体，更是中华文化的载体。作为世界上为数不多的表意文字，汉字不仅承载着它本身的含义，汉字的联结也承载了一定的文化内核。学生想要游刃有余地利用汉字表达自己的想法，就需要不断吸收新的语汇、新的表达方式。但是单独的、零散的积累也会伴随着无聊和枯燥。为了能够让学生在积累的过程中感受到趣味性，并能够将零散的字词有规律地在大脑中联结，笔者设计了如下预习作业链。该作业集结了全班人的努力，每完成一步，学生都要将A4纸上交，再由教师随机打乱下发，完成下一步任务。每天完成一个环节。

作业总任务是：制作汉字思维导图

环节一：选择一个汉字。在作业开始之前，笔者给每一个人都下发一张A4纸，让同学们选择一个合体字写在A4纸的正中央。（教师需要查看学生选择的汉字，不能重复且各种结构的字都要出现，才能方便学生进行最后的思维导图整理）

环节二：结合自己的已有积累和工具书，解释该字的含义，写出包括本义在内的5个含义，并用合适的方式解释本义的由来。

环节三：根据纸上已有的字义组词，为每个字义组1—2词（包含本字在内）。

环节四：标出字的本义、引申义、比喻义等，如果有古今异义，也可以标出古义。

环节五：写出同样成字部件的其他字，并尝试找出其含义上的相似点。

环节六：小组合作，以一个字为起点，进行多个汉字思维导图的制作，关联不同汉字，看哪个组的思维导图联结的汉字多、联结的逻辑清晰。

环节七：写札记。在思维导图旁，用札记的形式，记录你此次作业的感受或发现的汉字规律等。

该作业是在进行本次综合性学习前的一个预习作业。它的目的有二：一是为了让学生整合头脑中已有的、零散的汉字；二是能够给学生一个契机，拿出专门的时间进行词语的整合与积累。语文素养和能力不是一蹴而就的，需要每天进行点滴积累，这也是笔者在进行作业设计时的初衷。因此，笔者每天给学生布置一个环节，作为学习之余的小调剂，也让学生在不知不觉中进行积累。同时，每完成一个环节，笔者都会收上学生的A4纸，一方面检查学生的完成度，另一方面要打乱顺序重新发下去，这样学生每天都可以积累不同的词语和含义，增强学生学习的新鲜感。同时，同学们共同完成对一个字的解释，也能让他们进一步体会到小组合作的力量。此外，学生每拿到一次纸都会在后面写上名字，如果其他学生在积累过程中有疑惑还可以互相请教，彼此都能进一步强化相应的知识。而这项作业在"词语积累与词语解释"的综合性学习之后，变成我们班级的一个保留作业，有时候积累汉字，有时候积累词语，每天利用一点点时间不断夯实学生的语文基础。

这是语文工具性与人文性结合的综合性学习校本作业设计。语文的工具性体现在对汉字及其词语的识记与理解，通过对字词的积累，不断丰富学生的语言工具，让学生能够更简明、准确、恰当地表达自己的想法。语文的人文性体现在字词背后的中华文化。在学习字词的过程中，学生能够了解汉字文化，了解中华文化，感受中华文化的深邃与浩瀚。学生通过一项作业可以达到两个学习目的，可谓一举两得。

（二）"勤于听说、乐于读写"——语文听说读写能力综合

1. 语文的听说读写四大能力

"听"不是"听见"，而是"听懂"，理解他人言辞含义，知晓他人的言外之意。"说"不是"发出声音"，而是"说得恰当"，能够清晰、流畅、有条理地说出自己的观点想法；也能够在不同的场合、面对不同的人说出恰当的言语。"读"不是"走马观花"而是"博闻强识"，能够与作者共情，对文章有较强的理解力和鉴赏力，并读出自己的感悟。"写"不是"写字"而是"写作"，能够有条理地组织文字材料，能够恰当运用文字表达自己，与自己对话。听说读写是语文学习的基础能力，贯穿于语文学习过程的始终。在学习活动开始之前，学生需要一定的听说读写能力作为学习的基础。在学习的过程中，学生也需要一定的语文听说读写能力与老师和学生互动。而语文学习的最终结果也是提升学生听说读写的能力。由此可见，这四大能力与语文的关系十分密切。不仅如此，它们之间也相互联系、密不可分，是学生输入、输出语文素养的主要途径。学生通过听、读扩大自己的眼界，广博自己的知识；再通过输出来展示自己的才华，表达自己的看法，与他人交流观点。在综合性学习校本作业设计中，教师更加应该注重知识由输入到输出的完整性。

2. "身边的文化遗产"的作业设计

北京作为古都，历史气息十分浓厚，有纳入世界文化遗产名录的故宫、长城、颐和园等，也有存在于人们口口相传中的习俗和技艺，这些与本次的综合性学习主题十分适配。加之学生在七年级时对中国古代史已经有了基本的学习和了解，在八年级上册第五单元的教材学习中也了解到一定的文化遗产类型。因此，学生在进行此次综合性学习时，便有了一定的基础，更方便此次综合性学习活动的开展。

教材中围绕此次综合性学习的主题设置了一个主线活动：模拟评选本市优秀文化遗产项目。该活动设置有情境、有条理。因此，笔者根据学情、课时、地域资源等条件，进行简单调整之后，带领同学们一起进行了"评选本市优秀文化遗产项目"的活动。

在此之前，学生们需要做三个准备工作：第一，了解怎样的文化内容才能符合申请资格。第二，确定一个符合申请资格的文化项目。第三，查找相关资料，说明其符合申请的原因。笔者在课堂上结合已经学过的第五单元内容，和学生一起界定了"文化遗产"这个概念，之后由学生自行分组，讨论出一个可以申请的文化项目，并进行调查的时间安排。在课后完成申报的准备工作。之后，笔者在课堂上给每个组五分钟的阐述时间，并由笔者和同学们一起根据申报组的资料搜集情况及当天答辩情况等，选择出最终可以申报的项目。最后，根据学生的资料收集、实地走访之后的感受，笔者将主题为"我眼中的文化遗产"的作文教学作为此次综合性学习的收束，让学生以此来充分表达自己经历此次活动后的感受。因此，完成文化遗产申报书就成为学生在本次综合性学习活动中要完成的主要作业任务。为了能够让学生更多地、更全面地搜集资料、做好准备，笔者又进一步对作业要求进行细化：

作业总任务：进行申报准备。

支线任务一：搜集资料，了解所申报项目的详细信息。

支线任务二：实地考察，在直接观察的基础上，可以借助导游与电子导游讲解器、访谈家长和文化项目附近的居民做进一步了解。

支线任务三：整合相关资料，完成申报书（见表4-9）及答辩时所需材料。可以选择PPT、视频等形式进行答辩。

支线任务四：进行申报的彩排与演练。

表4-9 文化遗产项目申报书

申请项目	
申请人	
项目名称	
所在区域及区域环境（自然环境或人文环境）	

续表

项目基本情况	
与之相关的历史故事（正史、民间传闻均可）	
历史沿革	
现存情况	
项目价值	
项目文化衍生情况（如文创、文化产业等）	
代表性图片及解说（一）	
代表性图片及解说（二）	
代表性图片及解说（三）	

　　本次作业设计的目的是，在给定的生活情境下，引导学生在运用自己的语文能力的同时，进一步提升自己解决问题的能力。作为中华儿女的他们，终有一天会成为国家的中流砥柱，终有一天文化的传承会落在他们身上，保护我国的文化遗产，是每个中华儿女不可推脱的责任，他们亦是如此。因此，此次作业可以看作是对未来生活的一次预演，让学生们提前感受他们在进入社会之后可能会经历的事情，也希望通过这次作业，让学生们从小树立传承文化、保护遗产的意识。

　　这是语文听说读写四大能力的综合性作业设计。听，体现在支线任务二中的"借助导游与电子导游讲解器、访谈家长和文化项目附近的居民做进一步了解"。无论学生利用哪种方式了解，都是通过他人的叙述、他人的语言来增强自己对该项目的了解。别人介绍时，学生是否能理解、能听懂、能记忆，都与学生倾听能力和专注度密切相关。说，体现在支线任务四中的"进行申报的彩排与演练"。想要准确表达自己的观点和想法，同时还能让倾听者听懂且无歧义，就需要学生不断打磨自己的口头语言，让自己的口头语言更加简洁、明了，有逻辑。读，体现在支线任务一中的"搜集资料，了解所申报项目的详细信息"。在搜集资料的过程中，引导学生不仅关注文字材料，还要注意搜集图片和视频资料。写，体现在支线任务三中的"完成申报书及答辩时所需材料"。写作不仅仅是要写记叙、抒情、议论等类型的文章，应用文的写作也是不可忽视的一部分。在现实生活中，正是这些实用性的文体，才保证了人们生活的正常运转。因此，笔者希望能够借助这次作业活动培养学生应用文写作的能力。学生在准备模拟申报的过程中，综合运用自己听说读写的能力，最终将小组的研究结果在课堂上呈现。

（三）"不拘形式的融会贯通"——跨学科的综合

在大语文的背景下，语文的边界早已从书本内容扩大到日常生活，学生每时每刻都在运用语文。在日常生活中，我们通常都是在遇到问题、发现问题、分析问题、解决问题。而问题的解决，很难完全归属于某一学科，而是多种学科的相互作用。由此可见，无论是在学习中还是日常生活中，语文与其他科目有着密不可分的联系。这也是《义务教育语文课程标准（2022年版）》中的学习任务群之一——跨学科学习。学生要在语文的实践活动中，联结课堂内外、学校内外，综合运用所学的各种知识来分析、探讨，以解决学习生活和社会生活中有意义的问题。这也是语文联合其他学科整体育人的功能和价值，通过这一方式逐步将学生培养成为一个完整的、具有健全人格的人。

2."天下国家"的作业设计

2022年9月，笔者迎来了新一届的初一学生。他们满怀对初中生活的憧憬正式开始了学习。在2022年"十一"国庆节假期到来之际，笔者布置了一篇假期随笔，让学生写写假期中印象最深的事儿。返校后，看到学生的随笔，写了很多和国庆、爱国相关的内容。比如看升旗仪式后的感受、游玩景点的感受、观看《万里归途》等爱国电影的感受等。笔者发现学生刚刚进入初中这个学习的新阶段，对一切事物都有很强的新鲜感和仪式感。恰逢"十一"，学生普遍认为这是一个有很大意义的节日。它预示着学生进入了一个新的成长阶段，离长大成人又近了一步。因此，笔者趁热打铁，在讲评作业的过程中，将七年级下册第二单元后的综合性学习"天下国家"提前至七年级上学期完成。

根据学生的随笔内容，笔者开展了作文教学，和学生一起探究如何表达出自己的感情。在学生的随笔中，笔者发现了一个很有意思的讨论：有人买了某国外知名品牌的中性笔，却被一些同学看作是不爱国的表现，并针对这件事情表达了自己的观点。笔者从中找到了灵感，为学生们组织了题为"爱国是否需要抵制日货"的辩论赛，来引发学生的讨论，让学生在辩论中能够不断明确何为爱国行为。

最后，为了给本次综合性实践活动一个良好的结尾，笔者打算利用两课时在班级开展一个"天下国家"汇报展演。学生到底可以展演哪些内容呢？

笔者发现，经过上述两个活动，学生已经充分发挥自身主动性，体验并思考了何为爱国，何为爱国行为。但作为语文的综合性学习，不能离开语言文字。因此，笔者将教材中"天下国家"给出的爱国人物故事会、爱国诗词诵读会和爱国名言展示会这三个活动，合三为一，组成一个大型活动"与爱国名人共情"。生活在和平年代的学生们，看着祖国一步步地强大和繁盛，作为有祖国在背后庇护的一代人，他们为自己的国家自豪，热爱自己的国家，仿佛是理所当然的事情。但是，在当时战乱不断的年代、在落后于大国的年代，仍然有一批人历经千难万险，甚至不惜生命要保护自己的国家。支撑他们行为的就是对祖国深沉的爱。因此这些爱国人士的爱国行为，也是"天下国家"综合性学习中不可缺少的一环，基于此，笔者设计了语文与艺术学科相结合的作业链：

作业总任务：与爱国名人共情

作业分任务一：搜集名人爱国事例，体会其拳拳爱国之心

作业分任务二：以小组为单位，展现名人的爱国行为和情怀

根据所搜集的事例，结合自身特点，自由组合小组，组合方式可以依据所搜集的内容，也可以依据学生自己的特长。根据搜集的名人事例可以归类为：处于同一时期的名人，同一类型的艺术家（画家、文学家等），有相同或相似经历的名人等。甚至可以在符合历史的基础上，合理发挥想象，创造不同时空的相遇。根据学生个人特长可以这样归类：擅长朗诵的同学可以结为一组，擅长歌舞的同学可以结为一组，擅长绘画的同学可以结为一组，擅长表演的同学可以结为一组，擅长乐器的同学可以结为一组，等等。

结成小组后，学生自主讨论确定以何种形式展现何人的爱国行为与爱国情怀，继续深入查找相关资料。如选择人物、历史事件改编课本剧，需要对其相关事件、历史背景等进行了解和探究；选择诗歌朗诵、歌曲等形式，需要对作品的创作背景、作者的经历有深刻的理解；选择绘画，需要对作者的创作思路等进行讨论和探究。

在选定具体的展示内容和方式之后，各个小组需要进行如下准备，并完

成准备学案，见表4-10。

第一步：了解作者生平经历、了解相应的创作背景等内容，并完成表格梳理。

第二步：结合相关资料，进行鉴赏。

第三步：制作草稿或脚本。

表4-10 "天下国家"综合性学习之爱国名人事例共情准备学案

组别	
组长及组员	
选择形式	
作品名称	
作者生平	
创作背景	
作品赏析	
作品脚本或草稿设计	

作业分任务三：小组制作或录制小组作品

这个作业链的设计就是为最后的"天下国家"汇报展演准备的。学生自己经历了爱国实践的体验，也与名人志士共爱国情。如何反馈学生本次的综合性学习的结果？如何评价学生对爱国行为的理解？如何了解学生爱国情感的深度？就通过本次作业之后的汇报展演。

该作业链设计的目的是通过对名人爱国事例的搜集和展演，能够让学生通过具体的人和事，去理解抽象的爱国情感。本次作业设计，牢牢抓住语文和艺术两个学科的特点。从语文学科的角度来看，学生在进行作品展示的过程中需要完成学案。完成学案就是通过语言文字去表达自己和作者的爱国情感，同时了解作者和创作背景这两个内容，也是学生理解文章内容时常见的两个步骤。从艺术学科的角度来看，学生通过不同的艺术形式来展示名人的爱国情感，歌曲、朗诵、舞蹈、话剧、绘画等等，都是艺术的表现形式之一。学生将艺术表演和语文学习相结合，不仅能够通过自己的表演加深对文字的理解力，也能通过这次语文活动更深入地感悟自己的特长，从多方面感知名人的爱国情感。

这是语文与艺术学科结合的综合性学习校本作业设计。语文是通过语言和文字向人们表达作者的思想、观点和情感的方式，而艺术学科，如音乐、舞蹈、美术等是歌者通过音符、舞者通过动作、画家通过线条颜色向人们表达自己的观点和情感的其他方式。它们虽然使用不同的载体和工具，但都是在向人们传达自己的思想和情感。在素质教育的背景下，如果能将学生所学的课程与学生的特长、特点相融合，会使两者不断地相互促进、相互影响，共同提高。

总的来看，在进行综合性学习校本作业设计的过程中，一定要抓住综合性学习"综合"的主要特点，通过各种活动将学生零散的知识、分散的能力进行整合，提高学生解决问题的能力。当然，教师在进行综合性学习校本作业设计的过程中，并不是将"语文工具性与人文性的综合""语文听说读写能力的综合""语文跨学科综合"这三种综合完全割裂开，在真实的综合性学习的作业设计中，这三个综合是可以融合在一起的。

三、综合性学习校本作业设计的注意事项

（一）深入了解学生

学生是学习的主体，教师在进行教学目标设计、课堂活动设计、作业设计时，要考虑学生已有的知识背景和最近发展区。综合性学习也不例外。教师在进行综合性学习的校本作业设计时，要考虑培养学生的综合能力。以"身边的文化遗产"的综合性实践活动为例，在设计"身边的文化遗产"的综合性学习作业时，教师就考虑到了学生们各自的特点，班里的学生各有所长，有的学生喜欢戏曲，有的学生喜欢建筑，等等。基于此，我们设计了此次作业，在进行语文学习的过程中，也能让学生对自己所擅长的领域进行更深入的了解和学习。

（二）明确学习目标

在综合性学习的活动与作业设计中，教师要充分考虑每个学生不同的兴

趣点和能力点，给予学生尽可能大的自主性和开放性。但这些活动与作业都需要指向同样的学习目标。像"词语积累与词语解释"的校本作业设计，所有活动都指向"夯实语文基础并体会语文人文性与工具性的统一"。汉字的思维导图、赏析语句并修改作文、翻译比赛，这几项活动虽然形式各异，但都围绕着同一个目标。因此，教师在进行综合性学习校本作业设计时，首先需要确定明确的学习目标，再围绕目标设置具体活动，否则很容易造成目标分散或重复，难以达到原本预设的教学目的。

（三）整合作业资源

由于综合性学习的"综合性"特点，教师会发现在进行综合性学习作业设计的过程中，随着可以使用的资源、可以设置的作业类型增加，很容易使自己迷失在庞大的资料和作业任务之中，找不到出路。为了防止这种情况发生，教师可以根据教学资源和任务自身的特点进行整合，把同类型的作业整合到一个活动之中作为可以选择的不同方向。如"天下国家"的综合性学习作业设计就将教材中的活动一"爱国人物故事会"和活动二"爱国诗词朗诵会"进行整合。首先，两个活动作业都涉及文学。一个活动是散文、故事等体裁，另一个是诗歌体裁。其次，两个活动都锻炼了学生的表达能力，无论是讲故事还是诗歌朗诵都对学生口头表达提出了要求。最后，两个活动都需要对所选择的文本进行深刻剖析。无论是故事还是诗歌，想要讲得感人，想要朗诵出真情实感，都需要结合当时的时代背景、人物生活经历、人物性格特点等进行分析和打磨。因此，故事会和诗歌朗诵的活动可以整合成一个活动中的两个选项，供学生选择。

（四）开放过程结果

综合性学习和语文其他活动的区别之一在于它具有较强的开放性。综合性学习的活动更像是问题解决的活动，没有唯一正确的答案，能解决问题的方案都是正确答案。因此，只要能达到目的的活动方式都是可以让学生尝试和实践的。因此，在本次"天下国家"综合性实践活动的作业设计中，教师为学生安排了一系列的活动。在每一项活动当中都留给学生自主选择的空间，学生可以依据自己的兴趣爱好、自己的性格特点，选择适合自己的活动。同时，在最后的汇报展演方面,学生也可以选择自己喜欢的方式展示自己的学习成果,如:通过绘画的形式、表演的形式等等。总之,教师需要在学习的过程和结果中给予较大的自由度和包容度,充分发挥学生的主观能动性和创造性。

讨论话题

1. 如何有效提升学生综合性学习的积极性?
2. 除文中所讨论的内容,还有哪些可以作为综合性学习的课程资源?

(吉欣璇)